Henrik Eberle

Hitlers Weltkriege

Wie der Gefreite zum Feldherrn wurde

Hoffmann und Campe

Orthographie und Interpunktion der Zitate wurden
der modernen Rechtschreibung behutsam angepasst.

1. Auflage 2014
Copyright © 2014 by Hoffmann und Campe Verlag, Hamburg
www.hoca.de
Satz: pagina GmbH, Tübingen
Gesetzt aus der Times LT und Univers
Druck und Bindung: Friedrich Pustet, Regensburg
Printed in Germany
ISBN 978-3-455-50265-7

HOFFMANN
UND CAMPE

Ein Unternehmen der
GANSKE VERLAGSGRUPPE

Inhalt

1

Ein Gefreiter als Feldherr

Smolensk 1943 – Mühlhausen 1947

13. März 1943. Adolf Hitler besucht das Hauptquartier der Heeresgruppe Mitte in Smolensk. Beim Gespräch mit den Kommandeuren entspinnt sich ein heftiger Disput über die mangelnden Fortschritte an der Ostfront. Hitler bekommt einen seiner typischen Wutanfälle und wirft den Generalen vor, dass es ihnen an Fronterfahrung mangele. Sie hätten im letzten Weltkrieg weit hinten in den Stäben gehockt, er hingegen habe vielfach erlebt, was die Truppe auch bei widrigen Wetterbedingungen zu leisten bereit sei. Er kenne den Krieg im Schützengraben, er wisse um die Motivation, den Kampfgeist der Soldaten. Generaloberst Rudolf Schmidt kommentiert die Suada kühl: »Ihre Kriegserfahrung trägt ein Spatz auf dem Schwanz weg.«

Die Verachtung, die ein außerordentlich erfolgreicher Karriereoffizier Hitler entgegenbrachte, findet sich in der wissenschaftlichen Literatur als Beispiel für den ständig schwelenden Konflikt zwischen dem Oberbefehlshaber der Wehrmacht, also Hitler, und seinen Generalen, hier Schmidt. Der Generaloberst war nicht irgendwer. Im Ersten Weltkrieg hatte er an der Ostfront gedient und schon 1914 das Eiserne Kreuz I. Klasse erhalten. Danach war er an der Westfront und in der Türkei eingesetzt. In der Weimarer Republik war er bei den Nachrichtentruppen und wechselte bald zur neuen Panzerwaffe. Im Westfeldzug 1940 führte er das XXXIX. Armeekorps, die von ihm kommandierten Fallschirmjäger nahmen die »Festung Holland«. Beim »Unternehmen Barbarossa«, dem Krieg gegen die Sowjetunion, war er Kommandeur von Großverbänden in den Kesselschlachten 1941. Seit Dezember 1941 befehligte er die 2. Panzerarmee, nachdem Hitler deren Kommandeur Heinz Guderian wegen zu großer Milde gegenüber der Truppe entlassen hatte. Kurz nach seiner abfälligen Bemerkung gegenüber Hitler wurde Schmidt in die »Führerreserve« versetzt und wenig später wegen »Defätismus« verhaftet. Als Beleg dienten zwei von der Gestapo abgefangene Briefe. Ein sympathisierender Heeresrichter befand allerdings, sie seien als Beweismittel untauglich, sodass Schmidt nicht angeklagt wurde.[1]

Erneut verhaftet wurde Schmidt 1947 bei einem Besuch in der Sowjetischen Besatzungszone. Bei dem Verhör im thüringischen Mühlhausen erinnerte er sich genau an die defätistischen Briefe, die er seinem Bruder geschrieben hatte. Den Dialog vom 13. März 1943 schilderte er den sowjetischen Offizieren nicht, obwohl er alle seine Begegnungen mit Hitler detailliert beschrieb.[2]

Die Vermutung liegt nahe, dass es sich bei dem angeblichen Wortwechsel zwischen dem Generaloberst und Hitler um eine Geschichte aus der nach der deutschen Niederlage in vielen Varianten präsentierten Großerzählung handelt. Ihr Inhalt: Der minderqualifizierte Gefreite des Ersten Weltkriegs riss zuerst die Macht im Staat an sich, enthauptete dann die Führung der Wehrmacht und maßte sich schließlich die Befehlsgewalt im Zweiten Weltkrieg an. Deshalb wurde der Krieg verloren. Die Generalität trug daran keine Schuld, denn sie war nur ausführendes Organ, das den Entscheidungen Hitlers ohnmächtig Folge leisten musste. Sie hatte oft genug widersprochen – so wie Generaloberst Schmidt und unzählige andere Generale –, war aber angesichts der ständig präsenten politischen Polizei und Heinrich Himmlers SS ins Hintertreffen geraten.

Im Hinblick auf den Generaloberst Schmidt trifft wohl zu, dass er die defätistischen Briefe schrieb, sich jedoch niemals offen verächtlich über Hitlers Kriegserfahrungen äußerte. Letzteres ist eine Legende. Die Besprechung in Smolensk verlief in entspannter Atmosphäre, auch deshalb, weil Wehrmacht und Waffen-SS gerade dabei waren, die ukrainische Industriestadt Charkow zurückzuerobern.[3] »Die Stimmung war gut und zuversichtlich«, erinnerte sich Hitlers Luftwaffenadjutant Nicolaus von Below in seinen Memoiren an diesen angeblich so denkwürdigen Tag.[4] Schmidt selbst bewarb sich nach seiner Versetzung in die »Führerreserve« mehrfach um ein neues Kommando und bot sich auch Himmler für eine Verwendung in der Waffen-SS an.[5]

Der gut gelaunte und optimistisch gestimmte Hitler unterzeichnete noch am Abend des 13. März die maßgebliche Weisung für die Kriegführung im Jahr 1943. Das Dokument wirkt nicht, als sei es von einem Oberbefehlshaber autorisiert worden, der seine Generale zwanghaft zu seinen Plänen hätte bekehren müssen. Es sei damit zu rechnen, dass »der Russe« seine Angriffe nach Beendigung der Schlammperiode fortsetzen werde, weshalb alles getan werden müsse, um diese Angriffe in der Defensive »verbluten« zu lassen. Aber wenigstens an einem Frontabschnitt sollte das offensive Gesetz des Handelns bei der Wehrmacht liegen.[6] Dieses Vorhaben mündete in die Schlacht am Kursker Bogen im Sommer 1943, die größte Panzerschlacht der Geschichte. Die Niederlage der deutschen Panzerverbände besiegelte die Wende im Zweiten Weltkrieg. Das Konzept für den Vorstoß war vom Generalstab erarbeitet worden und wurde von den Kommandeuren der Ostfront gebilligt. Davon wollte allerdings später niemand etwas wissen.

Der Generalstab, der Feldzugsplan 1939 und der Halder-Zusammenstoß

Das Verhältnis zwischen Hitler und seinen Generalen war jedoch während des Zweiten Weltkriegs keineswegs durchgängig so harmonisch wie bei dem Treffen in Smolensk. Zwar akzeptierte die Reichswehr, die sich ab 1935 stolz Wehrmacht nannte, den Politiker Adolf Hitler, vor allem dessen innenpolitischen Kurs. Aber als sich abzeichnete, dass er eine militärische Revision der Ergebnisse des Ersten Weltkriegs anstrebte, äußerte sich der Chef des Generalstabs Ludwig Beck kritisch. Er hielt Deutschland für zu wenig gerüstet und »bis auf Weiteres« für zu schwach, um einen Krieg zu führen.[7] Hitler sah das anders. Er akzeptierte zwar den Hinweis auf die momentane Unfähigkeit des Heeres, einen Angriffskrieg zu führen, doch die Zeitangabe »bis auf Weiteres« ging ihm gegen den Strich. So ersetzte er kurzerhand den zurückhaltenden Beck durch den optimistischen Franz Halder. Der gelernte Artillerist war hoch dekoriert und hatte sich in der Reichswehr einen Ruf als aggressiv agierender Leiter der Ausbildungsabteilung erworben. Becks Denken war von einer Devise beherrscht, die Hitler nicht brauchen konnte. »Wie vermeide ich einen Krieg?«, lautete seine handlungsleitende Maxime in den Krisen 1937/38 – Halder war von solcherart Pessimismus, so der zeitgenössische Sprachgebrauch, nicht »angekränkelt«.[8]

Die Mehrzahl der Kommandierenden in den höchsten Stellen war allerdings auch nach dem gewonnenen Feldzug gegen Polen noch pessimistisch gestimmt, wie sich an Reaktionen auf ein Treffen in der Reichskanzlei am 27. September 1939 zeigte. Hitler verkündete seine Absicht, Frankreich so schnell wie möglich anzugreifen. Der Oberbefehlshaber des Heeres Walther von Brauchitsch hielt das für »Wahnsinn«, ebenso der Oberbefehlshaber der Heeresgruppe C Wilhelm Ritter von Leeb. Im Gespräch äußerten andere Offiziere die Vermutung, Hitler sei in einen »Blutrausch« verfallen, und selbst der später so gefügige Generaloberst Wilhelm Keitel erwog seinen Rücktritt. Der Chef der Heeresrüstung Generalmajor Georg Thomas betrachtete den Plan aus kriegswirtschaftlichen Gründen als aussichtslos. Andere Heeresgruppenführer glaubten nicht daran, dass die Niederwerfung Frankreichs möglich sei, weil sich eine Offensive wie im Ersten Weltkrieg unweigerlich festlaufen würde. Sie sei bei dem derzeitigen Tempo der Aufrüstung keinesfalls vor 1942 zu wagen.[9] Hitler, dem diese Bedenken zugetragen wurden, beantwortete sie am 23. November mit einer Ansprache auf einem Empfang in der Reichskanzlei. Sein Entschluss sei »unabänderlich«, sagte er zu den anwesenden Offizieren. »Ich werde Frankreich und England angreifen zum günstigsten und schnellsten

Zeitpunkt.« Die Verletzung der Neutralität Belgiens und Hollands sei dabei bedeutungslos, kein Mensch frage später den Sieger. Drohend schob Hitler nach: »Ich werde vor nichts zurückschrecken und jeden vernichten, der gegen mich ist.«[10]

Als 1940 ein erfolgversprechender Angriffsplan vorlag und der Westfeldzug zügig vorankam, waren die Generalstabsoffiziere wieder auf Hitlers Seite. Nach dem Sieg wurden mehrere Heerführer zu Feldmarschällen befördert, was sie ebenfalls zum Verstummen brachte.

Unterschwellig blieb das Verhältnis jedoch gespannt, wofür später Hitlers einstiger Vorgesetzter im Ersten Weltkrieg und damals amtierender Adjutant Fritz Wiedemann den Diktator verantwortlich machte. Zwar sei Hitler eine »soldatische Natur« gewesen, die alle Unannehmlichkeiten des Frontdienstes »willig ertragen« und sich »widerspruchslos« der harten Disziplin im Heer unterworfen habe. Für die Arbeit des Generalstabs habe er jedoch wenig »Verständnis« gehabt. Letztlich »überschätzte er«, meinte Wiedemann rückblickend, »den Frontsoldaten und glaubte, dass Tapferkeit allein genüge, um einen Krieg zu gewinnen«.[11]

Zu den ersten ernsthaften Zerwürfnissen kam es im Dezember 1941, als der deutsche Angriff vor Moskau stecken blieb. Generaloberst Heinz Guderian, der die 2. Panzerarmee führte, nahm seine Truppen danach in eine besser ausgebaute Stellung zurück und wurde deshalb ins Führerhauptquartier einbestellt. Dort erläuterte Guderian seine Rückzugsstrategie, worauf Hitler heftig ausrief: »Nein, das verbiete ich!« Guderian antwortete, dass die Befehle schon ausgegeben seien. Ihm bleibe keine Wahl, als sie zu billigen, wenn er Wert darauf lege, die Truppe zu erhalten. Danach entspann sich ein aufschlussreicher Dialog.

Hitler: »Dann müssen Sie sich in den Boden einkrallen und jeden Quadratmeter verteidigen!«

Guderian: »Das Einkrallen in den Boden ist nicht mehr überall möglich, weil er 1–1 ½ Meter tief gefroren ist und wir mit unserem kümmerlichen Schanzzeug nicht mehr in die Erde kommen.«

Hitler: »Dann müssen Sie sich mit schweren Feldhaubitzen eine

Trichterstellung schießen. Wir haben das im Ersten Weltkrieg in Flandern auch getan.«

Guderian antwortete, damals habe jede Division Abschnitte von vier bis sechs Kilometern verteidigt, und das mit verhältnismäßig reichlicher Munition. Seine Divisionen hätten jetzt Frontbreiten von 20 bis 40 Kilometern und pro Feldhaubitze noch genau 50 Schuss. Jeder Schuss reiße eine waschschüsselgroße Mulde in den Boden, mehr nicht. Selbst die Löcher für Fernmeldemasten müssten gesprengt werden, schließlich sei es an manchen Tagen bis minus 50 Grad kalt. Das Gespräch ging noch eine Weile so weiter, wenige Wochen nach dem Dialog wurde Guderian durch Rudolf Schmidt ersetzt.[12]

Auch bei dem im Spätsommer 1942 auflodernden Streit zwischen dem Generalstab und Hitler spielten dessen Weltkriegserfahrungen eine wichtige Rolle, und wieder waren es seine Zumutungen für die kämpfende Truppe, welche die Situation am 24. August eskalieren ließen. Stabschef Halder hatte einige Tage zuvor Bericht über den Zustand der Truppe erstattet, wobei er auch auf die aussichtslose Lage der Heeresgruppe Mitte bei Moskau eingegangen war. Die Kämpfe im Frontabschnitt von Rshew weiteten sich um diese Zeit zu einer der größten (und dennoch heute vergessenen) Schlachten des Zweiten Weltkriegs aus. Die deutsche Wehrmacht verlor dort zwischen Januar 1942, dem Ausbau der Stellung, und März 1943, der Räumung des Bogens, etwa 400 000 Mann und die Rote Armee ein bis zweieinhalb Millionen Soldaten.[13] Halder betrachtete die Stellung als unhaltbar, Hitler setzte ihre Verteidigung durch. Beim Lagevortrag am 24. August forderte Halder erregt die Rücknahme der 9. Armee, was Hitler mit der Bemerkung quittierte, dass er von der »Führung« die »gleiche Härte wie von der Front« verlange. Das wiederum veranlasste Halder zu der Versicherung, er selbst habe diese Härte, aber »da draußen fallen die braven Musketiere und Leutnants zu Tausenden und aber Tausenden als nutzlose Opfer in aussichtsloser Lage, nur weil die Führung nicht den einzig möglichen Entschluss« fassen dürfe, nämlich den Rückzug. Hitler brüllte Halder daraufhin an: »Was wollen Sie, Herr Halder, der Sie nur, auch im Ersten Weltkrieg, auf demselben Drehschemel saßen, mir über die Truppe erzählen, Sie, der Sie nicht einmal das schwarze Verwundetenabzeichen tragen?« Hitler setzte sich durch, auch deshalb, weil er seinen durch die Teilnahme am Ersten Weltkrieg erworbenen Frontkämpferbonus ausspielte. Halder hatte tatsächlich fast ausschließlich als Stabsoffizier gedient.[14] Wenige Wochen später wurde er entlassen. Seinen Posten übernahm Kurt Zeitzler, der sich dann im Sommer des folgenden Jahres nach heftigen Auseinandersetzungen mit Hitler und dem Zusammenbruch der Heeresgruppe Mitte dauerhaft krankmeldete.

Der Alleinschuldige: ein Konstrukt Halders

Nach dem verlorenen Krieg, der vielen Millionen das Leben gekostet hatte, suchten die Militärs nach den Ursachen der Niederlage. Dabei trieb die Offiziere auch ein psychologisches Motiv: Sie wollten sich von dem Makel reinwaschen, Hitler gedient zu haben. Zur Schlüsselfigur dieser Geschichtspolitik wurde Generaloberst Franz Halder, der sich 1945 den Amerikanern zur Verfügung stellte und von ihnen zum Leiter der deutschen Abteilung ihrer »Historical Division« ernannt wurde. Während seiner Amtszeit entstanden in den Kriegsgefangenen- und Internierungslagern mehr als 2500 Studien zum Zweiten Weltkrieg, auf die er massiv Einfluss nahm, indem er die Verfasser anhielt, Befehlsketten zu verschleiern und vorsätzlich für Ungenauigkeiten und Widersprüche zu sorgen.[15] Die Studien über die Schlachten bei Moskau, El Alamein und Stalingrad wurden in diesem Sinne erstellt und benannten einen Alleinschuldigen der »fatalen Entscheidungen«: Adolf Hitler.[16]

Wie Halder seinen Oberbefehlshaber gesehen haben wollte, zeigt eine Broschüre, die er 1949 unter dem marktschreierischen Titel »Hitler als Feldherr – Der ehemalige Chef des Generalstabs berichtet die Wahrheit« veröffentlichte. Dieser »dämonische Mann« sei »kein soldatischer Führer« gewesen und erst recht »kein Feldherr«.[17] Dann arbeitete sich Halder an einzelnen Punkten ab. Rüstung? Hitler habe durch seine Hektik oft mehr zerstört, als er geschaffen habe. Luftwaffe? Hier »triumphierte der Zahlenrausch« statt echter Kampfkraft. Vorstoß auf Stalingrad? Ideologisch motiviert, meinte Halder und verschwieg, dass er selbst die Fortsetzung des Feldzugs in den Süden der Sowjetunion ausgearbeitet hatte. Mehr noch, bei der Definition der Kriegsziele Stalingrad und Leningrad habe es sich um blanken »Größenwahn« gehandelt. Sie seien »bloße Augenblickseingebungen« gewesen, verursacht durch die »krankhafte Überschätzung« der eigenen Kraft, die mit einer »verbrecherischen Unterschätzung« des Feindes einhergegangen sei. Für andere Behauptungen seiner Broschüre blieb Halder die Belege schuldig, etwa für das ständige Zaudern Hitlers. Selbst bei dem innovativen Feldzugsplan gegen Frankreich 1940 sprach Halder dem einstigen Oberkommandierenden jede Mitwirkung ab, obwohl es Hitler gewesen war, der den »Sichelschnitt-Plan« durchgesetzt hatte, und zwar gegen den Willen des Generalstabs.[18]

Zugleich vermied es Halder, Fragen anzuschneiden, die andere, klügere Generale beschäftigten. So befand Heinz Guderian den italienischen Angriff gegen Griechenland für ebenso »leichtfertig wie überflüssig«. Es hätte »gemeinsamen« deutschen und italienischen Interessen entsprochen, auf das »griechische Abenteuer« zu verzichten und stattdessen die Lage in Afrika zu »festigen«, schrieb er in seinen 1951 veröffentlichten Memoiren.[19] Er sah es auch als falsch an, aus »eigenem Entschluss« Krieg gegen Russland zu führen, zumal der Feldzugsplan seinen persönlichen Vorstellungen widersprach. »Klotzen, nicht kleckern«, hatte Guderian immer wieder gefordert, und so hielt er den Versuch, drei nahezu gleich starke Heeresgruppen mit divergierenden Zielen in den russischen Raum hineinzutreiben, für unsinnig.[20] Der ranghöhere Halder war an beiden Entscheidungen beteiligt gewesen. Guderian hatte ihm seine Bedenken durch seinen Stabschef übermitteln lassen, ohne, wie er in seinen Memoiren schrieb, »das mindeste zu erreichen«.[21] Der Generalstab war, ausgehend von den Erfahrungen der Invasion in Frankreich, zu dem Schluss gekommen, die Sowjetunion ließe sich in einem neun- bis siebzehnwöchigen Feldzug niederringen.[22]

Bei den davongekommenen Generalen herrschte ein starker Drang, alle Niederlagen auf einsame Beschlüsse Hitlers zurückzuführen und alle Siege für die militärischen Stellen zu reklamieren. Dabei scheuten sie auch vor Lügen und Ungenauigkeiten nicht zurück. So behauptete der Schöpfer des V2-Raketenprogramms Generalmajor Walter Dornberger, Hitler habe die Entwicklung durch mangelnde Zuteilung von Arbeitskräften und Material eineinhalb Jahre zurückgeworfen.[23] Tatsächlich verweigerte Hitler lediglich zusätzliche Stahlzuteilungen, die Dornberger einforderte, um seine Bauvorhaben in Peenemünde schneller als geplant voranzutreiben.[24] Auch der General der Jagdflieger Adolf Galland führte die zahlreichen Leser seiner Memoiren vorsätzlich in die Irre. »Was hatten wir für Möglichkeiten«, seufzte er rhetorisch in einer Kapitelüberschrift, um dann mehrere Seiten lang über die verpasste Chance zum Einsatz des ersten Düsenjägers der Welt, der Messerschmidt 262, zu lamentieren. Hitler persönlich habe 1940 einen Entwicklungsstopp befohlen, sodass mindestens anderthalb Jahre Zeit verloren worden seien. Dann sei Hitler im Dezember 1943 auf die Idee verfallen, das Flugzeug zum »Blitz-Bomber« umkonstruieren zu lassen, was wieder Zeit gekostet habe. Überhaupt sei das der abwegige »Einfall eines Laien« gewesen, den niemand, schon gar nicht die Experten der Luftwaffe, ernst genommen habe.[25] Das Gegenteil ist wahr. Gerade die technischen Experten, und mit ihnen die gesamte Luftwaffenführung, fieberten der Fertigstellung eines Bombenflugzeugs entgegen, das schneller sein sollte als die feindlichen Jäger. Die Me 262 war von Anfang an als Bombenträger konzipiert, Schwierigkeiten bei der Fertigung verzögerten den ohnehin erst für 1945 geplanten Einsatz, nicht die angeblich laienhaften Einfälle Hitlers.[26]

Noch wolkiger als die Davongekommenen argumentierten die Befehlshaber und Generalstäbler, die angeklagt wurden. Die wenigsten übernahmen Verantwortung für das, was sie getan hatten[27], die meisten stilisierten sich zu Verführten Hitlers oder gar zu dessen Opfern. Ein Beispiel dafür bietet Hitlers Anwalt Hans Frank, der für seinen Einsatz mit dem Posten als Generalgouverneur der einst polnischen Gebiete belohnt worden war. Bei Hitler habe sich eine Charakterveränderung vollzogen, versuchte er zu suggerieren: »Aus Mut wurde Übermut, aus Kraft wurde Kraftmeierei, aus Vernunft wurde Unsinn, aus Energie wurde Gewalt, aus Macht wurde Brutalität, aus lichtem Traum reiner Hoffnungen wurden furchtbare, hassverzerrte Nachtvisionen.«[28] Welchen »lichten Traum reiner Hoffnungen« er bei Hitler erkennen wollte, verschwieg er allerdings.

Hitlers engster militärischer Berater Alfred Jodl, Chef des Wehrmachtführungsstabs, versuchte beim Kriegsverbrechertribunal in Nürnberg eine noch radikalere Verteidigungsstrategie. Die ganze deutsche Wehrmacht habe 1939 vor einer »unlösbaren Aufgabe« gestanden, sagte er dem Gericht, »nämlich: einen Krieg zu führen, den sie nicht gewollt, unter einem Oberbefehlshaber, dessen Vertrauen sie nicht besaßen und dem sie selbst nur beschränkt vertrauten, mit Methoden, die oft ihrem Führungsgrundsatz und ihren erprobten Anschauungen widersprachen, mit Truppen und Polizeikräften, die nicht ihrer vollen Befehlsgewalt unterstanden, und mit einem Nachrichtendienst, der teilweise für den Gegner arbeitete«.[29] Gegenüber seiner Frau flüchtete er dann allerdings in die gleiche Opferrolle, die schon Frank öffentlich eingenommen hatte. »Hat er nicht auch mit meinem Idealismus gespielt«, fragte er rhetorisch, »und ihn nur benutzt zu Zwecken, die er in seinem Innersten verbarg?« Jodls Ehefrau klammerte sich an diese Version des Geschehens und gestattete die Veröffentlichung des in der Nürnberger Zelle geschriebenen Briefs.[30] Wie stark sich Jodls Bild von Hitler gewandelt hatte, zeigt eine Aussage, die er einem sowjetischen Vernehmungsprotokoll zufolge 1945 im Kriegsgefangenenlager Mondorf (Luxemburg) machte. »Unbestreitbar« sei Hitler »ein Genie, ein ungewöhnlicher Mensch« gewesen, urteilte er, als von einer Anklage als Kriegsverbrecher noch nicht die Rede war. »Die Fähigkeit zur Arbeit« sei diesem angeboren gewesen, er habe ständig gearbeitet und alle mit seinem bemerkenswerten Gedächtnis überrascht. Bewundernd setzte er hinzu: »Privat lebte er so, wie er es auch selbst predigte – bescheiden und einfach.« Das Einzige, was er in der Rückschau an ihm bemängele, sei die übermäßige Härte: »Trotz der angeborenen Weichherzigkeit, der Liebe zu Kindern und Tieren, wurde er während des Kriegs sehr hart und grausam.«[31] Von Verbrechen und Mordbefehlen wollte Jodl nichts wissen, anders als andere, die sie für »richtig« hielten. Ein SS-Brigadeführer, der eine Einsatzgruppe in Russland kommandiert hatte, betonte das ausdrücklich in seinem Kriegsverbrecherprozess. Die Ermordung der Juden hielt er für geboten, weil das »ein Teil unseres Kriegszieles und deshalb notwendig war«.[32]

Fehlerdiskussion – Der Gefreite als Feldherr?

Die These vom alleinschuldigen Hitler wurde in Deutschland begeistert aufgegriffen. Die Zeugnisse der Generale sortierten die Verantwortung und reduzierten sie damit auf eine Befehlskette, die sie selbst entlastete und die Deutschen insgesamt von jeder Verantwortung freisprach. Erst die heftigen und zum Teil erbittert geführten Debatten in der deutschen Geschichtswissenschaft verschoben den Fokus seit den achtziger Jahren weg von Hitler, der als Person mehr und mehr verblasste, hin zu den Verbrechen der Deutschen während des NS-Regimes.[33] Die entscheidenden Impulse setzten dabei allerdings britische und amerikanische Historiker, die versuchten, Ereignisse genau zu rekonstruieren, und wissen wollten, wie es zu dem millionenfachen Mord an den Juden hatte kommen können.[34] Auch in Deutschland schlug das Pendel nach dieser Seite aus, weshalb sich Historiker inzwischen dafür rechtfertigen, wenn sie sich der Geschichte biographisch nähern.[35]

Die Fragen, die von den Kommandeuren der verschiedensten Wehrmachtseinheiten nach 1945 aufgeworfen wurden, erfordern trotzdem Antworten. Das Militärgeschichtliche Forschungsamt der Bundeswehr veröffentlicht seit 1979 Studien zur Geschichte des Zweiten Weltkriegs, die eine Art »amtlichen« Charakter tragen. Jeder der bis heute veröffentlichten zehn Bände wurde von Offizieren und Historikern Satz für Satz debattiert und einer fachlichen Kritik im Kollegenkreis unterzogen.[36] Die persönliche Ebene des Oberkommandierenden der Wehrmacht blenden diese Studien üblicherweise aus, es sei denn, nachweisbar existierende Befehle Hitlers beeinflussten den Kriegsverlauf maßgeblich. Der Gedankengang des inkompetenten Feldherrn, der nur den Horizont eines »Gefreiten des Ersten Weltkriegs« hatte, fand trotzdem ihren festen Platz in der Forschungsliteratur. In einem Band des »offiziellen« Weltkriegswerks urteilte der Bearbeiter des Abschnitts Rüstung, Hitlers kriegstechnisches Wissen sei über die Erfahrungen des Weltkriegs kaum »hinausgekommen«.[37] Das impliziert, dass Hitler die modernen Kampfmittel nicht verstanden hätte. Warum investierte das Deutsche Reich dann aber Milliarden in den Aufbau einer leistungsfähigen Luftwaffe, in elektrisch betriebene U-Boote und das Projekt einer Fernrakete, die große Sprengstoffmengen tragen konnte? Auch die Annahme von Gerhard P. Groß, Oberst im Militärgeschichtlichen Forschungsamt, dass die zahlreichen Fehlentscheidungen Hitlers die Ursache für den Untergang der Heeresgruppe Mitte im Sommer 1944 gewesen seien, muss hinterfragt werden. Die Ansicht russischer Militärhistoriker, die mehrfache Überlegenheit der sowjetischen Armee spreche für einen geplanten Sieg der Roten Armee, erscheint plausibler.[38]

Immer wieder verweisen Historiker und Publizisten auf den geringen Rang Hitlers im Ersten Weltkrieg und versuchen so, seine Führungsfehler und auch seine vermeintlichen Fehlentscheidungen zu erklären. Zwei Beispiele für solche »Fehlentscheidungen« Hitlers aus dem Jahr 1940 werden bevorzugt zur Illustration herangezogen. Der Haltebefehl für Guderians voranstürmende Panzerverbände im Mai 1940 habe die Vernichtung des britischen Expeditionskorps verhindert – je nach Standpunkt eine »kriegsentscheidende Katastrophe« oder ein glücklicher Missgriff.[39] Als Beispiel für Hitlers Führungsschwäche dient auch seine Nervosität bei der Eroberung Norwegens – er gab zwar nicht die Operation selbst verloren, geriet aber in Panik, weil der überaus wichtige Erzhafen Narvik nicht gehalten werden konnte. Er habe sich die Gegenattacke der Engländer »so drastisch ausgemalt«, meinte der britische Militärhistoriker John Keegan, dass er den deutschen Gebirgsjägern sogar den Rückzug nach Schweden erlaubte.[40]

Der Haltebefehl bei Dünkirchen ging, wie Historiker rekonstruierten, nicht auf Hitler, sondern auf Guderians Vorgesetzten Gerd von Rundstedt zurück. Der Chef der Heeresgruppe A befürchtete Gegenstöße der Franzosen in die Flanke der aus seiner Sicht zu weit vorgerückten Panzer.[41] Dank der Zeitverzögerung und, was häufig übersehen wird, des erbitterten Widerstands der auf kleinstem Raum zusammengedrängten Briten und Franzosen gelang es der britischen Marine, mehr als 338 000 Soldaten zu evakuieren.[42] Bei Tunis gerieten mehr als 300 000 Deutsche und Italiener in Gefangenschaft, bei Stalingrad summierten sich die Verluste der Deutschen, Italiener, Rumänen, Ungarn und Kroaten auf mehr als 800 000. Aus Hitlers Perspektive war das zu verschmerzen, wie sein Chef des Oberkommandos der Wehrmacht nach Kriegsende zu Protokoll gab. Am 17. Juni 1945 sagte Generalfeldmarschall Wilhelm Keitel sowjetischen Militärs bei einer Vernehmung, dass 1944/45 »die rüstungswirtschaftliche Lage Deutschlands und die Lage der menschlichen Ressourcen nicht katastrophal waren«. Die Produktion konnte auf »ausreichend hohem Niveau« gehalten werden, meinte Keitel, die Luftangriffe hätten zwar »in einigen Betrieben zum Ausfall der Produktion« geführt, aber deren Wiederherstellung sei immer wieder sehr rasch gelungen. Die rüstungswirtschaftliche Lage Deutschlands wurde, so Keitel, »erst gegen Ende 1944 hoffnungslos und die Versorgung mit menschlichen Ressourcen erst Ende Januar 1945«.[43]

Wenige Wochen vor dem Haltebefehl von Dünkirchen konnte die Wehrmacht die Stadt Narvik unter ihre Kontrolle bringen. Die Eroberung Norwegens war der dringlichste Wunsch der Kriegsmarine gewesen, die so ihre Ausgangsbasis für den Seekrieg gegen Großbritannien verbessern wollte. Die Rüstungsstrategen waren dafür, weil das zweifellos die wohlwollende Neutralität Schwedens sichern würde.[44] Hitler ließ sich leicht von dem Plan überzeugen, schon deshalb, weil Deutschland gerade einmal 27,14 Prozent seines Eisenerzes selbst erzeugte. Der größte Teil wurde aus Schweden importiert.[45] Die Verschiffungshäfen waren das nicht immer eisfreie Lulea an der schwedischen Ostsee und Narvik, der Hafen am anderen Ende der sogenannten Erzbahn.

Die Besetzung Norwegens gelang nur zum Teil im ersten Angriff. Die britische Flotte erreichte die Küste des Landes zur gleichen Zeit wie die Deutschen, bildete einen Brückenkopf auf den vor Narvik gelegenen Inseln und verdrängte dann die etwa 2500 angelandeten Gebirgsjäger der Wehrmacht. Das löste eine Führungskrise in Berlin aus. Hitler gab die Operation mit der Bemerkung, man habe eben Pech gehabt, verloren. Zeitzeugen berichteten sogar von »Szenen kopfloser Erregung«. Später gelang es, Bodentruppen nachzuführen, doch bevor sich eine wirkliche Schlacht um Narvik entwickeln konnte, entschied das britische Kriegskabinett, Narvik zu zerstören und zu räumen. Mehr als 24 000 alliierte Soldaten verließen den Stützpunkt im Juni 1940.[46] Warum die Regierung in London beschloss, die strategisch ungemein wichtige Stellung freiwillig aufzugeben, ist unklar. Mit einem ausgebauten Brückenkopf rund um Narvik hätte die Erzzufuhr nach Deutschland unterbunden werden können. Ein nach 1945 von englischen Verhörspezialisten befragter einstiger Kommandeur der deutschen Truppen in Norwegen gab unumwunden seiner Verwunderung Ausdruck, dass Großbritannien diese »große Gelegenheit« verschenkte.[47]

In Erinnerung blieb jedoch nicht das Versagen der britischen Regierung, sondern die Krise in der Berliner Reichskanzlei. Hitlers angebliche Führungsschwäche im April 1940 wurde rückblickend immer wieder als das erste Beispiel für die Ausgabe unsinniger Halte- oder Rückzugsbefehle interpretiert – obwohl seine Anordnungen von einer gewissen Stringenz zeugen. Er versuchte, die Marine zum Nachführen weiterer Truppen zu bewegen, was der Chef der Seekriegsleitung Erich Raeder ablehnte. Angesichts der Tatsache, dass alle bis dahin nach Narvik entsandten Schiffe versenkt worden waren, erschien ihm das Risiko zu groß. Es war also Raeder, der Narvik preisgab. Hitler hingegen befahl jetzt das Nachführen von Truppen auf dem Landweg und die Entsendung von Fallschirmjägern, weil er den britischen Brückenkopf unbedingt beseitigen wollte. Er konnte nicht wissen, dass die Briten und Franzosen sich zurückziehen würden.[48]

Hitlers Zaudern und Zögern, seine Wutanfälle und willkürlichen

Entlassungen, deutsche Erfolge und das Versagen der Wehrmacht – all das gehört zur Geschichte des Zweiten Weltkriegs. Seine Führungsrolle kann, wie gezeigt, nicht nur auf die Überforderung des »Gefreiten des Ersten Weltkriegs« zurückgeführt werden. Schon Zeitgenossen bemerkten bei ihm »einen gewissen Blick für operative Möglichkeiten«, den man aber auch bei ungebildeten Laien finden könne.[49] Diese Ansicht äußerte Erich von Manstein, ein Generalfeldmarschall, der Hitlers Krieg im Osten ebenso prägte wie sein Vorgesetzter und Rivale Franz Halder. Manstein, der eigentliche Autor des Plans für den Feldzug gegen Frankreich, verehrte Hitler so stark, wie Halder ihn nach seiner Entlassung verachtete.

Die publizistisch ausgetragene Kontroverse der beiden Militärs wirkt sich bis heute auf die Geschichtsschreibung aus. Zugleich hat sie den Blick verengt. Beide stritten sich über Details, vermieden aber eine Antwort auf die Frage, wie es eigentlich zum Zweiten Weltkrieg kommen konnte. Die Akteure suggerierten, es sei eine Art Naturgesetz gewesen, dass die Katastrophe, die mehr als 60 Millionen Opfer forderte, über Europa und Asien hereinbrach. Sie hinterfragten nicht, warum ein Mann wie Hitler, ein erfolgloser Künstler und Weltkriegsgefreiter, den Anstoß zum Krieg geben konnte.

Der naive Panzergeneral Heinz Guderian machte dafür Hitlers vermeintliche Erfolge als Reichskanzler geltend: »die Beseitigung der Arbeitslosigkeit, die Hebung der Arbeitsmoral, die Hebung der nationalen Gesinnung, die Beseitigung des Parteienwirrwarrs«.[50] Wie Hitler dieser Aufstieg zum Politiker gelang, war für ihn nebensächlich. Er nahm ihn hin, ebenso wie die anderen Spitzenmilitärs. Denn Guderian stand mit dieser Meinung nicht allein, Halder und von Manstein hatten den Umbau des Deutschen Reichs von einer Demokratie zur Diktatur ebenso begrüßt wie die meisten Offiziere und ein großer Teil des deutschen Volks. Sie akzeptierten den Primat der Politik, solange in ihrem Sinne Geschichte gemacht wurde. Der Gefreite des Ersten Weltkriegs, der Führer der NSDAP und Reichskanzler erschien ihnen als der richtige Mann am richtigen Platz, bis das Kriegsglück sich wendete.

2

Hitlers erster Weltkrieg

Adolf Hitler, geboren am 20. April 1889 in der oberösterreichischen Grenzstadt Braunau am Inn, hätte sich im Jahr 1910 zur Musterung melden müssen. In der Doppelmonarchie war ein dreijähriger Wehrdienst zu leisten. Die Dienstpflicht wurde jedoch nicht besonders streng gehandhabt, denn das Heer war sehr klein, und es gab deshalb viele »Überzählige«. An die Wehrpflichtigen wurden hohe Anforderungen gestellt, schon geringfügige gesundheitliche Schwächen reichten für eine Ausmusterung.[1]

Obwohl er als Jugendlicher nicht selten unter Erkältungskrankheiten und wohl auch an einer Mandelentzündung gelitten hatte, häufig blass aussah und ein wenig schmächtig wirkte, wollte Hitler sich darauf nicht verlassen. Denn das »schwere Lungenleiden«, das er laut *Mein Kampf* als Schüler durchgemacht haben wollte und das zur Rückstellung gereicht hätte, gab es nicht.[2] Der Musterung entging Hitler vielmehr durch mehrere Wohnungswechsel. Er zog nach Wien, wohnte dort bei Verwandten und später in einem Männerwohnheim. Seinen Lebensunterhalt verdiente er als Kunstmaler, Zuschüsse von Angehörigen ermöglichten ihm gelegentlichen Luxus, etwa Opernbesuche.[3] Im Mai 1913 packte er seinen Koffer erneut und siedelte nach München über. Fortan galt er als »stellungsflüchtig«. Die behördlichen Ermittlungen waren erfolgreich, und er wurde aufgefordert, sich auf dem österreichischen Konsulat zu melden. Dort stimmte Hitler ein phantasievolles Klagelied von Armut, Krankheit und Not an. Es gelang ihm, so die Historikerin Anna Maria Sigmund, beim Konsul einen »derart leidensvollen Eindruck zu erwecken, dass dieser gegen seine Vorschriften verstieß« und vom Antrag auf Auslieferung Abstand nahm. Zugleich bestand das Gremium auf einer Überprüfung des Befundes. Der erneuten Musterung musste sich Hitler dann in Salzburg stellen, wo die Kommission am 5. Februar 1914 konstatierte: »Zum Waffen- und Hilfsdienst untauglich, zu schwach. Waffenunfähig.«[4]

Soldat im Bewegungskrieg 1914

Hitlers Bestreben, sich dem Dienst im Heer des Vielvölkerstaates zu entziehen, liegt vermutlich darin begründet, dass er schon damals stark deutschnational empfand. Zwar verneinte Max Amann, der im Ersten Weltkrieg als Feldwebel zeitweise Hitlers Vorgesetzter gewesen war, nach dem Zweiten Weltkrieg die Frage, ob Hitler bereits in dieser frühen Zeit ihrer Bekanntschaft über gefestigte politische Vorstellungen verfügte. Aber er habe den Leuten immer Vorträge über die schrecklichen Zustände in Österreich gehalten, das innerlich »zerfallen« sei.[5] Auch in *Mein Kampf* sparte er nicht mit Tiraden über das von den Tschechen unterwanderte Wien. Das war eine abwegige Behauptung, wie Brigitte Hamann nachgewiesen hat, aber bei der Lektüre deutschnationaler Pamphlete und ätzender Satireblätter konnte sich dieser Eindruck aufdrängen. Es ist sicher, dass Hitler solche Publikationen kannte und für zutreffend hielt, sang er doch in *Mein Kampf* das Hohelied auf die rechts stehenden deutschnationalen Politiker, die dieser »Unterwanderung« entgegentreten wollten.[6]

Am 2. August 1914 eilte also ein deutsch-patriotisch empfindender junger Mann zur Kundgebung auf dem Münchner Odeonsplatz, mit der Tausende die Mobilmachung jubelnd begrüßten.[7] Am Sinn dieses Kriegs ließ Hitler später keinen Zweifel. Die Deutschen hätten für das erhabenste und gewaltigste Ziel gekämpft, das sich für Menschen denken lasse, formulierte er pathetisch, »die Freiheit und Unabhängigkeit unseres Volkes, die Sicherheit der Ernährung für die Zukunft und – die

Ehre der Nation«.[8] Am 5. August, die Deutschen belagerten Lüttich, meldete sich Hitler als Freiwilliger, wurde jedoch weggeschickt, da es keine Verwendung für ihn gab. Am 16. August erhielt er dann den Befehl, sich beim Rekruten-Depot zu melden, und wurde dem neu formierten 16. Reserve-Infanterieregiment zugeteilt. Die Soldaten wurden im Waffengebrauch unterwiesen und gedrillt. Eine größere »feldmarschmäßige« Übung im September beendete die Ausbildung.

Als das Regiment an die Front verlegt wurde, war der deutsche Feldzug im Westen bereits gescheitert. Paris war nicht wie geplant innerhalb kurzer Zeit gefallen, stattdessen konnten die Franzosen die Front stabilisieren und wichtige Punkte, etwa die Festung Verdun, halten. Das Ziel der Deutschen war jetzt die Inbesitznahme eines möglichst breiten Küstenstreifens am Ärmelkanal, um Großbritannien von seinem Verbündeten Frankreich zu trennen und seine Truppen vom Krieg auf dem Kontinent fernzuhalten. Sie starteten einen »Wettlauf zum Meer«, aus dem Nebenkriegsschauplatz Flandern war im Oktober 1914 der einzig mögliche Durchbruchspunkt an der Westfront geworden.

Hitlers Regiment sollte bei einer Operation gegen die Stadt Ypern eingesetzt werden. Mit der Einnahme dieses Verkehrsknotenpunktes wären die Verbände der Engländer vom französischen Hinterland abgeschnitten worden und hätten so einfacher bekämpft werden können. Die Eroberung Yperns hätte möglicherweise sogar eine strategische Bedeutung gehabt.[9] Das erkannten auch die Entente-Mächte im Westen, weshalb der Kampf um diese Stadt in eine der erbittertsten Schlachten der Kriegsgeschichte mündete, wie der britische Historiker Martin Gilbert urteilte.[10] Das Ergebnis war ein Unentschieden. Den alliierten Truppen fiel es nicht schwer, einen »Wettlauf«, der in Marschgeschwindigkeit stattfand, zusätzlich zu verlangsamen. Briten und Franzosen gruben sich ein und errichteten Systeme aus Gräben, Stacheldraht und Sprengfallen, in denen sich der Kampf erschöpfen musste. Zugleich setzten die verbliebenen belgischen Truppen große Gebiete durch Deichsprengungen unter Wasser. Der Durchbruch zur Kanalküste war zu einem erbitterten Ringen um Dörfer, Anhöhen, Wäldchen und Straßen geworden. Die Briten hielten die Schlacht praktisch für gewonnen. Die Reserveregimenter seien der letzte Trumpf, den die deutsche Führung noch ausspielen könne, glaubte der Oberbefehlshaber des Expeditionsheeres in Flandern Feldmarschall John French.[11]

In diese im Erstarren begriffene Front wurde Hitlers Regiment Mitte Oktober geworfen. Nach einem fröhlichen Auszug aus München und einem Eisenbahntransport über Augsburg und Köln trafen die Soldaten am 23. Oktober auf dem völlig zerschossenen Hauptbahnhof in Lille ein. Inmitten der rauchenden Trümmerhaufen sahen sie weinende und bettelnde Frauen und Kinder, trotzige und verschlossene Männergestalten, wie der Divisionsgeistliche in sein Tagebuch notierte.[12] Sie verbrachten einige Stunden der Ruhe in einer zerstörten Vorstadt von Lille, dann zwei Tage in Lille selbst. Am 27. Oktober brach das Regiment um vier Uhr morgens auf. Im Laufe des Nachmittags überschritten die Soldaten den französisch-belgischen Grenzfluss Lys. Nach 40 Kilometern Fußmarsch biwakierten die Kämpfer bei Panemolen. Die Stimmung war so gut wie die Verpflegung. Kaffee wurde ausgegeben, in den Feldküchen brodelten in großen Kesseln Suppen mit frisch von den umliegenden Feldern geerntetem Gemüse. In den verlassenen Gehöften fand sich noch manches Stück Vieh, das geschlachtet und zubereitet wurde. Und nicht zuletzt gab es genügend Stroh für Lagerstätten.[13]

Andererseits konnten viele Soldaten nicht schlafen, weil die Kadaver verendeter Pferde unerträglich stanken. Hitler und seine Kameraden vergruben die Tierkörper und befanden den Platz danach für tauglich zur Nachtruhe. Nur wenige Minuten später wurden sie geweckt, um befehlsgemäß einen anderen Schlafplatz zu beziehen.[14] Tags darauf zogen die Offiziere das Regiment auseinander und machten es bereit, zur eigentlichen Front vorzustoßen.

Am 29. rückten die einzelnen Bataillone aus und trafen schon bald auf feindliche Verbände. Furcht hätten sie nicht gehabt, schrieb Hitler einige Monate später an einen Bekannten in München, denn: »Wir hatten noch keine rechte Ahnung von der Gefahr.«[15] Die bayerischen Soldaten griffen an und warfen den Gegner, ein abgekämpftes Regiment schottischer Highlander, aus einer gut ausgebauten Stellung.

Beim anschließenden Sturm ging jedoch, wie die offizielle Regimentsgeschichte vermerkt, »augenblicklich alle Ordnung verloren«. Jeder
wollte vorn sein, um die anscheinend leicht zu erringenden Lorbee-
ren zu ernten. Wie die Highlander in ihren blau-grün-rot gestreiften
»Knieröckchen« mit blanken Beinen die Ackerfurchen hinaufrannten,
erregte Heiterkeit: »Da schauns hin, Herr Hauptmann, die haben ja
Weiber dabei …«

Wenige Minuten später wurde einer der stürmenden Offiziere erschossen, was die Heiterkeit schlagartig verstummen ließ.[16] Die Offensive der Bayern stockte an den Drahtverhauen der zweiten und
dritten Linie, in deren Ecken und Winkeln die Engländer aus gut ge-
tarnten Feuerstellungen schossen. Sie stießen trotzdem weiter vor und
eroberten ein kleines Waldstückchen, den später nach ihnen benannten
»Bayernwald«. Die Briten stellten jetzt ihr Artilleriefeuer auf diesen
Wald ein, schleuderten so Wolken von Steinen, Erde und Sand em-
por, entwurzelten Bäume und erstickten alles in einem »gelbgrünen,
scheußlichen, stinkigen Dampf«, wie sich Hitler erinnerte. Sie retteten
sich in einen Graben, der von Württembergern erstürmt worden war.
Jetzt setzte auch die deutsche Artillerie ein. In »stellenweise blutigem
Zweikampf« eroberten sie weitere Gräben. Hitler: »Was sich nicht er-
gibt, wird niedergemacht.« Die Bayern erreichten eine Straße, liefen in
einen Wald, aus dem sie die Gegner vertrieben, und versuchten, einige
Gehöfte einzunehmen, die heftig verteidigt wurden. Zusammen mit anderen wurde Hitler zurück in das Wäldchen geschickt, um versprengte
Kämpfer zu finden. Als er zurückkam, waren die ersten Angriffe schon
gescheitert, der Major lag mit zerschossener Brust am Boden, um ihn
herum Verwundete und weitere Tote.

An den nächsten Versuchen, die Gehöfte zu erstürmen, nahm Hitler teil. Ein Schuss riss ihm den rechten Ärmel herunter, »wie durch
ein Wunder bleibe ich unverletzt und heil«. Drei Stunden dauerte der
Kampf um die Bauernhäuser, den die Bayern schließlich nachmittags
um fünf gewannen. Sie gruben sich ein, die Opfer wurden liegen gelassen und erst später gezählt.[17] Noch fiebernd von den Anstrengun-
gen des ersten Kampftages und ohne jede Verpflegung, hüllten sich

die Männer in ihre Mäntel, um sich vor dem Regen zu schützen. Die Feldküche kam erst gegen Mitternacht an, in den geplünderten Gräben fand sich jedoch manch Verwertbares, Corned Beef etwa oder eine Dose Keks.[18]

Ohne jede Artillerieunterstützung mussten die Bayern am nächsten Nachmittag einen erneuten Vorstoß unternehmen, und schon nach wenigen Minuten, so die Regimentsgeschichte, setzte Schrapnellfeuer ein, und die Soldaten fielen »wie reife Garben unter der Sense des Schnitters«. Kriechend in den frischen Ackerfurchen suchten die Soldaten nach Deckung, um im geeigneten Moment wieder zum Sprung anzusetzen. War der gestrige erste Ansturm der Deutschen noch erfolgreich, war er es an diesem Tag nicht mehr. Es ist aufschlussreich, dass Hitler in seinem Feldpostbrief nur den ersten Tag beschreibt. Der Gegner hatte neue Truppen ins Gefecht geworfen. Die Bayern und Württemberger konnten zwar die Stellung an der Straße nach Becelaere noch eine Weile halten, mussten dann aber zurückweichen. Dankbar vermerkt die Regimentsgeschichte, dass sich die Briten der bayerischen Verwundeten angenommen hätten.[19] Es gelang den vereinigten Resten noch, das Städtchen Gheluvelt einzunehmen, woran Hitler jedoch nicht beteiligt war. Dessen Bataillon lag, befehlsgemäß, in den Gräben und sollte als Reserve später in den Kampf geführt werden. Dauerbeschuss der britischen Artillerie machte jedoch jedes Auftauchen unmöglich: »Man lag an die vorderen Grabenwände geschmiegt und ließ den Eisenhagel darüber hinwegbrausen.«[20] In Gheluvelt endete der Sturm des 16. Reserve-Infanterieregiments unter großen Verlusten. Nach vier Tagen Kampf wurde den Überlebenden der Rückzug befohlen.

Es ist Thomas Webers Verdienst, den deutschen Sturm auf Gheluvelt von seinem Heldenmythos entkleidet zu haben, den Hitler und andere später verbreiteten. Bei korrekter Zählung kam Weber auf Verluste von etwa 75 Prozent, von mehr als 3000 Mann waren noch 725 einsatzfähig. Genauso viele hatten ihr Leben verloren. Nicht alle Frontkämpfer berichteten so euphorisch wie Hitler. Ein Kamerad, der wie dieser den Krieg überleben sollte, schrieb, dass er »vier furchtbare Tage« ertragen habe: »Was ich erlebt, wäre genug.«[21] Für die Briten waren es die drei

»glorreichen Tage«, denn das deutsche Ziel, die Eroberung Yperns, war nicht erreicht worden und wurde auch im weiteren Kriegsverlauf nie erreicht. Sie feierten die Erstarrung der Front als Sieg, was sie de facto auch war.[22]

In seinem Feldpostbrief an den Bekannten beschrieb Hitler auch die Verleihung des Eisernen Kreuzes II. Klasse an ihn. Vor dem Einreichen des Antrags hätten sie im Zelt des Regimentskommandeurs antreten müssen, um noch einmal persönlich Auskunft zu geben. Weil die Kompanieführer auch gehört werden sollten, mussten die Kandidaten das Zelt verlassen, in das dann eine Granate einschlug. Hitler: »Es war der furchtbarste Anblick meines Lebens.« Er habe Oberstleutnant Engelhardt, der dabei schwer verwundet wurde, »vergöttert«.[23]

Am 3. November wurde Hitler zum Gefreiten befördert und am 9. zum Regimentsstab versetzt. Ein Regimentsstab wie beim RIR 16 bestand aus vier Offizieren – Kommandeur, Regimentsadjutant, Arzt und Quartiermeister. Diesen waren rund fünfzig Unteroffiziere und Soldaten unterstellt. Hitler zählte zu den Ordonnanzen, also Hilfskräften, und erhielt die Funktion eines Meldegängers, was bedeutete, dass er Befehle oder Informationen vom Stab zu den Bataillonskommandeuren bringen musste. In unmittelbaren Kontakt zu den vordersten Linien kam Hitler fortan nur noch selten.[24] Der Umgang der Vorgesetzten mit ihren Untergebenen war üblicherweise korrekt, obwohl sich Hitlers Meldegängerkollege Balthasar Brandmayer an »Schikanen« durch einen bestimmten Offizier erinnerte. Seine Versetzung sei für alle ein »Freudentag« gewesen.[25]

Das Erstarren der Front empfand Hitler als unangenehm, wie ein Brief zeigt, den er am 26. Januar 1915 seinem Vermieter schrieb. Seit zwei Monaten liege das Regiment nun schon ununterbrochen an der Front, der Stab befinde sich in Messines. Die deutsche Artillerie habe den Ort unter »Strömen von Blut« erobert, aber erst nachdem er von ihr sturmreif geschossen worden sei. Die 21-Zentimeter-Mörser hätten »gespielt«, jeder Trichter sei so groß gewesen, dass ein Heuwagen hineingepasst hätte. »Schaurig« aber sei das feindliche Feuer in der Nacht. Trotzdem blieb Hitler optimistisch: »Aus dem Ort bringt uns kein Tod und kein Teufel mehr heraus.«²⁶ Und hinter Messines wimmle es von jungen, frischen Regimentern. Seine Kameraden und er würden ausharren, bis diese fertig ausgebildet seien, dann könne »der Tanz losgehen«. Die alten Freiwilligenregimenter seien »freilich jetzt sehr schwach«. Der Kampf koste Blutopfer, nicht gerechnet Kälte und Nässe. Denn der »ewige Regen« habe die Landschaft in einen einzigen grundlosen Sumpf verwandelt. Das Grabensystem sei inzwischen zu einem Gewirr von Wolfsfallen, Schießscharten und Drahtverhauen – einer uneinnehmbaren Stellung, wie Hitler glaubte – ausgebaut worden. Vom Ort selbst sei nicht mehr vorhanden als ein Schutt- und Brandhaufen. Unter ungeheuren Verlusten und »Strömen von Blut« hätten sie die Franzosen zurückgeworfen. Hier werde man aushalten, bis Hindenburg Russland mürbe gemacht habe. Übrigens bitte er um Verzeihung, dass er so selten schreibe, aber er komme nur alle 14 Tage einmal aus dem Dreck, um sich zu waschen. Ebenso werde man auch »ganz stumpf« durch den »ewigen Kampf«, und es fehle der geordnete Schlaf. Häufig stünden die Soldaten bis zu den Knien im Wasser, dazu komme »sehr schweres Artilleriefeuer«. Er freue sich auf die Ablösung, trotzdem erhoffe er sich »bald auf der ganzen Front« den »Generalsturm«, denn: »Ewig kann es so nicht gehen.«²⁷ Die frischen Regimenter gab es freilich nicht, und »der Tanz« ging nicht los, weil die Oberste Heeresleitung die Entscheidung an anderer Stelle suchte.

Aufschlussreich ist auch ein anderer Brief, den Hitler kurz darauf an einen Bekannten in München schrieb. Ihm teilte er mit, er sei »jetzt sehr nervös« geworden. Sie lägen Tag für Tag von acht Uhr früh bis fünf Uhr nachmittags unter heftigem Artilleriebeschuss, das mache mit der Zeit auch die stärksten Nerven kaputt. Bemerkenswert sind die politischen Äußerungen, die Hitler an den Schluss seines Briefes stellte. Er habe nur einen Wunsch, nämlich »dass es bald zur endgültigen Abrechnung mit der Bande« kommen möge. Und jene, die das Glück besitzen würden, die Heimat wiederzusehen, sollten diese von der »Fremdländerei« gereinigt vorfinden. Er hoffe, dass der »Strom von Blut, der hier jeden Tag fließt gegen eine internationale Welt von

Feinden« nicht nur Deutschlands Widersacher im Äußeren zerschmettere, sondern dass auch »unser innerer Internationalismus zerbricht«. Das wäre mehr wert als aller Ländergewinn. Mit Österreich werde es so kommen, »wie ich es immer sagte«.[28]

Der Zusammenbruch Österreichs an der Ostfront ließ jedoch dank der deutschen Waffenhilfe auf sich warten. An der Westfront lag die Initiative bei den Engländern, die am 10. März zur Eroberung des Städtchens Neuve Chapelle ansetzten. Nach starker Artillerievorbereitung gelang es indischen Truppen, in die Gräben und die Stadt einzubrechen und diese zu besetzen. Die Fortsetzung des britischen Angriffs am nächsten Morgen kam allerdings im Feuer der Infanterie zum Erliegen, und auch ein am Abend vorgetragener Angriff blieb vor der zweiten Verteidigungslinie der Deutschen stecken. Der Gegenangriff der bayerischen Truppen, unterstützt von Westfalen und Sachsen, fand am 12. März statt. Infolge der Schwäche der eigenen Artillerievorbereitung erlitten sie jedoch so schwere Verluste, dass sie durch den Ansturm am Mittag in die eigene Stellung zurückgedrückt wurden. Zwei Tage später wurden die Reste der Regimenter abgelöst. Die insgesamt zehntägige Schlacht kostete mehr als 22 000 Menschen das Leben.[29] Hitlers Regiment wurde nach Fromelles verlegt, fünf Kilometer nördlich von Neuve Chapelle.

Die nächsten zwei Jahre waren von Stellungskämpfen geprägt, deren Intensität jedoch gering war. Die deutsche Heeresleitung suchte die Entscheidung vor Verdun, die Festung im Süden der Westfront wurde zur »Blutmühle« für Deutsche und Franzosen.

Im Frontabschnitt der Bayern gab es nur wenige Verluste. Zwar lieferten sich die Gegner täglich Schießereien, aber Munition war knapp. Die Mannschaften wurden daher zum Ausbau der Stellungen herangezogen, deren Stärke einen englischen Angriff an dieser Stelle noch unwahrscheinlicher machte. Die Arbeit war schwer und eintönig, die Moral wurde schlechter, und die vielen hinzugekommenen älteren Soldaten, meist Landsturmmänner, neigten zu disziplinwidrigem Verhalten. Die Offiziere beklagten zunehmend Alkoholmissbrauch und die Ausbreitung von Geschlechtskrankheiten.[30] Auch Hitler soll sich einem hartnäckigen Gerücht zufolge eine flämische Geliebte zugelegt haben, der Historiker Werner Maser glaubte sogar an einen gemeinsamen Sohn.[31] Obwohl die Legende inzwischen mit Hilfe von DNS-Proben widerlegt worden ist[32], geisterte sie im Jahr 2012, diesmal in Gestalt eines angeblichen Hitler-Enkels, wieder einmal durch den britischen Blätterwald.[33]

Sicher ist jedoch, dass der Gefreite in diesen ruhigen Monaten viel Zeit mit Malen verbrachte, was die gründlich ausgeführten Zeichnungen und sorgfältig durchkomponierten Aquarelle belegen. Zwei Beispiele sind im Bildteil, Tafel 5, dokumentiert. Hitlers Skizzen sind detailliert ausgearbeitet und erwecken den Eindruck, dass er sein Berufsziel Kunstmaler nicht aus den Augen verloren hatte. Dass er bewusst für einen massenkompatiblen Geschmack produzieren wollte, zeigen die Aquarelle, die er im Städtchen Haubourdin anfertigte. Ihre frohe Farbigkeit kann zugleich als Indiz gelten, dass er im Gegensatz zum Winter 1914/15 wohl nicht unter den Verhältnissen litt. Den »Hohlweg bei Wytschaete«, den er und seine Meldegängerkollegen häufig unter Beschuss passieren mussten, malte er jedoch in düsteren, bedrohlichen Farben und mit einer expressionistischen unruhigen Bildsprache.[34] Wenn die Bilder etwas über den Menschen Hitler aussagen, stehen sie für das zielstrebige Arbeiten am Handwerk und eine Person, die offenbar Stimmungsschwankungen unterworfen war. Er selbst ging auf den Charakter seiner Bilder später nicht ein und leugnete, dass er nach wie vor an seiner künstlerischen Karriere festhielt. Stattdessen stilisierte er sich in der Rückschau zum noch ziellosen Grübler, der sich viel mit Politik und Philosophie befasste.[35]

Die wichtigste Tornisterlektüre Hitlers war in dieser Zeit eine sechsbändige Schopenhauer-Ausgabe. Hitler hielt den Philosophen für einen der größten deutschen Denker; er habe »viel von ihm gelernt«.[36] Dazu gehörte sicher die Verachtung für die breite Masse, die er mit Schopenhauer teilte: »Der große Haufe nämlich hat Augen und Ohren, aber nicht viel mehr, zumal blutwenig Urteilskraft und selbst wenig Gedächtnis.« Auch der Zynismus, mit dem Schopenhauer bei Betrachtungen über den Wert des Menschen über dessen Rang spottete, weil der lediglich ein »simulierter Wert« sei und deshalb nur »simulierte Hochachtung« erzeuge, wird bei ihm einen Nerv getroffen haben. Wie der Philosoph verachtete Hitler überlieferte Ränge und Strukturen, spielte aber zynisch mit der Eitelkeit und Ruhmsucht anderer, die Schopenhauer als wesentliche Triebkräfte des Menschen ansah.[37]

1916: die erste Verwundung

Die relativ beschauliche Zeit ging zu Ende, als die Engländer beschlossen, den Frontabschnitt bei Lille auf seine Standfestigkeit zu prüfen. Im Juli 1916 stürmten englische und australische Truppen die gut ausgebaute Grabenstellung bei Fromelles. Hitlers Regiment fügte den Briten mit Schrapnellgranaten und Maschinengewehren schwerste Verluste zu. Die erfolgreicher vorgestoßenen Australier saßen wenig später fest, weil die Deutschen die Gräben fluteten. Die folgenden Nahkämpfe wurden mit äußerster Erbitterung geführt, sogar Soldaten, die sich gefangen gegeben hatten, wurden misshandelt oder erschossen. Hitlers Regiment verlor in diesem ergebnislos geführten Gefecht 340 Mann, davon 107 Gefallene. Engländer und Australier opferten 6000 Mann, davon kamen 2000 ums Leben.[38] Der Sieg, der keiner war, hob die Stimmung nicht merklich. Verstöße gegen die Disziplin häuften sich, und auch die Angst, einen sinnlosen und grausamen Tod zu sterben, wuchs. Die Zahl der Desertionen stieg an, als bekannt wurde, dass das Regiment in die soeben begonnene Sommeschlacht verlegt werden sollte. Die Soldaten wussten, was auf sie zukam, sie kannten die Opfer der »Blutmühle« von Verdun.

Thomas Weber hat die disziplinarischen Vorfälle des Regiments ausgezählt und kam zu dem Ergebnis, dass sich Desertionen, unerlaubtes Entfernen und Feigheit vor dem Feind im zweiten Halbjahr 1916 häuften, mehr noch als 1918. Der Umgang mit den Soldaten, die nicht mehr kämpfen konnten oder wollten, die im Gaskrieg die Nerven verloren oder durch Verschüttungen zu nervös zitternden Pflegebedürftigen wurden, war human – rückschauend betrachtet vor der

Folie des Zweiten Weltkriegs. Viele wurden als tatsächlich Kranke in die Heimat zurückgeschickt, wo sie allerdings nicht immer als solche behandelt wurden.[39] Die anderen erhielten Arreststrafen oder wurden in Strafkompanien versetzt, in denen schwere Arbeit zu leisten war. Es gab dort jedoch keine »Vernichtung durch Arbeit«, und Todesurteile wurden außerordentlich selten verhängt. Offiziere, Unteroffiziere und Soldaten waren sich einig, dass auch die Entkräfteten und Dienstmüden Kameraden waren. Für diese Ansicht sprach auch, dass sich die meisten der Bestraften vorher tadellos geführt hatten, wie Weber herausfand.[40]

Hitler sah das anders, auch deshalb, weil er schon am Beginn der Sommeschlacht verwundet wurde. Er erlebte nicht mit, wie sein Regiment an nur einem Tag von 4000 Granaten eingedeckt wurde. Er sah nicht mit an, wie Dutzende Kameraden verschüttet und wieder ausgegraben wurden. Tag für Tag wurde das Regiment von Gasangriffen heimgesucht, von denen eine ungeheure psychologische Wirkung ausging. Die in einem ausgebauten Höhenzug liegenden Bayern, für die es kein Vorwärts und kein Zurück gab, sahen die Gasnebel auf sich zutreiben und konnten nur beten, verschont zu werden. Kamen sie trotz Schutzausrüstung zu lange in Kontakt mit dem Gas, waren schwerste Schäden die Folge.[41] Hitler überstand die blutigste Schlacht des Ersten Weltkriegs glücklich. Mehr als eine Million Menschen starben, er wurde bereits am vierten Tag seines Einsatzes verwundet. Am 5. Oktober 1916 schlug eine Granate in den Gang vor dem Unterstand der Meldegänger ein, wobei Hitler, Ernst Schmidt und Anton Bachmann durch Splitter verwundet wurden. Todesopfer waren nicht zu beklagen, auch wenn Hitler das später behauptete.[42]

Ein Granatsplitter traf seinen linken Oberschenkel, wobei er sicher Blut verlor und gehunfähig wurde. Einen Hoden büßte er hingegen nicht ein, obwohl *Spiegel, Bild* und zahllose andere Medien das für die Wahrheit hielten oder zumindest glaubten, die Sache, ob wahr oder nicht, sei eine Meldung wert. Weil Hitler 1936 unter nicht genau deutbaren Symptomen litt, etwa an einem unangenehmen Jucken am Unterschenkel und ungewöhnlicher Mattigkeit, untersuchte ihn sein später Leibarzt Theodor Morell gründlich. Dabei prüfte er auch den Cremasterreflex, indem er einen Muskel an der Innenseite des Oberschenkels reizte. Die Hoden zogen sich wie erwartet nach oben. Bei dieser Untersuchung kontrollierte Morell auch die Möglichkeit eines schlecht verheilten Leistenbruchs, wofür er Hitlers Intimbereich ebenfalls abtasten musste. Er entdeckte keinerlei Normabweichung.[43]

Hitlers Verletzung war also tatsächlich »leicht«, wie die Verlustliste belegt.[44] Im Krankenbuch des Lazaretts Beelitz bei Berlin ist er als Zugang Nummer 4199 mit der Diagnose »Granatsplitterverletzung linker Oberschenkel« eingetragen.[45] Die hier untergebrachten Soldaten sollten ausheilen und wieder frontverwendungsfähig werden. Hitler machte jedoch, wie er in *Mein Kampf* schrieb, Bekanntschaft mit einer für ihn neuen Erfahrung, dem »Rühmen der eigenen Feigheit«. So begegnete er einem Soldaten, der sich am Drahtverhau selbst verstümmelt hatte. Seine Verletzung der Hand war kompliziert und langwierig. Im Lazarett berichtete dieser Soldat von der »Tapferkeit«, die dazu notwendig gewesen sei. Hitler erinnerte sich: »Viele hörten schweigend zu, andere gingen, einige aber stimmten bei.« Ihm erschien ein solches Verhalten als »Feigheit«, aber offenbar war er erstaunt und sprachlos, sodass er zu jenen gehörte, die schweigend zuhörten.[46]

Von Beelitz aus besuchte Hitler Berlin. In der Rückschau äußerte er sich recht zurückhaltend über seinen Eindruck von der Reichshauptstadt des Jahres 1916. Die Menschen hätten Hunger gelitten, schrieb er in *Mein Kampf,* die »Unzufriedenheit« sei durchaus »groß« gewesen.[47] Diese Charakterisierung der Lage ist eine Untertreibung. Die zum Überleben notwendige Nahrungsmenge wurde in den Großstädten um bis zu 40 Prozent unterschritten. Infolge der britischen Blockade, aber auch aufgrund logistischer Mängel starben in ganz Deutschland mehr als 800 000 Menschen.[48] Es ist möglich, dass Hitler aus diesem Grund bereits am dritten Tag des Zweiten Weltkriegs einem System von Lebensmittelmarken für praktisch alle Grundnahrungsmittel zustimmte. Im Ersten Weltkrieg existierte es noch nicht. Die kaiserliche Regierung betrachtete jede Form von Zwangsbewirtschaftung als Schwäche. Erst 1915 wurde nach langem Zögern die Brotkarte eingeführt, dann im

Herbst 1916 die Zuckerkarte. Es war der »Kohlrübenwinter«, der dem Gedanken der umfassenden Zwangsbewirtschaftung zum Durchbruch verhalf.[49]

Mitten in dieser Ernährungskrise wurde der genesene Hitler am 1. Dezember 1916 zur Truppe zurückversetzt. Stationierungsort war zunächst München, das er nicht wiedererkannte: »Ärger, Missmut und Geschimpfe, wohin man nur kam!« Zudem seien die alten Offiziere nicht in der Lage, »ein anständiges Verhältnis« zu den Soldaten herzustellen.[50] Es ist nicht bekannt, welcher Offizier den Gefreiten Hitler demütigte oder schikanierte. Es war ihm aber künftig offenbar unangenehm, daran erinnert zu werden, dass er sich nicht »oben« in einer Institution befand, die Befehle gab, sondern zu denen »da unten« gehörte, die sie ausführten.

Stadt, Truppenteil und Stimmung missfielen ihm, weshalb er im Januar 1917 um Versetzung bat. Er schrieb einen Brief an Fritz Wiedemann, den Adjutanten im Stab des 16. Reserve-Infanterieregiments. Er sei nun wieder felddienstfähig und habe den »dringenden« Wunsch, zu seinen alten Kameraden zurückzukehren. Er bat Wiedemann, der dem Kanzler Hitler später als persönlicher Adjutant dienen sollte, ihn wieder für das Regiment anzufordern. Wiedemann entsprach der Bitte, sodass Hitler seine Stellung als Meldegänger im Stab zurückerhielt.[51]

Das Regiment war in die ruhige Gegend des La-Basse-Kanals verlegt worden, wurde aber im Mai 1917 erneut in die Schlacht geworfen. Diesmal bei Arras, wo in fünf Tagen 149 Männer starben und Hunderte verwundet wurden.[52] Das Regiment musste nach Flandern abgezogen und »aufgefrischt« werden. In dem Gebiet, das den Bayern inzwischen zur zweiten Heimat geworden war, nahmen die Fälle von Disziplinlosigkeit wieder zu. Offiziere beklagten auch die Fraternisierung mit den Belgiern, unternahmen aber wenig gegen die unzureichende Lebensmittelversorgung der Mannschaften.[53] Der Stab dürfte davon nicht betroffen gewesen sein.

Im vierten Kriegsjahr wurde das Regiment ein weiteres Mal bei Gheluvelt eingesetzt, und erneut erlitt es schwere Verluste. Doch im Gegensatz zum Sturmangriff von 1914 sollten die Soldaten jetzt verteidigen, was ihnen nicht gelang. Es war ein inzwischen typischer Angriff im Stellungskrieg. Bevor der Sturm losbrechen sollte, wurde mit schwerer Artillerie vorbereitet und immer wieder Gas geschossen. Am achten Tag musste Hitlers Regiment abgezogen werden, ohne dass es einen einzigen Feind zu Gesicht bekommen hatte. Das Regiment verlor 800 Mann, die übrigen waren extrem demoralisiert. Sehr »niederdrückend« sei der Anblick der »arg zerstümmelten Leichen«, vor allem der Gastoten, die, so Kommandeur Anton von Tubeuf in seinem Wochenbericht, »besonders angreifende Begleiterscheinungen zeigten«. Angesichts des körperlichen und seelischen Zustands und wegen der geringen »Gewehrstärke« könne er dem Regiment gegenwärtig einen »Kampfwert nicht zusprechen«.[54] Das Regiment wurde zwar verlegt, aber in eine Stellung, die ebenfalls im Artilleriehagel lag. Zwei Bataillone – bzw. deren Überreste – wurden vollständig abgezogen. Die Maschinengewehrkompanie und der Stab blieben, gerieten im Sturm der Engländer unter heftiges Feuer und wurden nach 24 Stunden zurückgenommen. Die Überlebenden waren »mehr Gespenstern als Menschen ähnlich«, beschrieb Hitler die Geschlagenen in *Mein Kampf* anschaulich.[55]

Nach den schweren Verlusten wurde das Regiment ins Elsass verlegt, in einen überaus ruhigen Frontabschnitt. Hitler suchte gemeinsam mit Ernst Schmidt um Heimaturlaub nach. Im Oktober 1917 reisten die beiden Meldegängerkollegen über Köln nach Dresden und Leipzig. Hitler fuhr dann allein nach Berlin weiter, wo er bei der Familie eines anderen Angehörigen des Stabs übernachtete, die sich liebevoll um ihn kümmerte.[56] Er hätte es sich nicht besser wünschen können, schrieb er an Schmidt. Von Berlin war er jetzt begeistert. Die Stadt sei »großartig«, so richtig eine »Weltstadt«, der Verkehr immer noch enorm. Endlich habe er Gelegenheit »die Museen etwas besser zu studieren«. Die schnell hingeschriebene Postkarte vom 6. Oktober 1917 zeigt immer noch Hitlers Wunsch, Kunstmaler zu werden, denn die Reise führte in Städte mit ausgezeichneten Gemäldegalerien. In Berlin hielt er sich, wie er schrieb, »fast den ganzen Tag« in den Museen auf.[57] Auf die politische Lage ging er nicht ein.

Anfang 1918 war die Stimmung bei dem wieder nach Norden verlegten Regiment recht zuversichtlich. Mehrere Wochen trainierten die Soldaten für die bevorstehende Frühjahrsoffensive, so etwas hatte es in den letzten vier Jahren nicht gegeben. Die Soldaten freuten sich auch angesichts der militärischen Gesamtlage. Italien war 1917 zusammengebrochen, auf dem Balkan verzeichnete das Heer überragende Erfolge. Im Osten bahnte sich ein echter Siegfrieden an, verbunden mit der Aussicht, den Zweifrontenkrieg zu beenden. Der Oberkommandierende Erich Ludendorff errichtete auf polnischem und litauischem Gebiet ein Protektorat und schuf einen Cordon sanitaire aus Satellitenstaaten um das bolschewistische Sowjetrussland. Die neuen Entwicklungen sorgten auch an der Front für Gesprächsstoff, zum ersten Mal wurde, wie Hitler feststellte, wirklich »politisiert«.[58] Mit dem Frieden von Brest-Litowsk befasste er sich später ausführlich.

Sein Regiment wurde am 28. März 1918 aus dem Bereitstellungsraum heraus südlich von Saint Quentin stationiert, wo es ab dem 7. April in die Operation Georgette eingreifen sollte. Es war damit Teil der deutschen Frühjahrsoffensive, deren erste Welle, die Operation Michael, sich gerade vor Amiens festzulaufen drohte. Das Regiment kämpfte dabei nach der neuen Heeresdienstvorschrift, welche die Offensive im Stellungskrieg regelte. Die dabei eingesetzte Taktik war riskant, aber erfolgversprechend. Die Artillerie legte vor die eigene Linie eine permanente Feuerwalze, hinter der einzelne mit Maschinengewehren und Flammenwerfern ausgerüstete Stoßtrupps vorrückten, ohne Rücksicht auf offene Flanken und liegen gebliebene Feinde zu nehmen. Die den Stoßtrupps folgenden Kampfgruppen schalteten später solche Widerstandsnester aus.[59] Diese Taktik sollte sich im Zweiten Weltkrieg bewähren, obwohl sie – gerade bei den Panzertruppen – zunächst umstritten war.

Der Erfolg der Stoßtrupps hing von einer exakten Koordinierung der Feuerwalze mit den Stoßtrupps ab, was nicht gut genug geübt worden war, wie die hohen Verluste durch eigenes Feuer zeigten. Zum Misserfolg wurde die Offensive aber auch, weil Franzosen und Engländer nicht mehr bereit waren, ihre Mannschaften in der ersten Grabenlinie verbluten zu lassen. Sie gestalteten ihre Verteidigung flexibler und opferten Stellungen in dem inzwischen tief gestaffelten Grabensystem. Hitlers Einheit verlor bei den Vorstößen, die etwa 35 Kilometer Raumgewinn einbrachten, 23 Offiziere und 1123 Mann.[60] Mit nur noch halber Gefechtsstärke führte das Regiment Ende Mai einen fünftägigen Angriff im Rahmen der Operation Blücher-Yorck durch, bei dem bedeutende Geländegewinne gelangen. Nach kurzer Auffrischung wurde es dann in die letzte Phase der Offensive geworfen (Operation Gneisenau).[61] Dieser Vorstoß mündete in die Marneschlacht, in der Franzosen, Briten und Amerikaner eine Gegenoffensive begannen. Die Entscheidung brachten mehrere hundert Renault-FT-17-Panzer, mit denen die noch nicht befestigten Linien der Deutschen rasch durchbrochen wurden. Erst einen Monat später konnten sie wieder stabilisiert werden.

Während dieser Rückzugsgefechte erhielt Hitler am 8. August 1918 das Eiserne Kreuz I. Klasse. Der Stellvertreter des Regimentskommandeurs begründete die Verleihung nicht mit einer einzelnen tapferen Tat, sondern führte die »unermüdliche und opferbereite« Tätigkeit als Meldegänger an. Wichtige Meldungen seien so »trotz aller Schwierigkeiten« und dem »Abreißen der Verbindungen« zu anderen Stellen gelangt. Seit dem Ausmarsch des Regiments habe Hitler sich »glänzend bewährt« und »Vorbildliches« geleistet.[62] In den Wahlkämpfen der dreißiger Jahre sollte der Orden zum Thema werden. Der Gefreite stilisierte sich zum Helden und nutzte den Bonus als Frontkämpfer aus – seine Gegner behaupteten, er hätte den Orden nie erhalten und sich als Feigling nur in den hinteren Linien herumgedrückt.

Die Wirkung der Flugblattpropaganda

Die Frühjahrsoffensive 1918 war also militärisch gescheitert, bedingt durch das Fehlen moderner Kampfmittel. Hitler führte den Zusammenbruch der Westfront jedoch vor allem auf die fehlende Moral der Soldaten zurück, die jahrelang durch die feindliche Propaganda zersetzt worden sei. Spätestens nach dem Ende des Ersten Weltkriegs hat er sich, wie das nächste Kapitel zeigen wird, intensiv damit befasst, wie sie funktionierte.

Die ersten Flugblätter der Engländer an der Westfront wurden 1915 bemerkt. Es handelte sich um laienhaft aufgemachte Aufrufe zum Überlaufen, doch schon 1916 setzten die Briten Ballons ein und professionalisierten ihre Propaganda. Ein immer wiederkehrendes Thema waren die Klassenunterschiede in Deutschland. Das »sozialistische Proletariat« werde vom Kaiser zur »Schlachtbank« geführt, war ein häufiges Motiv. Von dem französischen Psychoanalytiker Paul Schiff (Pseudonym Siegfried Balder) stammten mehrere Broschüren, die in diese Kerbe schlugen, immer zugespitzt auf die Frage: »Kaiser und Krieg oder Republik und Frieden?«[63] Als besonders perfide betrachteten die Deutschen die Methode, Kriegsgefangene gut zu behandeln. Selbstverständlich schrieben diese an ihre Liebsten daheim, berichteten von dem üppigen Essen und den vielen Freiheiten, die sie genossen. Die englische Zensur fing diese Briefe ab und stellte von den wirksamsten Reproduktionen her, die dann über den Schützengräben an der Westfront abgeworfen wurden.[64]

Ebenso richteten sowohl Engländer als auch Franzosen ihr Augenmerk auf die landsmannschaftlichen Unterschiede der Deutschen. Ihr Ziel war, die einzelnen deutschen Bundesstaaten gegeneinander auszuspielen. Ein Flugblatt behauptete daher rundheraus: »Kein Zweifel, für das verhasste Preußen muss das edle bayerische Volk verbluten.« Nicht weniger als 14 bayerische Divisionen stünden an der Front und opferten sich dort unter »grausamsten« Bedingungen auf. Das sei viel mehr, als die preußischen Landesteile bereitstellten. Dann rief das Flugblatt zur Fahnenflucht auf, die aber keine sein würde, sondern eine edle Tat: »An der Wiederherstellung der früheren Unabhängigkeit eures lieben Vaterlandes sollt ihr mitarbeiten.« Das Königreich Bayern verdanke Frankreich seine »ENTSTEHUNG« – im Original in Versalien. Frankreich habe das Ziel, dem Land der Bayern »zu einer vorherrschenden Stellung im Deutschen Staatenbund zu verhelfen«.[65] Ein anderes Flugblatt fragte »die Süddeutschen« polemisch, ob es ihre Aufgabe sei, »fremde Völker zu unterjochen«. Habe nicht die Französische Revolution ihnen die Befreiung von den Feudallasten gebracht? Seien die heutigen Fürstenhäuser nicht von Napoleons Gnaden? Warum nur hätten die Dynastien ihr Schicksal mit dem der Hohenzollern verknüpft, auf deren Stirn doch »mit unauslöschlicher Flammenschrift« das Kainszeichen »der Weltkriegsschuld« brenne? Und jetzt, so das französische Flugblatt, würdet »Ihr Söhne eines braven, freiheitlichen Volkes missbraucht«, um das unglückliche belgische Volk »empörenden Misshandlungen durch preußische Junker auszuliefern!«.[66] Diese Propaganda fiel bei den weniger Gebildeten in Hitlers Regiment durchaus auf fruchtbaren Boden, wie Thomas Weber herausfand. Als ein Soldat, der einfach seine Waffen wegwarf und desertierte, verhaftet wurde, sagte er auch, dass es ihm gleichgültig wäre, ob er zu Bayern gehöre oder zu Frankreich. Offenbar sah er sich als Untertan, eine deutsche nationale Identität besaß er nicht.[67]

Auffällig ist die große Zahl von Flugschriften, die jetzt, im fünften Jahr des Krieges, auf die deutschen Linien niederregneten. Im April 1918 waren es etwa eine Million Stück, bis zum Oktober steigerte sich die Zahl auf mehr als fünf Millionen. Abgeliefert wurden von den Soldaten lediglich 300 000, was vermuten lässt, dass die Texte entweder munter zirkulierten oder als willkommenes Papier auf den Latrinen Verwendung fanden.[68]

Ganz gleich wie es mit der »Moral« der Soldaten bestellt war, tatsächlich war die Situation im Sommer 1918 ein militärisches Debakel. Der Oberkommandierende West formulierte es wolkiger: »Heldenmut vermag die Lage nicht mehr wiederherzustellen«, gestand Feldmarschall Paul von Hindenburg ein, »er rettet uns nur vor einer vollen Katastrophe.« Das Ergebnis der deutschen Offensive war eine erfolgreiche Gegenoffensive, mit der sämtliche Siegeshoffnungen dahin waren. Oder, so Hindenburg: »Militärisch war für uns von der größten und folgenschwersten Bedeutung, dass wir die Vorhand an den Gegner verloren hatten und dass wir zunächst keine Kraft besaßen, sie wieder an uns zu reißen.«[69]

Als Hitler Jahrzehnte später, zu Beginn des Russlandfeldzugs, einmal auf die gescheiterte Offensive vom Sommer 1918 zu sprechen kam, sparte er nicht mit Kritik. 400 Panzer, »und wir würden den Weltkrieg gewonnen haben«. »Es war unser Unglück«, so Hitler weiter, »dass die damalige Führung die Bedeutung der technischen Waffen nicht rechtzeitig erkannt hat.«[70] Während Militärhistoriker es ablehnen, die Kriegsentscheidung allein im Scheitern dieser Offensive zu sehen, bewerten sie das Fehlen moderner Kriegstechnik ähnlich. Ohne »Tanks und mit nur wenigen Lastwagen«, urteilte Gerhard P. Groß, sei das Heer nicht in der Lage gewesen, »den taktischen zu einem operativen Durchbruch zu erweitern«.[71]

Statt weiter nach Frankreich vorzurücken, mussten die Deutschen jetzt eine Stellung nach der anderen räumen. Der Krieg war 1918 nach Flandern zurückgekehrt, wo er 1914 für Hitler begonnen hatte. Hier konnte die Front stabilisiert werden. Hitler wurde zu einem Kurs über Feldtelefonie nach Nürnberg kommandiert. Daran schloss sich ein Erholungsurlaub an, den er wieder in Berlin verbrachte.[72]

Die Gasvergiftung und ihre Mythen

Am 27. September kehrte Hitler von seinem Urlaub zurück an die Front, am nächsten Tag begann die offiziell so genannte »Abwehrschlacht in Flandern«. Bereits einen Tag später musste das Regiment seine Stellung bei Comines aufgeben und zog sich über den Lys zurück. Dort, bei Wervick, endete Hitlers Fronteinsatz am 14. Oktober 1918 um sieben Uhr morgens. Er und andere Meldegänger waren mit Nachrichten unterwegs, als sie unter Gasbeschuss gerieten. Heftig war die Attacke nicht, Kommandeur Baligand formulierte in der Regimentsgeschichte rotzig, »der Engländer« habe die Stellung mit Artilleriefeuer und Gas »belästigt«, wodurch ein Teil des Stabs ausgefallen sei.[73]

Der Angriff an sich ist unstrittig, trotzdem wurde und wird immer wieder die jeder Grundlage entbehrende Behauptung laut, dass die Erblindung Hitlers nicht durch das Senfgas verursacht wurde, sondern hysterischer Natur war. Das Gas, schreibt der britische Historiker Thomas Weber, habe sich in so geringer Menge ausgebreitet, dass eigentlich nicht einmal ein »längerer Aufenthalt in einem Militärkrankenhaus« erforderlich gewesen wäre.[74] Offenbar hat sich Weber mit Gaskampfstoffen nicht näher befasst. Schon niedrige Konzentrationen von 0,001 Milligramm je Liter Luft rufen auf der Haut schmerzhafte Rötungen hervor.[75] Höhere Konzentrationen führen zur Bildung von Blasen. Gerät das Gift in die Augen, verursacht es dort nicht nur Schmerzen, die Schleimhäute schwellen derart an, dass sich die Lider nicht mehr öffnen lassen.[76] Hinzu kommt, dass der Betroffene die Wirkung des Giftes je nach Durchlässigkeit der Gasmaske erst eine bis drei Stunden nach der Berührung mit der Haut bemerkt.[77] Hitlers Schilderung deckt sich exakt mit wissenschaftlich beobachteten Krankengeschichten.[78] Der Schmerz habe sich von Viertelstunde zu Viertelstunde gesteigert, schrieb er in *Mein Kampf*, eine Stunde nach dem Beschuss »waren die Augen in glühende Kohlen verwandelt, es war finster um mich geworden«.[79]

Warum Hitler nach der Gasvergiftung keinen längeren Krankenhausaufenthalt benötigte, erklärt sich ebenfalls aus der Wirkungsweise des Kampfstoffs. Um den Tod herbeizuführen, ist bei einem 70 Kilogramm schweren Mann eine recht hohe Menge von 420 Milligramm notwendig, die etwa eine Stunde auf die Haut einwirken muss.[80] Langzeitschäden kommen bei Lost hingegen kaum vor, auch wenn der Körper hohen Dosen des Gifts ausgesetzt war. Selbst schwerste Hautschädigungen heilen innerhalb von drei bis sechs Monaten vollständig aus, wie nicht nur die klinischen Erfahrungen des Kriegs, sondern auch die in den dreißiger Jahren an der Militärärztlichen Akademie vorgenommene Menschenexperimente zeigten. Der Heilungsprozess verläuft allerdings nicht kontinuierlich, Komplikationen, etwa Entzündungen, kommen immer wieder vor.[81] Gasvergiftete, wie es die Verlustliste auch für Hitler verzeichnet, galten deshalb prinzipiell als »leicht verwundet«.[82]

Hitler und die anderen Verletzten wurden zu einem Feldlazarett bei Oudenaarde gebracht und anschließend zur Verwundetensammelstelle Gent. Von dort aus ging es mit einem Krankenzug in das pommersche Pasewalk, wo Hitler am 21. Oktober 1918 eintraf.[83]

Mit diesem Lazarettaufenthalt sind mehrere Mythen verbunden. Hitler selbst schilderte in seinem Erinnerungsbuch *Mein Kampf* Empfindungen, die er am 9. November gehabt haben will: Obwohl das »Gift der Heimat« auch in seinem Regiment zu wirken begonnen hatte, ahnte er das kommende »Unglück« nicht. Zwar erwartete er »etwas Unbestimmtes«, »Widerliches«, etwa einen Streik. An »Landesverrat« dachte er nicht. Gleichfalls konnte er sich nicht vorstellen, »dass auch in München der Wahnsinn ausbrechen würde«. Die »Treue zum ehrwürdigen Hause Wittelsbach« schien ihm fester zu sein »als der Wille einiger Juden«.[84] Seine Verzweiflung angesichts der Nachricht von der Revolution erscheint glaubhaft, wenn auch im Buch pathetisch überhöht. Es sei nun »alles umsonst gewesen«, »all die Opfer und Entbehrungen, umsonst der Hunger und Durst von manchmal endlosen Monaten, vergeblich die Stunden, in denen wir, von Todesangst umkrallt, dennoch unsere Pflicht taten, und vergeblich der Tod von zwei Millionen, die dabei starben«. Er, der zum letzten Mal geweint hatte, als er »am Grab der Mutter gestanden«, konnte nun »aber nicht mehr anders«. Dann beschwor er im Buch effektvoll die »stummen, schlamm- und blutbedeckten Helden«, die auferstehen müssten aus ihren Gräbern und als »Rachegeister« in die Heimat zurückkehren sollten. Er habe »entsetzliche Tage und noch bösere Nächte« durchlebt und viel gegrübelt. Dabei sei in ihm »der Hass gegen die Urheber dieser Tat« gewachsen. Das Erweckungserlebnis in Pasewalk habe ihn zu einer inneren Wende getrieben: »Ich aber beschloss, Politiker zu werden.«[85] Dieser Mythos ist widerlegt.[86] Es dauerte noch mehrere Monate und bedurfte einer propagandistischen Ausbildung, bis er sich der Politik zuwandte.

Die zweite, schon erwähnte Legende besagt, dass Hitler in Pasewalk nicht wegen seiner Gasvergiftung, sondern wegen einer hysterischen Erblindung behandelt worden sei. Aus dieser angeblichen Behandlung durch den berühmten Berliner Nervenarzt Edmund Forster sind weitreichende Schlüsse gezogen worden. Durch Hypnose habe der »mit einem dämonisch anmutenden Herrschaftswillen« ausgestattete Professor die Psyche Hitlers verändert. Durch die fragwürdige Behandlung sei in diesem das unerschütterliche Selbstbewusstsein geweckt worden, das ihn zum politischen Führer habe werden lassen.[87] Thomas Weber hat diese Legende mit weiteren Dokumenten scheinbar untermauert. Ein anderer berühmter Psychiater und Neurologe, der Breslauer Professor Otfrid Foerster, habe Hitlers Akte 1932 in Berlin eingesehen und dabei festgestellt, dass der im Oktober 1918 eingelieferte Gefreite wegen hysterischer Blindheit behandelt worden sei. Das habe er auf einem Kongress 1935 amerikanischen Psychiatern berichtet. Weber folgert daraus, Hitler habe als Soldat vier Jahre lang mit erstaunlichem Beharrungsvermögen durchgehalten, sei aber »schließlich nicht mehr imstande [gewesen], die Wirklichkeit des Krieges psychisch zu ertragen«.[88]

Das mag plausibel erscheinen, aber nichts davon entspricht den Tatsachen.

Einen Zusammenhang zwischen einer Hypnosebehandlung und einer späteren Karriere als Massenredner und Politiker zu konstruieren ist aus medizinischer Sicht unseriös und »undiskutabel«, wie der emeritierte Professor an der Charité Hans-Joachim Hoffmann feststellte.[89] Ein Blick in die Personalakte Edmund Forsters offenbart zudem, dass der Berliner Psychiater Hitler nicht behandelt haben kann. In der Akte befindet sich ein Stammrollenauszug Forsters, der belegt, dass dieser bis September 1918 im Lazarett Gent diente. Zu diesem Zeitpunkt war Hitler noch gesund. Am 15. September 1918 kehrte Forster an die Universität Berlin zurück. Danach war er in einer Außenstelle der Charité, dem Reservelazarett Hoppegarten bei Berlin, eingesetzt.[90] Hoppegarten ist von Pasewalk rund 130 Kilometer entfernt, und in Forsters Personalakte fehlt jeder Hinweis auf solche Dienstreisen.[91]

Auch Webers Verweis auf den Neurologen Foerster, der Hitlers Akte im Truppenamt in Berlin eingesehen haben will, führt ins Leere. Die Akten des Lazaretts Pasewalk gelangten nach dessen Auflösung in das

Heeresarchiv Potsdam, das im April 1945 bei einem Luftangriff zerstört wurde. Hitlers Krankenblatt befand sich jedoch ohnehin weder in Berlin noch in Potsdam, es wurde am 23. November 1918 an den Ersatztruppenteil in München abgegeben.[92] Foerster kann es also nicht eingesehen haben.[93]

Der an der Universität Greifswald lehrende Psychiater Jan Armbruster, der sich intensiv mit der Krankengeschichte Hitlers auseinandergesetzt hat, stellte zudem fest, dass es sich bei der von Forster verbreiteten Geschichte vom »hysterischen Blinden« um ein Gerücht handelte, das von akademischen Nervenärzten nur zu bereitwillig geglaubt wurde. Die Professoren erzählten sie in München, Heidelberg und anderswo. Amerikanische Psychohistoriker hätten die Geschichte »unreflektiert« übernommen, ohne sie auf ihren Wahrheitsgehalt zu prüfen. Insgesamt bewertet Armbruster sie als »spekulative Pathographie« und sieht in ihr ein Musterbeispiel für die »Entwicklung eines Mythos«.[94]

Dem Blick in die Krankenbücher des Reservelazaretts Pasewalk hält die These vom hysterisch erblindeten Hitler ebenfalls nicht stand. Im Gegensatz zu den Akten wurden diese nicht ins Heeresarchiv, sondern in ein spezielles Krankenbucharchiv gebracht und lagern heute in Berlin, wo sie für dieses Buch erstmals eingesehen werden konnten. Sie belegen, dass es sich bei dem Lazarett in Pasewalk tatsächlich um ein Genesungsheim für Leichtverletzte handelte, die üblicherweise nach vier Wochen entlassen wurden. Es war also kein Spezialkrankenhaus für psychisch Kranke oder »Kriegszitterer«, wie oft behauptet wurde. Die Liste der Krankheiten im Oktober 1918 bestätigt das: Geschosswunde Oberschenkel, Grippe, Lues (Syphilis), großer Splitter Unterarm, Tripper, Ischias, Rheumatismus, Grippe, Gasvergiftung, lungenkrank, Darmkatarrh, Magenkatarrh, abgeschossener Zeigefinger, Bartflechte und so weiter. Die Diagnose »Gasvergiftung« ist im Krankenbuch seltener verzeichnet als Geschlechtskrankheiten, jedoch eine der häufigeren. Auch der Befund »nervenkrank« findet sich im Krankenbuch, etwa bei dem Maurermeister Franz K. aus einer pfälzischen Kleinstadt.[95] Hitler ist unter der Nummer 7361 verzeichnet, als

Beruf war »Kunstmaler«, als Diagnose »gasvergiftet« angegeben. Den Abgang des »kriegsverwendungsfähigen« Gefreiten zum Ersatzbataillon des 2. Bayerischen Infanterieregiments vermerkte der Schreiber am 19. November 1918.[96]

3

Agitator, Ideologe, Politiker: Hitlers Analyse der Kriegführung

Reichswehrangehöriger und Parteiführer

Hitlers Zugfahrt vom Pasewalker Reservelazarett nach München dauerte zwei Tage. Am 21. November 1918 wies man ihn der 7. Kompanie des Ersatzbataillons für das 2. Infanterieregiment zu, das als Auffangbecken für Versprengte diente. Hitler traf dort mehrere Kameraden aus seinem Regiment wieder, musste aber auch mit Anhängern der Revolution Bekanntschaft schließen. In dieser Einheit hatten sich Soldatenräte gebildet, die allerdings weniger radikal gesinnt waren, als Hitler sie seinen Lesern in *Mein Kampf* beschrieb. Er ließ sich nicht aus Abscheu gegenüber den Revolutionären von München nach Traunstein versetzen, denn auch im dortigen Gefangenenlager, dessen Wachmannschaft er zugeteilt wurde, gab es Soldatenräte, was Hitler wusste. Die Wochen in Traunstein vergingen ereignislos, spätestens im Januar 1919 war er zurück in München. Die von dem Historiker Othmar Plöckinger systematisch ausgewerteten Akten zeichnen ein tristes Bild von Leerlauf und ständigen Disziplinlosigkeiten. Dafür, dass sich Hitler daran beteiligt oder gar revolutionär betätigt hätte, gibt es keinerlei Beleg. Die Filmaufnahmen, die angeblich einen jubelnden Hitler inmitten von roten Fahnen zeigen, sind extrem unscharf. Ein Foto, auf dem offenbar Hitler bei einer sozialistisch dominierten Bahnhofswache zu sehen ist, wurde Plöckinger zufolge falsch zugeordnet.[1]

Hitler war kein Revolutionär, aber er verspürte auch nicht den

Wunsch, ins Zivilleben zurückzukehren. Die großzügigen Angebote für Demobilisierte, etwa Wiedereingliederungshilfen, nahm er nicht an. Er ließ sich aber auch nicht von den Freiwilligenregimentern werben, die in Oberschlesien gegen polnische Aufständische oder im Baltikum gegen die Rote Armee kämpften. Es scheint, als habe er dem Zerfall der bayerischen Armee zugesehen, ohne sich zu engagieren. Weder hatte ihn die Fronterfahrung für die Ideale der Sozialisten empfänglich gemacht, noch sah er eine Alternative zum Verbleib in der Armee. Hitler war damit nicht allein. Die breiten Massen sahen nach der Novemberrevolution tatenlos zu, wie sich die Lage zuspitzte, und genau diese allgemeine Apathie ermöglichte in Bayern den Übergang zur Diktatur des Münchner Arbeiter- und Soldatenrates.

Die zweite Münchner Revolution

Nach der Ermordung des vergleichsweise gemäßigten Ministerpräsidenten Kurt Eisner am 21. Februar 1919 steuerte die revolutionäre »Restregierung« einen sowohl für die national gesinnten (Mehrheits-) Sozialdemokraten als auch für die Konservativen völlig unakzeptablen Kurs, der auf die Errichtung einer unabhängigen sozialistischen Republik Bayern hinauslief. Die gewählte bayerische Regierung nahm ihren Sitz in Bamberg.[2] Sie konnte die Lage jedoch nicht mehr beherrschen und forderte daher von Berlin den Einsatz der Reichswehr, die daraufhin in Aktion trat.[3] Die Rückeroberung der Macht wurde von ihr als Feldzug geplant und auch so durchgeführt. Dabei gaben ihre Stäbe vor, die »Gewalt der gesetzmäßigen bayerischen Regierung wiederherzustellen« und die militärischen Verhältnisse so zu regeln, »dass die Wiederkehr ungesetzmäßiger Zustände verhindert wird«.[4] Aus den Weisungen geht hervor, mit welcher Schonungslosigkeit gegen die »Spartakisten« vorgegangen werden sollte. Jeder Truppenteil sollte seine Aufträge mit »Gewalt« durchführen, jedes Verhandeln sei verboten, denn: »Milde wird als Schlappheit, Gutmütigkeit als Unzuverlässigkeit der Truppe gedeutet.«[5]

Die brutale Härte der Befehle erklärt sich nicht nur aus der ideologischen Radikalisierung der Offiziere, sondern auch aus der Befürchtung der Reichswehr, sie wäre im Hinblick auf die Zahl der Kämpfer unterlegen. Denn es war keineswegs abzusehen, dass der Widerstand in Bayern »mit leichter Mühe« gebrochen werden würde, wie Militärhistoriker später feststellten.[6] Die von der Räteregierung gebildete sogenannte Rote Armee verfügte auf dem Papier über 20 000 Soldaten[7], während die Reichsregierung nur etwa 10 000 bis 15 000 Mann aufbieten konnte.[8] Allerdings bestand die Rote Armee hauptsächlich aus der kriegsmüden Münchner Garnison, die einfach nur Frieden wollte. Die Kaserne, in der Hitlers Regiment lag, erklärte sich rundheraus für »neutral«.[9] Als die Reichswehr schließlich München erreichte, konnten die Revolutionäre nicht mehr als 1000 Mann in die Kämpfe mit den Regierungstruppen schicken, auch weil Soldaten wie Hitler entschieden, nicht teilzunehmen.[10]

Der Einmarsch in den Osten und Süden Münchens erfolgte problemlos, nur wenige Stellungen der Roten Armee mussten mit massivem Artillerieeinsatz eingenommen werden.[11] Am 2. Mai 1919 war nur noch der Hauptbahnhof besetzt, wo sich Hitler nachweisbar nicht befand.[12]

Den Männern der »roten« Truppen wurde der Status eines kämpfenden Soldaten, wie er in der Genfer Konvention oder der Haager Landkriegsordnung festgeschrieben war, verweigert. Nur die »Rädelsführer« gelte es lebendig zu fangen, lautete der explizit völkerrechtswidrige Befehl. Andere »Angreifer«, so der Erlass des Oberbefehlshabers, sollten, »wenn sie in unsere Hand fallen, sofort erschossen werden«. Das war Aufforderung zum Mord, nicht mehr und nicht weniger.[13]

Hitler als Untersuchungsführer und Auszubildender

Unmittelbar nach der Niederschlagung der Räterepublik ordnete die nun unumschränkt in München herrschende Reichswehr Nachforschungen an. »Rädelsführer« sollten ermittelt, »unzuverlässige Elemente« aussortiert und die aufgedeckten Fälle den Standgerichten zugeführt werden. Das 2. Infanterieregiment bildete daraufhin eine Untersuchungskommission, die aus einem Offizier, einem Feldwebel und dem Gefreiten Adolf Hitler bestand. Hitler wurde ausgewählt, weil an seiner »nationalen« Zuverlässigkeit keine Zweifel bestanden. Außerdem hatte er bereits Erfahrungen als Schreiber einer Kommission gesammelt, die Soldaten den Berufseinstieg in die Landwirtschaft ermöglichen sollte, und kannte sich in Belangen des Militärdienstes gut aus.[14]

Von den Reichswehroffizieren wurden die Verbände ausdrücklich aufgefordert, Unteroffiziere und Mannschaftsangehörige zu benennen, denen eine Zugehörigkeit zur Roten Armee nachgewiesen werden könnte. Die Kommission, der Hitler als Schreiber diente, erstellte eine Liste von 26 Verdächtigen, die daraufhin zur Fahndung ausgeschrieben wurden.[15] Zwei Soldaten, die nicht geflohen waren, wurden zur Anzeige gebracht und inhaftiert.[16] Einen von ihnen, den Soldatenrat Georg Dufter, denunzierte Hitler persönlich. Dufter sei im Regiment der »ärgste und radikalste Hetzer« gewesen und habe jederzeit »für die Räterepublik Propaganda gemacht«. Dass sich einzelne Teile der Roten Armee angeschlossen hätten, sei »jedenfalls auf die Propagandatätigkeit des Dufter« zurückzuführen. Stets habe dieser »den radikalsten Standpunkt vertreten« und für die »Diktatur des Proletariats« agitiert.[17] Hitler, der im Weltkrieg die suggestive Wirkung der gegnerischen Propaganda kennengelernt hatte, sah in ihm einen Feind, dessen Macht in der Rede bestand. Er stellte sich auch dem Gericht als Zeuge zur Verfügung, das dem gesprochenen Wort jedoch einen weniger hohen Kampfwert zurechnete. Die Reden Dufters betrachtete es zwar als belastend, aber da diesem keine militärischen, revolutionären Taten nachgewiesen werden konnten, sprach es ihn frei.[18] Es wäre zu weit gegriffen, in dem für Hitler unerfreulichen Prozessausgang die Ursache für seine spätere radikale Ablehnung des Rechtsstaats zu sehen. Dazu trugen auch andere Gerichte bei, die teils windelweiche, teils falsche Urteile gegen ihn fällten.

Als erstaunlich wird es Hitler empfunden haben, dass die Verfolgung der »Roten« für ihn zunächst keinen Karriereschub bedeutete. Seine Vorgesetzten erkannten zwar seine Tätigkeit als Schreiber und Verwalter an, wiesen ihn aber dennoch einem Abwicklungsstab zu. Der Aktenfriedhof, der ihn dort erwartete, sicherte seinen Verbleib in der Reichswehr, denn es war abzusehen, dass die Beschäftigung mit den Militärunterlagen noch Jahre dauern würde. Nach einem Monat wurde Hitler jedoch überraschend zu einem Lehrgang befohlen, in dem Mannschaftsdienstgrade zu »Bildungsoffizieren« ausgebildet werden sollten. Der damalige Generalquartiermeister der Obersten Heeresleitung umriss das Ziel solcher Schulungskurse: Die Bildungsoffiziere müssten als Wanderredner tätig werden und jedem Deutschen »einhämmern«, dass er verpflichtet sei, an der Bekämpfung des Bolschewismus mitzuwirken.[19]

In Bayern war der für diese Lehrgänge zuständige Reichswehroffizier Hauptmann Karl Mayr, dessen Biographie von Historikern aufgrund seines späteren Gesinnungswandels überwiegend mit Verständnis behandelt wird.[20] Mayr leitete die Nachrichten- und Propagandaabteilung beim Generalkommando München und stand der Thule-Gesellschaft nahe, einem elitären Zirkel, der versuchte, die Politik rechtsextremistisch zu beeinflussen. Zugleich verfügte er über Kontakte zu »nationalen« Kreisen um die *Süddeutschen Monatshefte* und deren umtriebigen Chefredakteur Nikolaus Cossmann, der den Dolchstoß der Heimat in den Rücken der kämpfenden Truppe wenn nicht erfunden, so doch ihm zumindest zum publizistischen Erfolg verholfen hatte.[21] Der rastlos aktive Mayr beteiligte sich an allen nur denkbaren rechtsradikalen Unternehmungen, wechselte jedoch nach Hitlers Putschversuch 1923 zur SPD – vermutlich, weil er erkannte, welches Monster er mit dem Propagandaredner Adolf Hitler geschaffen hatte.[22]

Zum fraglichen Zeitpunkt 1919 schottete Mayr die in Bayern agierende Reichswehr aber noch gegen jede Art von Propaganda ab, die auch nur den geringsten Anschein erweckte, »links« oder »SPD-nah« zu sein.[23]

Zu dem Schulungskurs Nummer 3, der am 10. Juli 1919 begann,

wurde Hitler als einziger Teilnehmer aus seinem Bataillon geschickt, was nicht erstaunt, weil als Voraussetzungen nicht nur ein »scharfer natürlicher Verstand«, sondern auch »reiferes Alter« und »Zuverlässigkeit« gefragt waren. Die Vorlesungen trugen durchweg unverfängliche, mithin »nach oben« meldbare Titel, gehalten wurden sie von gut ausgebildeten Rechtsextremisten. So sezierte zum Beispiel der Monarchist und ausgewiesene Antisemit Karl Graf von Bothmer das Erfurter Programm der SPD. Der Ökonom Gottfried Feder, bekannt geworden durch das Schlagwort von der »Brechung der Zinsknechtschaft«, das auch in das Parteiprogramm der NSDAP Eingang finden sollte, sprach über »Finanzfragen«. Ein Teilnehmer beschwerte sich im Anschluss, dass Feders »vorzügliche Schriften« zur »Brechung der Zinsknechtschaft« dem Lehrgang nicht kostenlos zur Verfügung gestellt würden. »Gewisse Kreise«, wahrscheinlich das »internationale Judentum«, würden dies wohl verhindern, meinte der Kursteilnehmer.[24] Beim Beschwerdeführer handelte es sich um Hermann Esser, einen 19-jährigen Soldaten. Seine antisemitischen Überzeugungen waren tiefer verwurzelt als die seines späteren Trauzeugen Adolf Hitler. Esser diente Hitler ergeben, verfasste Hetzschriften gegen das »internationale Judentum«, wurde aber wegen seiner Radikalität 1935 auf einen Staatssekretärsposten abgeschoben und damit aus dem innersten Machtzirkel entfernt.[25] Der Schulungskurs behandelte jedoch nicht nur Zeitgeistthemen.[26] In Übungen erprobten sich die Teilnehmer im Zusammenfassen und Verdichten, sie erlernten also das journalistische Handwerk.

Zum eigentlichen »Entdecker« Hitlers als agitatorisches Talent wurde jedoch Karl Alexander von Müller, ein Historiker, der in seinem gesamten akademischen Leben nicht einen einzigen brauchbaren wissenschaftlichen Aufsatz verfasste. Den Titel hatte er von seinem Vater geerbt, der als Kultusminister Bayerns die katholisch geprägte Konfessionsschule gesetzlich verankerte und deshalb 1891 geadelt wurde.[27] Protegiert durch einen Professor für Landesgeschichte, promovierte von Müller mit einer Arbeit über den Preußisch-Süddeutschen Krieg von 1866. Unter seinen Fachkollegen genoss er kein hohes Ansehen, erst 1935 wurde er im Alter von 53 Jahren zum ordentlichen Professor berufen. Einflussreich war er hingegen als Journalist, so fungierte er gemeinsam mit Cossmann als Herausgeber der *Süddeutschen Monatshefte*.[28] Auf gesellschaftlichem Parkett war von Müller allerdings eine Größe, er verkehrte regelmäßig im Salon des Verlegerehepaars Bruckmann. Dort traf sich alles, was in München Rang und Namen hatte. Hitler wurde in diesen Salon von seinem Mentor Dietrich Eckart eingeführt. Die Verlegersgattin nahm sich seiner an, unterstützte ihn finanziell und lud ihn immer wieder ein, sodass er viele seiner späteren Unterstützer – und Gegner – dort kennenlernen konnte.[29]

Hitler fiel von Müller nach seinem Vortrag im Ausbildungskurs während der anschließenden »lebhaften Erörterung« auf. Einige Hörer debattierten weiter, »festgebannt durch einen kleinen Mann in ihrer Mitte, der mit einer seltsam gutturalen Stimme auf sie einsprach, unaufhaltsam und mit wachsender Leidenschaft«, wie sich von Müller erinnerte. Bei diesem Anblick, so schrieb er in seinen Memoiren, habe ihn ein »sonderbares Gefühl« beschlichen. Die Ursache für die Erregung der Zuhörer sah er in einer Wechselwirkung zwischen ihnen und dem »aufgeregten« Mann, der seine Energie aus dem Publikum zu speisen schien. Pflichtgemäß machte von Müller Hitlers Vorgesetzte auf dessen rhetorisches Talent aufmerksam. Bei seinem nächsten Vortrag holte er Hitler dann aufs Podium, um ihn zu den Teilnehmern sprechen zu lassen, allerdings kam er ihm »linkisch« vor. In seinen Erinnerungen zeichnet von Müller das Bild eines unsicheren Studierenden, der von einem Universitätsprofessor dazu gezwungen wurde, sich einem größeren Publikum zu stellen. Hitler selbst wollte das eigentlich nicht, ans Rednerpult habe er sich »in einer Art trotziger Verlegenheit« begeben, aber »gehorsam«, wie es einem Gefreiten gezieme. Das anschließende Gespräch sei aber unergiebig gewesen.[30]

Hitler verhielt sich also nicht anders als unzählige Studenten heutiger Anfangssemester: Er übte. Später, als er bereits ein gefeierter Massenredner war, nahm er Schauspielunterricht.[31] Und, wichtiger, er äußerte sich ausschließlich zu Fragen, auf die er sich gründlich vorbereitet hatte. Der Inhalt seiner Reden war niemals improvisiert. Zwar hielt er sie schon als junger Parteiführer frei, doch sprach er immer nur zu eng umrissenen Themen. Als Kanzler ließ er sich von seinen Ressorts zuarbeiten, diktierte seinen Sekretärinnen immer wieder neue Entwürfe und arbeitete seine Rede so lange um, bis er mit ihr zufrieden war.[32]

Leser im Auftrag der Reichswehr

Zum Schulungskurs gehörte auch Lektüre. Hitler nutzte dafür unter anderem eine von Friedrich Krohn, einem Mitglied der Thule-Gesellschaft, eingerichtete Bibliothek. Der Bibliothekar hatte vor allem Historisches angeschafft, was Hitlers Neigung entgegenkam. Außerdem gab es Zeitzeugenberichte über die Gräuel der Russischen Revolution und Philosophisches. Krohn erinnerte sich nach 1945, dass Hitler auch Rousseau ausgeliehen habe, vermutlich den *Gesellschaftsvertrag,* ebenso Kants *Metaphysik der Sitten* und Spenglers *Untergang des Abendlandes.* Aus Kants Werken hat Hitler später nie zitiert, das Schlagwort vom Untergang des Abendlandes erschien ihm als pessimistische Stimmungsmache. Viele Bücher brachte er schnell zurück, was dafür spricht, dass er manches nicht besonders gründlich rezipierte.[33]

Da Hitler alles las, was ihm unter die Augen kam, wie sich Zeitzeugen erinnern[34], wird er auch zahlreiche Propagandabroschüren gelesen haben, die rechtsextremistische Verlage im Auftrag der Reichswehr produzierten. Mit Sicherheit nahm er eine Flugschrift von Houston Stewart Chamberlain zur Kenntnis. Er verehrte den Schwiegersohn Richard Wagners, mit dem er später in der Bayreuther Villa Wahnfried lange Gespräche führte.[35] Die Flugschrift mit dem Titel *Rasse und Nation* erschien im Juli 1918 und war als Brief konzipiert, den der Autor angeblich an einen Freund in Rumänien geschrieben hatte. Chamberlain holte weit aus, um dann die Schlussfolgerung zu ziehen, man brauche kein »blinder Judenhasser zu sein, um aus einer mehrtausendjährigen Geschichte zu erkennen, dass der Jude überall ein zersetzendes Element gewesen ist«. Dessen Eigenschaften wirkten in der Weise, dass er das, was er berühre, »entweder zerstört oder sich zum Nachteil des anderen aneignet«. Als Beispiel nannte er Frankreich, dessen Adel im Mittelalter seinen gesamten Besitz an Juden verpfändet habe. Ähnlich sei es in England gewesen, aber dort habe man Abhilfe geschaffen und die Juden 1290 ausgewiesen. Bis zum Jahr 1657 hätten sich auf britischem Boden keine Juden mehr ansiedeln dürfen, was dieser Nation die »Konsolidierung« ermöglicht habe. Es sei auch ganz unmöglich, so Chamberlain, Juden zu Tätigkeiten in anständigen Gewerben anzuhalten, sie beschäftigten sich nun einmal ausschließlich »mit Geldwucher und anderen unsauberen Geschäften«.[36]

Chamberlain arbeitete ein antisemitisches Stereotyp nach dem anderen ab. Die gesamte Presse Europas stehe unter der Kontrolle von Juden, und diese missbrauchten ihr Monopol, um das Volk unwissend zu halten. Wie ein »Heuschreckenschwarm« sei das jüdische Großkapital über den englischen Mittelstand hergefallen und habe ihn ruiniert. Man dürfe die Juden nicht einwandern lassen, weil sie dem »hungernden Arbeiter« das Brot vom Munde raubten. Es sei ratsam, den bereits vorhandenen Juden eine Prämie zu zahlen, wenn sie sich entschlössen, das Land zu verlassen.

Das Perfide an Chamberlains Argumentation war, dass er die Naturwissenschaften bemühte, um seine Hetze zu untermauern. Charles Darwin habe festgestellt, dass die Kreuzung von verwandten Rassen zur »Entartung« führe. Versuche man nun, die Juden durch »geschlechtliche Kreuzung« in die Nation zu integrieren, dann sei das »erstens ein verderbliches und zweitens ein illusorisches Unternehmen«. Die von Juden mit Europäern gezeugten Kinder seien »Bastarde«, die »ohne Ausnahme zum Judentum« hinneigten. Wenn die »jüdische Plutokratie« jetzt häufig ihre Töchter an die Fürsten und den Adel verheirate, dann nur, um so »Zugang und Einfluss gerade an jenen maßgebenden Stellen« zu finden. Chamberlain empfahl seinem fiktiven rumänischen Adressaten, solche Mischehen zu verhindern, es drohe dem Land sonst ein »Chaos von mehr oder weniger verjudeten Mischlingen«. Auch riet er dem offenbar einflussreichen Freund, den Juden politische Rechte zu verwehren und ihnen den Erwerb von Grundbesitz zu verbieten. »Und sorgen Sie dafür«, so Chamberlain weiter, »dass die Juden nicht die Herren der öffentlichen Meinung durch die Zeitungen und nicht die Herren der Köpfe und der Herzen durch die Beherrschung des Büchermarktes und der Schulen werden!«[37]

Wichtiger noch sei die öffentliche Aufklärung über die »Gemeingefährlichkeit« der Juden, so gebe es zum Beispiel überhaupt keine deutsche Literatur mehr, sondern nur noch eine jüdische in deutscher Sprache. Das habe unabsehbare Folgen für das Land gehabt, »für unseren Geist und für unser Gemüt« sei der geistige Einfluss der Juden »ein zerfressendes Gift«. Deutschland und England seien jedoch nicht die einzigen Länder, in denen »der Jude« so wirke, denn er strebe nach »Weltherrschaft«. Er sei mithin in jedem Land ein »gefährlicher Gast«, gegen den »energische Schutzmaßnahmen« ergriffen werden müssten.[38]

Ein weiteres Pamphlet, das zweifellos zur Pflichtlektüre Hitlers gehörte, war ein pseudowissenschaftliches Machwerk, das Alfred Roth, ein gelernter Kaufmann und Geschäftsführer des Deutschvölkischen Schutz- und Trutzbundes, verfasste: *Die Juden im Heere – Eine statistische Untersuchung nach amtlichen Quellen.*[39] Hitler sprach in den von Roth organisierten Versammlungen, kannte ihn also persönlich, später förderte er die Karriere des Radikalantisemiten zwar nicht, verschaffte ihm aber einen bezahlten Posten als Reichstagsabgeordneter.[40] In seiner Broschüre trat Roth unter dem »germanischer« klingenden Pseudonym Otto Armin auf und tarnte sich zugleich als wissenschaftlicher Kenner der jüdischen religiösen Schriften. Mit mehreren Talmudzitaten versuchte Roth zu belegen, dass die Juden bereits durch ihre religiöse Prägung zu »Drückebergern« gemacht würden. Die »amtliche« Statistik des preußischen Kriegsministeriums beweise, dass überdurchschnittlich viele Juden in der Etappe oder bei Stäben gedient hätten. Außerdem hätten sich viele von ihnen in angeblich kriegswichtige Wirtschaftsgesellschaften geflüchtet.[41]

Historiker haben inzwischen die Vorgeschichte dieser Judenzählung rekonstruiert. Antisemitische Gruppen hatten über angebliches »belastendes« Geheimmaterial berichtet, das im Zuge der Kriegsereignisse aufgetaucht sei. Anfang 1916 sandten Roth und der Vorsitzende des rechtsextremistischen Reichshammerbundes Theodor Fritsch ein Memorandum an den Kaiser, die Bundesfürsten und prominente Persönlichkeiten, in dem sie jüdische Kriegsgewinnler anprangerten. Deren eigens für die Kriegswirtschaft gegründeten Firmen seien nicht nur »aufgeblasen und unfähig«, sondern böten Juden auch »Unterschlupf vor dem Frontdienst«. Zugleich entfachten die beiden Antisemiten eine anonyme Propagandakampagne, die vor massiven persönlichen Verleumdungen und Unterstellungen nicht zurückschreckte. Um ihr stärkeres Gewicht zu verleihen, forderten die Konservativen und das Zentrum im Reichstag eine amtliche Zählung zur Aufklärung dieser Zustände. Das Kriegsministerium ließ daher eine Erhebung durchführen und wählte als Stichtag den 1. Dezember 1916. Perfiderweise verweigerte es später die Veröffentlichung der Ergebnisse, sodass eine Diskussion darüber nicht stattfinden konnte.[42] Roth präsentierte in seiner Broschüre dann Zahlen als statistisch gesichert, welche die jungen jüdischen Männer der beiden letzten Kriegsjahrgänge überhaupt nicht erfassten. Außerdem rechnete er die vom Wehrdienst befreiten jüdischen Ausländer mit ein, aber das Kaiserreich betrachtete die polnischen Juden, die de facto russische Staatsbürger waren, nicht als wehrfähig (zumal das völkerrechtswidrig gewesen wäre). Roth kam aufgrund der »amtlichen Quellen« auf 27 515 Juden, die an der Front standen, tatsächlich waren es zu diesem Zeitpunkt über 65 000. Roth zählte 7000 Gefallene, tatsächlich waren es bis dahin 10 089 Juden. Roth behauptete, 6345 Tapferkeitsauszeichnungen seien an Juden vergeben worden, tatsächlich waren es 29 874. Die realen Zahlen zeigten, dass die deutschen Staatsbürger jüdischen Glaubens weder »tapferer« noch »feiger« waren als die deutschen Christen. Der Prozentsatz der jüdischen Frontkämpfer entsprach exakt ihrem Anteil an der deutschen Bevölkerung.[43]

Wie Thomas Weber nachgewiesen hat, spielte das Thema »Juden« in Hitlers Regiment keine besondere Rolle, es war eher positiv konnotiert. Die jüdischen Kameraden waren auch wegen ihrer Tapferkeit beliebt und räumten so vermutlich bestehende Vorurteile beiseite.[44] In kleinem Kreis gab Hitler das auch unumwunden zu: »Ich kenne jüdische Soldaten und Reserveoffiziere aus dem Kriege, die sogar richtige Draufgänger waren.«[45] In Massenveranstaltungen behauptete er das Gegenteil. Damit koppelte er sich an die damalige Diskussion um die Judenzählung an. Bei einer Rede im Festsaal des Hofbräuhauses vor etwa 2000 Personen zitierte er aus einem Brief des Bundes der jüdischen Frontsoldaten, in dem diese sich gegen die Verunglimpfungen als »Drückeberger« und »Etappenhengste« verwahrten und die fehlerhaften Statistiken kritisierten. Allein die Zitate reichten aus, um das Publikum anzuheizen. »Unverschämte Frechheit«, »Saubande«, riefen ihm die Zuhörer zu. Hitler verwahrte sich dann demonstrativ gegen den Begriff »jüdische *Front*soldaten«. Er habe als einfacher Soldat vireinhalb Jahre an der vordersten Front gedient – was nicht stimmte –, und die Juden in seinem Regiment könne er an fünf Fingern abzählen. Das war ebenfalls gelogen, aber der Polizeibericht verzeichnet an genau diesem Punkt: »Beifall«. Mit Ausfällen gegen die »jungen Bürschchen« der Revolution erntete Hitler »lebhaften Beifall«. Dann lenkte er sein Publikum hin zu seinem spezifischen Judenhass. »Wir wollen keine Gefühlsantisemiten sein«, denen es nur darum gehe, Pogromstimmung zu erzeugen, rief er dem Publikum zu. »Uns«, so formulierte Hitler unmissverständlich, »beseelt ... die unerbittliche Entschlossenheit, das Übel an der Wurzel zu packen und mit Stumpf und Stiel auszurotten.« Das wurde wieder mit lebhaftem Beifall begrüßt. Am Schluss ließ Hitler über eine Resolution abstimmen, die das Verbot der Einwanderung von Juden forderte. Sie wurde von der Versammlung mit nur einer Gegenstimme angenommen. Das Polizeiprotokoll verzeichnete daraufhin: »langer Beifall«.[46]

Propagandist und Parteiführer

Der Ausbildungskurs endete am 19. Juli 1919. Aus Sicht seiner Vorgesetzten hatte Hitler das Klassenziel erreicht. Man traute ihm zu, im gewünschten Sinne für die Reichswehr zu wirken, und nahm ihn in ein etwa 70 Personen zählendes »Verzeichnis der Propagandaleute« auf.[47] Hitler wurde einem mobilen Aufklärungskommando zugeteilt, das erstmals im Durchgangslager Lechfeld bei Augsburg zum Einsatz kam. In diesem hatte es unter Kriegsheimkehrern aus Russland bolschewistische Aktivitäten gegeben, die nun mit einem fünftägigen Rednereinsatz bekämpft werden sollten.[48] Die ersten großen Vorträge mit Themen wie »Wer trägt die Schuld am Kriege?«, »Weltkrieg und Weltrevolution« oder »Über die politischen Parteien« hielt allerdings nicht Hitler, sondern ein hochrangiger Offizier. Hitler kam die Aufgabe zu, mittels herausgegriffener Einzelpunkte die Diskussion anzuheizen, was er, wie sein Vorgesetzter lobte, »in äußerst temperamentvoller, leicht fasslicher Art« tat. Auch die Zuhörer waren von den »kurz, klar und für jeden verständlich« vermittelten Informationen begeistert.[49] Hitler selbst begriff bei diesen ersten Beiträgen, die er ohne Aufsicht eines Vorgesetzten in die Debatte warf, wie leicht er sein Publikum mit willkürlich zusammengestellten Fakten manipulieren konnte. Mit dem Friedensvertrag von Versailles hatte er zugleich sein Thema für die kommenden Jahre gefunden.[50]

In einem Vortrag über »Kapitalismus« streifte Hitler die Judenfrage, was zu einer Auseinandersetzung mit seinem Vorgesetzten führte, »ob man klar und unverblümt seine Meinung äußern solle oder in etwas verschleierter Form«. Schließlich erhielt Hitler in dieser Frage ein Redeverbot, um nicht »den Juden Anlass [zu] geben, die Vorträge als eine Judenhetze zu bezeichnen«. Als Hitler einmal die Redezeit überzog und abbrechen musste, fragte er seine Zuhörer, ob sie sich seine Ausführungen nach Dienstschluss bis zum Ende anhören wollten. Sie wollten, und auf seiner Bude diskutierten sie bis in die Nacht hinein.[51] Da nicht alle Propagandisten ähnlichen Erfolg hatten und sich darüber hinaus in der Politik Unmut über die hetzerische Rednertruppe breitmachte, wurde die Vortragstätigkeit eingestellt. Fortan beschränkte sich die Propaganda auf das Verteilen von Broschüren und Flugblättern, was Hitler, wie Othmar Plöckinger urteilte, als »wenig sinnvolle Beschäftigung« erschien.[52]

Propagandachef Mayr hielt weiterhin Fühlung mit Hitler, den er mit Ausarbeitungen zu verschiedenen tagespolitischen Fragen betraute. Bisher wurde angenommen, Hitler hätte für Mayr auch Informationen über politische Gruppierungen beschafft, also als Spitzel und V-Mann gearbeitet[53], ein Standpunkt, den Plöckinger korrigierte. Hitler wurde mit anderen Kameraden, von denen einige dem »Aufklärungskommando« im Durchgangslager Lechfeld angehört hatten, von Mayr am 12. September 1919 zu einer Versammlung der Deutschen Arbeiterpartei befohlen. Mayr kannte deren Führungspersonal persönlich, wusste also, dass es sich um eine rechts stehende, aber vor sich hindümpelnde Kleinpartei handelte. Daher vertritt Plöckinger die These, Mayr habe der Partei neue Mitglieder – und zwar in seinem Sinne politisch geschulte – zuführen wollen.[54] Dass Hitler in dieser Versammlung eine fulminante Rede hielt, wie er es in *Mein Kampf* behauptete, ist nicht bewiesen, vermutlich sogar falsch. Denn den »Professor«, der für die Abtrennung Bayerns vom Reich eingetreten sein soll und den Hitler niederargumentiert haben will, gab es wahrscheinlich nicht, jedenfalls ist auf der noch erhaltenen Anwesenheitsliste kein einziger Akademiker verzeichnet.[55]

Hitler trat, wie von Mayr erhofft, zwei Tage später der DAP bei und hielt am 16. Oktober 1919 seine erste Rede vor größerem Publikum. Die Eintrittskarten konnten in der Geschäftsstelle des Deutschvölkischen Schutz- und Trutzbundes erworben werden, der Veranstaltungsort blieb geheim, wahrscheinlich um den politischen Gegner fernzuhalten. Da die Veranstaltung mit einer Annonce im rechtsextremen *Völkischen Beobachter* beworben wurde, kamen immerhin 111 Zuhörer. Hitler sprach als zweiter Redner nach einem prominenten Journalisten. Nach eigener Erinnerung sprach er dreißig Minuten, die Zuhörer waren elektrisiert. Die Themen, zu denen er sich äußerte, sind nicht überliefert. Abgesehen davon, dass dieser Auftritt Hitlers Selbstbewusstsein stärkte, erscheint bemerkenswert, dass etwa 300 Mark an Spenden zusammenkamen. Hitler erkannte darin eine hohe Opferbereitschaft und erhob diese sofort zum Zwang. Die (NS)DAP kassierte künftig bei allen derartigen Veranstaltungen Eintrittsgeld.[56] Anfang der dreißiger Jahre hielt er einen Beitrag von einer Mark für angemessen, was heute etwa 10 Euro entspräche. Die Einnahmen wurden 50:50 zwischen der Reichsleitung und der jeweiligen Ortsgruppe der Partei geteilt.[57]

Hitler engagierte sich einerseits als Redner und beteiligte sich andererseits auch an den Sitzungen des Geschäftsführenden Ausschusses der Partei. Dass er für die Propaganda eigene Vorstellungen entwickelte, sicherte ihm das Wohlwollen seiner Vorgesetzten in der Reichswehr. Eigens für ihn schufen sie eine Stelle in der Nachrichtenabteilung des 41. Schützenregiments, die er am 26. Oktober 1919 antrat. Für die Reichswehr verfasste er ein Flugblatt mit dem höhnischen Titel »Der Gewaltfrieden von Brest-Litowsk und der Friede der Versöhnung und Verständigung von Versailles«. Das polemische Machwerk bezeichnete im Text dann selbstverständlich den deutsch-sowjetischen Frieden als gerecht, obwohl das Baltikum, Polen und die Ukraine dem deutschen Machtbereich zufielen. Die ungewöhnlich hohe Auflage von 15 000 Stück unterstreicht, dass Hitler ganz im Sinne der Reichswehr sprach.[58] Auch in seinen Reden in dieser Zeit arbeitete er sich an der Schuldfrage ab und überschüttete seine Zuhörer mit unzähligen Details. Seine Sprechzettel sind gespickt mit Zahlen und Verweisen, gelegentlich reichte offenbar aber auch nur ein Stichwort, beispielsweise »Spa«, also der Ort des Waffenstillstandes, um bei ihm eine Assoziationskaskade auszulösen. Überliefert sind nur Notizen und Berichte, keine wortgetreuen Mitschriften, etwa von einer Rede, die er am 13. November 1919 über die Friedensverträge von Brest-Litowsk und Versailles hielt. Im Hinblick auf die diskutierten Friedensbedingungen formulierte er: »Solange die Erde steht, hat kein Volk einen solchen Schandvertrag zu unterzeichnen sich bereit erklären müssen.« Das Ganze sei ein ausgemachter »Judenschwindel«.[59]

Neben seiner Tätigkeit als von der Reichswehr alimentierter Propagandaredner verwaltete Hitler auch die Regimentsbibliothek. »Lesestoff« gab es ab November 1919 beim »Gefr. Hitler, Zimmer 564, III. Stock«, wie ein Aushang zeigt, den Plöckinger in den Akten fand. Da in den Regimentsbibliotheken Zeitungen auslagen und die Soldaten gehalten waren, sich zu informieren, wird Hitler mit vielen von ihnen ins Gespräch gekommen sein. Seinen Vorgesetzten war das sicher recht, weil Nutzer Bibliothekare häufig um Empfehlungen bitten. Zumindest seiner Bekanntheit war es mit Sicherheit nicht abträglich. Für Hitler eröffnete sich in dieser Funktion eine, wenn auch von Offizieren selektierte, weite Welt. Zudem wurden mit erheblichem finanziellem Aufwand ständig weitere Bücher, Broschüren und Flugschriften angekauft.[60] Hitler, von mehreren Zeitzeugen als exzessiver Leser beschrieben, muss diese Stellung als der günstigste aller bisherigen Posten erschienen sein. Es erstaunt daher nicht, dass er die Versetzung zu Kampfkommandos zu vermeiden suchte.

So blieb ihm auch mehr Zeit für die Parteiarbeit, die er zur inhaltlichen Positionierung nutzte. Außerdem emanzipierte er die DAP von der Thule-Gesellschaft, dem bisherigen Geldgeber. Jede »Über- oder Nebenregierung« der Partei, ganz gleich ob »Zirkel« oder »Loge«, müsse fortan ausgeschlossen sein, ließ er den Vorstand im Dezember 1919 beschließen.[61]

Im Januar 1920 schied der Journalist Karl Harrer, der Vertrauensmann der Thule-Gesellschaft, als Reichsvorsitzender der DAP aus. Parteigründer Anton Drexler übernahm nun diese Funktion, was Hitlers Einfluss stärkte. Beide wollten die DAP zu einer Volkspartei machen. Harrer hatte hingegen für eine kleine, einflussreiche Partei der Elite plädiert und nicht an den Erfolg von Massenveranstaltungen geglaubt. Eine Kundgebung des Deutschvölkischen Schutz- und Trutzbundes am 7. Januar 1920 zeigte, dass Hitlers Kurs richtig war. Er sprach als Gastredner vor etwa 7000 Menschen – ob allerdings die in Polizeiberichten festgehaltenen Tumulte durch ihn ausgelöst wurden, lässt sich nicht mehr feststellen.[62]

Auf Hitlers Vorschlag ging auch die Umbenennung der DAP in NSDAP am 20. Februar 1920 zurück. Mit der Hinzufügung des Wortes »national-sozialistisch« verfolgte er eine widersprüchlich erscheinende Doppelstrategie. Mit »sozialistisch« signalisierte er die Ankopplung an den linken Zeitgeist, mit »national« distanzierte er sich im gleichen Atemzug von Sozialdemokratie und Marxismus. Vier Tage später, am 24. Februar, verkündete Hitler in einer Parteiversammlung das Programm der NSDAP. Das Datum wurde später in der Art eines religiösen Erweckungsereignisses mit Hitler als Religionsstifter im Zentrum mythisch überhöht.

Der Historiker Werner Maser konstatierte, dass umfangreiche Passagen des Programms von anderen Parteien kopiert, weite Teile sogar von der Reichsverfassung abgeschrieben waren. An der Kompilation des Textes war eine Reihe von Personen beteiligt, unter anderem der Parteigründer Anton Drexler.[63] Mehrere Debatten zum Programm fanden in Drexlers Wohnung statt, exklusiv zwischen ihm und Hitler, die Ehefrau servierte Kräutertee, später kam ein Nachbar hinzu, und der Abend schloss harmonisch bei Zithermusik und Gesang.[64]

Auffällig ist, dass das Programm keine Ordnung aufzuweisen scheint, weder nach Stoßrichtung noch nach Priorität. Mehrere Punkte richteten sich gegen die Juden, einige waren »nationale« Rhetorik, andere sprachen »sozialistisch« empfindende Menschen an. Die Reihenfolge erscheint willkürlich, deutet aber die Gewichtung der politischen Probleme an, die von der Partei in Angriff genommen werden sollten. So behandelte Punkt 1 die Schaffung eines »Groß-Deutschland«, das alle Deutsche in einem Staat vereinigen sollte. Diese Forderung bezog Österreich ein, dessen Nationalversammlung 1919 den Anschluss an das Deutsche Reich beschlossen hatte. Darüber hinaus gab es noch die Deutschen in der Tschechoslowakei, Ungarn, Südtirol und anderswo. Im Punkt 2 verlangte die NSDAP die Aufhebung der Friedensverträge von Versailles und St. Germain, in Punkt 3 Kolonien zur Ansiedlung des Bevölkerungsüberschusses. Der vierte Punkt forderte den Ausschluss der Juden aus dem deutschen Staatsleben. »Staatsbürger« könne nur sein, wer »Volksgenosse« sei. Als »Volksgenosse« könne jedoch nur gelten, »wer deutschen Blutes« sei: »Kein Jude kann daher Volksgenosse sein.« Ergänzend verlangte Punkt 5 die Möglichkeit der Festschreibung von Ausweisungen. Scheinbar nebensächlich, zeigt dieser Punkt doch eindeutig die Handschrift der Reichswehr, denn sie trat für die rigorose Abschiebung der Ostjuden nach Polen oder Russland ein.[65] Die Punkte 6, 7 und 8 richteten sich ebenfalls gegen Juden und Ausländer, die samt und sonders ausgewiesen werden sollten.

Der neunte Punkt war der Weimarer Verfassung entnommen und forderte gleiche Rechte und Pflichten für alle Staatsbürger. Mit den Punkten 10 und 11 gewann das Programm dann wieder eine antisemitische Tendenz. Jeder Staatsbürger müsse geistig oder körperlich schaffen, abzulehnen seien daher »arbeits- und mühelose Einkommen«. Das Schlagwort von der »Brechung der Zinsknechtschaft« (Punkt 11) suggerierte den Zeitgenossen, dass die jüdischen Banken das Land versklavt hätten, und unterstrich zugleich die sozialistische Orientierung der Partei. Punkt 12 nahm explizit Bezug auf die angeblichen Erfahrungen des Weltkriegs: »Im Hinblick auf die ungeheuren Opfer an Gut und Blut, die jeder Krieg vom Volke fordert, muss die persönliche Bereicherung durch den Krieg als Verbrechen am Volke bezeichnet werden. Wir fordern daher restlose Einziehung aller Kriegsgewinne.«

Die Programmpunkte 13, 14, 15 und 17 waren wieder sozialistisch ausgerichtet. Die NSDAP verlangte die Verstaatlichung aller Großkonzerne, im damaligen Sprachgebrauch Trusts genannt, dazu Gewinnbeteiligung des Finanzhaushalts an Großbetrieben, eine großzügige Altersversorgung und eine den »nationalen Bedürfnissen« angepasste Bodenreform. Typisch populistisch war die Forderung nach der Todesstrafe für »gemeine Volksverbrecher« (Punkt 18). Der Reichsverfassung entlehnt waren die beiden folgenden Ziele, nämlich die bevorzugte Ausbildung »besonders veranlagter Kinder armer Eltern« und die Anhebung der Volksgesundheit. Eindeutig gegen die vermeintlich jüdisch dominierte Presse richtete sich Punkt 23, mit dem konstatiert wurde, dass nur »Volksgenossen« – und das bedeutete eben: keine Juden – Zeitungen herausgeben und Journalisten sein dürften. Auch das Bekenntnis zur Religionsfreiheit enthielt eine antijüdische Komponente. Ihm zufolge dürften in Zukunft nur noch Religionen ausgeübt werden, die nicht »gegen das Sittlichkeits- und Moralgefühl der germanischen Rasse verstoßen«.

Die Punkte 22 und 25 waren Forderungen, die auch die Reichswehr unterschreiben konnte. Grob und scheinbar oppositionell verlangte die

NSDAP die »Abschaffung der Söldnertruppe«, aber zugleich die Wiedereinführung eines »Volksheeres«, also den Zustand vor dem Frieden von Versailles. Zur Umsetzung all dieser Punkte müsse eine starke Zentralgewalt geschaffen werden, der »unbedingte Autorität« geschuldet sei. Allen föderalistischen Tendenzen – und damit auch der Wiedererrichtung der Monarchien – erteilte die junge Partei damit eine Absage.[66]

In der Versammlung, in der Hitler über das Programm abstimmen ließ, kam es zu tumultartigen Szenen. So fiel der Vorwurf, Hitler argumentiere zu wenig antisemitisch und das Wort Jude hätte er durchaus »auch einmal ... aussprechen dürfen«. Hitlers und Drexlers Programm stieß zunächst auf Einwände, es musste mehrmals zur Abstimmung gestellt werden.[67] Angenommen wurde es dennoch, Hitler ließ es später für »unabänderlich« erklären.

Mit dem Programm, dem allseits akzeptierten Vorsitzenden Drexler und einem Propagandaleiter, der sich inzwischen zum »Zugpferd« entwickelt hatte, war die NSDAP im Februar 1920 zu einer festen Größe im »völkischen Lager« geworden. Hitler sprach jetzt auch auf anderen Versammlungen, etwa denen des Deutschvölkischen Schutz- und Trutzbundes. Dort stellte er die Positionen der NSDAP dar, die er auf zwei Grundsätze reduzierte. Gegen »den Juden« ziehe die Partei zu Felde, weil dieser den Kampf gegen den Kapitalismus verhindere. Für die Einheit »im Innern« trete sie ein, weil »die ganze Welt gegen uns ist«.

Den Vorwurf, dass die ganze Welt gegen Deutschland sei, illustrierte er immer wieder mit dem Versailler Vertrag. Er prangerte den Verlust der Kolonien ebenso wie den der gesamten Handelsflotte und der Kriegsmarine an. Genauso heftig polemisierte er gegen die Nahrungsmittelabgaben an die einstigen Kriegsgegner, um zu suggerieren, dass Deutschland dem sicheren Hungertod geweiht sei. Um sein Publikum zu erschüttern, präsentierte er die abverlangten Reparationsleistungen in Form gigantisch klingender Zahlen. So musste Deutschland 180 000 Rinder liefern, was hoch erscheint, aber nur ein Prozent des Viehbestandes ausmachte. Die vertraglich festgelegten

15 000 Schweine waren nur ein Promille des deutschen Bestandes.[68] Auch die Lieferung von Steinkohlenteer, Benzol und anderen chemischen Stoffen stellte für die deutsche Industrie kein Problem dar. Hitler verschwieg auch, dass solche Exporte auf die geforderte Zahlung von 20 Milliarden Goldmark angerechnet wurden. Tatsächlich war dies ein Verhandlungserfolg der deutschen Seite, weil Exporte die Konjunktur ankurbelten und Arbeitsplätze sicherten. Das war ökonomisch vernünftig, aber Hitler stellte die Unterhändler der Reichsregierung als Dilettanten und die Reichsregierung selbst als Verbrecher dar, welche die Lebensinteressen der Nation verraten würden.[69] Auffällig ist, dass er den Verlust der Hälfte der deutschen Erdölförderung nicht thematisierte, weil er den Wert des Öls für die Produktion von Treibstoffen noch nicht begriffen hatte. Auch in der Aufrüstungsphase ab 1936 wurde der Aufbau von Kapazitäten zur Herstellung von Benzin aus Braunkohle vernachlässigt. Im Krieg gegen die Sowjetunion wurden die Ölfelder von Baku dann zu einer Obsession.

Wie schlicht Hitler in seinen Veranstaltungen argumentierte, zeigt ein Polizeibericht vom Januar 1920. »Die Steuern müssen weg, die Zinsen müssen weg«, notierte der V-Mann, »dann folgt das Sinken der Preise von selbst, und jeder Einzelne kann besser leben.«[70] In seinen Reden griff Hitler den Volkszorn auf und kanalisierte ihn. Nur langsam erschloss er sich gedanklich neue Politfelder. So hielt er in Passau am 19. Februar 1920 auf Einladung der Einwohnerwehr einen Vortrag über den »Zusammenbruch« und die »seitherigen untauglichen Mittel zur Bekämpfung der Not unserer Tage«, wie eine Zeitung berichtete. Zugleich wandte er sich gegen die »Zertrümmerung unseres Landes« durch revolutionäre Umtriebe. Nur in der Einheit werde die Zeit wieder kommen, »in der Deutschland sich neuerdings erhebt zu Macht und Größe«, was mit »stürmischem Beifall« aufgenommen wurde.[71] Hitler hatte jetzt neben »Versailles« ein zweites großes Thema gefunden, gegen das er heftig agitierte: die Loslösung Bayerns vom Reich. Die Frage sollte sich in den kommenden politischen Kämpfen als Dauerbrenner erweisen, denn die Separatisten versuchten mit ihren Bestrebungen, das Rad der Zeit zurückzudrehen. Nach der Abtrennung

Bayerns vom Reich, von den verhassten Preußen, hätte die Monarchie wiederhergestellt werden können.[72]

Als Hitler am 31. März 1920 aus dem Heer entlassen wurde, erhielt er von der Abwicklungsstelle eine Tuchhose, einen Mantel, 50 Mark Entlassungsgeld und fünf Paar Socken.[73] Das war nicht viel. Aber nun, nach einer Ausbildung und großzügiger Förderung durch die Reichswehr, war Hitler zum Politiker geworden. Die Reichswehr hatte sein rhetorisches Talent entdeckt und durch ihr Training einen Massenredner geschaffen, der die Münchner Bierkeller füllte, von denen einige 7000 Personen fassten. Die *Münchner Post* konstatierte im August, dass er wohl der »gerissenste Hetzer« sei, der derzeit in München sein Unwesen treibe.[74] Sein Biograph Ian Kershaw bestätigte das mit typisch britischem Understatement: Für die nationale Rechte sei der Hitler des Jahres 1920 bereits ein »unwiderstehlicher Lockvogel« gewesen.[75]

Lehre I: Kriegspropaganda

Seine für die Zeitgenossen erstaunliche Beherrschung der Massen durch Propaganda führte Hitler selbst auf seine Kriegserfahrung zurück. Dabei habe er den Unterschied zwischen der deutschen und der feindlichen Propaganda kennenlernen müssen: »Am Gegner aber war unendlich viel zu lernen für den, der mit offenen Augen und unverkalktem Empfinden die viereinhalb Jahre lang anstürmende Flutwelle der feindlichen Propaganda für sich verarbeitete.«[76] Er habe sich stets für Propaganda interessiert und fasziniert verfolgt, wie sie von den »sozialistisch-marxistischen Organisationen mit meisterhafter Geschicklichkeit« beherrscht worden sei. Zu welch ungeheuren Ergebnissen eine richtig angewendete Propaganda führen könne, habe man aber erst während des Krieges gesehen.

Tatsächlich ist in *Mein Kampf* das Kapitel über die Kriegspropaganda eines der dichtesten und klarsten in dem sonst recht unübersichtlichen Buch. Offensichtlich hatte er sich mit diesem Thema wirklich intensiv auseinandergesetzt; dass er dabei zynisch und unmoralisch argumentierte, verwundert nicht.

Hitler beantwortete sich selbst und seinen Lesern vier Fragen.[77] 1. Ist Propaganda Mittel oder Zweck? 2. An wen hat sich Propaganda zu richten? 3. Welche Propaganda wirkt? 4. Was darf Propaganda sagen?

Die erste Frage war für ihn schnell beantwortet. Propaganda sei ein Mittel und müsse »demgemäß beurteilt werden vom Gesichtspunkte des Zweckes aus«. Sie sei »eine Waffe«, sogar »eine wahrhaft fürchterliche in der Hand des Kenners«. Ihre Form sollte daher stets dem Zweck angepasst werden. »Wäre man sich darüber an den sogenannten maßgebenden Stellen klar geworden«, meinte Hitler, hätte es niemals zu Halbheiten und Unsicherheiten »über die Form und Anwendung dieser Waffe kommen können«.

Die zweite Frage stellte Hitler noch einmal präziser. An wen habe sich Propaganda zu wenden, an die wissenschaftliche Intelligenz oder die weniger gebildete Masse? Seine Antwort war eindeutig: »Sie hat sich ewig nur an die Masse zu richten!« Für die Intelligenz sei nicht Propaganda da, sondern wissenschaftliche Belehrung. Propaganda aber sei ihrem Inhalt nach so wenig Wissenschaft wie etwa ein Plakat. Die Kunst des Plakats liege in der Fähigkeit des Gestalters, durch Form und Farbe die Aufmerksamkeit der Menge zu erregen. Ähnlich verhalte es sich auch bei dem, »was wir heute mit dem Wort Propaganda bezeichnen«. Deren Aufgabe bestehe also nicht in einer wissenschaftlichen Ausbildung des Einzelnen, sondern in einem Hinweisen der Masse auf bestimmte Tatsachen, Vorgänge, Erfordernisse usw. Überzeugt werden könne die Masse, so Hitler, a) von der Wirklichkeit einer Tatsache, b) der Notwendigkeit eines Vorgangs und c) der Richtigkeit politischen Handelns.

Auch zum Thema der Wirksamkeit von Propaganda äußerte sich Hitler unmissverständlich. Sie müsse »immer mehr auf das Gefühl gerichtet sein und nur sehr bedingt auf den sogenannten Verstand«. Jede Propaganda habe daher »volkstümlich zu sein«. Ihr geistiges Niveau müsse »der Aufnahmefähigkeit des Beschränktesten unter denen, an die sie sich zu richten gedenkt« entsprechen und werde umso tiefer liegen, »je größer die zu erfassende Masse der Menschen sein soll«. Gehe es, wie bei den Durchhalteparolen in einem Krieg, darum, ein ganzes Volk in ihren Wirkungsbereich zu ziehen, so könne »die Vorsicht bei der Vermeidung zu hoher geistiger Voraussetzungen gar nicht groß genug sein«. Je bescheidener ihr »wissenschaftlicher Ballast« sei und je mehr sie »ausschließlich auf das Fühlen der Masse Rücksicht« nehme, umso durchschlagender sei der Erfolg. Gerade darin liege die Kunst der Propaganda, wenn sie »die gefühlsmäßige Vorstellungswelt der großen Masse« begreife und »in psychologisch richtiger Form den Weg zur Aufmerksamkeit und weiter zum Herzen der breiten Masse« finde. Deren Aufnahmefähigkeit wiederum sei »nur sehr beschränkt, das Verständnis klein, dafür jedoch die Vergesslichkeit groß«. Die Erklärung dafür sah Hitler in einer »femininen« Veranlagung des Volkes. Daher sei es so eingestellt, »dass weniger nüchterne Überlegung, vielmehr gefühlsmäßige Empfindung sein Denken und Handeln bestimmt«. Diese Empfindung sei »nicht kompliziert, sondern sehr einfach und geschlossen«. In dieser weiblichen Seele gebe es nicht viel Differenzierungen, sondern ein ganz klares Ja / Nein-Schema: »ein Positiv oder Negativ, Liebe oder Hass, Recht oder Unrecht, Wahrheit oder Lüge, niemals aber halb so und halb so«. Die englische Propaganda habe das »in der wahrhaft genialsten Weise verstanden und berücksichtigt«. Bei ihr seien »wirklich keine Halbheiten« vorgekommen, »die etwa zu Zweifeln hätten anregen können«.

Was, viertens, dürfe Propaganda sagen? Jede wirkungsvolle Propaganda, so Hitler, müsse sich »auf nur sehr wenige Punkte« beschränken und diese »schlagwortartig« so lange hervorkehren, »bis auch bestimmt der Letzte« sich das Gewollte »vorzustellen vermag«. Wenn man diesen Grundsatz aufgebe, bringe man die Wirkung »zum Zerflattern«. Dadurch werde das Ergebnis abgeschwächt und schließlich aufgehoben.

Beharrlichkeit sei »hier wie bei so vielem auf der Welt die erste und wichtigste Voraussetzung zum Erfolg«. Abwechslung sei schädlich, denn Propaganda sei nicht dazu da, »blasierten Herrchen« ständig

»interessante Abwechslung zu verschaffen«, sondern habe die Aufgabe zu überzeugen, »und zwar die Masse«. Diese aber benötige »in ihrer Schwerfälligkeit« immer eine bestimmte Zeit, ehe sie auch nur von einer Sache Kenntnis zu nehmen bereit sei. Erst eine »tausendfache Wiederholung einfachster Begriffe« werde sie zur Einsicht bringen. Welche Erfolge sich damit erzielen ließen, schien dem Massenredner Hitler fast unheimlich zu sein. »Mit Staunen« werde man feststellen können, »zu welch ungeheuren, kaum verständlichen Ergebnissen solch eine Beharrlichkeit führt«.

Neben der Beharrlichkeit sei aber auch wichtig, dass das Gesagte nicht sofort als Unwahrheit erkannt würde. Daher sei auch die deutsche Witzblattpropaganda falsch gewesen, die den Gegner als Feigling lächerlich machte. Im Augenblick der Konfrontation mit dem feindlichen Soldaten habe dieser einen ganz anderen Eindruck erweckt. Demgegenüber sei die Kriegspropaganda der Engländer und Amerikaner »psychologisch richtig« gewesen. Indem sie dem eigenen Volk den Deutschen als Barbaren und Hunnen vorstellte, bereitete sie den einzelnen Soldaten schon auf die Schrecken des Krieges vor, erkannte Hitler an. So seien Enttäuschungen ausgeblieben, selbst der Einsatz entsetzlicher Waffen oder verübte Kriegsverbrechen mussten dem Soldaten nun als »Bestätigung« erscheinen. Zugleich habe das »den Glauben an die Richtigkeit der Behauptungen seiner Regierung« gestärkt und »Wut und Hass gegen den verruchten Feind« gesteigert.

Kein Zweifel: Hitler hielt sich an die von ihm formulierten Grundsätze, wobei ihm zugutekam, dass er sich an eine seelisch ausgehöhlte Masse wandte. Mit dem Glauben an die Monarchie als gottgewollte Ordnung war auch ihr Glaube an Gott selbst erschüttert, und sie brauchte neue Orientierung, aus der sie Verhaltenssicherheit schöpfen konnte. Hitler scheute sich nicht, mit seinem Buch *Mein Kampf* einen solchen Gegenentwurf zu präsentieren und das geistige Vakuum auszufüllen. In dem Buch reklamierte er für die von ihm aufgestellten Maximen »unbedingte Autorität«.[78] Mit dieser zum quasipäpstlichen Dogma erhobenen eigenen Weltanschauung baute Hitler eine Rivalität auf, bei der sich die Masse nur zwischen ihm und den »anderen« entscheiden durfte.

Lehre II: Militärische Organisationsformen

Im Januar 1938 sprach Hitler im Reichskriegsministerium vor Offizieren und gab, wie er es oft tat, einen großen historischen Überblick zum Weltgeschehen. Bemerkenswert sind die letzten Sätze seiner Rede, in denen er eine Zwischenbilanz seiner bisherigen Regierungszeit zog. Er habe die »Gesetze, die der Soldat von jeher« beherrsche, lediglich in politische Formen gegossen. »Wenn ich auch Politiker bin, im tiefsten Wesen bin ich Soldat«, teilte er den anwesenden hochrangigen Militärs mit und garnierte seine Ansprache noch mit der schwülstigen Formel: »Mein schönstes Glaubensbekenntnis ist meine Liebe zum deutschen Soldatentum.«[79]

Nach fünf Jahren Kriegsdienst und der folgenden Ausbildungszeit bei der Reichswehr war Hitler nicht nur von seiner »Liebe« zum Soldatentum, sondern auch von der Effektivität militärischer Organisationsformen überzeugt. Eine Armee könne nur bestehen, betonte er später, unter »Aufrechterhaltung des absolut-antidemokratischen Grundsatzes unbedingter Autorität nach unten und absoluter Verantwortlichkeit nach oben«.[80] So lag es nahe, dass er die NSDAP ähnlich wie ein Regiment strukturierte. Er als allein verantwortlicher Kommandeur gab die Befehle, die seine Funktionäre bis hinunter zum einzelnen »Parteisoldaten« auszuführen hatten. Die Parteifunktionäre, also Ortsgruppenführer, Kreisleiter und Gauleiter, betrachtete er als »die politischen Offiziere der deutschen Nation«.[81]

Die Befehle, so hatte er es sich beim Militär abgeschaut, wurden in den Stäben formuliert, erlangten ihre Wirksamkeit jedoch erst durch die Unterschrift des Kommandeurs. Dabei nutzte Hitler die traditionell für Preußen typische »Auftragstaktik«, die auch im Ersten Weltkrieg zur Anwendung gekommen war. Seinen »Offizieren« erteilte er Aufträge, wie sie diese realisierten, war ihnen überlassen. Ihnen fiel die Aufgabe zu, sich dazu der verfügbaren Mittel zu bedienen oder sich diese zu beschaffen. Dass dies nicht immer allen »politischen Leitern« in gleicher Weise gelang, räumte er 1932 offen ein, als die Partei es nicht schaffte, bei den Wahlen die absolute Mehrheit zu erreichen. Es gebe eben genügend fähige Männer, um Abgeordnetensitze oder Gauleiter-stellen zu besetzen, aber es sei schwierig, tüchtige Ortsgruppenführer zu finden. Hitler machte in dieser Krisensituation die »Unterführer« verantwortlich.[82] Andere kritisierten seinen diktatorischen Führungsstil und verlangten mehr eigene Verantwortung und Befehlsgewalt für ihre Bereiche. Hitler lehnte das ab und ließ die »Abweichler« des Herbstes 1932 ermorden.

So blieb die Reichsleitung bis zur Machtübernahme 1933 eine typische Stabsstelle ohne eigentliche Macht. Die Leiter der einzelnen Abteilungen hatten Hitler zu beraten, waren jedoch nicht befugt, Anweisungen zu erteilen. Innerhalb der Reichsleitung der NSDAP entbrannten daher heftige Rivalitäten, wer Hitlers Entscheidungen vorbereiten durfte.

Mit dem Aufstieg Hitlers zum Diktator ging keine Änderung der militärischen Organisationsstruktur einher. Hitler wurde vom Partei-Regimentskommandeur zum Oberbefehlshaber. Er gab den ihm unterstellten Rängen die Ziele vor, ließ ihnen jedoch gemäß der erwähnten Auftragstaktik weitgehende Handlungsfreiheit bei der Umsetzung ihrer Aufgaben. Als sich die NSDAP im demokratischen Wettkampf befand, war als ein solches Ziel definiert, Wählerstimmen zu gewinnen. Später konnte der Auftrag zum Beispiel lauten, einen Fluss zu regulieren oder eine Talsperre zu bauen. Während des Zweiten Weltkriegs bestanden typische Aufträge darin, ein Gebiet von Juden zu »säubern«, Lebensmittel für die Heimat bereitzustellen oder einen Frontabschnitt zu halten.

Hitler als Oberkommandierender interessierte sich ausschließlich für das Ergebnis.

Es gab Gauleiter, die in den Wahlkämpfen des Jahres 1932 politische Gegner terrorisieren ließen, andere kamen ohne die exzessive Anwendung von Gewalt aus. Die Errichtung eines Parteigebäudes etwa konnte in den ersten Jahren nach 1933 mit Häftlingen und Zwangsarbeitern ausgeführt werden, aber auch ohne. Die Vorarbeiten zum Bau der Rappbodetalsperre im Harz zeigen exemplarisch den Druck, der den Verantwortlichen auferlegt wurde. Zunächst beschäftigte die

Bauverwaltung freiwillig dienende Arbeitslose. Infolge der konjunkturellen Belebung des Arbeitsmarktes gab es kaum noch Bauarbeiter. Also richtete die Bauleitung ein Lager ein und beschäftigte ab 1938 jüdische Häftlinge aus Österreich. Dazu kamen dann Kriegsgefangene aus Frankreich, Belgien und Jugoslawien. Aufgrund der schrecklichen Arbeitsbedingungen starben über hundert Arbeiter. Als der zuständige Gauleiter dann in Buchenwald weitere KZ-Häftlinge anforderte, entschied eine übergeordnete Stelle, dass das Bauvorhaben nicht kriegswichtig und deshalb vorläufig einzustellen sei.[83]

Diese Herrschaftstechnik bedingte, dass die beauftragten Parteifunktionäre und Offiziere nicht nur aufgrund formaler Qualifikation ausgesucht werden konnten. Hitler verbrachte viel Zeit mit der Auswahl der aus seiner Sicht geeigneten Unterführer. Dabei blieb sein Verhältnis zu den Menschen rein instrumentell, wie er im Bewerbungsgespräch seines späteren Adjutanten Fritz Wiedemann unumwunden zugab: »Ich suche nicht Posten für Leute, sondern Leute für Posten.«[84]

Weil er die Männer seines Regiments genau kannte, erstaunt es nicht, dass er nur wenige Funktionäre der NSDAP aus den Reihen seines Reserve-Infanterieregiments Nummer 16 rekrutierte. Der für ihn wichtigste Mitarbeiter aus diesem Kreis war Max Amann, ehemals Feldwebel im Stab, ab 1921 Geschäftsführer der NSDAP und schließlich des Franz Eher Verlages. Aus diesem erwuchs ein Imperium von Zeitungen, die der NSDAP gehörten und von ihm kontrolliert wurden. Als NSDAP-Reichsleiter für die Presse rühmte er sich 1936, im Auftrag Hitlers Punkt 23 des Parteiprogramms erfüllt zu haben: die Enteignung aller Juden im Verlagswesen.[85] Ein weiterer Mitarbeiter, dem Hitler vertraute, war Fritz Wiedemann, sein ehemaliger Vorgesetzter im Regimentsstab. Ab 1933 arbeitete Wiedemann in der Reichsleitung, 1935 wurde er persönlicher Adjutant des »Führers«. Als sich abzeichnete, dass Wiedemann auf Distanz zum Kriegskurs Hitlers ging, sandte dieser ihn als Konsul nach Kalifornien. Andere dienten dem Diktator als Ortsgruppenleiter, etwa der schneidige Meldegängerkollege Ernst Schmidt.[86]

Als besondere Stärke einer militärischen Organisationsform, schrieb

Hitler in *Mein Kampf,* habe er im Krieg auch erfahren, dass nicht jeder immer alles wissen – und eben auch nicht bei allem mitreden – müsse. Nicht jeder, der für die Bewegung kämpfe, solle Einblick in die »letzten Ideen und Gedankengänge der Führer« haben. Denn: »Es wird auch der einzelne Soldat nicht in die Gedankengänge höherer Strategie eingeweiht.« Vielmehr komme es darauf an, dass der Parteisoldat »zu straffer Disziplin« und »zu fanatischer Überzeugung« im Sinne der Idee »erzogen« werde.[87] Ein wichtiges Mittel dazu sah er in der SA, deren Mitglieder er für etwas Neues, noch nie Dagewesenes hielt: »den politischen Soldat«. Er vereinige die »Tugenden des Soldatentums mit dem Glauben an eine politische Pflicht, an eine politische Sendung«. Durch den Dienst und die politische Erziehung in den Sturmabteilungen werde ein Glaube wiedererweckt, der »nach« (!) dem Zusammenbruch und durch die Not von Versailles verlorengegangen sei.[88]

Sicher, in der modernen Massengesellschaft lässt sich Macht nur in Form von Massenorganisationen ausüben. Lenin entschied sich für die Formung einer Partei als Avantgarde der Arbeiterklasse. Hitler fand das Massenheer als Organisationsform bereits vor und erkannte in ihm das Mittel zur Schaffung einer streng hierarchisch organisierten, politisch ausgerichteten Volksgemeinschaft. Dieser »preußische Sozialismus« werde verkörpert in der Art, wie das germanische Volk im Weltkrieg »römisch« stolz gedient habe, meinte zum Beispiel der Philosoph Oswald Spengler.[89] Hitlers Bestreben, die Arbeiterklasse auf diese Weise zu integrieren, ist häufig als einseitig zynischer Versuch des Machterhalts der herrschenden, weil besitzenden Klassen gedeutet worden. Es kann jedoch nicht bestritten werden, dass es einen realen Machtzuwachs gab für Menschen, die weder über Besitz noch Land verfügten. Als Funktionär in der Partei oder als Offizier in der SA gewannen sie Bedeutung. Insgesamt galt dies sogar für die einfachen Mitglieder, die sich als Teil des »arischen Herrenvolks« fühlen durften. Zugleich waren die Parteifunktionäre und SA-Offiziere trotz ihrer Macht über andere vollständig abhängig von dem, der diese Macht verlieh. Sie wurden damit zu Werkzeugen, deren Nützlichkeit dem Diktator immer wieder bewiesen werden musste.

Der Philosoph und genaue Beobachter Ernst Niekisch hat auf die damit einhergehende Auflösung der bürgerlichen und adligen Ehrbegriffe verwiesen, weil sie dabei durch eine neue Ideologie, in Hitlers Terminologie »Weltanschauung«, ersetzt wurden.[90] Hitler benutzte diese Abhängigkeit ebenso rigoros, wie er den Werteverfall instrumentalisierte. So hielt er an überzeugten Parteifunktionären trotz ihrer oft mangelhaften fachlichen oder menschlichen Fähigkeiten fest, solange sie ihre Nützlichkeit bei der rigorosen Umsetzung der Judenverfolgung unter Beweis stellten. Eines dieser Beispiele ist der ostpreußische Gauleiter und gelernte Kaufmann Erich Koch, der sich durch Korruption und Nepotismus hervortat, aber von Hitler zum Reichsstatthalter in der Ukraine ernannt wurde. Ähnlich verhielt es sich mit den meist adligen Karrierediplomaten. Als Außenstaatssekretär Ernst von Weizsäcker, nach dem Sieg über Frankreich glühender Anhänger Hitlers, angesichts der Verbrechen des Regimes umzudenken begann, schob der Diktator den SS-Oberführer auf den Botschafterposten im Vatikan ab. Sein Ersatz Gustav Adolf Steengracht von Moyland, ein reicher rheinischer Gutsbesitzer, war weniger eloquent, aber ein echter Überzeugungstäter, der Hitlers Ideologie verinnerlicht hatte.[91]

Lehre III: Der Dolchstoß

Alle Deutschen interessierten sich für die Ursachen des Zusammenbruchs im Jahr 1918, weshalb auch der Reichstag einen Untersuchungsausschuss einsetzte. Obwohl dieser mehrere tausend Seiten bedrucktes Papier produzierte, war sein Ergebnis mager: Die Oberste Heeresleitung habe die Frühjahrsoffensive zu Recht wagen dürfen. Ihr Scheitern sei dadurch verursacht worden, dass an der Front der »Mannschaftsersatz und die Vorräte an Kriegsmaterial« nicht mehr ausgereicht hätten. Die Versuche, zu einem Verständigungsfrieden zu kommen, mussten scheitern, so die angenommene Entschließung, weil der Gegner wegen des Erfolgs seiner »Hungerblockade« nicht geneigt gewesen sei, ernsthaft zu verhandeln. Die Oberste Heeresleitung habe stets in dem Glauben gehandelt, dem »Wohl des gesamten Vaterlandes zu dienen«. Im Übrigen sei ohnehin in »höchster Instanz« der Kaiser »für alle militärischen und politischen Fragen entscheidend« gewesen. Das Parlament hatte also einen Alleinschuldigen ausgemacht.[92]

Mit diesem Freispruch für die Oberste Heeresleitung, also die Feldmarschälle Ludendorff und Hindenburg, gab sich die konservative Rechte nicht zufrieden. Vor allem die Münchner Publizisten wollten einen anderen Schuldigen abgeurteilt sehen, der für den »Dolchstoß«[93] der Heimat verantwortlich war. Insbesondere die Unabhängigen Sozialdemokraten hätten nichts unversucht gelassen, »gewühlt und gehetzt«, um eine Revolution zu entfachen. Nur deshalb habe Deutschland den Krieg verloren, suggerierte der Chefredakteur der *Süddeutschen Monatshefte* Nikolaus Cossmann in einem viel verkauften Heft. Dabei argumentierten er und seine Autoren durchaus nicht so primitiv, wie dies heute oft unterstellt wird. Auch sie gestanden die Niederlage in der Schlacht an der Marne im August 1918 ein, beharrten aber darauf, dass eine »ehrenvolle« Niederlage noch möglich gewesen wäre, wenn es nicht die sozialistische Revolution gegeben hätte.[94] Die sozialdemokratische Zeitung *Münchner Post* polemisierte heftigst gegen diese »Geschichtsfälschung«. Cossmann antwortete mit einer Klage wegen Beleidigung. Seine persönliche Ehre sei verletzt, wenn behauptet werde, dass er solche Ansichten »wider besseres Wissen« in die Welt setze. Es war wohl auch der Begriff der politischen Giftmischerei gefallen. Der Prozess gegen den Chefredakteur der *Post* fand im Oktober und November 1925 statt. Beide Seiten versuchten, die Verhandlungen zu einem Spektakel zu gestalten. Gutachten folgten Gegengutachten, und spektakuläre Beweise setzten die Sozialdemokratie ins Unrecht. So konnten Dokumente vorgelegt werden, denen zufolge die Sozialisten mit ausländischen Gruppierungen in Kontakt getreten waren, die zu Desertionen aufgerufen hatten. Aus einer zufällig vor der russischen Botschaft zerbrochenen Kiste waren Hunderte pazifistischer Flugblätter in deutscher Sprache auf die Straße geweht.[95] Die Sozialdemokraten konnten ihrerseits nachweisen, dass die Offiziere mitschuldig an der Niederlage waren, weil sie die Unteroffiziere und Mannschaften wie Dreck behandelt hatten. Sie präsentierten dem Gericht nicht weniger als 15 000 beweisbare Fälle von »Begaunerung und Benachteiligung der Mannschaften«. So hätten Soldaten im Schützengraben ein Schwein gemästet, und als es schlachtreif war, habe es der Kompanieführer beschlagnahmt. Erich Kuttner, damals Chefredakteur der satirischen Zeitschrift *Lachen Links,* legte Speisekarten von Offizierskasinos vor, in denen sechs Gänge serviert wurden, begleitet von Wein und Beutechampagner. Der Richter wollte davon allerdings nichts wissen und wies diese Dokumente als nicht zur Sache gehörig zurück.[96] Der Chefredakteur der *Münchner Post* wurde wegen Beleidigung schuldig gesprochen, der »Dolchstoß« schien bewiesen. Recht behielt damit auch der Reichspräsident Feldmarschall von Hindenburg. »Wie Siegfried unter dem Speerwurf des grimmigen Hagen, so stürzte unsere ermattete Front«, formulierte er in seinen Erinnerungen. Vergebens habe die Truppe an der Front versucht, »aus dem versiegenden Quell der heimatlichen Kraft neues Leben zu trinken«.[97]

Hitler war zu dieser Zeit mit dem Neuaufbau seiner Partei beschäftigt. In seiner Propaganda benutzte er die Dolchstoßmetapher eher selten. Aber er zitierte Hindenburg in *Mein Kampf* gern. Es seien die »parlamentarischen Strauchdiebe« gewesen, die gegen den Sieg gehetzt und gewühlt hätten, »bis endlich der kämpfende Siegfried dem Dolchstoß erlag«.[98] Und es sei ein Fehler gewesen, dass der Kaiser »den Führern des Marxismus die Hand zur Versöhnung gereicht« habe, »ohne zu ahnen, dass Schurken keine Ehre besitzen«. Während sie die kaiserliche Hand in der einen gehalten hätten, habe die andere, so Hitler, »schon nach dem Dolche« gesucht.[99]

Lehre IV: Diktatur statt Monarchie

Am 12. November 1918 entband der bayerische König Ludwig III. alle Beamten und Soldaten von ihrem Eid, da er sich nicht mehr in der Lage sah, die Regierung zu führen.[100] Am Tag zuvor war der letzte Kaiser Österreich-Ungarns zurückgetreten. Mithin war Hitler nicht mehr zu Gehorsam gegenüber einem Monarchen verpflichtet, weder als Österreicher noch als bayerischer Soldat. Die Revolution empfand er als Verrat, dem Gesellschaftssystem Monarchie weinte er jedoch keine Träne nach.

Wenn Hitler sich positiv über Monarchen äußerte, tat er das selektiv und mit vergiftetem Lob. So würdigte er in *Mein Kampf* Wilhelm II. als Schöpfer der deutschen Kriegsmarine. Dass dieser kein Rederecht im Reichstag erhielt, empfand er als Herabstufung des Amtes, zumal die »parlamentarischen Gänseriche« in einer Legislaturperiode mehr Unsinn zusammengeschnattert hätten, »als dies einer ganzen Dynastie von Kaisern in Jahrhunderten, eingerechnet ihre allerschwächsten Nummern, je gelingen konnte«.[101] Wilhelm I. habe jedoch den »Finanzadel« bevorzugt und sich vom alten Prinzip des »Schwertadels« abgewandt.[102] Sein Enkel Wilhelm II. hatte trotz seines latenten Antisemitismus niemals öffentlich gegen die Juden Stellung bezogen, was Hitler ihm verübelte und zu kritischer Distanz veranlasste: »Mit dem Juden gibt es kein Paktieren, sondern nur das harte Entweder-Oder.«[103]

Den eigentlichen Wert einer Monarchie sah Hitler im Prinzip selbst, also in der persönlichen Verkörperung des Staatsoberhaupts, die als Person und Vorbild dafür stehe, »Verantwortung« zu tragen. Dieses Prinzip habe aber in der Vergangenheit seine Geltung verloren.[104] Insgesamt wäre es schon genug gewesen, wenn der Monarch als solcher als »Mensch und Charakter dem Namen seines Geschlechtes und der Nation Ehre« bereitet und »seine Pflichten erfüllt hätte«.[105]

Aber nicht einmal dieser Verantwortung sei die Monarchie nachgekommen. Gescheitert sei das Prinzip der Monarchie, so Hitler, an den »Kriechern« und »Speichelleckern« am Hof, die es nicht gewagt hätten, dem Monarchen auch einmal »entgegenzutreten«. Infolge dieser »Devotheit« hätten sich an den deutschen Höfen nur »jammervolle Erscheinungen« aufgehalten und die »Grundlagen der Monarchie« allmählich ausgehöhlt. Doch auch die Monarchen selbst seien »nur in den seltensten Fällen Auslesen der Weisheit und Vernunft oder auch nur des Charakters«. Nur einmal in Jahrhunderten entschließe sich der Himmel, die Krone einem genialen Helden wie Friedrich dem Großen oder aber »einem weisen Charakter« wie dem ersten deutschen Kaiser Wilhelm I. auf das Haupt zu drücken. Monarchen besäßen nicht die Gabe der Menschenkenntnis und seien auch »fast grundsätzlich« nicht in der Lage, sich diese anzueignen. Ebendas, so Hitler, sei »von jeher zu ihrem Verderben geworden«.[106]

Obwohl Hitler vor allem die Juden für den »Dolchstoß« verantwortlich machte, war ihm doch klar, dass für den »Dolchstoß« eines Untertanen auch die Obrigkeit Verantwortung trägt. Der Philosoph Ernst Niekisch brachte es auf den Punkt: »Schuldig ist der irrende Führer, nicht die Masse der Irregeführten.«[107]

Hitler argumentierte ähnlich wie der Sozialist Niekisch. So habe der Kaiser nur ein einziges Mal eine Arbeiterdelegation empfangen und die dann auch noch »angeschnauzt«. Andererseits sei Wilhelm II. aber zu feige gewesen, der Sozialdemokratie den Kopf zu zertreten. Bismarck habe das gewollt; hätte man so gehandelt und gleichzeitig die Sozialgesetzgebung ausgebaut, wäre man innerhalb von 20 Jahren beim Ziel der Volksgemeinschaft gewesen.[108] Während des Kriegs habe der Kaiser nicht geführt, und die Fürstinnen seien in eine »nicht immer ganz echte Humanitätsduselei« verfallen. Das habe vor allem »gegenteilige« Effekte beim Volk hervorgerufen, etwa beim Besuch von »Prinzessin X« in einer Volksküche. Die »Leute« hätten ganz genau gewusst, dass bei solchen hoheitlichen Gastspielen das Essen »etwas anders« gewesen sei als sonst, was der patriotischen Stimmung geschadet habe.[109]

Folgerichtig positionierte Hitler seine Partei bereits in ihren ersten Jahren streng antimonarchistisch. Als in NSDAP-Versammlungen Werber der Monarchistenpartei den *Königsboten* verteilten, wurden sie des Saales verwiesen.[110] Und 1922 wurde Hitler wegen des Störens einer Versammlung des monarchistischen Bayernbundes zu sechs Monaten Haft verurteilt, von denen er allerdings nur wenige Wochen absaß.[111]

Noch ausfälliger als bei seinen Reden und in *Mein Kampf* wurde Hitler später bei den Gesprächen in der Wolfsschanze. Eigentlich sei Kaiser Wilhelm II. schuld am Zusammenbruch 1918 gewesen. Denn dieser habe sich »aus klappernder Angst« als Feldherr vor jedem Entschluss gedrückt. Aber die deutschen Könige seien nun einmal »maßlos dumm«. Ein anderes Mal sprach er über den bayerischen Kronprinzen Rupprecht und behauptete, »schmal sei der Pfad zwischen Thron und Irrenanstalt«. Das Beispiel Wilhelm II. zeige, wie »ein einziger schlechter Monarch eine Dynastie vernichten« könne. Auch den Enkeln Wilhelms, die in der Wehrmacht dienten, misstraute er, aber nicht wegen mangelnder Intelligenz, sondern weil er sie für eine hinterlistige »Brut« hielt, die auf diese Weise wieder Einfluss gewinnen wollte. Die Abschaffung der Fürstenhäuser sei geradezu das »geschichtliche Verdienst« der Sozialdemokratie gewesen. Denn es seien ja eben die Fürsten gewesen, die jahrhundertelang für die Zersplitterung des deutschen Volkes und mit für dessen Machtlosigkeit gesorgt hätten.[112]

Lehre V: Die Besiegbarkeit Frankreichs

Zu den Lehren, die Hitler ganz sicher aus dem Ersten Weltkrieg zog, gehörte die Überzeugung, dass Frankreich bezwingbar sei. Die französische Verteidigungsleistung 1914 war eine Überraschung, für viele sogar ein »Wunder« gewesen.[113] Hinzu kamen die Fehler bei der Feldzugsplanung der Deutschen. So drehten ihre Armeen östlich vor Paris ein, um dort die Entscheidung zu suchen. Erst nach dem Scheitern in der Marneschlacht nahmen sie den Wettlauf zum Ärmelkanal auf. Die Pläne für den Revanchefeldzug 1940 sahen erst die Vernichtung des Gegners in Flandern vor, dann den Vorstoß auf Paris. Ob die Fehler von 1914 bereits an der Front diskutiert wurden oder ob sich Hitler damit erst nach dem Krieg befasste, ist unerheblich. Als er die Gelegenheit hatte, auf die Feldzugsplanungen Einfluss zu nehmen, nutzte er sie.

Auch die »Michael-Offensive« des Jahres 1918 bewies aus Hitlers Sicht, dass ein überlegener oder eingegrabener Gegner zu besiegen sei. Die bis kurz vor Ende des Ersten Weltkriegs übliche Angriffstaktik war einfach: Nach einer langen Vorbereitung durch Artillerie wurde in breiter Masse gestürmt. Hitler hatte die geringe Effektivität solcher

Angriffe beim Sturm auf Gheluvelt miterlebt, aber auch das Scheitern der Franzosen oder Engländer gesehen. Das 1918 angewandte neuartige Stoßtruppverfahren brachte hingegen bessere Ergebnisse. Besonders im Nahkampf geschulte und mit Maschinengewehren und Flammenwerfern bewaffnete Verbände brachen ohne Vorankündigung in die gegnerischen Stellungen ein und konnten so häufig erstaunliche Erfolge erzielen. Die Sturmtrupps hatten oft große Verluste, die Überlebenden wurden jedoch vielfach als Helden verehrt.[114] Als sich Hitler im Sommer 1923 eine persönliche Leibwache zulegte, weil er vor Übergriffen aus der eigenen Partei nicht mehr sicher zu sein glaubte, nannte er diese handverlesenen Getreuen »Stoßtrupp Adolf Hitler«.[115]

Immer wenn er später auf den »Todfeind« Frankreich zu sprechen kam, betonte er, dass es nur dank der britischen Unterstützung gesiegt habe. Ganz gleich, wer in dem Land regiere, es werde immer bestrebt sein, die Rheingrenze in Besitz zu nehmen und, wie er in *Mein Kampf* schrieb, die »Sicherung dieses Stromes für Frankreich durch ein aufgelöstes und zertrümmertes Deutschland« zu gewährleisten.[116] Insofern könne es ihm auch nicht verübelt werden, dass es im Januar 1923 das Ruhrgebiet und große Teile des Rheinlands besetzt habe, um die Zahlung der Reparationen durchzusetzen. Das sei schließlich sein von einer deutschen Regierung verbrieftes »Recht« gewesen. Die Proteste dürften sich daher nicht gegen Frankreich richten, außerdem fehlten dazu ohnehin die Waffen. Vielmehr gelte es, Maßnahmen gegen die »Novemberverbrecher« zu ergreifen, aufgeräumt werden müsse zuerst mit »Juden und Sozialisten«. Denn diese hätten Deutschland durch die Unterschrift unter den Versailler Vertrag ins Unglück gestürzt. Es müsse also heißen: »Nieder mit den Novemberverbrechern und Vaterlandsverrätern.«[117] Ein wehrloses Volk wie das deutsche solle nicht protestieren, sagte er auf einem NSDAP-Sprechabend, darüber »lache Frankreich nur«.[118]

Im Übrigen verzichtete er darauf, sich über Frankreich Gedanken zu machen oder gar Wege zur Verständigung mit dem Nachbarland in seinen Reden zu thematisieren. In der Literatur, die er vor der Niederschrift von *Mein Kampf* studierte, fand er aber Aussagen zum »rassischen Wert« des französischen Volkes, die auf ihn inspirierend wirken mussten. Die Religionskriege hätten den einst herrschenden Adel »nordischer Rasse« in Frankreich geschwächt, schrieb ein amerikanischer Rassentheoretiker. Auch die »Austilgung« der Oberklassen in der Revolution und zahllose Kriege hätten dazu beigetragen. Insgesamt sei der Anteil der Nordischen im französischen Volk zurückgegangen.[119] In seinem Buch zog Hitler dann daraus den Schluss, dass Frankreichs Politik gegenüber Deutschland im Sinne der »Selbsterhaltung« der Nation zwingend sei. Denn »das in seinen besten Elementen langsam absterbende Franzosentum« könne seine Bedeutung in der Welt auf Dauer nur durch die Zertrümmerung Deutschlands aufrechterhalten. Der »ewige Konflikt« zwischen Deutschland und Frankreich müsse entschieden werden, und er werde mit der »Vernichtung Frankreichs« enden.[120]

4

Statusgewinn trotz Judenfeindschaft

Der Historiker Ernst Deuerlein veröffentlichte 1959 in einer Fachzeit-schrift mehrere Dokumente zur Frühgeschichte der NSDAP. Unter ihnen befand sich ein Brief, den Adolf Hitler am 16. September 1919 im Auftrag der Reichswehr an einen Mann namens Adolf Gemlich aus Ulm schrieb. Gemlich hatte sich als antirevolutionärer »Aufklärungs-redner« betätigt und bereits mehrfach von Mayr als Zuständigem für die Propaganda Rat erbeten. Mayr war überlastet und beauftragte seinen Gefreiten Hitler, auf die Anfrage zu reagieren. Gemlich wollte wissen, ob die Regierung zu schwach sei, um etwas gegen »ein gefähr-liches Judentum« zu unternehmen, oder ob es offizielle sozialdemo-kratische Politik sei, die Juden zu schonen. Hitlers Antwort war eine antijüdische Hasstirade, was 1959 niemanden erstaunte. Erst als His-toriker feststellten, dass der Hausarzt der Familie Hitler Jude gewesen war und dass der junge Adolf Hitler in Wien jüdische Bekannte gehabt und mit Juden gut zusammengearbeitet hatte, schaute man genauer hin. War Hitler etwa nicht immer ein Judenfeind gewesen, geprägt vom antisemitischen Klima im Vorkriegsösterreich? Die Debatte wurde erbittert geführt, erbrachte aber immerhin die Erkenntnis, dass Hitler dort häufig antisemitischer Propaganda ausgesetzt gewesen war, sie aber ignoriert hatte.[1]

Erst in diesem Kontext stellte sich Deuerleins Entdeckung als Sen-sation heraus. Dabei handelt es sich nicht nur um den ersten anti-jüdischen Text, den Hitler verfasste, er offenbart auch, dass seinem

Weltbild nichts Unfertiges anhaftet. Die Sprache ist geschraubt und wirkt gestelzt, aber bereits die einleitenden Sätze zeigen einen Hitler, der von oben herab urteilt und sich seiner Überzeugungen absolut gewiss ist. Es gebe zwar eine »nicht abzuleugnende Ablehnung«, die große Teile des Volkes gegenüber den Juden hegten, doch liege ihr keine »klare Erkenntnis« vom »bewusst oder unbewusst planmäßig verderblichen Wirken der Juden als Gesamtheit auf unsere Nation« zugrunde. Sie sei häufig durch persönlichen Kontakt entstanden, da »der Jude als Einzelner« fast stets einen ungünstigen Eindruck hinterlasse. Damit erhalte der »Antisemitismus« den Charakter einer »bloßen Gefühlserscheinung«. Das sei aber »unrichtig«, meinte Hitler. Der Antisemitismus »als politische Bewegung« dürfe nicht durch Momente des Gefühls bestimmt werden, sondern müsse aus der Erkenntnis von Tatsachen resultieren.

Als vermeintlich wichtigste »Tatsache« stellte Hitler gegenüber Gemlich heraus, dass »Judentum unbedingt Rasse und nicht Religionsgenossenschaft« sei. Daher könne ein Jude, auch wenn er sich der deutschen Sprache bediene, niemals Deutscher werden. Auch der mosaische Glaube sei nicht mehr als ein Indiz für die Frage, ob jemand Jude sei oder nicht. Durch »tausendjährige Inzucht« habe »der Jude« seine Rasse und Eigenart schärfer konturiert bewahrt als viele der Völker, in denen er lebe. Damit ergebe sich die »Tatsache«, dass »zwischen uns eine nichtdeutsche, fremde Rasse« lebe, die weder bereit noch in der Lage sei, ihre »Rasseeigenarten« abzulegen.

Im zweiten rhetorischen Schritt stellte Hitler die angeblichen »Rasseeigenarten« genauer dar, beschrieb jedoch nur eine einzige. Das »Gefühl des Juden« bewege sich im »rein Materiellen« und »noch mehr sein Denken und Streben«. Daraus ergebe sich zwangsläufig ein skrupelloses »Streben nach Geld, nach Macht«. Seine Habsucht manifestiere sich vor allem in der Einführung des Zinses für geliehenes Geld, das sich in seinen Händen »mühe- und endlos« vermehre, aber den Völkern mit der großen Schuldenlast ein schweres »Joch« aufzwinge. In weitem Schwung durch die Geschichte schilderte Hitler wortreich, wie »der Jude« jede bestehende Gesellschaftsordnung für sich ausnutzte. Ganz gleich ob Monarchie oder Demokratie, »der Jude« finde immer einen Weg, sein Interesse durchzusetzen. Dabei benutzte der angehende Propagandaredner geschickt die schon an sich herabsetzende Formulierung »der Jude«, um zu suggerieren, dass es ebenjene Einheit gebe.

Der dritte Schritt erschien dann ebenso logisch. Der von ihm so definierte »Jude« bemächtige sich nunmehr der »öffentlichen Meinung«, um dadurch seine Macht des Geldes abzusichern oder zu verschleiern. Damit würden auch alle Ideale ihrer Inhalte beraubt, ganz gleich ob »Religion, Sozialismus, Demokratie«. Die auf diese Weise sinnentleerten Schlagworte seien damit nur noch Mittel zum eigentlichen Zweck, nämlich »Geld- und Herrschgier zu befriedigen«. Da »der Jude« heimatlos sei und sich weltweit verbreitet habe, müsse er als eine Krankheit betrachtet werden: als »Rassentuberkulose der Völker«.

Hitler zog daraus, viertens, den Schluss, dass nur staatliches Handeln geeignet wäre, gegen die Juden vorzugehen. Zunächst bedürfte es einer »Fremdengesetzgebung«, was selbstverständlich bedingte, dass alle Juden erfasst, polizeilich behandelt und dann Sondergesetzen unterworfen werden müssten. Letztes Ziel des Staates müsse aber »unverrückbar die Entfernung der Juden überhaupt« sein. Und das wiederum erfordere, fünftens, eine »Regierung nationaler Macht« und nicht eine der »nationalen Ohnmacht«.[2]

Hitlers Vorgesetzter Mayr leitete den Brief an Gemlich weiter, nicht ohne seinen Kommentar dazuzugeben. Er könne den »sehr klaren Ausführungen« nur »beipflichten«. Einen Zusatz machte Mayr beim Zins, der von den Juden ja nicht erfunden worden sei, sondern eine im »gesunden Erwerbstrieb« begründete Erscheinung darstelle. Aber »natürlich« sei es »diese Rasse« gewesen, welche die schädlichen und gewinnträchtigen Möglichkeiten des Zinsproblems »am raschesten erkannt und am rücksichtslosesten« ausgenutzt habe.[3]

Innerhalb der Reichswehr waren die Auffassungen Hitlers und Mayrs jedoch nicht unumstritten. Selbst einige der von Mayr eingesetzten Propagandaleute wollten die »Rassenfrage« möglichst vorsichtig behandelt wissen, während andere meinten, wenn dieses Thema nicht angeschnitten werde, seien Aufklärungskurse an sich sinnlos.[4] Hitler muss durch diese Debatte bestärkt worden zu sein, den Absprung zu finden, zumal auch organisatorische Veränderungen anstanden. Das Reichswehrgruppenkommando 4, bei dem er beschäftigt war, wurde zum Wehrkreiskommando VII umgebildet. Die Propagandaabteilung würde der Verkleinerung des Heeres ohnehin zum Opfer fallen.

Vom Propagandaleiter zum Verleger und Parteichef

Nachdem Hitler Ende März 1920 die Reichswehr verlassen hatte, intensivierte er seine Redetätigkeit, wodurch mehr Geld in die Parteikasse kam. Neben dem Parteivorsitzenden Drexler befasste auch er sich jetzt mit organisatorischen Fragen, wobei es ihm aber wichtiger war, ein Publikationsorgan in die Hand zu bekommen. Als der *Völkische Beobachter* kurz vor dem Bankrott und damit zum Verkauf stand, wollte Hitler zugreifen. Drexler hielt das für überflüssig und weigerte sich, die Parteikasse zu öffnen. Hitlers Mentor Dietrich Eckart, der selbst einen Verlag betrieb und antijüdische Flugschriften druckte, beschaffte die Hälfte des Kaufpreises. Freilich kam das Geld nicht von ihm, sondern von der Reichswehr, die Eckart einen Kredit von 60 000 Mark einräumte. Ein Augsburger Unternehmer lieh Hitler weitere 50 000 Mark. Der Rest stammte von einem Alteigentümer des Verlags, der Hitler seine Aktien schenkte. In den nächsten Monaten warb er so viele Privatspenden ein, dass er die Schulden bei der Reichswehr und dem anderen Gläubiger zurückzahlen konnte. Im November 1921 konnte er sich als Alleineigentümer beim Registergericht München eintragen lassen.[5] Zum Geschäftsführer bestellte Hitler seinen ehemaligen Vorgesetzten, den Feldwebel Max Amann. Dietrich Eckart fungierte als Herausgeber.

Nicht nur der Kauf der Zeitung, die zweimal wöchentlich, ab 1923 täglich erschien, kostete Geld. Auch Saalmieten und schnell ansteigende Kosten für Anwälte zwangen zur Erschließung neuer Geldquellen. Hitler beschaffte Geld von Spendern und Spenderinnen. Er erhielt

Bargeld, darunter Devisen, unterzeichnete aber offenbar auch Schuldscheine. Innerhalb des Vorstands entwickelte sich Widerstand gegen Hitlers aktionistischen und auf rasche Expansion ausgerichteten Kurs. Auch das Wort »Größenwahn« fiel in diesem Zusammenhang.[6] Zum Eklat kam es, als einige Vorstandsmitglieder in Hitlers Abwesenheit die Vereinigung der NSDAP mit anderen nationalsozialistischen Parteien einleiteten. Das hätte eine Neuwahl des Vorstands bedeutet und sicher auch die Abschwächung einiger antijüdischer Punkte im Parteiprogramm. Zugleich wäre die sozialistische Komponente gestärkt worden, weil der in Aussicht genommene Vorsitzende Otto Dickel als eigentlichen politischen Gegner nicht die Juden, sondern den Großgrundbesitz ausgemacht hatte.[7] Einige Mitglieder des Arbeitsausschusses der NSDAP hielten eine Überarbeitung des Programms insgesamt für nötig und glaubten, dafür in dem promovierten Gymnasiallehrer, der ein dickes philosophisches Buch über den »Aufbruch des Abendlandes« verfasst hatte, den richtigen Mann gefunden zu haben. Hitler sei dazu »als einfacher Mann trotz seines Fleißes« nicht in der Lage.[8]

Hitler zog die Konsequenzen und trat am 11. Juli 1921 aus der Partei aus, womit die bestürzte Parteileitung nicht gerechnet hatte. Der Verlust ihres »Starredners«, so urteilte der englische Hitler-Biograph Ian Kershaw rückblickend, hätte sie in ihrer Existenz bedroht, was durch eine wie auch immer geartete Verbreiterung ihrer programmatischen Grundsätze nicht aufzuwiegen war. Der Ausschuss beauftragte daher Eckart, bei Hitler zu sondieren, ob er zum Wiedereintritt bereit wäre. Am 14. Juli lag dessen Ultimatum vor. Hitler forderte den Posten des Ersten Vorsitzenden mit »diktatorischer Machtbefugnis« und eine Festschreibung des bestehenden Programms für wenigstens sechs Jahre. Mitglieder, die versuchen würden, es zu ändern, sollten ausgeschlossen werden. Auch ein »Zusammenschluss« mit anderen Parteien dürfe niemals versucht werden. Es sollte aber anderen Verbindungen erlaubt werden, sich anzuschließen, wobei solche Verhandlungen nur mit seiner »persönlichen Einwilligung« stattfinden dürften. Er stelle diese Forderungen nicht, weil er »machtlüstern« sei, sondern weil er sehe, dass die Partei »ohne eiserne Führung« zerfallen würde. Der Parteiausschuss erkannte am nächsten Tag alle Forderungen als berechtigt an; er räumte ihm diktatorische Vollmacht ein und begründete das mit dessen »ungeheurem Wissen« und seiner »seltenen Rednergabe«.[9]

Seinen Führungsanspruch untermauerte Hitler fünf Tage später mit einer fulminanten öffentlichen Rede im Zirkus Krone und bei einem parteiinternen »Sprechabend«, den er wenig später angesetzt hatte. Am 26. Juli 1921 trat er der NSDAP wieder bei und erhielt die Mitgliedsnummer 3680. Bestätigt wurde seine Diktatur innerhalb der NSDAP bei einer außerordentlichen Mitgliederversammlung am 29. Juli 1921 im Festsaal des Hofbräuhauses. Dort stimmten die 554 Anwesenden auch für die notwendigen Satzungsänderungen. Hitler konnte nun nicht mehr nur sein Rednertalent einsetzen, sondern er hatte erstmals wirkliche Macht über Menschen.

Die Zahl derer, die seinen Befehlen Gehorsam leisteten, war noch klein. Er selbst benannte die Mitgliederzahl mit 3000, was der Friedensstärke eines preußischen oder bayerischen Regiments im Ersten Weltkrieg entsprach.[10] In den nächsten Jahren baute Hitler eine »braune Armee« auf.[11] Am Ende des Jahres waren es schon 6000 Parteimitglieder, 1922 bereits 20000. Das ganze Reich war inzwischen mit einem Netz von Ortsgruppen überzogen, der regionale Schwerpunkt lag jedoch in Bayern.[12] Die parallel, aber ausdrücklich als Parteiformation aufgebaute SA konnte im November 1923 etwa 15000 Männer aufbieten.[13] Die Parteikasse war im November 1923 dank Zuwendungen aus dem In- und Ausland mit 170000 Goldmark prall gefüllt. Dabei unterstützte nicht nur die Schwerindustrie die NSDAP im Rahmen ihrer politischen »Landschaftspflege«, wie andere Parteien auch. Sogar aus den USA und der Schweiz kamen Beträge von Kleinspendern.[14]

Statusgewinn als »Hetzer der Wahrheit«

Hitler steigerte sein Ansehen auch durch die Besetzung von Politikfeldern. Ohne die programmatische Basis zu verbreitern, äußerte er sich zu tagespolitischen und prinzipiellen Fragen. Vom Gegner als »Hetzer«

bezeichnet, nahm er diesen Begriff auf und stilisierte sich selbst zum
»Hetzer der Wahrheit«. Seine Reden wurden im *Völkischen Beobachter* abgedruckt, eine besonders wichtige, die er am 12. April 1922 im
Bürgerbräukeller vor etwa 1800 Zuhörern hielt, ließ er als Broschüre
drucken. Hitler begann mit einer Betrachtung, ob die Revolution von
1918 eine »Errungenschaft« gewesen sei. Zur Beantwortung der Frage
ging er zunächst auf die Verschuldung des Reiches ein. Selbst wenn
Deutschland den Weltkrieg gewonnen hätte, sei allein die Zinslast eine
extrem drückende gewesen. An die Rückzahlung der Kriegsanleihen
wäre auch im Fall des Sieges überhaupt nicht zu denken gewesen.
Nun müsse das deutsche Volk aber nicht nur seine eigenen Schulden
tragen, sondern auch die der »ganzen anderen Welt«. Die Regierung
greife ratlos zur Abwertung der Währung, gebe dem Einzelnen mehr
Geld, mehr Papier. Durch die Inflation würde das Volk enteignet, was
er mit der Bemerkung kommentierte: »Wir nähern uns russischen
Zuständen!« Aufgrund der Geldentwertung könne die Schuldenlast
im Ausland nur durch die Bereitstellung von Vermögen abgetragen
werden, was letztlich bedeute, dass der Einzelne mehr arbeiten müsse.
Die aus seiner Sicht Verantwortlichen benannte Hitler danach. »Das
Volk regiert!«, rief er höhnisch in den Saal, um dann zu fragen, ob
denn wirklich das Volk all diese Verträge unterschrieben habe. Nein,
das seien Regierungen gewesen, die sich eines Tages als Regierungen
vorgestellt hätten.[15] Danach fragte er nach den wirklich Schuldigen für
die Misere und gab die Antwort: »Niemand als nur das internationale,
wahrhaft große Börsen- und Leihkapital!« Das internationale Börsenkapital wäre aber nicht »denkbar und wäre nie gekommen« ohne seine
Begründer, die übernationalen »Juden«. Auch in Deutschland sei das
Wirken »des« Juden verhängnisvoll gewesen, weil er sich in den linken
Parteien eingenistet habe. An zahllosen Beispielen konstruierte Hitler
dann einen Gegensatz vom »nationalen« Arbeiter zum angeblich jüdischen Parteiführer. Die Geführten hätten kein Interesse am nationalen
Zusammenbruch gehabt, wohl aber die Parteiführer. Es sei »die Schuld
des Juden« gewesen, »dass er die breite Masse in diesen Wahnsinn«
der Novemberrevolution »hineingehetzt hat«. Danach setzte er sich

mit der Rechten auseinander, wobei er es kurz machte. Dort habe man zwar eine »teilweise Erkenntnis« der Zustände, aber eine »grenzenlose Unfähigkeit der Führung«.[16]

Dem deutschen Volk blieben jetzt nur noch zwei Möglichkeiten, entweder »Verenden im Stumpfsinn« unter der Parole »Bleibt ruhig und werdet Sklaven« oder aber »Widerstand«. Das Publikum quittierte das mit »stürmischem Beifall«. In den nächsten Passagen der Rede malte Hitler das Horrorszenario von der Versklavung der Deutschen aus, wobei er immer wieder die schrecklichen russischen Verhältnisse beschwor. Dort werde unter der Herrschaft von »400 Sowjetkommissären jüdischer Nationalität« ein Zustand andauernder Revolution aufrechterhalten. Das drohe auch in Deutschland: »Wie in Russland, genauso auch bei uns.« Sein Fazit war eindeutig, es lautete »Widerstand« und Zerstörung des verhassten »Systems«.[17]

Hitler stand mit dieser Auffassung nicht allein. Für die gesamte republikfeindliche Rechte stellte sich angesichts der herrschenden Inflation spätestens ab Anfang 1923 die Frage, wie der verhasste Staat abgeschafft werden könnte. Da jedoch jeder Verband, war er »völkisch« orientiert, monarchistisch oder radikal antisemitisch wie Hitlers NSDAP, einen Alleinvertretungsanspruch geltend machte, ist es erstaunlich, dass ein Zusammenschluss als »Deutscher Kampfbund« überhaupt zustande kam. Die Aktenlage zu dieser Union der rechtsextremistischen Kräfte ist außerordentlich dürftig. Im Sommer gab es offenbar Absprachen, künftig gemeinsame »Deutsche Tage« abzuhalten. Am Wochenende vom 1. und 2. September 1923 fand ein solcher Aufmarsch der Wehrverbände einschließlich Hitlers SA in Nürnberg statt. Anwesend waren Generalfeldmarschall Ludendorff und Prinz Ludwig Ferdinand von Bayern – jedoch nicht der Kronprinz selbst. Der Aufmarsch war eine Massenkundgebung »vaterländischer Verbände«, aber auch nicht mehr, was Hitler ärgerte. Indem er die politische Leitung des Deutschen Kampfbundes übernahm, gewann er an politischer Schlagkraft. Der nächste Deutsche Tag fand 14 Tage später in Bayreuth statt. Die Zeitungen berichteten davon, dass die »schwarz-weiß-roten« Farben des Reiches wehten, alle Teilnehmer marschierten im »strammen Schritt«. In seiner Rede am Samstagabend forderte Hitler die Abschaffung der parlamentarischen Regierungsform, an deren Stelle wieder die »Autorität der Persönlichkeit« treten müsse. Staatsbürger dürfe nur sein, der deutsch sei und fühle, wer das nicht sei, der möge »nach Moskau gehen«. Dann wetterte er gegen die angeblich weltfremden Intellektuellen und gegen die Diplomaten, die nichts zustande gebracht hätten: »Wir können in Deutschland nicht zehn Millionen Gelehrte oder Diplomaten gebrauchen, sondern zehn Millionen Soldaten.« Hitler appellierte an die Ehre des Weltkriegssoldaten und propagierte die Volksgemeinschaft von Arm und Reich. Angesichts solcher Töne vermerkte die örtliche SPD-Zeitung verwundert, Hitler habe erstaunlicherweise nicht ausdrücklich gegen die Juden gewettert, obwohl das üblicherweise zu seinem Vokabular gehöre.[18] Offenbar schaltete er seinen Antisemitismus ab, wenn es ihm sinnvoll erschien. Und er schaltete ihn an, wenn er sich davon propagandistischen Nutzen versprach.

Putsch und Prozess

Hitler wertete den Deutschen Tag in Bayreuth als vollen Erfolg und plante kurz danach die Übernahme der Macht in Bayern. Von München aus sollte, nach dem Vorbild von Mussolinis Marsch auf Rom, ein Marsch nach Berlin stattfinden. Das Ziel war, eine nationale Diktatur zu errichten. Die Gelegenheit erschien Hitler günstig, denn die Reichsregierung hatte den ehemaligen konservativen Ministerpräsidenten Gustav von Kahr als Generalstaatskommissar in Bayern eingesetzt und den Ausnahmezustand verhängt. Bei einer Versammlung am Abend des 8. November 1923 im Bürgerbräukeller erklärte er die Reichsregierung für abgesetzt. Eine provisorische Nationalregierung sei gebildet worden, mit Generalfeldmarschall Ludendorff und ihm an der Spitze. Der Marsch nach Berlin, der am nächsten Morgen startete, brach jedoch im Kugelhagel der Polizei zusammen. Vier Polizisten und 16 der Putschisten starben. Hitlers Leibwächter fiel verletzt zu

Boden und riss ihn mit, wobei er sich die Schulter auskugelte. Er floh an den Starnberger See ins Ferienhaus der Familie Hanfstaengl, wo er am 11. November verhaftet wurde.[19]

Der gescheiterte Staatsstreich verschaffte Hitler, der zunächst in Depressionen verfiel, einen zusätzlichen Popularitätsschub. In Berlin randalierten Hunderte von Hitler-Anhängern, München blieb unruhig. Ansammlungen auf Straßen und Plätzen mussten von der Polizei aufgelöst werden. Der berühmte Chirurg Ferdinand Sauerbruch forderte seine Studenten auf, dem Generalstaatskommissar die Missbilligung seines »Verrats« an Hitler zu überbringen, was diese auch taten.[20] Die Presse schäumte, der gescheiterte Putsch und der sich anschließende Prozess wurden zu einem bis dahin beispiellosen Medienereignis. Die Staatsanwaltschaft versuchte zwar, die Öffentlichkeit von der Verhandlung auszuschließen, scheiterte allerdings mit ihrem Antrag. Das gab Hitler mehrfach die Möglichkeit zu persönlichen Erklärungen. In seiner Verteidigung argumentierte er politisch geschickt. So benannte er mehrere gewaltsame Regierungswechsel, die sich nachträglich legitimiert hätten. In der Türkei zum Beispiel sei mit dem Staatsstreich von Kemal Atatürk das »wahre Recht« durchgesetzt worden, ebenso in Ungarn, wo eine »ganz kleine Minderheit« die Revolutionsregierung von Béla Kun hinweggefegt habe. Aber diese »Minderheit« sei in »wahrhafter Weise« das ungarische Volk gewesen.[21] Legitim sei sein Putsch aber auch deshalb gewesen, weil die bisherige Revolutionsregierung nichts erreicht habe. Er rede nicht nur von der Not und dem allgemeinen Hunger, sondern auch von der Inflation, die dem Volk die Ersparnisse wegstehle. Auch politisch sei nichts erreicht worden. »Weltfriede?«, fragte Hitler polemisch und antwortete mit Ja, »auf unseren Leichenfeldern«. »Abrüstung?«, ja, aber mit dem Ergebnis der »leichteren Ausplünderung« Deutschlands. Höhnisch prangerte er das Schlagwort »Selbstbestimmungsrecht« an. Ja, auch das hätte der Weltkrieg gebracht, und zwar »für jeden Negerstamm«. Das deutsche Volk zähle jedoch nicht zu den »Negerstämmen«, sondern stehe »unter ihnen«. Alle Regierungsorgane und auch das Gericht seien nichts anderes als »Vollzugsorgan« der »äußeren Tyrannei«. Clausewitz habe einmal ein stolzes, »ewig wahres Wort« gesprochen: »Es ist besser, wenn ein Volk in ehrenhaftem Ringen untergeht; denn nach solchem Zusammenbruch kann seine Wiederauferstehung doch wieder stattfinden.« Und Hitler setzte polemisch nach: aber »wehe« dem Volk, das Schmach und Entbehrung »freiwillig« auf sich nehme. Ein solches Volk, meinte er mit Clausewitz, sei »verloren«. Geradezu flehentlich bat er das Gericht, in ihm und seinen Mitputschisten keine »fanatischen, dummen, beschränkten Reaktionäre« zu erblicken. Nein, es sei gerade der viereinhalbjährige Dienst im deutschen Heer gewesen, der ihn angetrieben habe. Es folgte die rhetorisch erprobte Metapher von den Soldaten, die nach dem Verrat der Heimat zurückgerufen werden mussten und dann mit »Schieber- und Wucherunwesen« und allen anderen Schrecknissen der Revolution konfrontiert wurden. Er sei nur der »Diener des Staates«, wie seit eh und je, betonte Hitler, und als sein Ziel habe er stets nur das eine betrachtet: »Wiederherstellung des Volkswohls«.[22]

Die Verräter seien die anderen. Recht und Gesetz würden in Deutschland erst wieder herrschen, wenn einmal ein Staatsanwalt in einem Gerichtssaal aufstünde und sagte: »Ich klage sie an, Ebert, Scheidemann und Genossen, des Landesverrats und des Hochverrats vom Jahre 1918, ich klage sie an, ein 70-Millionen-Volk vernichtet zu haben, ich klage sie an, wertvolle Hoheitsobjekte der deutschen Nation leichtsinnig weggegeben zu haben.« Einst habe man einen Festungskommandanten vor das Kriegsgericht gestellt, weil er nach neun Monaten Belagerung seine Bastion übergeben habe. Die Franzosen hätten ihren Marschall Bazaine im 1870er Krieg zum Tode verurteilt, weil er kapituliert habe, als sich seine in der Festung Metz verschanzte Armee nur noch von Pferdekadavern ernährte. Wie werde einst die Anklage lauten, fragte Hitler rhetorisch, gegen jene, die Oberschlesien, das Ruhrgebiet, das Rheinland, die Rheinpfalz geopfert hätten, »ohne zum letzten Widerstand zu rüsten«?

Der sich daran anschließende Dialog erscheint in der Rückschau skurril. Der Richter rügte den Angeklagten, der sich als Ankläger gebärdete, mit den Worten: »Herr Hitler, es geht zu weit, dass Sie hier im Gerichtssaal Ebert, Scheidemann und Genossen des Hochverrats und des Landesverrats bezichtigen.« Darauf Hitler: »Meine hohen Herren! Ich habe gehofft, dass es dereinst ein Staatsanwalt tut.« Dann setzte er seine Tiraden fort, ohne noch einmal unterbrochen zu werden.[23]

Die einzige Institution der Weimarer Republik, die er vor Gericht lobte, war die Reichswehr. In ihm sei ein »Glückgefühl« aufgebrandet, als er erfahren habe, dass es nicht die Reichswehr gewesen sei, die auf den Demonstrationszug geschossen habe. Da sei ihm klar geworden, dass einmal die Stunde kommen werde, in der die »Reichswehrsoldaten an unserer Seite gehen werden, Offizier und Mann«. Die Polizei habe Blut vergossen und sich damit »besudelt«, nicht jedoch das Heer. Er wisse, dass sich die von den Angeklagten formierten »wilden Scharen« einst zu Bataillonen zusammenschließen würden. Und diese zu Regimentern und die Regimenter zu Divisionen. Die alte schwarz-weiß-rote Kokarde werde dann wieder aus dem Schmutz gezogen, und die »alten Fahnen« würden wieder flattern. Dann werde die Versöhnung kommen zwischen Reichswehr und den hier angeklagten Wehrverbänden, die den Aufstand gewagt hätten. Spätestens jedoch vor dem »letzten Gottesgericht«, zu dem die Angeklagten »bereit und willig« seien. Dann, erst dann werde aus ihren Knochen ein gerechter Gerichtshof entstehen, und dessen Göttin – Justitia? – werde das Urteil sprechen. Sie werde nicht fragen: »Habt ihr Hochverrat getrieben?« In ihren Augen würden die Angeklagten als das gelten, was sie wirklich seien, »Deutsche«, bereit, für ihr Vaterland zu kämpfen. Nach diesem pathetischen Epilog fragte der Richter den Mitangeklagten Ernst Röhm, ob er dem etwas hinzufügen wolle. Nein, lautete die Antwort. Nach den Worten seines »Freundes und Führers Adolf Hitler« bleibe nichts mehr zu sagen. Die anderen Angeklagten verzichteten ebenfalls.[24]

Hitlers Anwalt verschob das politische Plädoyer seines Mandanten ins Juristische, aber auch er zweifelte die Legitimität der Reichsregierung und der Weimarer Verfassung an. Die verhandelte Tat sei überhaupt keine, behauptete er, weil die Verfassung durch eine Revolution zustande gekommen sei. Begonnen habe diese mit »ungeheuerlichem Verrat und Rechtsbruch« und sei dann herbeigeführt worden durch

»Deserteure, Fahnenflüchtige und Gesindel aller Sorten«. Die Revolution von 1918 sei »Meineid« gewesen und selbst »Hochverrat«, mithin hätte sie überhaupt kein neues Recht schaffen können. Gegen eine solche gesetzwidrige Verfassung könne also gar nicht verstoßen werden, meinte der spätere Universitätsprofessor Hellmuth Mayer.[25]

Auf Hitlers Rede ging das Gericht mit keinem Wort ein, aber auch die Argumentation seines Anwalts betrachtete es als »bedeutungslose theoretische Erörterung«. Die »Befugnis zur Ausübung der Staatsgewalt« begründe sich »nicht durch deren rechtmäßigen Erwerb, sondern nur durch den tatsächlichen Besitz derselben«. Die Existenz einer Regierung sei also als legitim zu betrachten – unabhängig von den Umständen ihrer Entstehung. Hitler nahm das zur Kenntnis, und er wird daraus gelernt haben. Das Gericht betonte aber auch – beziehungsweise, so der Wortlaut des Protokolls, »im Übrigen« –, dass die Reichsverfassung nicht das Werk der Revolutionäre von 1918 war, »wie die Angeklagten meinen«, sondern »das Resultat einer Volksabstimmung«, wie sie »von Hitler verlangt wird«. Die Verfassunggebende Nationalversammlung sei in Bayern wie im Reich von der »Gesamtbevölkerung« gewählt worden.[26]

Hitler wurde wegen Hochverrats verurteilt. Als Beweis für den Verfassungsverstoß zogen die Richter eine eindeutige Aussage Hitlers heran. Ein Regiment, das Deutschland »widerrechtlich« über fünf Jahre zu Tode regiert habe, sagte er am 18. Verhandlungstag, »sollte zerbrochen werden«.[27] Mit seinem flammenden Plädoyer in eigener Sache und seinem Schuldeingeständnis wurde Hitler innerhalb des völkischen Lagers zur Nummer 1. Das Gericht sprach ihn im Sinne des Gesetzes schuldig, verhängte allerdings nur die Mindeststrafe, fünf Jahre Gefängnis und eine geringfügige Geldzahlung. In ihrem Handeln hätten sich die Angeklagten, so der Richter, von »rein vaterländischem Geiste und dem edelsten selbstlosen Willen« leiten lassen.[28] Eine Stellungnahme zu der Frage, ob das »Gelingen des Unternehmens« wirklich eine »befreiende Tat« gewesen wäre, versagte sich das Gericht. Die Angeklagten hätten an das Mitwirken von Landespolizei und Reichswehr geglaubt, mithin seien das »Aufflammen der Bewegung«

auch in den übrigen Teilen des Reiches sowie der Anschluss der außerbayerischen vaterländischen Verbände und der außerbayerischen Reichswehr möglich gewesen. Anlass zur Klage gäben der Tod und die Verwundung »einer Reihe vaterlandsbegeisterter Männer«.[29] Darüber hinaus hätte die Weiterführung des Unternehmens die Gefahr eines Bürgerkriegs heraufbeschworen und außenpolitische Verwicklungen bedeutet. Trotzdem erkannte das Gericht den Angeklagten »mildernde Umstände« zu. Hitler dürfe, obwohl Ausländer, nicht abgeschoben werden. Auf einen Mann, der so »deutsch fühle« wie er und freiwillig viereinhalb Jahre Kriegsdienst geleistet und sich dabei »durch hervorragende Tapferkeit« ausgezeichnet habe, träfen die Gesetze über feindliche Ausländer nicht zu. Das Gericht verkündete auch, dass die Möglichkeit einer vorzeitigen Entlassung auf Bewährung wohlwollend zu prüfen sei.[30]

Der Hitler-Prozess wurde nicht das »Fanal zum Erwachen Deutschlands«, wie es die NS-Propaganda später suggerierte.[31] Aber für seine Anhänger war klar, dass er es »gewagt« hatte, das unmöglich Scheinende, den Umsturz, herbeizuführen. Dadurch, dass Hitler das Urteil annahm, während sich Ludendorff und andere Angeklagte aus der Verantwortung stahlen, lief die künftige Führung der »nationalen« Rechten automatisch auf ihn zu. Im Gefängnis stilisierte er sich dann zum Opfer einer unsinnig agierenden Justiz, die dem Weimarer »System« verpflichtet gewesen sei. In das Gästebuch (!) der Strafvollzugsanstalt schrieb er am 15. Juni 1924 einen Aphorismus, der diese Intention klar erkennen lässt: »Immer wenn die Freiheit geschändet wird, treffen sich die Besten im Gefängnis.«[32]

Statusgewinn durch Organisation und Kult um die Frontsoldaten

Wegen guter Führung wurde Hitler trotz des Protests der Staatsanwaltschaft am 19. Dezember 1924 auf Bewährung entlassen. Die bayerische Regierung hatte die Hoffnung, ihn nach Österreich abzuschieben, was jedoch nicht gelang.[33] Er gründete die NSDAP neu, wobei er darauf bestand, dass die Mitglieder ihm absoluten Gehorsam schuldeten. Auch die SA wurde neu formiert, jedoch ausdrücklich nicht als »Wehrverband«, sondern als Parteigliederung. Für seine legalistische Politik benötige er keine bewaffneten Truppen, verkündete er und folgte damit den Bewährungsauflagen des Gerichts. Ernst Röhm, der die nach dem erfolglosen Putsch versprengten Wehrverbände zu einer neuen SA nach altem Muster aufbauen wollte, wurde aus der Partei ausgeschlossen. Er fand eine Anstellung bei der bolivianischen Armee.[34]

Innerhalb der Partei gab es heftige Diskussionen um die Formulierung eines neuen Parteiprogramms. Insbesondere Gregor Strasser, der frühere Gauleiter von Niederbayern, setzte sich für eine stärker sozialistisch orientierte Politik ein, worin er von dem aus dem Rheinland stammenden Journalisten Joseph Goebbels unterstützt wurde. Hitler lud daher zu einer »Führertagung« ins fränkische Bamberg, bei der seine Kritiker in der Minderheit waren. In zwei fulminanten Reden überzeugte er die Anwesenden von der Richtigkeit seines Kurses, selbst Goebbels, der die erste schlecht fand, ließ sich von der zweiten überzeugen.[35] Mit dem Ergebnis dieser Tagung hatte Hitler ein wesentliches Ziel erreicht. Zum einen bestätigte sich, dass er innerhalb der NSDAP die unangefochtene Nummer 1 war. Zum anderen gewann die NSDAP durch die Integration der tatkräftigsten und charismatischsten Talente des Rechtsextremismus die Vorherrschaft in diesem vorher völlig zersplitterten Segment des Parteienspektrums.

Die nächsten Jahre widmete Hitler dem organisatorischen Neuaufbau, wobei er sich an militärischen Strukturen orientierte. Dabei sollte der Aufbau »organisch« von unten erfolgen. Fanden sich nur wenige SA-Männer an einem Ort zusammen, bildeten sie eine Schar, dann einen Trupp, schließlich einen Sturm. Erst wenn diese Strukturen aufgebaut waren, wurden sie zu größeren Verbänden – Sturmbann, Standarte und Gruppe – zusammengefasst, deren Führer Hitler bestimmte. Ausdrücklich hieß es in dem die Gliederung der SA betreffenden Erlass vom 20. Februar 1931: »Die Oberste SA-Führung liegt in meiner Hand.«[36]

Auch in der Partei erhielten die Führer der Regionalgliederungen, also Ortsgruppen-, Kreis- und Gauleiter, in ihren Gebieten jeweils die absolute Autorität. Um deren Entscheidungen zu korrigieren, konnten sich die Mitglieder direkt an Hitler wenden, der jedoch bald ein Parteigericht bzw. einen Untersuchungs- und Schlichtungsausschuss einrichtete. Um die Propagandawirkung der NSDAP zu erhöhen, gründete die Partei zahllose lokale Zeitungen, die darüber hinaus nach einer kurzen Anschubfinanzierung, meist durch Mäzene, zur Beschaffung von Geldmitteln beitrugen. Die Mitglieder wurden angehalten, möglichst viele politische Veranstaltungen zu organisieren, wobei sie den Rednern ein Honorar zu zahlen hatten. Um die Qualität der Vorträge zu verbessern, gründete die Reichsleitung eine Rednerschule, die auch Fernkurse anbot und regelmäßig Studienmaterial verschickte.[37]

Besonderen Wert legte Hitler auf die Schulung der SA-Führer. In München richtete sein inzwischen aus Südamerika zurückgekehrter Stabschef eine Reichsführerschule ein. In den dreiwöchigen Lehrgängen standen Wehrsportübungen, aber auch Lektionen über Themen wie »Agrarpolitik und Ostfragen«, »Wirtschaftspolitik« und »Zinsknechtschaft« auf dem Programm. Organisationsleiter Gregor Strasser schulte die Teilnehmer im Fach »Gegnerische Weltanschauungen, ihre Taktik und die Auseinandersetzung mit ihren Parolen«. Hitler selbst hielt drei Lektionen: »Das Wesen unseres Führertums«, »Die wirtschaftspolitische Zukunft des deutschen Volkes« sowie »Die Aufgaben der Organisation, die Erziehung der SA zum verantwortungsbewussten Führerkorps«. Die Lehrgänge hatten jeweils etwa 80 Teilnehmer.[38]

Auch wenn sich Wahlerfolge nur langsam einstellten, hatten die Mitglieder das Gefühl, einer wachsenden nationalen Erweckungsbewegung anzugehören. Vor allem die Ausstattung mit der einheitlichen SA-Uniform stärkte das Selbstwertgefühl der Mitglieder, sie machte aus unauffälligen Zivilisten Angehörige der großen »braunen Armee«. Als Masse verhalfen sie der Partei zur Präsenz auf der Straße, die unmöglich ignoriert werden konnte. Die Lieder singenden oder Sprechchöre skandierenden Marschkolonnen boten in einer ereignisarmen Zeit beeindruckende Schauspiele, die anzogen oder abschreckten.[39]

Noch eindrucksvoller waren die Reichsparteitage wie der in Nürnberg im Sommer 1929, von dem ein als Ehrengast geladener Zeitzeuge in seinen Memoiren berichtete. Von einem Hügel aus beobachtete er den Aufmarsch von Tausenden SA-Mitgliedern, im Hintergrund sah er die Heldengedenkhalle. Die SA-Männer waren unter dem Jubel Zehntausender Zuschauer eingezogen, auf ein Kommando des Obersten SA-Führers verstummte das Auditorium. Danach schritt Hitler in völliger Stille zum Denkmal und legte einen Kranz nieder. Dann lief er den langen Weg zurück und betrat den Hügel, auf dem sich auch die Tribüne der Ehrengäste befand. Auf einem Podest stehend hob er den Arm und, so die Erinnerung, »schien dabei zu wachsen«. Hitler rief: »Wir geloben den Toten des Weltkriegs, dass sie nicht umsonst gefallen sein sollen!« Daraufhin entrang sich der Masse »ein unendlicher Aufschrei der Begeisterung«. Das Musikkorps intonierte das Deutschlandlied, und wie ein »heiliger Sturm« habe das Lied die Anwesenden ergriffen: »Deutschland, Deutschland über alles!« Unter endlosem Jubel trat Hitler ab.[40]

Die Erfolge blieben nicht aus. Im Oktober 1928 hatte die Partei fast 100 000 Mitglieder, im September 1929 waren es schon 150 000. Ein Jahr später hatte sich die Zahl verdoppelt, sicher ein Ergebnis der Weltwirtschaftskrise und der folgenden Arbeitslosigkeit. Im August 1931 waren es mehr als 600 000 Parteimitglieder, im April 1932 mehr als eine Million und mit dem Stichtag der Ernennung Hitlers zum Kanzler am 30. Januar 1933 1 435 530.[41]

Statusgewinn in Gerichtsprozessen

Bei diesem Aufstieg der NSDAP half die Justiz der Weimarer Republik tatkräftig mit. Das tat sie zum einen, indem sie sich häufig auf dem rechten Auge blind zeigte und Verbrechen der Nationalsozialisten nachlässig verfolgte, und zum anderen durch ein inkompetent geführtes Verbotsverfahren, mit dem sie Hitler und seine Partei überzog.

Hitler war, wie geschildert, mehrfach in Prozesse verwickelt. Im Gegenzug führte sein Rechtsanwalt Hans Frank für ihn etwa 40 Beleidigungsprozesse, zum Beispiel gegen einen Sozialdemokraten, der angeblich behauptet hatte, Hitler sei mit einer Jüdin liiert.[42] Er wehrte sich erfolgreich gegen den Vorwurf, er habe 1923 Bestechungsgelder von Frankreich angenommen, die gezahlt worden seien, damit sich die NSDAP dem Widerstand gegen die Ruhrbesetzung fernhielte. Hitler betrachtete die Anschuldigung als einen persönlichen Affront, ein Mann, der sie öffentlich geäußert hatte, musste 1926 100 Reichsmark Strafe zahlen. Den Redakteur des *Frankfurter General-Anzeigers,* der die Geschichte erfunden hatte, verklagte er wegen übler Nachrede, das Gericht setzte eine Strafe von 2500 Mark oder 25 Tagen Gefängnis fest.[43]

Über solche Prozesse berichtete nicht nur die NS-Presse. Da Hitler immer wieder als Kläger, Angeklagter oder auch nur als Zeuge geladen wurde, bekam er Gelegenheit, die politische Linie der NSDAP massenwirksam darzustellen. Ein solcher Fall war der des Fememörders Edmund Heines, der 1928 zu 15 Jahren Haft wegen Totschlags verurteilt wurde. Heines hatte in einem Freikorps gedient, das nach der Rückkehr aus dem Baltikum in Pommern Waffenverstecke anlegte. Ein Landarbeiter, der das Geschehen zufällig beobachtet hatte, drohte, die Verstecke an die Polizei zu verraten. Daraufhin führten ihn Heines und andere 1920 in einen Wald, wo er sein Grab schaufeln musste und anschließend zu Tode getreten wurde. Heines flüchtete nach München, engagierte sich in der SA und nahm 1923 am Hitlerputsch teil. Als die Partei wieder zugelassen war, trat er ihr erneut bei, und Hitler ernannte den gutaussehenden und charismatisch wirkenden Homosexuellen zum SA-Standartenführer. Zugleich leitete er den Jugendverband der NSDAP. Eine Intrige führte zum Bekanntwerden des Mordes an dem Landarbeiter. Heines' sexuelle Orientierung war für die ermittelnde Polizeidirektion Stettin nebensächlich, aber sie fragte nach, warum der Verhaftete 1927 sein Amt als Hitlers Adjutant verloren habe, woraufhin die Polizeidirektion München den Pommern am 29. Januar 1929 korrigierend mitteilte, Heines sei niemals Hitlers Adjutant gewesen und habe seine Stellung als SA-Führer niedergelegt, »da sowohl Hitler als auch die SA-Führung Heines' aktivistische Pläne und Anordnungen nicht billigten«. All das wurde der Presse von ihren Informanten in der Polizei mitgeteilt, die selbstverständlich regen Gebrauch von solchen Auskünften machte. Für Hitler war die Berichterstattung günstig, weil die Zeitungen vor allem über die Distanzierung des Parteiführers von seinem anscheinend aus dem Ruder gelaufenen SA-Offizier berichteten. Dabei kam es ihm gelegen, dass Heines wirklich formell aus der NSDAP ausgeschlossen worden war.[44] Die 15-jährige Gefängnisstrafe, zu der Heines verurteilt worden war, reduzierte sich schließlich auf zwei Jahre, Heines trat der NSDAP ein weiteres Mal bei und erhielt eine Spitzenposition in der SA. Hitler ließ ihn 1934 ermorden.

Obwohl Hitler immer wieder zu radikalem Aktionismus aufrief, positionierte er sich in der Öffentlichkeit als derjenige, der in der Lage sei, die revolutionäre Rechte im Zaum zu halten. Ein Beispiel dafür war ein von der Öffentlichkeit wieder einmal erregt kommentierter Prozess gegen drei Offiziere des in Ulm stationierten Artillerieregiments. Sie hatten zum Umsturz aufgerufen und dazu, die NSDAP zu unterstützen. Die Angeklagten, von denen sich Hitler offen distanziert hatte, erhielten kurze Haftstrafen. Hitler wurde als Zeuge vor das Reichsgericht geladen und legte dort am 25. September 1930 einen später oft zitierten Legalitätseid ab. Die NSDAP erstrebe ausschließlich mit gesetzlichen Mitteln die Macht, erst wenn sie diese errungen habe, würde sie »den Staat« in die »Form« gießen, die er als die »richtige« ansehe. Schließlich schreibe die Verfassung nur die Methoden vor, nicht aber das Ziel. Er ließ keinen Zweifel daran, dass er das »System« abschaffen würde, sobald er in Wahlen eine Mehrheit gewonnen hätte. Mehr noch, wenn seine Bewegung »in ihrem legalen Kampf« siege, werde ein »Staatsgerichtshof« gebildet und »es werden auch Köpfe rollen«. Das Publikum quittierte das mit lebhaften Bravo-Rufen.[45]

Nur wenige Monate später verhandelte das Reichsgericht erneut in Sachen Hitler. Das preußische Innenministerium forderte ein Verbot der NSDAP, weil es diese als eine auf den »gewaltsamen Umsturz abzielende hochverräterische Partei« betrachtete. Der Eid, den Hitler im Verfahren gegen die Ulmer Reichswehroffiziere geschworen hatte, sei nichts als Propaganda. Den konkreten Anlass boten Artikel des

Schlesischen Beobachters, die nach Ansicht der Behörden gegen das Republikschutzgesetz verstießen. Die Zeitung wurde verboten, die NSDAP erhob Einspruch, also musste das Reichsgericht entscheiden. Das Urteil war halbherzig. Zwar blieb das Zeitungsverbot bestehen, und das Gericht befand, dass Teile der NSDAP »der Überzeugung« seien, die Verfassung müsse durch einen Gewaltakt gestürzt werden. Auch wenn sie das Ziel eines bewaffneten Aufstands nicht so unverhüllt proklamierten wie die Kommunisten, so handle es sich hier doch nur um eine, so das Urteil, »vorsichtigere Ausdrucksweise«. Aber der Vorsitzende Hitler habe nun einmal in Ulm diesen Eid geschworen, an dessen Wahrheitsgehalt nicht gezweifelt werden könne. Hitler hatte die Partei gerettet, sie wurde nicht als Ganzes verboten. Aus Sicht der liberalkonservativen *Vossischen Zeitung* war das Urteil von »außerordentlicher Bedeutung«. Presseorgane wie der *Schlesische Beobachter* hätten eben nur ein Ziel: »die Anhängerschaft der Partei auf eine kommende Revolution zur Errichtung des Dritten Reiches planmäßig vorzubereiten«. Wann dieser Aufstand kommen würde, wüssten auch die Nationalsozialisten nicht, aber es sei doch wohl »die nächste für den Umsturz geeignete revolutionäre Situation«.[46]

Prozess in Hamburg: Drückeberger im Weltkrieg?

Obwohl seine Rechtsanwälte für die Partei mehrfach vor Gericht zogen, war Hitler im Hinblick auf seine Person nicht besonders prozesswütig. Gegen Herabwürdigungen wie »Landstreicher« oder »Anstreicher« setzte er sich nicht zur Wehr.[47] Aus seiner Sicht war es wohl zweckmäßig, nicht allzu viel über sein Leben in Wien preiszugeben, obwohl er weder Landstreicher noch Anstreicher gewesen war. Auch in einem Obdachlosenasyl hat er nie übernachtet, wie die österreichische Historikerin Anna Maria Sigmund nachwies.[48]

Zu Beginn des Wahlkampfjahres 1932 kündigte das sozialistische Boulevardblatt *Echo der Woche* an den Litfaßsäulen jedoch eine Artikelserie mit dem Titel »Kamerad Hitler« an und illustrierte die Werbeplakate mit einer Fotomontage. Das Bild zeigt einen schlaffen Soldaten in einer zerknitterten Uniform, Hitlers Kopf ist geneigt, die Mütze hängt traurig auf »halb acht«. Die Schlagzeilen ließen die Alarmglocken bei der NSDAP schrillen. Die Zeitung kündigte Neuigkeiten über Hitlers »Fronterlebnis« an und setzte das Wort in Anführungszeichen. »Wie Hitler ›Kriegsfreiwilliger‹ wurde«, lautete eine weitere Schlagzeile. Den Lesern wurden Informationen versprochen über »Hitlers Rückzug von der Front«, der ihn »weit vom Schuss« in einen sogenannten Druckposten befördert habe. Auch der Slogan »Der ewige Gefreite« suggerierte den Anschein von mangelnder Tapferkeit und eklatanter Führungsschwäche.[49]

Die Hamburger NSDAP erwirkte sofort eine einstweilige Verfügung gegen das Blatt. Das Ergebnis: In der vorgesehenen Form konnte die Artikelserie nicht erscheinen, denn das Gericht, das die Eilverfügung erließ, beschied, Hitler habe gegenüber »beleidigendem Verhalten« einen Unterlassungsanspruch. Weiteres müsste aufgrund von Beweisen festgestellt werden. Das Wochenblatt unterließ daraufhin den Abdruck der Artikel, verbreitete sie dann aber als Flugblatt zum Preis von 10 Pfennig.

In der Rückschau erscheint das Flugblatt als faktenarm. So wird dort behauptet, Hitler habe sich nur deswegen zum Stab gemeldet, weil er nicht im Schlamm an der Front liegen wollte. Das Argument ließ sich nicht nachprüfen, weil diejenigen, die Hitler zum Meldegänger gemacht hatten, tot waren.

Nachweisbar falsch war jedoch, dass der Regimentsstab in Messines in bombensicheren Kellern untergebracht gewesen sei. Und falsch war auch, dass Hitler »pflichtgetreu den Aktionen nur von weitem« folgte. »Während wir des Nachts auf unseren Patrouillengängen immer wieder stolpernd über Leichen hinfielen und mit den Händen in faulende Eingeweide fielen«, hieß es etwas holprig, habe Hitler im Regimentsunterstand gesessen oder »aufrecht schreitend« seine Meldetasche zum Brigadestab getragen. Von den Realitäten des Frontkampfes habe Hitler nur aus den Berichten der wirklichen Frontkämpfer erfahren. Der »nationalsozialistische Schreier« sei also durchaus kein »Draufgänger« gewesen, wie es ihm »hysterische Anhänger« andichten wollten. Die Heldentaten, mit denen sich Hitler »schmücke«, habe er nicht vollbracht. Er trage ja nicht die Bayerische Tapferkeitsmedaille, sondern lediglich das Preußische EK I. Kurzum, Hitler war »kein Held, sondern einer, der mitmachte, weil er mitmachen musste«. Angefügt waren dann Vorwürfe, dass der einstige Gefreite inzwischen auch zu einem der »Großkopferten« geworden sei.[50]

Gegen dieses Flugblatt reichten die NSDAP-Anwälte beim Landgericht Hamburg Klage ein, denn im Gegensatz zum »Landstreicher« oder »Anstreicher« handelte es sich um Unterstellungen, die geeignet waren, Hitlers Charisma zu untergraben. Die gesamte NSDAP-Propaganda war darauf ausgerichtet, ihn als »Frontkämpfer« zu stilisieren. Zweifel an seiner Tapferkeit konnte er sich nach seinen schwülstigen Auslassungen in *Mein Kampf* nicht erlauben.

Während des Ersten Weltkriegs hatten mehr als fünf Millionen Männer ein Eisernes Kreuz für Tapferkeit erhalten, aber nur rund 220000 das EK I.[51] Bei 13 Millionen deutschen Kriegsteilnehmern waren das 0,017 Prozent, also nicht einmal zwei von 10000. Das EK I war somit ein recht exklusiver Orden, der zudem meist an Offiziere verliehen wurde, seltener an Unteroffiziere und an Mannschaftsdienstgrade fast nie. Ein Gefreiter mit dieser Auszeichnung sei also schon deshalb nachgewiesenermaßen »tapfer« gewesen, meinten Hitlers Anwälte. Die Verleihung des Ordens am 4. August 1918 wiesen sie mit einer Fotokopie seines Wehrpasses nach. Außerdem war Hitler mehrfach mit Dienstauszeichnungen und Regimentsdiplomen sowie dem Preußischen Militärverdienstkreuz III. Klasse mit Schwertern (am 17. September 1917) bedacht worden.[52]

Um die Klage gegen das *Echo der Woche* wasserdicht zu machen, fügten die NSDAP-Anwälte mehr als ein Dutzend eidesstattliche Versicherungen an.

Hitlers einstiger Vorgesetzter Lorenz Steigenberger erläuterte zunächst, dass die Tätigkeit im Regimentsstab durchaus »gefährlich« gewesen sei, obwohl dieser sich nicht in der vordersten Linie befand. Häufig hätten die Stäbe unter Artilleriebeschuss gestanden. Der Gang

»unserer Melder nach vorne« zu den Kampfbataillonen sei »ein ständiger Wettlauf zwischen Tod und Leben« gewesen. Danach gab Steigenberger eine Beurteilung ab. Bei den ihm unterstellten Männern, betonte er, habe es sich »durchwegs nur« um »ausgesuchte Leute« gehandelt, die neben persönlichem Schneid ein »besonderes Maß von Geistesgegenwart, Findigkeit und Zuverlässigkeit aufweisen mussten«. Hitler habe seinen »schweren Dienst« in »vollster Pflichterfüllung versehen« und sich sogar »immer wieder freiwillig« zu den Gängen bereit erklärt, »ohne einen Namensaufruf abzuwarten«. Am Schluss wies Steigenberger darauf hin, dass er keiner Partei angehöre und »nur aus dem Streben nach Wahrheit« dieses Zeugnis einer »äußersten Pflichttreue« und »unbedingt zuverlässigen Kameradschaft« abgebe.[53]

Ein Gefreiter, der mit Hitler in der I. Kompanie des Regiments im November 1914 an den Kämpfen in Belgien teilgenommen hatte, bescheinigte ihm, stets seinen Mann als »echter deutscher Frontsoldat« gestanden zu haben.[54]

Der Landwirt Josef Wagenhuber, seit 1916 im Regimentsstab, versicherte dem Gericht an Eides statt, Hitler und »ein gewisser Schmid« seien die »besten und schneidigsten Meldegänger« gewesen. Immer dann, wenn es darum gegangen sei, eine Meldung durch das Sperrfeuer zu bringen, hätten sich die beiden als Erste gemeldet.[55] Das bestätigte auch ein anderer Offizier, dem Hitler unterstellt war. Der Meldegänger habe seine Einsätze »ohne Zögern« ausgeführt und insgesamt bei »sämtlichen Vorgesetzten« als ein Mann gegolten, »auf den Verlass war«. Für das Eiserne Kreuz I. Klasse sei er wegen seiner »hervorragenden Leistungen und seiner oft gezeigten Todesverachtung und Tapferkeit« vorgeschlagen worden.[56]

Mit dem »gewissen Schmid« war Ernst Schmidt gemeint, zur Zeit des Prozesses Malermeister in Garching. Er gab ebenfalls eine eidesstattliche Versicherung über Hitlers Tapferkeit ab, fügte aber noch eine geradezu aberwitzige Heldengeschichte hinzu. Das Eiserne Kreuz I. Klasse habe Hitler bei der großen Offensive 1918 erhalten, und zwar »für die persönliche Gefangennahme eines französischen Offiziers mit etwa 8 Mann, dem er auf einem seiner Meldegänge plötzlich sich gegenüber befand und die infolge seines geistesgegenwärtigen und entschlossenen Handelns die Waffen streckten«.[57] Das Gericht ließ die Aussage Schmidts nicht in das Urteil einfließen. Zum einen erschien die Geschichte unglaubhaft, zum anderen war bekannt, dass die beiden eng befreundet waren. Sie teilten sich Schlafplätze in einer Scheune – was den Historiker Lothar Machtan eine homosexuelle Beziehung vermuten ließ.[58] Als sie 1919 in Bayern stationiert waren, gingen sie gemeinsam in die Oper.[59] Schon 1920 trat Ernst Schmidt der NSDAP bei, ab 1926 war er Vorsitzender der NSDAP-Ortsgruppe und nach 1933 Bürgermeister von Garching.[60]

Als fatal für das *Echo der Woche* erwies sich jedoch die Ehrenerklärung des Kriegskameraden Michl Schlehuber, der mit Hitler im Herbst und Winter 1914/15 im Regimentsstab als Gefechtsordonnanz diente. Er habe Hitler als »tadellosen Soldaten« kennengelernt und nie beobachtet, dass er »sich irgendwie vom Dienst gedrückt oder der Gefahr entzogen hat«. Er sei »erstaunt« gewesen, in den Zeitungen »etwas Ungünstiges über die Leistungen Hitlers als Soldat zu lesen«. Der Staatsanwalt notierte: »Schlehuber ist 58 Jahre alt und Sozialdemokrat. Er ist seit 35 Jahren Gewerkschafter ...« Das Gericht verpflichtete ihn als Zeuge.[61]

Das Hamburger Gericht nahm auch die Aussage von Hitlers unmittelbarem Vorgesetzten Max Amann zu Protokoll. Dessen Aussage ist als Beleg dafür zu werten, was Hitlers Anhänger in ihm zu erkennen glaubten. Von »eisernem Pflichtgefühl« sei Hitler erfüllt gewesen und habe immer »ein vorbildliches Verhalten an den Tag gelegt«. Für den Dienst seien nur »Männer mit eisernen Nerven und kühlem Kopf« in Frage gekommen, eben Männer wie Hitler, der oft die »gefährlichsten Meldegänge für seine Kameraden übernommen« habe. Das Gericht ignorierte die schwülstigen und nicht nachprüfbaren Darstellungen. Aber einen Fakt aus Amanns Aussage strich sich der Richter an: dass sich Hitler nach seiner schweren Oberschenkelverwundung freiwillig beim Regiment zurückgemeldet hatte.[62] Hitlers Gefolgsmann stellte diese Rückmeldung als ungewöhnlich heraus, was sie nicht war. Andererseits hatten viele Soldaten einen Schuss in den Oberschenkel als

»Heimatschuss« bewertet und keinen großen Wert auf die rasche Wiederverwendung an der Front gelegt.

Besonders wertvoll dürfte für Hitler hingegen die Beurteilung des letzten Regimentskommandeurs gewesen sein. Maximilian von Baligand bescheinigte dem Gefreiten, er habe sich seiner Pflicht »nicht nur willig, sondern mit Auszeichnung unterzogen«. Alle Männer an der Front hätten um die Gefahren gewusst, denen die Meldeläufer ausgesetzt gewesen seien.[63]

Das Urteil des Hamburger Gerichts

Insgesamt sei der Artikel des *Echos der Woche* »nicht in allen seinen Ausführungen unzulässig«, urteilte das Hamburger Gericht schließlich am 9. März 1932. Es wurde der Zeitung verboten, die »Dienstleistungen des Klägers im Felde so darzustellen«, als ob sich dieser »seiner Pflicht als Soldat zu entziehen gesucht hätte«.[64] Prinzipiell sei die Darstellung der Zeitschrift allerdings durch die Freiheit der Presse gedeckt. Das Gericht hatte mithin zu entscheiden, ob dem Kläger – also Hitler – ein Unterlassungsanspruch hinsichtlich der Tatsachenbehauptungen zustünde. Dem beklagten Redakteur Heinrich Braune könne nicht das Recht abgesprochen werden, die »unerträgliche Ruhmredigkeit« Hitlers anzuprangern. Die »leicht irrezuführenden und zu beschwatzenden Volksmassen« dürften durchaus von einem Journalisten »auf das Maß der Dinge« zurückgeführt werden, »wenn es zuträfe«.[65]

Das Gericht stellte jedoch fest, dass die Tatsachenbehauptungen falsch seien, und betrachtete es als »glaubhaft«, dass Hitler »im Felde durchaus seine Pflicht getan hat«. Die eidesstattlichen Versicherungen habe man überprüft und für wahr befunden, auch wenn ein Teil der Zeugen »zur politischen Bewegung des Klägers« gehöre. Selbst im Wahlkampf und in Zeiten einer heftigen publizistischen Debatte dürften Journalisten dem Kläger »die Achtung« nicht versagen.[66]

Die sozialdemokratische und kommunistische Presse hatte jedoch nicht vor, Hitler irgendeine Art von »Achtung« entgegenzubringen.

Jetzt kleideten sie ihre Behauptungen in Fragen, so die *Schwäbische Tagwacht* am 7. April 1932: »Adolf, wo warst Du?« Die *Münchner Post* fragte noch im November »Wie lange war Hitler im Graben?« und insistierte erneut, dass der Posten eines Meldegängers eine gefahrlose Nische für Drückeberger gewesen sei. Die *Westfälische Allgemeine Volks-Zeitung* behauptete sogar, Hitler habe den Prozess verloren, und fragte polemisch: »Haben wir es nicht gesagt, dass es mit dem Frontsoldaten Adolf Hitler nicht weit her ist?« Und: »Wer glaubt heute noch, dass er sein Eisernes Kreuz I. Klasse zu Recht besitzt?«[67]

Eine erste Konsequenz zog Hitler noch 1932. Er beschäftigte fortan einen Rechtsanwalt auf pauschaler Basis, der sich ausschließlich mit solchen Beleidigungsklagen befassen sollte.[68] Nach Hitlers Machtübernahme rechnete die SA umgehend mit der sozialistischen Presse ab. Blätter wie die *Münchner Post* oder die *Schwäbische Tagwacht* wurden geschlossen und ihre Redaktionen verwüstet. Der *Echo der Woche*-Redakteur Heinrich Braune, der die Anti-Hitler-Kampagne 1932 initiiert hatte, wurde ins Konzentrationslager Fuhlsbüttel verschleppt und vermutlich wie so viele grausam misshandelt. Anlässlich einer Amnestie kam er frei, erhielt jedoch Berufsverbot. Später schlug er sich in der Filmindustrie durch, wurde zur Wehrmacht eingezogen und geriet in sowjetische Kriegsgefangenschaft. 1948 entlassen, gründete er ein Jahr später die *Hamburger Morgenpost,* die in ihrer Glanzzeit täglich fast eine halbe Million Exemplare verkaufte.[69]

Der Boxheim-Skandal und das zweite NSDAP-Verbotsverfahren

Zurück ins Jahr 1931. Im August hatten sich führende hessische Nationalsozialisten im Boxheimer Hof, einer Waldschänke bei Bürstadt, versammelt, um dort Fragen einer möglichen Machtübernahme zu besprechen. Dabei gingen sie von der Überzeugung aus, dass die Erwerbslosenfürsorge zusammenbrechen und die Reichsregierung zurücktreten werde. Mit Unterstützung der hungernden Massen hätte dann die KPD gute Aussichten, die Macht in den Städten zu übernehmen. Die NSDAP wäre in einem solchen Fall »verpflichtet«, diesen »Erfolg« zu verhindern. Alle der Partei nahestehenden Kräfte müssten dann zusammengezogen werden, »um zunächst – unter Zernierung der Städte – das flache Land von örtlichen kommunistischen Gruppen, Zerstörungskommandos usw. zu säubern«. Vom Land aus sollten daraufhin die Städte, wo der Großteil der Bevölkerung inzwischen verhungert wäre, zurückerobert werden. Um der Überlegung Ernsthaftigkeit zu verleihen, entwarfen die NSDAP-Funktionäre mehrere Notverordnungen zu Polizei, Wirtschaft und anderen politischen Belangen.[70]

Da alle Fragen von grundsätzlicher Bedeutung der Reichsleitung vorzulegen waren, übersandte Werner Best, ein junger promovierter Jurist und maßgeblicher Autor der Dokumente, die Ausarbeitungen nach München. In seinem Anschreiben betonte er, dass diese Texte »Grundlage und Kernstück der theoretischen und geistigen Vorbereitung eines Aufstands« bilden sollten. Bereits wenige Tage später erfuhr die Polizei davon und nahm eine Haussuchung bei Best vor. Die Presse skandalisierte den Vorfall, was Hitlers Sekretär Rudolf Heß umgehend zu der Erklärung veranlasste, es habe sich um einen »Dummejungenstreich« gehandelt. Hitler schickte ein parteiinternes Rundschreiben hinterher, in dem er die Anweisung erteilte, dass solche Entwürfe und Überlegungen künftig zu unterbleiben hätten.[71] In einem offenen Brief wandte er sich am 17. Dezember 1931 an den Reichskanzler: »Wenn die deutsche Nation die nationalsozialistische Bewegung einst legitimiert, eine andere Verfassung als die heutige einzuführen, dann können Sie es nicht verhindern.«[72]

Während sich die bürgerlichen Politiker weder zu solchen Auslassungen Hitlers noch zu den Boxheimer Dokumenten positionierten, schlug Hessens Staatspräsident Bernhard Adelung vor, die bei der Haussuchung aufgefundenen Texte zu einem neuen NSDAP-Verbotsverfahren zu nutzen, und wandte sich an den Oberreichsanwalt in Leipzig. Der wiederum befragte dazu die Innenministerien der Länder, von denen das preußische am schnellsten reagierte. Am 30. Januar 1932 berichtete Staatssekretär Wilhelm Abegg (SPD) von einem Gespräch mit dem Reichstagsabgeordneten Hermann Göring. Der habe ihm erklärt, dass die Reichsleitung der NSDAP »jede Verbindung mit solchen Vorgängen, wie sie in Hessen bekannt geworden seien, weit von sich« weise. Außerdem betonte Göring noch einmal »den oft genug zum Ausdruck gebrachten und beschworenen Standpunkt der Legalität«. Göring fügte hinzu, dass man die Vorgänge in Hessen untersuchen und gegen jeden, »der nicht die Weisung der Legalität befolgt habe«, rücksichtslos vorgehen und ihn aus der NSDAP ausschließen werde. Wie »seltsam« die Nationalsozialisten mit dieser Absicht umgingen, schrieb Abegg an den Oberreichsanwalt, zeige doch wohl, dass der Beschuldigte Dr. Best von seiner Partei zum Mitglied des Untersuchungsausschusses im hessischen Landtag gewählt worden sei, der ebendiesen Vorfall aufklären solle. Die Absicht des Reichsanwalts, das Verfahren gegen Best allein durchzuführen, hielt Minister Abegg für falsch, das »allgemein politische Ziel der Partei«, der Aufbau und die Ausrüstung der Sturmabteilungen »als das machtpolitische Instrument der Partei«, dürfe nicht außer Betracht bleiben. »Dann verlieren aber auch die Legalitätsbeteuerungen der NSDAP und ihrer Führer, deren Zweck ohne weiteres zu Tage liegt, jeden Wert.« Sie seien lediglich »eines der taktischen Mittel« dieser Partei, um zu ihrem Ziel zu kommen: »der Machtergreifung«.[73]

Wenig später schob das preußische Innenministerium eine 75-seitige Aufstellung mit Zitaten führender NSDAP-Politiker nach, um ein Verbot der Partei zu erwirken. So erklärte der spätere Propagandaminister Joseph Goebbels am 5. Februar 1932 im Reichstag, die NSDAP habe »durch den Mund ihres Führers zum Ausdruck gebracht«, dass sie legal sei. Das bedeute aber keineswegs die »Legalität des Zieles«. Goebbels weiter: »Wir wollen legal die Macht erobern. Aber was wir mit dieser Macht einmal, wenn wir sie besitzen, anfangen werden, das ist unsere Sache.« Hitlers Parteijuristen Hans Frank zitierten die Verfasser des Verbotsantrags mit den Worten, dass derzeit die Macht über das Recht gestellt werde, einst aber der Tag komme, wo »auch hier der Ausgleich durch das Recht im Wege des Rechts geschaffen werden wird«. Entkleide man den Satz von »allen Sophistereien«, schrieben die Bearbeiter, bedeutete das die Schaffung eines Staates ohne »staatsgrundgesetzliche Schranken«.[74] Die Belege für die Radikalität waren zahllos. So fragte ein sächsischer Landtagsabgeordneter rhetorisch, was man mit Schweinen mache, um die Antwort zu geben: »Man sticht sie ab.« Gemeint waren die Politiker von SPD und KPD. Ein Reichstagsmitglied aus der Provinz Hannover kündigte an, wenn die NSDAP die Macht errungen habe, sei die Zeit gekommen nicht nur für den »rosa-roten Schutzmann« seines Heimatortes Rothenburg, sondern auch für »die Bonzen, Verbrecher und Spitzbuben da oben«, die allesamt »aufgehängt« gehörten. »Und zwar werdet ihr so lange hängen«, setzte er nach, »bis ihr am Strick vertrocknet seid oder abfaulen werdet.« Auch ein Reichstagsabgeordneter aus Berlin vertröstete seine Anhänger auf den Tag der Machtergreifung, für den man bereits Listen aufgestellt habe, und Wilhelm Frick, immerhin Vorsitzender der NSDAP-Fraktion im Reichstag, kündigte am 29. Oktober 1931 bei einer Veranstaltung in Frankfurt an der Oder an, »dass die rote Pest oder der Marxismus mit Stumpf und Stiel ausgerottet« werde. Wenn dabei »einige tausend Funktionäre« sterben würden, sei das nicht weiter schlimm.[75] Zusammenfassend schrieben die preußischen Juristen: »Hitler ist Führer einer Bewegung, die seit über 10 Jahren zumeist in aller Öffentlichkeit und auch in letzter Zeit in nicht minder unmissverständlicher Form die gewaltsame Beseitigung der Weimarer Verfassung propagiert, die 1923 selbst einen Hochverrat unternommen hat und die in engem Zusammenhang mit dem Hochverrat der drei früheren Ulmer Reichswehroffiziere erschien, deren Anhänger infolgedessen wissen, dass eine revolutionäre Partei ihre wirklichen Ziele vor den Inhabern der von ihnen bekämpften staatlichen Gewalt tarnen muss.«[76]

Oberreichsanwalt Karl August Werner nahm sich in der Sache mit dem Aktenzeichen 12 J 104.31 reichlich Zeit. Er forderte von verschiedenen Stellen weitere Gutachten an, ließ Best noch einmal vernehmen und übergab den Fall schließlich erst im Oktober 1932 an den 4. Strafsenat des Reichsgerichts. Zugleich beantragte er, »den Angeschuldigten aus dem tatsächlichen Grunde des mangelnden Beweises außer Verfolgung zu setzen«.[77]

Im Hinblick auf das Verbot der NSDAP unternahm Werner nichts. Die Ermittlungen des preußischen Innenministeriums landeten in der Ablage. Es kann nur darüber spekuliert werden, ob der Vorgang anders verlaufen wäre, wenn der Justiz Aussagen aus dem inneren Zirkel der Parteiführung vorgelegen hätten. Zwar hielt sich Hitler bei öffentlichen Auftritten zurück, in kleinem Kreis bezeichnete er aber die Juden weiterhin als »Sadisten, Blutsauger, Teufel«. Beharrlich wiederholte er die These vom Volk der »Schmarotzer«, das dem deutschen Volk den »Lebenssaft« aussauge. Die Mittel, die dazu dienen sollten und ihm missfielen, benannte er ganz klar. Angewidert rief Hitler aus: »Sie sprechen von Individualismus, von allgemeinen Menschenrechten, von Treu und Glauben, von Demokratie!« Eigentlich habe er gar nichts gegen Juden, teilte er einem erstaunten Zuhörer mit. Aber da diese sich nun auch in den höchsten Staatsämtern eingenistet hätten, werde er der »Gärtner« sein und sich der Aufgabe verschreiben, dieses Unkraut auszureißen, kündigte er an.[78] Wenn man ihre wirtschaftliche Macht schwäche und ihnen die Anstellung im Staatsdienst unmöglich mache, würden sie »ohnehin« auswandern. Um aber die Juden im Ausland nicht aufzubringen, meinte Hitler noch 1931, müsse diese Verdrängung vorsichtig geschehen. Sie dürften vorerst nicht enteignet oder ausgewiesen werden, das müsse »ganz vorsichtig geschehen, vernünftig, wirtschaftlich zweckmäßig«.[79]

Die Rede vor dem Industrieclub Düsseldorf

Getragen von »Vernunft« war auch Hitlers Rede vor dem Industrieclub Düsseldorf am 26. Januar 1932. Nur einmal deutete er an, dass er gedenke, bei der Gesundung des Volkskörpers auch die »Fermente der Dekomposition« zu beseitigen, das Wort Juden erwähnte er kein einziges Mal. Eingeweihte wussten, was er meinte. Der Historiker Theodor Mommsen hatte – allerdings im positiven Sinne – die Juden so bezeichnet, um ihre Rolle beim Aufbrechen starrer Strukturen in der Römischen Republik zu verdeutlichen. Wer die Chiffre Juden gleich »Fermente der Dekomposition« nicht verstand, konnte glauben, Hitler habe seinen Judenhass abgelegt.[80]

Das bei einer Rede vor Industriellen heikle Thema »Sozialismus« umging Hitler, indem er ein klares Bekenntnis zum Privateigentum ablegte. Die Anwesenden sollten sich jedoch darüber im Klaren sein, sagte er warnend, dass sich dieses Recht aber nicht allein auf die Formel berufen dürfe, so sei es ja immer schon gewesen. Denn in Perioden großer staatlicher Umwälzungen würde sehr häufig auch über »geheiligte Formen mit einer Leichtigkeit sondergleichen« hinweggegangen.

Privateigentum müsse daher ethisch begründet sein, sagte Hitler. Nur wer anerkenne, dass die Leistungen der Menschen verschieden seien, könne auch den größeren Anteil am wirtschaftlichen Ertrag den Persönlichkeiten überlassen, welche die größere Leistung erbracht hätten. Im nächsten logischen Schritt prangerte er den »Widersinn« an, der sich gegenwärtig in der Gesellschaft breitgemacht habe. Dort würde eben nicht wie in der Wirtschaft die »Autorität der Persönlichkeit« gelten, sondern das »Gesetz der größeren Zahl, die Demokratie«. Er sehe hier zwei Prinzipien, die sich konsequent gegenüberstünden. Das Prinzip Demokratie sei überall, wo es sich praktisch auswirke, »das Prinzip der Zerstörung«. Das Prinzip der Autorität der Persönlichkeit habe hingegen zum Aufbau aller menschlichen Kulturen geführt, es sei das wirkliche »Leistungsprinzip«.

Nach seinem Plädoyer für eine privatwirtschaftlich organisierte Volkswirtschaft und seiner Absage an die Demokratie stilisierte sich Hitler mit seiner Bewegung zum letzten Bollwerk vor dem Ansturm des Bolschewismus. Dabei sei der Bolschewismus nicht nur eine »in Deutschland auf einigen Straßen herumtobende Rotte«, sondern eine »Weltauffassung«, die im Begriff stehe, sich den ganzen asiatischen Kontinent zu unterwerfen. Sie habe bereits einen Staat erobert und versuche jetzt, »die ganze Welt zu erschüttern« und »zum Einsturz zu bringen«. Später werde man einmal bemerken, dass es sich um eine neue Religion handle, deren Gläubige Lenin wie einen Heiligen verehrten. Diese »gigantische Erscheinung« könne nicht einfach »weggedacht« werden. Bolschewismus sei aber aus noch einem weiteren Grund kein nur auf Russland beschränktes Problem. Dort führe er ein »brutales Regiment über ein Volk, das, ohne brutal regiert zu sein, überhaupt nicht als Staat erhalten werden« könne. Aber man dürfe nicht vergessen, dass auch das deutsche Volk »rassisch« aus den »verschiedensten Elementen« zusammengesetzt sei. Wenn Menschen der Parole »Proletarier aller Länder, vereinigt euch!« folgten, dann auch deshalb, weil sie »in ihrem Wesen tatsächlich eine gewisse Verwandtschaft mit analogen Völkern einer niedrigen Kulturstufe« besäßen. Auch der deutsche Staat sei »einstmals« nur durch die »Ausübung absoluten Herrenrechts und Herrensinns der sogenannten nordischen Menschen aufgebaut worden, der arischen Rassebestandteile, die wir auch heute noch in unserem Volke besitzen«. Indem Hitler das drängende politische Problem der Arbeitslosigkeit und, damit zusammenhängend, einer möglichen kommunistischen Revolution auf die rassische Minderwertigkeit einiger Volksteile zurückführte, konnte er sich des Beifalls der Industriellen sicher sein.

Noch einmal mahnte er die Dringlichkeit an, dieses Problem in den Griff zu bekommen, denn 50 Prozent des Volkes stünden in den »Weltanschauungskämpfen« nicht mehr zur »Nation«. Die Aufrichtung eines bolschewistischen Systems würde katastrophale Folgen haben, aber, so sprach er die Industriellen direkt an: »Meine Herren … es ist denkbar!« Um die Lösung dieser Frage, so Hitler weiter, »kommen wir nicht herum!«. Das Protokoll verzeichnet an dieser Stelle lebhaften Beifall.

Seine Schlussfolgerung, Deutschland müsse zu »neuer politischer Kraft zurückfinden« und nur seine Bewegung könne »den deutschen Menschen restlos zurückerobern«, schien logisch. Wenn man ihm dabei »Unduldsamkeit« vorwerfe, so bekenne er sich stolz dazu – »ja, wir haben den unerbittlichen Entschluss gefasst, den Marxismus bis zur letzten Wurzel in Deutschland auszurotten.« Bemerkenswert ist nicht nur der kurze rhetorische Schritt vom Bolschewismus zum Marxismus, unter dem sich die Anwesenden auch die SPD vorstellen mussten; zudem verblüfft die Offenheit, mit der er die westdeutschen Industriellen über seine künftigen politischen Schritte in Kenntnis setzte.

Versteckt, aber entschlüsselbar waren die Signale, die er im Hinblick auf die Außenpolitik und eine mögliche Aufrüstung aussandte. Für ihn habe die Innenpolitik absolute Priorität, was er auch den Anwesenden als Einstellung empfahl, weil es »keine Wirtschaft geben kann, ohne dass hinter dieser Wirtschaft der absolut schlagkräftige, entschlossene politische Wille der Nation steht«. In der aktuellen Abrüstungs- bzw. Aufrüstungsdebatte legte er sich nicht fest, machte aber klar, dass er die Machtbasis des Reiches zu verbessern gedenke. Von dieser »natürlichen und tragfähigen« Basis aus werde es zwei Möglichkeiten für die deutsche Wirtschaft geben: »entweder neuen Lebensraum mit Ausbau eines großen Binnenmarktes« oder ihr Schutz »nach außen unter Einsatz der zusammengeballten Kraft«. Er machte auch klar, dass er die Ergebnisse der deutschen Wirtschaft und der »Sparsamkeit« der Bevölkerung nicht mehr auf dem »Altar der Erpressungen, der Tribute, zum Opfer bringen« werde. Am Ende seiner Rede stand ein klares Programm. Er sehe den »Primat« in der »Wiederherstellung eines gesunden, nationalen und schlagkräftigen deutschen Volkskörpers«. Und er werde gegen jeden vorgehen, der sich an der Nation und ihren Interessen versündige, gegen jeden, »der diesen Volkskörper« wieder zerstören und zersetzen wolle. Im Übrigen sei er bereit zu »Freundschaft und Frieden« mit »jedem, der Freundschaft und Frieden will!«. Das Publikum quittierte das mit stürmischem und lang anhaltendem Beifall.[81]

Reichskanzler in Wartestellung

1932 schien es so, als wäre Hitler in der Mitte der Gesellschaft angekommen. Obwohl das Wort »sozialistisch« in Name und Programm erschien, lehnte ihn die Industrie nicht ab. Die Mitgliederzahl der NSDAP erreichte im April 1932 die Millionenmarke. Der Struktur nach war sie eine Volkspartei, wobei Arbeiter etwas unterrepräsentiert waren und Beamte fehlten, weil ihnen die Mitgliedschaft in einer verfassungsfeindlichen Organisation nicht erlaubt war.[82] Die SA zählte inzwischen mehr als 220 000 Mitglieder, wobei hier ehemalige Offiziere aus den Freikorps den Ton angaben. Die Mannschaftsdienstgrade waren entweder junge Männer aus allen Gesellschaftsschichten oder, häufiger, arbeitslose Handwerker und Industriearbeiter.[83] Am 13. März trat Hitler bei der Wahl zum Reichspräsidenten gegen den Amtsinhaber Paul von Hindenburg an. Dieser kam auf 49,6 Prozent, was einen zweiten Wahlgang erforderlich machte. Auf Hitler entfielen 30,2 Prozent der Stimmen. In der zweiten Runde erreichte er 36,7 Prozent, Hindenburg trotz breiter Unterstützung nur 53,1 Prozent. Bei den Wahlen zeigte sich ein ähnliches Bild. Über 33 Prozent der Wähler entschieden sich 1932 für die NSDAP, aber selbst bei den von Terror geprägten Wahlen im März 1933 errang sie keine Mehrheit.

Reichstagswahl am	NSDAP	DNVP (Konservative)	DDP, DVP, BVP, Zentrum (Bürgerliche)	SPD	KPD
20. Mai 1928	2,6	14,2	28,8	29,8	10,6
14. September 1930	18,3	7,0	23,1	24,5	13,1
31. Juli 1932	37,4	5,9	17,9	21,6	14,6
6. November 1932	33,1	8,8	17,9	20,4	16,9
5. März 1933	43,9	8,0	16,0	18,3	12,3

Nach ihrem Wahlerfolg im Juli 1932 kam der NSDAP eine Schlüsselrolle zu. Zusammen mit der KPD konnte sie jederzeit eine Mehrheit für ein Misstrauensvotum organisieren oder Notverordnungen Hindenburgs aushebeln. Bei den Sondierungen forderte Hitler das Amt des Reichskanzlers für sich und das Reichsinnenministerium für seinen Reichsorganisationsleiter Strasser. Hindenburg lehnte den Führungsanspruch Hitlers ab und fühlte sich von dessen Sendungsbewusstsein abgestoßen. Die Kandidatur zur Reichspräsidentenwahl empfand Hindenburg außerdem als Affront, weil er sich selbst für den Schöpfer und Vollender einer »nationalen Wiedergeburt« hielt. Dass Hitler sich weigerte, in ein Kabinett einzutreten und damit Hindenburgs Weisungen zu folgen, betrachtete er als Insubordination eines Gefreiten seinem Generalfeldmarschall gegenüber.[84] Trotzdem wurde Hitler in die Reichskanzlei geladen. In dem Gespräch am 13. August 1932 beanspruchte er die Führung in einer noch zu bildenden Koalitionsregierung, über deren Zusammensetzung es zu verhandeln gälte. Der Reichspräsident fragte nach: »Sie verlangen also die gesamte Regierung?« Hitler antwortete ausweichend, das sei damit nicht gesagt. Noch bevor er seine Vorstellungen entwickeln konnte, fragte ihn Hindenburg, ob er bereit sei, ein Kabinett zu tolerieren, das gegen die Reichstagsmehrheit regierte. Hitler lehnte den Vorschlag ab, worauf der geschäftsführende Reichskanzler von Papen äußerte: »Ach, der Reichstag! Ich wundere mich, dass gerade Sie noch auf den Reichstag einen Wert legen.« Nach nur 20 Minuten beendete Hindenburg das Gespräch.[85]

Ebenso wenig, wie sich Hitler von Hindenburg in eine Regierung der »nationalen Konzentration« einordnen ließ, folgte der Reichspräsident dem Ansinnen des preußischen Kronprinzen, Hitler doch noch zur Kanzlerschaft zu verhelfen. Am 26. August wandte sich der Kronprinz an Hindenburg, um ihn von der Notwendigkeit der Kanzlerschaft Hitlers zu überzeugen. Die Enttäuschung sei groß, dass man die Chance vertan habe, ein Kabinett »mit dem Mann an der Spitze« zu bilden, der es verstanden hätte, »die größte Volksbewegung in Deutschland mit nationalen Zielen und dem rücksichtslosesten Einsatz im Kampf gegen Marxismus und Bolschewismus zu schaffen«. Dass Hitler die ganze Macht wolle, so wie Mussolini, sei eine Behauptung, die »an den Haaren herbeigezogen« worden sei. Hitler habe sich doch bereit erklärt, Reichswehrminister von Schleicher im Amt zu belassen, und somit nicht verlangt, »das stärkste Machtmittel des Staates … unter die Persönlichkeit eines seiner Parteigenossen zu stellen«. Er wolle es offen aussprechen: Die Männer, die ihn, Hindenburg, bei der Entscheidung beraten hätten, Hitler lediglich das Amt des Vizekanzlers anzubieten, hätten ihn »nicht zum Besten beraten«. Das Kabinett von Papen wolle offenbar, gestützt auf Reichswehr und Schutzpolizei, eine Art Diktatur errichten, mutmaßte der Kronprinz. Seines Erachtens aber sei eine Diktatur nur dann durchführbar, »wenn sie sich mindestens auf die Hälfte des Volkes stützen« könne. Einer diktatorischen Regierung, die Nationalsozialismus, das Zentrum sowie den gesamten Marxismus und Bolschewismus gegen sich habe, könne er »persönlich keine lange Lebensdauer zutrauen«. Das Schlimmstmögliche sei, »dass die große nationale Befreiungsbewegung geradezu zwangsläufig in eine gemeinsame Front mit den rosa und roten Brüdern getrieben« und damit die Grenze zwischen dem »nationalen Deutschland und dem antinationalen Deutschland verwischt« werde. »Fassen Euer Excellenz den großen historischen Entschluss: Übertragen Sie noch jetzt Hitler die Kabinettsbildung, und Euer Excellenz werden es erleben, wie das gesamte nationale Deutschland Ihnen zustimmen wird.« Versäume er diese historische Stunde, so warnte der Kronprinz, sehe er den Kampf »aller gegen alle« heraufziehen und damit den Sturz »der Männer, die heute sicher mit dem besten Willen an Deutschlands Wiederaufstieg arbeiten«.[86]

Die andauernde Regierungskrise führte im November 1932 zu Neuwahlen, bei denen die NSDAP zwar zur stärksten Partei wurde, aber trotzdem Einbußen erlitt. Die Ursachen dafür analysierte Martin Bormann, der im Stab Heß die Bevölkerungspost bearbeitete. In allen Briefen wiederhole sich die Meinung, »dass eine weitere Wahl auf keinen Fall mehr stattfinden dürfe«, schrieb Bormann, insgesamt gebe es eine starke »Wahlmüdigkeit«. Es werde allgemein die Meinung vertreten, »dass mit Wahlen doch nichts mehr erreicht werde könne«. Gerade in den bürgerlichen Wählerschichten mache sich »Verzweiflung« breit, weil sehr oft Zuversicht geschürt worden sei. »Die Bewegung« müsse »unbedingt versuchen«, in die Regierung einzutreten, vor allem in Preußen, es habe ja immer geheißen: »Wer Preußen hat, hat das Reich.«

Hitler, regte Bormann an, sollte insbesondere auf folgende Politikfelder eingehen: Die Wähler befürchteten eine Inflation, wüssten nicht, warum Verhandlungen mit dem Zentrum nötig seien, zugleich erhofften sie sich größte Zurückhaltung in religiösen Fragen, um doch mit dem katholischen Zentrum zusammenarbeiten zu können. Insbesondere die zunehmenden »Terrorakte« hätten vor allem die bürgerlichen Kreise verwirrt. Die Teilnahme am Streik der Berliner Verkehrsbetriebe und die damit verbundene »scheinbare Zusammenarbeit mit den Kommunisten haben ebenfalls im bürgerlichen Lager geschadet«, urteilte Bormann. Das Gleiche gelte für die Vorwürfe der Homosexualität gegen Röhm, den Stabschef der SA. Die NS-Landesregierungen seien zu wenig aktiv, außer in Thüringen, wo Innenminister Frick mit der Polizei für Ordnung sorge. Zusammenfassend urteilte Bormann, dass die »weltanschaulich Geschulten« bei den Wahlen treu blieben, während jene, die sich nur von den wirtschaftlichen Versprechungen angezogen fühlten, diesmal andere Parteien oder überhaupt nicht gewählt hätten. Bormann empfahl daher, Schulungen zu intensivieren.[87]

Hitler forderte noch ein weiteres demoskopisches Gutachten an. Erstattet wurde es von einem Forstwirt, der sich mit statistischen Analysen auskannte, nun aber »staatspsychologische Erwägungen« vorlegte. Als Gründe für die Entscheidung, die NSDAP zu wählen, benannte er »Unzufriedenheit, Not, Verzweiflung bzw. die Hoffnung, nur die NSDAP könne Besserung bringen«. Besonders die Jugend bewundere »die Kraft, die Macht der Bewegung« und fühle ein »nationales Erwachen«, das in anderen Parteien fehle. »Weltanschauliche Motive« erwähnte der Forstwirt erst an letzter Stelle. Die Defizite des Wahlkampfs brachte er aber ebenso wie Bormann auf den Punkt. Hitler habe die »Verzweiflungswähler« mit seiner unkonstruktiven Polemik gegen den amtierenden Reichskanzler Franz von Papen abgeschreckt. Denn dessen »Versagen« sei durch das Regierungshandeln »noch nicht erwiesen« gewesen.[88]

Hitler wartete jetzt ab. Seinen Vertrauten schien er depressiv und in einer Art Untergangsstimmung gefangen. Bei den Sondierungen zur Regierungsbildung lehnte er die Ernennung zum Vizekanzler kategorisch ab. Er werde auch jedem Angehörigen seiner Partei verbieten, in ein Kabinett einzutreten, das nicht von ihm geführt würde. Reichswehrminister Kurt von Schleicher, der seit langem mit Gregor Strasser in Kontakt stand, signalisierte diesem, dass er dessen Eintritt in ein von ihm selbst geführtes Kabinett begrüßen würde. Strasser verhandelte tatsächlich weiter, was ihm Hitler später als Illoyalität auslegte, obwohl Strasser ein Ministeramt ablehnte. Zur Begründung gab er an, dass er sich zwar als General der Bewegung verstehe, sein Feldmarschall sei jedoch Hitler. Ihm schulde er Gehorsam, nicht dem Reichswehrminister.

Schleicher musste seine Regierung also ohne den in einem »Paladin-Komplex« gefangenen Strasser bilden.[89] Hindenburg unterstützte das Vorhaben, obwohl ihm der Kronprinz ausdrücklich davon abriet. Die Verantwortung, in der sich »Excellenz« Hindenburg befinde, schrieb Friedrich Wilhelm, sei in diesen Tagen wieder einmal »riesengroß«, und »Excellenz« möchten versichert sein, dass dieser »Gewissenskonflikt« von niemandem mehr gewürdigt werde als von ihm, dem Kronprinzen. Daher erlaube er sich, seine Ansicht zur Lage zum Ausdruck zu bringen. Er zweifle nicht an dem »rein vaterländischen Wollen« seines, Hindenburgs, Favoriten Franz von Papen. Aber der habe nun einmal nicht die »nötige Tragfähigkeit«. Seines Erachtens gebe es jetzt nur noch zwei Lösungen. Es sei falsch, so der Kronprinz, einen Mann von den Qualitäten des Generals von Schleicher in diesen Kampf um die Regierungsbildung zu schicken. Gerade weil dieser von der NSDAP noch nicht angegriffen worden sei, müsse man ihn in der Hinterhand behalten, um diese Partei »wieder zu positiver Mitarbeit für Volk und Vaterland« heranziehen zu können. Die naheliegende Lösung sei doch, dass Hitler zum Reichskanzler ernannt würde unter der Auflage, dass Reichswehrminister von Schleicher und Außenminister von Neurath im Amt blieben. Er könne sich vorstellen, dass von vielen Seiten Einwände erhoben würden, aber: »Wenn Sie den Führer der NSDAP mit der Regierungsbildung beauftragen, so wird diese große, wertvolle, von Adolf Hitler geschaffene Volksbewegung zur Regierungspartei.« Damit werde eine »klare nationale Front« gegen die Linke geschaffen und verhindert, dass die NSDAP in der Opposition verbleibe – wie er wisse, »gegen den Willen ihres Führers«. Die Radikalisierung der NSDAP könnte so vermieden werden und eben auch, dass sie »letzten Endes in eine Front mit der Linken, mit dem Marxismus und Kommunismus hineingedrängt wird«. Die Alternative sah der Kronprinz in einer »Kampfregierung ohne breite Basis«, für die er »persönlich« keinen geeigneten Kandidaten wüsste, auch Franz von Papen nicht. Denn der Kanzler dieser Kampfregierung müsste KPD und NSDAP eindämmen. Ein »nationales« Deutschland könne so nicht entstehen, stattdessen werde es zu einer Diktatur kommen, in der Kämpfe »Aller gegen Alle« unausweichlich seien.[90]

5

Volksgenossen und Parteisoldaten:
Die Formierung der Gesellschaft

Vorstellungsgespräch bei der Reichswehr

Mit der Ernennung zum Reichskanzler am 30. Januar 1933 war für
Hitler wenig gewonnen. Sein Kabinett bestand aus wenigen NSDAP-
Ministern, mehreren Konservativen und dem Kriegsminister Werner
von Blomberg, der von Hindenburg schon vor der Bestellung Hitlers
und ohne dessen Zustimmung zum Minister ernannt worden war. Der
Präsident hatte damit ein Signal setzen wollen. Zwar gab er Hitler eine
Chance, machte aber deutlich, dass er nicht geneigt war, den Macht-
faktor Reichswehr aus der Hand zu geben.[1]

Zwei Tage später löste Hindenburg den Reichstag auf, da eine Koalitionsregierung mit dem katholischen Zentrum nicht zustande kam.
Vizekanzler Franz von Papen trat daraufhin demonstrativ aus seiner
Partei aus, weil sie das neue »nationale« Kabinett nicht unterstützte. Hitler konnte also davon ausgehen, dass die »rechten« Katholiken
entweder zu den Deutschnationalen oder zu ihm überlaufen würden.
Von Papen schmiedete mit der Deutschnationalen Volkspartei rasch ein
Wahlbündnis unter dem Namen »Kampfbund Schwarz-Weiß-Rot«, es
sollte bei den Wahlen am 5. März acht Prozent der Stimmen erhalten.[2]
Hitlers NSDAP rechnete mit einem Erfolg, der ihrem Vorsitzenden
auch den Kanzlerbonus bescheren würde. Mit 43,9 Prozent erzielte er
ein gutes Ergebnis. Die Koalitionsregierung war damit im Amt bestätigt. Die demokratische Legitimierung seiner Herrschaft zu erhalten

war für Hitler nicht das Problem, zumal er sich der öffentlich ausgedrückten Unterstützung Hindenburgs sicher sein konnte. Im Wahlkampf waren ihre beiden Porträts zu sehen mit der Parole: »Nimmer wird das Reich zerstört, wenn ihr einig seid und treu!«[3] Ein anderes Plakat erinnerte an den Ersten Weltkrieg: »Der Marschall und der Gefreite kämpfen mit uns für Frieden und Gleichberechtigung.«[4]

Das eigentliche Problem schien Hitler die Reichswehr zu sein, die seit langem politische Ambitionen hegte, sich aber damit schwertat, eine Militärdiktatur zu installieren.[5]

Sie saß in einer politischen Sackgasse fest, was Werner von Blomberg bei einer Befehlshaberbesprechung am 3. Februar 1933 unumwunden eingestand. Es sei sein Wunsch, die Reichswehr aus innenpolitischen Streitigkeiten herauszuhalten. Aber es drohe ein Generalstreik von »links« und »rechts«, es gebe in Deutschland immerhin eine »nach Millionen zählende Minderheit«, die für ihre Überzeugungen auch ihr Leben einsetzen würde. Blomberg sah einen Bürgerkrieg heranziehen, bei dem nicht einmal die Fronten klar waren. Denn NSDAP-Gauleiter Goebbels und KPD-Bezirkschef Walter Ulbricht hatten beim S-Bahn-Streik im November 1932 die Fronten verwischt und gut zusammengearbeitet. Insgesamt erschienen dem Reichswehrminister die Absichten des neuen Kanzlers in wirtschaftlicher und politischer Hinsicht »dunkel«.[6] Was lag näher, als ihn zu einem informellen Treffen am Abend einzuladen? Ein Anlass war schnell gefunden, denn der neu ernannte Außenminister Konstantin von Neurath war am Tag zuvor 60 geworden. Hitler sagte zu, ohne sich über den anwesenden Personenkreis im Klaren zu sein. Das Abendessen in der Wohnung des Chefs der Heeresleitung entpuppte sich als eine Art Vorstellungsgespräch, zu dem Hitler allerdings vorausschauend im Smoking erschien.

Zu den Gästen zählten außer den beiden Ministern und den Chefs von Truppenamt, Wehramt und Personalamt die Führer der beiden Gruppenkommandos des Heeres und die Kommandeure der sieben Wehrkreise. Gekommen waren auch der Chef der Marineleitung Erich Raeder und drei weitere Admirale. Beim Abendessen wurde Smalltalk geübt; nachdem sich Frau von Hammerstein entfernt hatte, bat man

Hitler um einen kurzen politischen Vortrag, von dem zwei zeitgenössische Protokolle existieren. Das eine fertigte ein Reichswehrgeneral an, das andere verfasste die Tochter Hammersteins, eine überzeugte Kommunistin und Sowjetagentin.[7]

Hitler trat als ehemaliger Gefreiter des Weltkriegs auf und bat die Generale demütig um Gehör, was zeigt, dass er sich über die im Raum verteilten Machtverhältnisse klar war. Später sollten derartige Unterordnungsgesten nicht wieder vorkommen. Zunächst begann er seine mehr als einstündige Rede mit der Feststellung, es sei an und für sich eine Utopie, dass er als ehemaliger Gefreiter jetzt zu den versammelten Generalen und Admiralen sprechen dürfe. Er spreche jedoch als Reichskanzler im Auftrag des Reichspräsidenten Generalfeldmarschall Paul von Hindenburg und habe daher »das Recht und die Pflicht«, seine Auffassungen über die politische Lage darzulegen.[8] Hitler ging jedoch weniger auf die aktuelle politische Lage ein, sondern entwickelte vielmehr ein Zukunftsprogramm für die nächsten Jahre. Im Inneren kündigte er zunächst die »völlige Umkehrung« der politischen Zustände an. Eine politische Betätigung, die den nationalen Zielen entgegenstünde, etwa von Pazifisten, werde es nicht mehr geben: »Wer sich nicht bekehren lässt, muss gebeugt werden.« Für »Landes- und Volksverrat« werde die Todesstrafe verhängt, der »Marxismus« mit »Stumpf und Stiel ausgerottet«. Er werde auch die »Einstellung der Jugend« ändern, vor allem durch ihre »Ertüchtigung« und die »Stärkung des Wehrwillens«. Den nächsten Punkt der Rede hatte der protokollführende General als Schlagworte notiert: »Straffste autoritäre Staatsführung; Beseitigung des Krebsschadens der Demokratie!«[9]

Hinsichtlich des »Marxismus« und »Bolschewismus« war der Bericht der Sowjetagentin detaillierter. Der Bolschewismus sei die Lebenseinstellung der Armut und des tiefsten Lebensstandards, also derjenigen, die durch lange Arbeitslosigkeit an die Bedürfnislosigkeit gewöhnt seien. Schon einmal habe sich eine Kultur an dem Ideal der Armut aufgerieben: »Als das Christentum die freiwillige Armut predigte, musste die Antike zugrunde gehen.« Sein Ziel sei es daher, die Wirtschaft zu beleben und eine großangelegte Siedlungspolitik zu beginnen. Das Thema war zwischen Konservativen und Nationalsozialisten umstritten. Die preußischen Junker, also auch viele Offiziere der Reichswehr, lehnten das als puren Sozialismus ab. Andererseits blieb dem besonders krisengebeutelten Osten nichts anderes übrig, als um Hilfsmaßnahmen nachzusuchen, was alle anwesenden Offiziere wussten. Wenn das der Preis dafür war, mussten sie bereit sein, ihn zu bezahlen.[10] Der Bericht der Agentin reproduzierte die geplanten diktatorischen Maßnahmen mit anderen Worten. In ihm hieß es nicht »Ausrottung des Marxismus mit Stumpf und Stiel«, sondern: »Niederwerfung des Marxismus mit allen Mitteln ist mein Ziel«. Die Demokratie erscheint in der Akte des sowjetischen Geheimdienstes GRU nicht als »Krebsschaden«, sondern als Unmöglichkeit. Sie funktioniere nicht in der Wirtschaft, meinte Hitler, und auch nicht im Staat. Es sei ein Skandal, dass die Demokratie »Landesverrat« in größtem Umfang zulasse, gemeint waren die Forderung der KPD, in Deutschland ein System nach sowjetrussischem Modell einzuführen, und die Parole »Proletarier aller Länder, vereinigt euch!«. Ebendarum sei es »unsere« Aufgabe – mit diesem rhetorischen Kniff bezog er die anwesende Generalität einfach mit ein –, »die politische Macht zu erobern«, um dann »jede zersetzende Meinung auf das schärfste zu unterdrücken«.[11]

Auch im Hinblick auf die Jugend ist das Moskauer Dokument detaillierter. Hitler machte den anwesenden Militärs klar, dass mit einer Heeresvergrößerung, wie in den Genfer Verhandlungen gefordert, nichts gewonnen wäre. Was nütze eine Armee aus »marxistisch infizierten Soldaten«, fragte er boshaft und spielte damit auf die Niederlage 1918 an. Durch die »Erziehungsarbeit« seiner Bewegung erhalte die Reichswehr jedoch »erstklassiges Rekrutenmaterial«, durchdrungen vom »Geist der Moral und des Nationalsozialismus«.[12]

Der weitere Ausbau der Wehrmacht sei die »wichtigste Voraussetzung« des politischen Ziels: »Wiedererringung der polit. Macht«. Die allgemeine Wehrpflicht müsse wieder eingeführt werden. Sie sei die wichtigste und »sozialistischste« Einrichtung des Staates. Sie müsse »unpolitisch« und »überparteilich« bleiben, notierte der protokollierende General. Wofür aber solle die Macht genutzt werden? Hitler blieb, ausweislich der Notizen des Generals, vage: »vielleicht« Gewinnung neuer Exportmöglichkeiten, »wohl besser – Eroberung neuen Lebensraums im Osten« und dessen »rücksichtslose Germanisierung«.[13] Der russische Bericht ist auch hier detaillierter. Das Heer müsse gestärkt werden, um eine »aktive Außenpolitik« zu ermöglichen. Deren Ziel stand für Hitler fest, und er stellte es den anwesenden Militärs auch dar. »Das Ziel der Ausweitung des Lebensraums des deutschen Volkes wird auch mit bewaffneter Hand erreicht werden.« Eine Germanisierung der Bevölkerung des eroberten Landes sei allerdings nicht möglich, denn, so Hitler: »Man kann nur Boden germanisieren.«[14] Seine Schlussworte wurden ebenfalls nur von Hammersteins Tochter für die GRU protokolliert. Sie waren ein flammender Appell an die moralischen Grundsätze des deutschen Heeres. »Wir werden der Armee zur Seite stehen und mit der Armee arbeiten«, versicherte er, aber die »ruhmreiche deutsche Armee, in der noch derselbe Geist herrscht wie während der Heldenzeit im Weltkrieg, wird selbständig ihre Aufgaben erfüllen«. Er richte an die anwesenden Herren Generale nun die »Bitte«, mit ihm für »das große Ziel« zu kämpfen und ihn zu unterstützen. Sie sollten das »nicht mit Waffen« tun, stellte er noch einmal klar, für die innenpolitische Auseinandersetzung habe er seine eigene »Waffe«, die SA. Aber er bitte darum, »moralisch« unterstützt zu werden.[15]

Nach Hitlers Abgang diskutierten die Militärs weiter, wobei Bier die Zungen löste. Die Anwesenden waren von der Ankündigung beruhigt, dass er die Reichswehr nicht bei Unruhen im Inneren einsetzen werde. Außerdem begrüßten sie seine Ankündigung, die SA nicht zu einer militärischen Formation auszubauen, damit die Reichswehr der einzige Waffenträger der Nation bleiben könnte. Dem GRU-Bericht zufolge hielten sie die Rede für »sehr logisch und theoretisch gut«, besonders überzeugend »betreffend der innerpolitischen Probleme«, aber außenpolitisch für »wenig klar«.[16] Der spätere Oberbefehlshaber des Heeres Walther von Brauchitsch blieb skeptisch. »Na«, sagte er beim Heimweg zu einem Kollegen, »der wird sich noch wundern in seinem Leben.«[17]

Von Brauchitsch glaubte wohl, dass nichts so heiß gegessen wird,

wie es gekocht wurde. Er schätzte die Lage düsterer ein, obwohl Hitler
bereits einen Teil seiner Vorstellungen für den Wiederaufstieg offenbart hatte. Schritt eins war demnach die Abschaffung der Demokratie
und die Unterdrückung abweichender Meinungen. Schritt zwei die
Erziehung der Jugend in nationalistisch-deutschem Geist. In Hitlers
Logik folgte dann als Schritt drei die Eroberung von Lebensraum im
Osten, was er am 5. Februar aber nur andeutete.

Die ersten Konzentrationslager

Wenige Tage nach dem denkwürdigen Abendessen brannte der Reichstag. Er sei von der SA angezündet worden, behaupteten die Hitlergeg-
ner, was sich bis heute nicht beweisen lässt. Das angebliche Geständ-
nis des Berliner SA-Führers Karl Ernst belastete Hermann Göring,
den Reichstagspräsidenten. Ernst fertigte es jedoch erst nach seinem
Zerwürfnis mit Hitler und Göring an.[18] Zumindest Hitler wusste von
nichts, wie seine Emotionen zeigen. Noch während der Löscharbei-
ten begaben sich Goebbels, Göring und Hitler am frühen Morgen des
28. Februar zum Ort des Geschehens. Von einem Balkon blickten sie
hinab in den Plenarsaal und ließen sich vom Chef der politischen preußischen Polizei berichten. Göring ergriff das Wort und meinte, das
sei das Signal für den kommunistischen Aufstand, jetzt dürfe keine
Minute versäumt werden. Dabei wurde er von Hitler unterbrochen, der
mit einem vor Erregung und Hitze flammend roten Gesicht anfing zu
brüllen: »Es gibt jetzt kein Erbarmen; wer sich uns in den Weg stellt,
wird niedergemacht.« Und weiter: »Jeder kommunistische Funktionär
wird erschossen, wo er angetroffen wird. Die kommunistischen Abge-
ordneten müssen noch in der Nacht aufgehängt werden.« Als ihn der
Chef der politischen Polizei unterbrach und sagte, dass es wohl ein
irrer Einzeltäter sei, den man gerade verhöre, reagierte Hitler ungehal-
ten. Das sei eine »ganz raffinierte, von langer Hand vorbereitete Sache«, und jetzt müsse gegen diese »Verbrecher« und »Untermenschen«
vorgegangen werden.[19] Tatsächlich wurden noch in der Nacht mehr

als 4000 Kommunisten verhaftet.[20] Die gesetzliche Grundlage für die Verhaftungen lieferte die Reichsregierung am Morgen nach dem Brand nach, wobei die Kabinettssitzung turbulent verlief. Hitler forderte wie Göring ein Verbot der KPD, die Konservativen zierten sich, eine Partei zu verbieten. Schließlich gossen die Juristen, also der Justiz- und der Innenminister, den Wunsch Hitlers dann in eine Notverordnung, die dem schrankenlosen Terror Tür und Tor öffnete. Der Text benannte keinen eindeutigen Gegner, sondern setzte stattdessen die Verfassung insgesamt außer Kraft. Ohne weitere Grundlage konnten demnach »Beschränkungen der persönlichen Freiheit, des Rechts der freien Meinungsäußerung, einschließlich der Pressefreiheit, des Vereins- und Versammlungsrechts« erlassen werden. Erlaubt waren auch Eingriffe in das Brief-, Post-, Telegraphen- und Fernsprechgeheimnis. Außerdem gestattete die Verordnung die freihändige »Anordnung von Haussuchungen und von Beschlagnahmen sowie Beschränkungen des Eigentums« auch »außerhalb« der bestehenden »gesetzlichen Grenzen«. Die Reichsregierung wurde ermächtigt, die Befugnisse der obersten Landesbehörden »vorübergehend wahrzunehmen«. Reichspräsident von Hindenburg unterzeichnete das Dokument noch am selben Tag.[21] In Bayern, wo es beinahe zu einem monarchistischen Staatsstreich gekommen wäre, ernannte Hitler den Chef des Freikorps, das 1919 die Räterepublik niedergeschlagen hatte, zum Reichskommissar. Der »vorübergehende« Zustand währte bis zur Aufhebung des Föderalismus durch das Gesetz zur Gleichschaltung der Länder mit dem Reich, durch das Franz Ritter von Epp zum Reichsstatthalter wurde und Bayern bis zum 28. April 1945 regierte. Eine der ersten Amtshandlungen von Epps bestand in der Ernennung des NSDAP-Gauleiters zum bayerischen Innenminister und des SS-Chefs Heinrich Himmler zum Münchner Polizeipräsidenten.

Die bayerische Polizei verhaftete nicht nur Kommunisten, wie von Hitler intendiert, sondern auch Monarchisten und katholische Journalisten. Da Himmler nicht allen Polizisten ein »rücksichtsloses« Durchgreifen zutraute, ernannte er zahllose SA-Männer zu »Hilfspolizisten«. Tatsächlich traten diese SA-Formationen wie Rollkommandos auf, die

Redaktionen und Vereinsbüros verwüsteten, wahllos auf die Überfallenen einprügelten und zielstrebig die profiliertesten Antinazis in das neu gegründete KZ Dachau verschleppten.[22] Die Beweise, die von den SA-Trupps und der Polizei gesammelt wurden, sollten eigentlich in Gerichtsprozesse und die Aburteilung der »Systemtäter« münden. Im Fall des Publizisten Paul Nikolaus Cossmann konstruierten Himmlers Handlanger das Bild von einer freimaurerischen Verschwörung, die katholisch getarnt worden war und die intensive Kontakte zur Reaktion, etwa dem DNVP-Führer Alfred Hugenberg, unterhielt. Der war jedoch zu diesem Zeitpunkt Mitglied in Hitlers Kabinett. Da die Beschuldigungen ohne auch nur ein einziges Beweisstück vorgebracht wurden, ließ der Reichsanwalt die Anklage fallen.[23]

Auch außerhalb Bayerns vollzog sich die Ausschaltung der Kommunisten und Nazigegner in der gleichen terroristischen Weise. Die Täter hatten dabei ein gutes Gewissen, wie zeitgenössische Berichte zeigen. Voller Stolz erzählten und schrieben sie darüber, wie sie »die rote Organisation« zerschlugen. In geradezu volkspädagogischer Weise ließen sie Berichte von Konzentrationslagern in den Lokalzeitungen abdrucken.[24] Die parteieigene Presse bauschte Prozesse gegen Kommunisten, Sozialdemokraten und katholische Priester manchmal sogar zur Sensation oder zur nun endlich erfolgten »Abrechnung« auf, sodass Propagandaminister Goebbels sie schließlich anwies, zurückhaltender vorzugehen und lokale Ereignisse auch als solche zu behandeln.[25]

Die ersten Konzentrationslager entstanden wie in Dachau eher zufällig. In Oranienburg zum Beispiel wussten die SA-Männer der Standarte 208 am 21. März 1933 nicht, wohin mit den 40 verhafteten »Marxisten«, also brachte man sie in eine stillgelegte Brauerei, die eigentlich dazu gedacht war, obdachlose SA-Männer aufzunehmen. Zu den 40 kamen sehr rasch andere und schließlich, so ein offizielles Erinnerungsbuch der SA, »sind sie alle da, die Verführten der Masse und die intellektuellen Drahtzieher, die fanatischen Anhänger des Kommunismus und die kleinen Spießer der SPD«.[26]

Wie die Reichswehr zu den Repressalien stand, zeigt der Umgang mit einer Beschwerde in Stettin. Die politischen Gefangenen würden in ein Druckereigebäude »verschleppt und dort in den Kellern auf das grausamste gefoltert, um Geständnisse zu erpressen«, schrieb ein Anwohner im Sommer 1933 an »Seine Exzellenz den Kriegsminister von Blomberg« und adressierte das Schreiben ausdrücklich als »persönlich«. Er habe die Vorgänge zwar nicht selbst gesehen, aber er »höre täglich« die Schreie der Gefolterten. Er glaube nicht, »dass Sie, Herr v. Blomberg, diese Gräueltaten mit Ihrem Namen decken«, schrieb der Mann und bat »Exzellenz, diesen Zuständen ein Ende zu machen«. Kriegsminister von Blomberg war jedoch offensichtlich einverstanden mit dem Vorgehen der SA, schließlich ging es konform mit dem, was Hitler beim Abendessen am 5. Februar angekündigt hatte. Das Schreiben wurde daher vom Kriegsministerium an den Polizeipräsidenten in Stettin übergeben. Der schrieb dann dem aufgebrachten Anlieger: »Ihr Schreiben an den Herrn Reichswehrminister vom 21. Juli ist mir zur weiteren Veranlassung übergeben worden. Ich nehme an, dass Sie Gründe zur Beschwerde jetzt nicht mehr haben.«[27]

Die Ruhigstellung der Monarchisten

So reibungslos, wie Hitlers Machtergreifung in der Rückschau erscheint, verlief sie allerdings nicht. Vor allem in Bayern lehnten die Monarchisten Diktatur und Zentralismus ab. Dort wurden sie von Enoch von und zu Guttenberg geführt, der während der Skagerrakschlacht Chef der Artilleriezentrale auf der SMS »Großer Kurfürst« gewesen war. Als er 1925 die Leitung des Bayerischen Königs- und Heimatbundes übernahm, durchschnitt er alle Verbindungen zu den sogenannten nationalen Kreisen und setzte ganz auf die Restaurierung der Monarchie. Ein Königreich Bayern und die Einsetzung des Kronprinzen Rupprecht zum König im Rahmen einer deutschen Republik sei zwar eine »Notbrücke«, aber »gangbar«, formulierte er 1932 in einem Brief an einen Unterstützer der monarchistischen Bewegung optimistisch.[28] Noch während die SA und Hunderttausende NSDAP-Anhänger in Berlin, München und anderswo die Ernennung ihres Idols zum Reichskanzler feierten, führte Guttenberg im Februar 1933 zahllose Gespräche im Hotel Vier Jahreszeiten. Dabei sprach er alle Details der Machtübernahme ab, vom Einsatz der Polizei über das neutrale Verhalten der Reichswehr bis hin zu den Plätzen, auf denen die bayerische Königshymne gesungen werden sollte. Auch dafür, dass in allen Kirchen Bayerns die Glocken läuten würden, war gesorgt.[29] Rupprecht hätte die Krone angenommen, weil er angesichts des SA-Terrors im ganzen Reich erkannte: »Gewalt tritt jetzt an die Stelle des Rechts, dieser Einsicht darf man sich nicht verschließen.«[30] Am 20. Februar stimmte auch der bayerische Ministerpräsident Heinrich Held zu, wurde jedoch von den Nationalsozialisten mit einer Massendemonstration unter Druck gesetzt. Hunderte von Nazis skandierten: »Enoch, Enoch, wir wollen deinen König nicht!« Als am nächsten Morgen die Krönung erfolgen sollte, fehlte Held, und die Machtübergabe an den Thronfolger fand nicht statt.[31] Keine 14 Tage später fegten ihn die Nazis aus dem Amt. Verhaftet wurde Held nicht, weil er Hitler 1925 die Neugründung der NSDAP ermöglicht hatte. Jetzt wurde seine kampflose Kapitulation mit einem komfortablen Ruhestand belohnt.[32] Hitler beauftragte Reinhard Heydrich, den Chef des Sicherheitsdienstes der SS, mit der Bekämpfung der monarchistischen Umtriebe. Die seien, so das Ergebnis von Heydrichs Nachforschungen, weiter fortgeschritten gewesen, als allgemein angenommen. Außerdem hätten die bayerischen »Königsmacher« die katholische Kirche hinter sich und die »mit Rom zur Zeit verbündeten Juden«. Sie wüssten auch, dass jetzt die letzte Gelegenheit zur »Zerschlagung Deutschlands« bestünde, denn nach der »Ausdehnung der polit. Macht unseres Führers auch auf Bayern« werde es damit vorbei sein. Danach wurde der Bericht konkret und benannte die führenden Personen der Unternehmung, so sei Polizeipräsident Hans von Seißer – er hatte Hitler schon 1923 die Gefolgschaft versagt – zweifelsfrei eingebunden. Auch zwei Kommandeure der Reichswehr unterstützten den Putsch. In Landau, Regensburg und anderen Orten seien Listen ausgelegt worden, in die sich Männer eintragen sollten, die eine »Notpolizei« bilden könnten. Einzige Bedingung sei die Nichtmitgliedschaft in der SA. Sie und die reguläre Polizei hätten die SA-Führer verhaften und die SA entwaffnen sollen. Dazu sei »eine größere Menge Karabiner, Pistolen 08 und Maschinenpistolen 18 an die oberbayerischen Polizeistationen gegeben« worden. Dem SD waren auch die Standorte der illegalen monarchistischen Waffenlager bekannt. Die Lage sei, so Heydrich, »sehr ernst zu nehmen«, zumal Landespolizei und Reichswehr bereits vereinbart hätten, »nicht aufeinander zu schießen«.[33] Hitler reagierte mit der Einsetzung des Reichskommissars Ritter von Epp am 9. März 1933, wodurch sich alle monarchistischen Illusionen verflüchtigten. Münchens neuer Polizeipräsident Heinrich Himmler ließ die Verschwörer verhaften und in das neu errichtete Konzentrationslager Dachau verbringen. Guttenberg schloss ein Stillhalteabkommen mit der NSDAP und löste den Königsbund auf.[34] Einige seiner Anhänger starben im Konzentrationslager, andere wurden ohne Prozess entlassen, waren aber wirtschaftlich ruiniert.[35] Kronprinz Rupprecht, im Ersten Weltkrieg als Feldmarschall und Anführer der nach ihm benannten Heeresgruppe einstiger Oberkommandierender des Gefreiten Hitler, ging 1939 ins Exil. Marineoffizier Guttenberg starb 1940 an den Folgen eines Bombenangriffs.

In Preußen lief es für die Monarchisten nicht besser. Hitler hatte ihr Prestige in den Wahlkämpfen ausgenutzt und Prinz August Wilhelm als SA-Führer akzeptiert, aber schon der sogenannte Tag von Potsdam war eine völlige Enttäuschung. Zwar zeigten sich die Hohenzollernprinzen bei dem Spektakel mit Hitler und bekräftigten so demonstrativ das Regierungsbündnis von Nationalsozialisten und Konservativen.[36] Einen realen Machtzuwachs konnten sie jedoch nicht verbuchen. Der Staatsakt am 21. März 1933 war von Goebbels als Veranstaltung inszeniert worden, die eine Brücke schlagen sollte vom Neuen, dem Nationalsozialismus, zum Alten, der preußischen Militärtradition. Stahlhelm, SA und Reichswehr marschierten gemeinsam, zur Ansprache Hitlers in der Garnisonkirche waren nicht nur Reichstagsabgeordnete geladen, sondern auch zahlreiche Exponenten des Kaiserreichs aus höherem und niederem Adel. In der Kirche war ein Stuhl frei geblieben, als Symbol für den abwesenden Kaiser. Hitler kündigte in seiner Rede die »Reorganisation« des Reiches an und versprach eine starke Regierung mit »unerschütterlicher Autorität«. Diese werde sich nicht »schwankend« in Tageskämpfen verschleißen, sondern »Not« bekämpfen. Er werde das Primat der Politik wiederherstellen und alle »zusammenfügen«, die guten Willens seien. Er wolle eine »andere Gemeinschaft« aus den Ständen und »bisherigen Klassen« formen, um so den »gerechten Ausgleich« der Lebensinteressen »des gesamten Volkes« zu erreichen. Historische Bezüge stellte Hitler nur wenige her, ungeachtet des historischen Orts und trotz seiner Vorliebe für geschichtliche Analogien. Den Kaiser erwähnte er nur einmal, als er betonte, dieser habe den Krieg sicher nicht gewollt. Stattdessen lobte er Bismarck überschwänglich, dessen Einigungswerk den langen Hader innerhalb der Nation beendet habe. Zum Schluss richtete er eine Ergebenheitsadresse an den Reichspräsidenten Paul von Hindenburg.[37] Das Wort »Monarchie« tauchte in seiner Ansprache am Tag von Potsdam nicht ein einziges Mal auf.

Zwei Tage später erteilte Hitler Restaurationsbemühungen sogar eine demonstrative Abfuhr. Es gebe in Deutschland noch immer Millionen Arbeiter, die von den »Ideen des Wahnsinns« befallen seien, er meinte damit die Ideen von sozialer Gleichheit und Demokratie. Zugleich müsse der Kommunismus ausgerottet werden. Es gelte, »die geistigen Führer zur Verantwortung zu ziehen, die verführten Opfer aber zu retten«. Die Regierung sehe daher die Frage einer »monarchistischen Restauration schon aus dem Grunde des Vorhandenseins dieser Zustände zurzeit als indiskutabel an«.[38]

Das Verhältnis zu den Preußenprinzen kühlte sich in der Folge spürbar ab. Sie wurden nicht mehr bei Hitler vorgelassen, 1933/34 ließ er mehrere indirekt vorgebrachte Anfragen abblitzen, wie denn eine Restauration gestaltet werden könnte. Den kaiserlichen Emissären teilte er barsch mit, dass eine Monarchie für die anstehenden Maßnahmen nicht »hart genug« wäre. Die Fürsten hätten versagt, und daher werde er die Aufgabe angehen: Niederwerfung von Kommunismus und Judentum.[39] Dazu benötige er zunächst 15 Jahre Zeit und dabei freie Hand. Am 27. Januar 1934 sprengten marodierende SA-Schlägertrupps sogar monarchistische Feierlichkeiten zum 75. Kaisergeburtstag.[40] Drei Tage später düpierte Hitler die Monarchisten ein weiteres Mal. Im Reichstag protestierte er gegen »die jüngst erneut vertretene These«, dass Deutschland »nur wieder glücklich sein könnte unter seinen angestammten Bundesfürsten«. Bei aller Würdigung der Werte der Monarchie, bei aller Ehrerbietung gegenüber den wirklich großen Kaisern und Königen der deutschen Geschichte stehe die »endgültige Gestaltung der Staatsform des Deutschen Reiches heute außer jeder Diskussion«. Wer Deutschlands Spitze verkörpere, erhalte seine Berufung durch das deutsche Volk.[41] Im Februar 1934 ließ Hitler alle monarchistischen Verbände auflösen und verbieten. Später wurden Mitglieder monarchistischer Gruppierungen rücksichtslos verfolgt und zu teilweise hohen Haftstrafen verurteilt.[42] Die Enkel Kaiser Wilhelms dienten in der Wehrmacht und starben, wie zahllose andere Adelige. Prinz Wilhelm, der älteste Sohn des Kronprinzen und damit in der Thronfolge Nummer drei, fiel im Mai 1940 im Frankreichfeldzug. Bei seiner Beerdigung versammelten sich spontan etwa 50 000 Menschen, was dafür spricht, dass Hitler den monarchistischen Gedanken nicht auslöschen konnte. Damit sich derartige Szenen nicht zu oft wiederholten, wurden die Angehörigen der Fürstenhäuser 1943 aus der Wehrmacht entlassen.[43]

Der Röhmputsch, ein Reichswehrauftrag?

Die SA war ein Schlüsselfaktor zum Aufstieg Hitlers, zugleich aber ein Ärgernis. Ihre Mitglieder waren undiszipliniert, boten Anlass für immer neue Verbotsverfahren, und ihr Stabschef Röhm kostete Hitler möglicherweise den Wahlsieg im November 1932. Martin Bormann benannte die Ablehnung der Homosexualität Röhms in seiner Wahlanalyse als eine Ursache der Niederlage.[44] Um den – berechtigten – Vorwürfen strafbarer homosexueller Handlungen den Boden zu entziehen, zeigte sich Röhm selbst an und erreichte immerhin einen Teilerfolg, weil die Staatsanwaltschaft keine konkreten strafbaren Handlungen nach Paragraph 175 ermittelte. Rechtsanwalt Luetgebrune leitete daraufhin

Verfahren gegen jene Presseorgane ein, die schwüle Briefe von Röhms Kölner Saunabekanntschaften nachdruckten. Für jedes Zitat aus den Schreiben würde eine Geldstrafe in »unbeschränkter Höhe« fällig.[45] Beflügelt durch dieses Gerichtsurteil, erklärte Hitler am 6. April 1932 ausdrücklich, dass Röhm sein Stabschef bleibe: »An dieser Tatsache wird auch die schmutzige und widerlichste Hetze, die vor Verfälschungen, Gesetzesverletzungen und Amtsmissbrauch nicht zurückschreckt und ihre gesetzmäßige Sühne finden wird, nichts ändern.«[46]

Die Presse zitierte fortan indirekt, was Röhms Prestige bei den bürgerlichen Wählern weiter herabsetzte, wie ein Brief eines pensionierten Richters zeigt. Er beschwor den »sehr verehrten Herrn Hitler« am 5. Januar 1933 gemeinsam »mit vielen anderen Anhängern unserer Partei, Herrn Röhm unter allen Umständen zu entfernen«. Als Jurist habe er sich oft mit dieser »traurigen Veranlagung« beschäftigen müssen und sei zu der Überzeugung gekommen, dass solche Fälle zwingend zu verurteilen seien. Röhms Verbleiben in der Partei füge dieser »unsagbaren Schaden« zu. Der »heiligen Sache wegen« müsse dieser Mann geopfert werden, selbst wenn er unschuldig wäre.[47]

Hitlers Sekretär Rudolf Heß antwortete eine Woche später, Hitler halte ebendeshalb an Röhm fest, weil gegen diesen von den Marxisten »ein wahres Trommelfeuer eröffnet« worden sei, wobei sie auf einen Paragraphen verwiesen, für dessen Abschaffung gerade sie sich immer eingesetzt hätten. Das sei der Beweis dafür, dass es sich bei der »Hetze« lediglich darum handle, »einen Mann zu entfernen, der über Fähigkeiten verfügt, die weit über dem Durchschnitt stehen und demgemäß nicht so leicht ersetzt werden können«.[48]

Mit der Machtübernahme der NSDAP erlebte auch die SA einen ungeheuren Mitgliederzuwachs, zumal sie den mitgliederstärkeren Stahlhelm übernahm, den Bund der Frontsoldaten, die nicht linken Parteien angehörten.[49] Im Oktober 1933 zählte die SA vier Millionen Mitglieder, von denen Zehntausende als Hilfspolizisten eingesetzt waren oder als »SA-Beauftragte« in die Verwaltungen integriert wurden. Den Landesregierungen und den Regierungspräsidenten Preußens wurden ab Oktober 1933 »Sonderbevollmächtigte« zugeordnet, die »beratend« und »anregend« tätig werden sollten.[50] Im Auftrag der Reichswehr organisierte die SA die paramilitärische Ausbildung von 250 000 Männern, mehr als 500 000 Mann dienten in SA-Uniform als Freiwillige beim Grenzschutz Ost. Auf diese Weise gewann Röhm erheblich an politischem Gewicht, was sich auch darin niederschlug, dass er zum Reichsminister ohne Geschäftsbereich ernannt wurde. Er selbst kommentierte die Ernennung außerordentlich anmaßend und zugleich entlarvend: Auf diese Weise zeige sich die Integration der SA in den Staat, was den »Totalitätsanspruch des nationalsozialistischen Staates« bekräftige. Die SA könne schon deshalb nicht außen stehen, weil sie »ideenmäßig, organisatorisch und kämpferisch der stärkste Kraftausdruck des Nationalsozialismus überhaupt« sei.[51]

Trotz dieser Aufwertung ebbten die Disziplinlosigkeiten und Skandale in der SA nicht ab. Hitler erfuhr von ihnen durch anonyme Briefe. Ein SA-Mann in Berlin verging sich an minderjährigen Mädchen, Gruppenführer Karl Ernst versetzte ihn lediglich in einen anderen Sturm. Ein anderer tat dasselbe, veruntreute außerdem mehrere Tausend Mark und wurde von Ernst trotzdem zum Standartenführer befördert. Als auf dem Truppenübungsplatz Döberitz eine Vereidigung anstand, erschien Ernst »besoffen wie ein Schwein«, bei einem Appell auf dem Tempelhofer Feld fiel er einige Male betrunken vom Pferd. Mehrere Autounfälle waren auf Trunkenheit zurückzuführen, außerdem sorgten Vorfälle homosexuellen Verkehrs in der SA-Gruppe Brandenburg für Aufsehen.[52]

Unter dem Schlagwort der »Zweiten Revolution« setzten die SA-Hilfspolizisten ihren Terror gegen ehemalige Sozialdemokraten fort und dehnten ihn auf alle aus, die sich Forderungen der SA widersetzten. Der Reichsinnenminister konstatierte am 6. Oktober 1933, dass »trotz der wiederholten Kundgebungen des Herrn Reichskanzlers und trotz meiner zahlreichen Rundschreiben« in den letzten Wochen »immer wieder neue Übergriffe unterer Führer und Mitglieder der SA gemeldet worden« seien. Insbesondere hätten SA-Führer und SA-Männer »selbständig polizeiliche Handlungen vorgenommen, zu denen ihnen überhaupt die Befugnisse fehlten«. Der »Dienst der nationalsozialistischen Staatsverwaltung und der polizeilichen Exekutive« dürfe künftig nicht mehr durch solches Fehlverhalten der SA gestört werden. Beamte, die dieser Weisung nicht voll gerecht würden, werde er als Dienstvorgesetzter »rücksichtslos zur Verantwortung« ziehen.[53] Die Vorwürfe beantwortete Röhm mit einer Kritik am um sich greifenden »Gestapoterror«. Damit machte er sich den obersten Dienstherrn der Staatspolizei, Hermann Göring, zum Feind und verärgerte die SS, insbesondere Heinrich Himmler, der Röhm früher sehr nahegestanden hatte.[54] Zu guter Letzt vergrätzte Röhm die Parteiorganisation, weil er anlässlich eines Aufmarsches in Berlin forderte, dass »alle Reichsleiter sowie sämtliche Gauleiter« an ihm und Hitler vorbeimarschieren sollten, wobei es sein Wohlgefallen fände, »wenn sich die Gauleiter bei den für sie in Frage kommenden SA-Gruppen einreihen würden«.[55] Der Aufmarsch wurde auf Anweisung Hitlers abgesagt.

Röhms Auffassungen über die Aufrüstung der Reichswehr machten ihn auch dort unbeliebt. Sie sei ein »Ding der Unmöglichkeit«, verkündete er im Dezember 1933 vor den Pressevertretern des Auslands. Deutschland sei »sich der Ungunst seiner militärgeographischen Lage bewusst« und habe »deshalb das größte Interesse an der Aufrechterhaltung eines ehrlichen Friedens«.[56] Nach seiner Ermordung wurde behauptet, Röhm habe sich mit Vorschlägen zur Zusammenarbeit an den französischen Botschafter gewandt, was jedoch nicht erwiesen ist. Auch der genaue Inhalt seiner Denkschrift vom Januar 1934 über das Verhältnis von Reichswehr und SA ist nicht bekannt. Reichswehrminister Werner von Blomberg interpretierte sie so, dass die Landesverteidigung künftig von der SA übernommen werden und die Reichswehr nur noch die Ausbildung dieses Milizheeres wahrnehmen sollte. Ganz gleich ob die Vorschläge so radikal waren oder nicht, Röhm ging es um die Verschmelzung von Reichswehr und SA zu einem Volksheer. Als sich Hitler wenige Tage später mit dem Chef des Ministeramts Walter von Reichenau traf, ließ ihn dieser wissen, dass »jeder Zugriff der revolutionären SA auf die Truppe« auf eine »geschlossene Abwehr mit den Waffen stoßen« würde. Die Reichswehr rechnete seitdem mit einem Aufstand gegen sie, der vermutlich auch Hitler wegfegen

sollte.[57] Diesem wurden von verschiedenen Denunzianten abfällige
Äußerungen Röhms hinterbracht. Auch das blutrünstige Herumreden
über die Zweite Revolution verschwand nicht.[58] So dichtete ein SA-
Mann der Thüringer Standarte ein Lied, das an Deutlichkeit nichts zu
wünschen ließ:

> Achtung SA! Die Roten sind bezwungen,
> am Boden liegt das ganze Bonzenpack,
> und schon erhebt sich frech der fette Spießer,
> der nie gekämpft und nie geblutet hat.

> ‖: Ihr Spießer und Bonzen, wir sind auf der Wacht,
> wir sind die Alten noch heut,
> wir haben geblutet, gekämpft und geschafft
> für Deutschland, doch niemals für euch.
> Drum vorwärts, drum vorwärts, die Straße frei,
> ihr Spießer, schert euch nach Haus.
> Wir schlagen euch sämtliche Knochen entzwei
> und räuchern den Tempel euch aus:‖

Der Gruppenführer, der den Abdruck des Liedes in einem SA-Blatt
genehmigte, forderte im Mai 1934 dazu auf, Namenslisten von »ehemaligen roten Bonzen oder verbissenen Reaktionären« in gut bezahlten Stellungen anzufertigen und zu begründen, »weshalb der Mann aus
der Stellung verschwinden muss«.[59]

Die Säuberungsaktion sollte nicht nur auf lokaler Ebene stattfinden, wie ein Brief zeigt, den Gruppenführer Ernst am 5. Juni 1934 an
Edmund Heines schrieb. Ernst berichtete seinem Freund, der inzwischen zum SA-Obergruppenführer und Polizeipräsident in Schlesien
aufgestiegen war, von einer Aussprache, die Röhm mit Hitler geführt
hatte. »Der Chef erzählte mir, es ging bis in die Morgenstunde. Er hat
wie oft bei solchen Gelegenheiten geheult und den Chef beschworen,
ihm doch zu glauben, dass *er* hundertmal lieber ihn an der Spitze einer
vereinten Armee sehen würde als einen alten Knacker aus dem Neu-

decker Altersverein«, womit die Hindenburg nahestehende Reichswehrführung gemeint war. »Aber es ginge nicht.« Es gebe »allgemeine Schwierigkeiten«, es müsse »Rücksicht auf das Ausland« genommen werden »und ähnlicher Quatsch«. Daher sei es an der Zeit loszuarbeiten, bevor in der Partei weiter Stimmung gegen die SA-Führung gemacht werde. Der »hinterhältige Ägypter« (Heß) versuche ja schon, den »Lahmen« (Goebbels) mit dem »Kleiderständer« (Göring) zusammenzubringen. Es gelte also jetzt zu handeln, man müsse »ihnen ein Feuerchen anzünden, dass sie mit dem Arsch hochgehen«. Ernst brachte in dem Brief seine Vorfreude über bestimmte Personalveränderungen zum Ausdruck. So habe Röhm geschworen, »dem Hermann mit der Uniform« persönlich die Haut abzuziehen. Er selbst werde den »Lahmen« »schmoren«, aber erst, nachdem er seine Prügel bekommen habe. Vor dem Parteitag im September würden sie allerdings nichts unternehmen.[60] Bevor Heines und Ernst Gelegenheit erhielten, irgendeinen NSDAP-Reichsleiter zu »schmoren«, schlug die SS zu, unterstützt vom »Neudecker Altersverein«.

Wer genau die Proskriptionslisten erarbeitet hatte, ist unklar, auch deshalb, weil die Morde in den fünfziger Jahren vor Gericht verhandelt wurden und sich die Urheber nicht bekennen wollten. Es ist auch nicht nachgewiesen, dass Hitler an ihnen mitarbeitete, obwohl einige seiner persönlichen Gegner ermordet wurden, etwa Gustav von Kahr, der ihn beim Putsch im November 1923 im Stich gelassen hatte. Es ist auch nicht nachgewiesen, dass die Reichswehrführung Namen auf die Listen setzen ließ, die beim Gestapachef Reinhard Heydrich hinterlegt wurden. Aber Heydrich konferierte im Juni 1934 mehrfach mit Reichenau, wobei sie den Zeitplan und die logistische Durchführung der Mordaktion abstimmten. Wenn es bei Hitler noch Zweifel gegeben haben sollte, wurden sie von Reichswehrminister Blomberg beseitigt. Hindenburg hatte die beiden in sein Gut Neudeck in Pommern gerufen, um Informationen aus erster Hand über die allgegenwärtigen Putschgerüchte zu erhalten. Blomberg formulierte ausdrücklich: Es sei dringend notwendig, den inneren Frieden des Reichs wiederherzustellen, für »Radikalinskis« sei im neuen Deutschland kein Platz mehr.[61]

Die Ermordung Röhms und anderer SA-Führer ist häufig in allen Details beschrieben worden, die Zahl der Toten lag bei etwa 200.[62] Hitler ordnete umgehend ein komplettes Waffenverbot für die SA an. Dies betraf leichte und schwere Maschinengewehre, Karabiner, Maschinenpistolen und sogar die Dienstpistolen. Ausgenommen waren davon Kleinkalibergewehre und persönliche Waffen, deren Besitzer über einen Waffenschein verfügten.[63] Jetzt sei eine klare Linie geschaffen, teilte er den Kommandeuren des Wehrkreises VII noch am 30. Juni mit. Jeder Mann, »SA oder sonst wer«, stehe jetzt dem Heer zur Verfügung, das »alleiniger Waffenträger« der Nation sei. Acht Tage nach den Morden gab Hitler in der Reichskanzlei ein Essen für die SS-Führer, die bei der Mordaktion eine maßgebliche Rolle gespielt hatten. Dabei benannte er als entscheidenden Grund den Umstand, dass Röhm sich den »Kriegsvorbereitungen« entgegengestellt habe.[64]

Führer und Reichskanzler: Hitlers Status nach Hindenburgs Tod

Wenige Wochen nach dem Putsch, der keiner war, starb Reichspräsident Paul von Hindenburg. Damit trat auch das Gesetz zur Vereinigung der Ämter von Staatsoberhaupt und Reichskanzler in Kraft, das Hitler mit einer Volksabstimmung am 19. August 1934 plebiszitär bestätigen ließ.[65] In den Tagen nach der Ermordung der SA-Führung bereiteten Hitler und Reichswehrminister Werner von Blomberg eine neue Eidesformel für die Reichswehr vor, die unmittelbar nach dem Tod Hindenburgs in Kraft treten sollte. Die neue Eidesformel lautete: »Ich schwöre bei Gott diesen heiligen Eid, dass ich dem Führer des Deutschen Reiches und Volkes Adolf Hitler, dem Oberbefehlshaber der Wehrmacht, unbedingten Gehorsam leisten und als tapferer Soldat bereit sein will, jederzeit für diesen Eid mein Leben einzusetzen.«[66] Mit der Neuvereidigung nach Hindenburgs Tod schworen die Soldaten den Eid nicht mehr auf die Verfassung, sondern auf Hitler persönlich. Dabei knüpften Hitler und Blomberg ausdrücklich an die vor 1918 gebräuchlichen Eidesformeln an, die den Soldaten auf den jeweiligen Monarchen verpflichteten. Die Bedeutung, die einzelne Individuen dem Ablegen eines Eides zumessen, war und ist verschieden. Die moralische Hürde, sich einer Verschwörung gegen Hitler anzuschließen, war damit jedoch hoch gelegt.[67] Nach den Vereidigungen, die als rituelle Feier inszeniert wurden, bedankte sich Hitler bei der Reichswehr. Dabei bekräftigte er noch einmal ihren Status. So wie die Offiziere und Soldaten sich »dem neuen Staat« in seiner Person verpflichteten, werde er es als seine höchste Pflicht ansehen, »für den Bestand und die Unantastbarkeit der Wehrmacht einzutreten«. Getreu dem letzten Willen des »verewigten Generalfeldmarschalls und getreu meinem eigenen Willen« werde er »die Wehrmacht als einzigen Waffenträger der Nation« verankern.[68]

Polizei, Konzentrationslagersystem und Judenpolitik

Bereits vor der Mordaktion an der SA-Führung hatte Hitler dem Umbau der Polizeistruktur im Deutschen Reich zugestimmt. Heinrich Himmler wurde zum Inspekteur der Geheimen Staatspolizei ernannt, wodurch ihm nun die politische Polizei in allen deutschen Ländern unterstand. Der Leiter des Sicherheitsdienstes der SS Reinhard Heydrich war ihm als Stellvertreter beigeordnet, zugleich leitete er das Gestapa, das Geheime Staatspolizeiamt, das in seiner Zentralkartei politische Gegner und Kriminelle aller Art registrierte. Diese Art der Erfassung war neu und effektiv, sodass sich Mitarbeiter der Sicherheitsdienste anderer Länder persönlich informierten, etwa Mitarbeiter des britischen MI5.[69] Die Aufsicht über die Gestapo lag beim Reichsinnenministerium, die Leitung der Polizeiabteilung übernahm SS-Gruppenführer Kurt Daluege, einer der ältesten Getreuen Hitlers in Berlin.[70] In den folgenden Jahren wurde die Gestapo personell ausgebaut, 1934 hatte sie etwa 2000 Mitarbeiter, drei Jahre später waren es bereits über 7000, die meisten davon in den Außenstellen. Bald überzog ein dichtes Netz von Gestapodienststellen das Reich. Sie verfügten über zahllose »Vertrauensleute«, die offen oder verdeckt mit der Geheimpolizei zusammenarbeiteten. Zur totalen Überwachung trugen auch die rund 200 000 »Blockwarte« bei, meist alte Parteigenossen, die im Auftrag der Partei jeweils 40 bis 60 Haushalte überwachten.[71] Die Parteistellen arbeiteten automatisch mit der Gestapo bzw. dem parteiinternen Sicherheitsdienst SD zusammen. Dabei hatte die Partei nicht das Recht, Menschen in Haft nehmen zu lassen, sondern musste dazu die Gestapo heranziehen, was aus Sicht der Betroffenen allerdings keinen Unterschied machte, konnten Parteifunktionäre doch entsprechende Repressalien »anregen«. Die Verschmelzung der Gestapo mit dem SD und die Gesamtleitung aller Polizeiformationen durch Heinrich Himmler regelte Hitler per Erlass am 17. Juni 1936. Mit welchen Vollmachten die für »staatsfeindliche Bestrebungen« automatisch zuständige Gestapo ausgestattet war, zeigt Paragraph 7 des Gestapo-Gesetzes: »Verfügungen und Angelegenheiten der Geheimen Staatspolizei unterliegen nicht der Nachprüfung durch die Verwaltungsgerichte.«[72] Der Gestapo blieb es damit überlassen, wer per Verfügung in ein Konzentrationslager verbracht oder ob ein förmliches Gerichtsverfahren angeordnet wurde.

Mit der Entmachtung der SA im Sommer 1934 übernahm die SS auch die preußischen Konzentrationslager. Schrittweise löste das Innenministerium die dezentralen Folterstätten auf und entließ einen Teil der Häftlinge. Im Sommer 1935 lag die Zahl der Gefangenen in allen Lagern des Deutschen Reiches bei etwa 4000, dem niedrigsten Stand in der Zeit des Nationalsozialismus.[73] Die wirklichen politischen Gegner überführte man nach Dachau, wo die SS ein »Musterlager« mit angeschlossenen Betriebsstätten geschaffen hatte. Ab 1936 entstand das KZ Sachsenhausen, dem ein Ziegelwerk angeschlossen war. Steinbrüche gab es bei den Konzentrationslagern Buchenwald (ab 1937) und Flossenbürg (ab 1938). Diese Konzentrationslager neuen Typs waren nicht nur als Produktionsbetriebe geplant, sondern wurden bereits für mehrere Zehntausend Häftlinge ausgelegt. Jetzt änderte sich auch die Häftlingsstruktur. In Buchenwald waren zum Stichtag 1. Juli 1938 7723 Häftlinge registriert. Davon gehörten 59,3 Prozent zur Gruppe »Arbeitsscheu Reich«, 13,8 Prozent waren als Berufsverbrecher klassifiziert. Die »Politischen« waren mit 21 Prozent inzwischen in der Minderheit. Auch in Sachsenhausen stellten fast 5000 sogenannte Asoziale die Mehrheit, in Dachau waren Ende 1938 allerdings die meisten aus politischen Gründen inhaftiert. Hierher hatte man die Sozialdemokraten und Kommunisten Österreichs verschleppt, denen die Emigration nicht geglückt war.[74] Die unerträglichen Lebensbedingungen und die grausame Behandlung der Insassen zeigen, dass das Ziel die Vernichtung durch Arbeit war, zumal kaum noch Entlassungen solcher Häftlinge erfolgten.[75] Obwohl Himmler, Heydrich und ihre Schergen freie Hand bei der Terrorisierung und Disziplinierung der Bevölkerung hatten, gingen bestimmte Verhaftungswellen auch auf Hitler selbst zurück, weil er den Eindruck hatte, es werde nicht hart genug durchgegriffen. So brüstete er sich damit, dass er persönlich 15 000 »gewerbsmäßige Arbeitslose« verhaften ließ, da sie auch nach der Wiederbelebung der Wirtschaft keinerlei Neigung gezeigt hätten, einer geregelten Arbeit nachzugehen. Er habe sie in Konzentrationslager überstellen lassen, weil man »mit solchem Geschmeiß« nicht anders fertig werden könne. Das habe »weithin abschreckend gewirkt« und damit auch die »Ankurbelung des riesigen Arbeitsprozesses erleichtert, der aus Aufrüstungsgründen nötig gewesen« sei.[76]

Im Juni 1938 kam es zu einer internen Debatte, weil nicht klar war, wie Hitlers Wünsche ausgelegt werden sollten. Der hatte bei einem Gespräch mit Heydrich am 1. Juni gefordert, dass endlich die »asozialen und kriminellen Juden« zu Erdarbeiten herangezogen würden. Heydrich reichte das an einen Sachbearbeiter weiter, der per Aktenvermerk bemängelte, dass die Kriterien »nicht eindeutig« seien. Heydrichs Stellvertreter Franz Alfred Six legte dann fest, dass man Juden mit einer Vorstrafe von einem Monat Gefängnis oder mehr als »kriminell« einzustufen und in Konzentrationslager zu verbringen habe.[77] Eine weitere Verhaftungswelle gegen die Juden folgte unmittelbar nach der sogenannten Reichskristallnacht. Mehr als 1000 wurden bei den Pogromen getötet und 30 000 in Konzentrationslager verschleppt. Das war nicht im Sinne Hitlers, der Störungen seiner Außenpolitik nicht brauchen konnte. Er wies daher an, die meisten Häftlinge zu entlassen.

Göring und Heydrich forcierten daraufhin die Vertreibung der Juden aus Deutschland, womit die Diskriminierungspolitik ihren vorläufigen Höhepunkt fand.[78]

Hitlers Ziel war zu dieser Zeit die Vertreibung der Juden, deren Vernichtung er nur deshalb noch nicht anordnete, weil die Mehrheit der Deutschen offene Gewalt immer noch missbilligte. Indoktriniert durch unzählige antisemitische Reden Hitlers und die permanente Schulung durch die Partei, waren sie bereit, den Ausschluss der Juden aus dem Wirtschaftsleben zu akzeptieren. Die Volksmeinung zu den öffentlich sichtbaren Repressalien war allerdings »geteilt«. Vor allem die katholisch gebundene Bevölkerung lehnte die lokalen Ausschreitungen ab, ja man glaubte sogar, dass die Katholiken die nächste Opfergruppe nach den Juden stellen würden.[79]

Aus dem Staatsapparat waren die Juden bereits 1933 entfernt worden. Nach der Verabschiedung des Gesetzes zur Wiederherstellung des Berufsbeamtentums am 7. April 1933 mussten alle Beamten »nicht arischer«, also jüdischer Abstammung entlassen werden. Ebenso alle, die »nach ihrer bisherigen politischen Betätigung« nicht die Gewähr dafür böten, sich »rückhaltlos« (!) für den nationalsozialistischen Staat einzusetzen.[80] Reichswehrminister Walter von Blomberg übertrug das Gesetz nur einen Monat später auf die Wehrmacht. Ab Mai 1933 durften demnach keine Soldaten mit jüdischen Vorfahren mehr eingestellt werden, ab Februar 1934 mussten Offiziere und Beamte der Wehrmacht mit jüdischen Vorfahren aus dem Dienst ausscheiden.[81] Auch die Heiratsordnung der Wehrmacht wurde von Blomberg den politischen Vorgaben angepasst. »Die Braut muss arischer Abstammung und nicht staatsfeindlich gesinnt sein«, hieß es dort, außerdem musste sie »einer achtbaren und nicht staatsfeindlich gesinnten Familie angehören«.[82]

»Sozialismus wie ihn der Führer sieht«

Die Deutschen lebten spätestens ab 1936 in einer Gesellschaft, die sich als Polizeidiktatur, Militärdiktatur oder persönliche Diktatur Hitlers beschreiben lässt. Die Frage, ob Hitler innerhalb dieser Gesellschaftsordnung ein »starker oder schwacher« Dikator war, hat Historiker mehrfach beschäftigt. Zum gängigen Erklärungsmuster für die nationalsozialistische Gesellschaft entwickelte sich das Schlagwort von der »Polykratie«. Demnach gab es mehrere Machtzentren, die miteinander konkurrierten und sich ihre autonomen Bereiche schufen, in denen sie allein herrschten. Sie alle waren jedoch beschränkt, sodass Hitler durch das Austarieren der einzelnen Blöcke tatsächlich ein persönliches Regiment errichten konnte. Jedes dieser Machtzentren – Wehrmacht, SS, staatliche Institutionen – konkurrierte dabei aber nicht nur mit den anderen um Einfluss in der Gesellschaft, sondern auch um die Gunst des Diktators. Dessen Wohlwollen war nötig, um Erfolge zu erzielen, wer sich auf einen Führerbefehl berufen konnte, erhielt meist die nötigen Mittel zur Erfüllung der Aufgabe. Institutionen, die ihre Aufgaben nicht wie gewünscht bewältigten, wurden aufgelöst oder umgebaut und dabei oft den »stärkeren« Behörden zugeschlagen.[83] Diese Form von sozialem »Survival of the fittest« hatte Hitler bewusst geschaffen, weil sie seinem bereits in *Mein Kampf* artikulierten Weltbild entsprach. Er war davon überzeugt, dass jede Form von Fortschritt nur durch gnadenlosen Wettbewerb ermöglicht werde, Anstrengung und Auslese waren für ihn wesentliche Antriebskräfte der Entwicklung.[84]

Denjenigen, die *Mein Kampf* gelesen hatten, war das bewusst, aber auch die zeitgenössischen Propagandabroschüren vermittelten kein anderes Bild. Das Heftchen »Sozialismus wie ihn der Führer sieht« verbreitete 1935 »Worte des Führers zu sozialen Fragen«. In dem Zitatensteinbruch war zum Beispiel ein Satz aus Hitlers Rede im Berliner Sportpalast vom 10. Februar 1933 abgedruckt. Dort hatte er betont, dass er »die schöpferische Kraft des Einzelnen« wieder in ihre einstigen Rechte einsetzen werde. Alles, was erreicht werden könne, gelinge nur durch das Vertrauen in den »Wert der Persönlichkeit« und gegen die »Erscheinungen einer verfaulten Demokratie«. Die marxistische Lehre von der Gleichheit der Menschen sei wissenschaftlich längst widerlegt, sagte er an gleicher Stelle einen Monat später, und führe »zwangsläufig« zur »Entwertung des hochbefähigten Menschentums«. Zugleich aber sei das »Brachliegenlassen« von Arbeitskraft »ein Wahnsinn und ein Verbrechen«, das zur Verarmung aller führen müsse.[85] Welche Wirkung solche Hitlerreden hatten, ist unklar.[86] Alle wurden im Rundfunk übertragen und erreichten einen großen Hörerkreis, auch in der ehemals sozialdemokratisch geprägten Arbeiterschaft. Aber erst der einsetzende wirtschaftliche Aufschwung verhalf dieser Wettbewerbsideologie zum Durchbruch. Das Regime baute die Arbeitslosigkeit mit atemberaubender Geschwindigkeit ab, aber mit dem nationalsozialistischen »Wirtschaftswunder« der Vollbeschäftigung ging nur eine langsame Angleichung an den Lebensstandard vor der großen Depression einher.[87] Der Hunger hörte jedoch auf, und damals betrachteten die Deutschen Arbeit als Wert an sich. Außerdem gab es jetzt verschiedene Institutionen, die sich aufmerksam um jede einzelne Familie bemühten. Die Nationalsozialistische Volkswohlfahrt nahm sich der sozial schwachen »arischen« Familien an und versuchte, ihre Integration in den Staat oder die Wirtschaft zu erreichen.

In den Fabriken erschienen die Abwesenheit von freien Gewerkschaften und das Ende der Tarifautonomie häufig als Erlösung von andauerndem Gezänk. Die Löhne wurden durch die sogenannten Treuhänder der Arbeit festgeschrieben, was für bestimmte Lohngruppen wirkliche Verbesserungen bedeutete. Die Partei garantierte den »arischen Volksgenossen« auskömmliche Mindestlöhne, die Unternehmer näherten sich einem gesellschaftlichen Konsens an, der besagte, dass ein Arbeiter mit seinem Lohn eine Familie ernähren können müsse.

Für die Wirtschaft selbst war die Festlegung solcher Niedriglöhne nicht unbedingt von Vorteil, weil die Wanderungsneigung der Beschäftigten abnahm, wodurch es regional zu Arbeitskräftemangel kam. Folgerichtig griff das Regime zu Zwangsmaßnahmen. In Mitteldeutschland sprachen Arbeitsämter zum Beispiel Arbeitsplatzbindungen aus, zu den ostpreußischen Gütern wurden Arbeitslose dienstverpflichtet. Das Murren über solche Maßnahmen verstummte, nachdem Unwillige in Konzentrationslager eingeliefert wurden.

Zugleich erhielten die Unternehmer Freiräume, den Lohn durch Leistungszulagen zu erhöhen. Rüstungsarbeiter erhielten mehr Lohn, genauso die Bergarbeiter des Ruhrgebiets und in Oberschlesien. Überstunden wurden gesetzlich mit einem Zuschlag von 25 Prozent vergütet, ein Angebot, das besonders im Maschinenbau gern angenommen wurde. Die durchschnittliche Arbeitszeit stieg auf über 50 Stunden pro Woche, während des Kriegs legte eine Verordnung sie auf 60 Stunden fest.[88] Die Tatsache, dass an der Sozialfront insgesamt Ruhe herrschte, verdankte das Regime also nicht nur der permanenten Drohung in Gestalt der Geheimen Staatspolizei. Es offerierte auf diese Weise auch Aufstiegschancen. Mit den Zuschlägen für Mehrarbeit und Vorarbeiterdienste gelang es, die schon längst obsolet gewordene marxistische Gleichheitsideologie aufzubrechen. Der angeblich doppelt freie Lohnarbeiter[89] akzeptierte die neue Rolle als Leistungsträger für das Regime, die ihm Hitler zugedacht hatte.

Außerdem gab es zusätzliche Anreize, etwa subventionierte Urlaubsreisen, die das parteieigene Amt »Kraft durch Freude« organisierte, Verbesserungen am Arbeitsplatz durch das Programm »Schönheit der Arbeit« und Auszeichnungen für Bestarbeiter. Das Regime stärkte dabei bewusst patriarchalische Bindungen an vermeintlich geniale Betriebsführer wie den Flugzeugkonstrukteur Willy Messerschmitt. In anderen Unternehmen gab es eine weltweit einzigartige Sozialpolitik, die medizinische Betreuung ebenso umfasste wie günstige Wohnungsangebote in sogenannten Werkssiedlungen. Bei der I. G. Farben zum Beispiel war sie so erfolgreich, dass die Belegschaften geschlossen hinter der Betriebsführung standen.[90]

Innerhalb weniger Jahre war die deutsche Gesellschaft zu einer leistungsfähigen Diktatur umgebaut worden, in der es keine Gegner mehr gab und sich die übriggebliebene Mehrheit in eine effiziente Rüstungsmaschine verwandelt sah. Die Führung der Reichswehr akzeptierte diesen Strukturwandel, weil sie sich an ein Diktum des preußischen Militärtheoretikers Clausewitz erinnerte, der einst geschrieben hatte: »Ohne gebieterischen, herrischen Willen, der bis auf das letzte Glied durchgreift, ist keine gute Heerführung möglich«, aber »wer der Gewohnheit folgen wollte, immer das Beste von seinen Untergebenen zu erwarten, würde schon dadurch zu einer guten Heerführung ganz untüchtig sein«.[91] Hitler formulierte dasselbe bei einer Ansprache vor den NSDAP-Kreisleitern am 29. April 1937 anders. Sicher sei es hart, wenn sich eine Gesellschaft nach dem Grundsatz »einer befiehlt, und die anderen müssen gehorchen« organisiere. Aber »nur« auf diesem Weg sei überhaupt etwas zu erreichen, denn »wir« seien Männer genug – eine Kreisleiterin gab es nicht –, »einzusehen, dass das, was notwendig ist, auch zu geschehen hat«. Schließlich stehe »über allem« nun einmal die Autorität des Staates.[92]

6

Weichenstellung zum Krieg:
Gab es eine autarke Rüstungsindustrie?

Der »Große Plan« der Reichswehr

Durch die Bestimmungen des Versailler Vertrags[1] war die Stärke der Reichswehr auf 100 000 Mann beschränkt. Auch eine Wehrpflicht durfte das Deutsche Reich nicht wieder einführen. Die Zahl der Offiziere war auf maximal 4000 begrenzt, der Generalstab musste aufgelöst werden. Schwere Waffen wie U-Boote und Schlachtschiffe waren ebenso untersagt wie die Ausstattung des Heeres mit Panzern und eine wie auch immer geartete Luftwaffe. Um die Wehrlosigkeit des Verlierers zu komplettieren, wurde Deutschland verboten, Festungen an den Grenzen zu errichten. Das Rheinland, der industrielle Kern des Reichs, wurde entmilitarisiert.

Die Reichswehrführung musste all diesen Restriktionen und Maßnahmen machtlos zusehen und war zunächst mit sich selbst beschäftigt. Erst nach dem Bekenntnis zur Realität der Republik und der Trennung von putschlüsternen Offizieren gewann sie ihre Professionalität zurück. Auf die Besetzung des Rheinlands und des Ruhrgebiets durch die französische Armee 1923 reagierte sie daher nicht kopflos, sondern mit einem später so genannten Großen Plan zur grundsätzlichen Revision der Verhältnisse. Dieses Geheimkonzept wurde 1924/25 im Truppenamt erarbeitet, das als Ersatz für den abgeschafften Generalstab diente. Es sah den Aufbau eines neuen Kriegsheeres vor, dessen Zielstärke in der Größenordnung von 63 Felddivisionen und 39 Grenzschutzdivisionen mit 2,8 bis 3 Millionen Soldaten geplant war. Der Aufbau dieser Streitmacht sollte bis 1940 abgeschlossen sein.[2]

Eine erste Konsequenz, die sich aus diesem Ziel ergab, war der Umbau zum Führerheer. Den Kern der Armee bildeten Offiziere, Unteroffiziere und Mannschaften, hereinströmende Freiwillige, die in kurzen Lehrgängen geschult und ihrerseits zu Unteroffizieren und Reserveoffizieren ausgebildet wurden. Im Mobilisierungsfall standen auf diese Weise die notwendigen Führer für ein weit größeres Heer als die erlaubten 100 000 Mann bereit, das imstande sein sollte, so der Chef der Heeresleitung Hans von Seeckt, »nach notwendiger Vervollständigung ihrer Ausbildung und bei entsprechender Bewaffnung die Pflicht der Verteidigung der Heimat« wahrzunehmen.[3]

Wie Manöver 1927 bewiesen, war das reduzierte Heer noch lange nicht kriegsfähig. Ein Feldzug gegen Frankreich würde in einer absoluten Niederlage enden, und selbst gegen ein allein angreifendes Polen hätte Deutschland nur kurze Zeit Widerstand leisten können. »Entscheidende Schlachten« waren zweifellos nicht zu gewinnen. Dieser Erkenntnis stellte sich die Reichswehrführung in der zweiten Hälfte der zwanziger Jahre und übte fortan für eine asymmetrische Kriegführung, indem sie vor allem auf exzellent geschulte Kleinverbände setzte. Die sorgfältig rekrutierten Freiwilligen des 100 000-Mann-Heeres hatten höchsten körperlichen Anforderungen zu genügen. Politische »Zuverlässigkeit« wurde ebenfalls vorausgesetzt, da selbst einfache Soldaten und Unteroffiziere von geheimen Rüstungsprojekten erfahren konnten, die gegen den Versailler Vertrag verstießen. Die Soldaten trainierten den hinhaltenden Kampf ebenso wie überraschende Feuerüberfälle aus dem Hinterhalt und Störoperationen hinter der feindlichen Front.[4] Dabei knüpfte die Reichswehr an das Konzept der Sturmtrupps aus dem Ersten Weltkrieg an. Die sogenannten »Sturmpioniere«, die später auch an der Überwindung der Maginotlinie bei Sedan eingesetzt wurden, waren bewegliche Truppen, die mit leichten, aber verheerenden Waffen ausgerüstet waren. Sie benutzten zum Beispiel Flammen- und Minenwerfer für kurze Distanz sowie Pistolen und Messer. Trainiert wurden sie vor allem im Erstürmen von Gräben und Bunkern. Auch der

Nahkampf mit dem Seitengewehr und das Werfen von Handgranaten standen auf dem Programm.[5]

Im Hinblick auf die Ausbildung des künftigen Soldaten legte die Reichswehrführung also hohe Maßstäbe an, was ihr bei der Waffentechnik verwehrt blieb. Obwohl klar war, dass die Rüstungsbeschränkungen den Anforderungen eines modernen Kriegs entgegenstanden, entwickelten einige Stabsoffiziere im Truppenamt auch Pläne für einen Krieg der Zukunft, in dem diese Fesseln nicht mehr bestanden. Aus ihrer Sicht stand fest, dass der künftige Gegner Frankreich nur mit einem höchst beweglichen, mit Panzern und Lastkraftwagen ausgestatteten Heer besiegt werden könnte. Sogar der integrierte Einsatz von Heer und Bomberflotte, der 1940 den Durchbruch im Westen bringen sollte, wurde bereits 1924 vorgedacht. Diese Visionäre stießen zwar auf Widerstand, weil sie nicht von den Gegebenheiten ausgingen, aber gemaßregelt wurden sie nicht. Im Gegenteil, die Heeresleitung forcierte die Debatte bewusst, weil man nicht in einem starren Schema verharren wollte, das von der aktuellen Machtlosigkeit diktiert war. Außerdem setzte sie ihre Hoffnung darauf, dass sich in solchen Szenarien gegebenenfalls schon irgendetwas Nützliches fände. Ohnehin gingen alle Planungen von einer personellen Unterlegenheit aus. Der Sieg konnte also nur durch eine innovative und vor allem überraschende Führung der Einzeloperationen gewonnen werden.[6]

Die Vermehrung des Heeres begann sofort nach Hitlers Machtergreifung und fand mit der Einführung der Wehrpflicht 1935 einen vorläufigen Abschluss.[7] Auch die Ausstattung des Heeres mit Kriegsgerät, das gemäß dem Versailler Vertrag verboten war, ließ nicht lange auf sich warten. Schon im November 1933 kamen die ersten Panzer bei der Truppe an.[8]

Über deren Verwendung entstand dann aber noch einmal ein heftiger Streit zwischen den älteren und den jüngeren Offizieren. So erinnerte sich Hitlers Adjutant Fritz Wiedemann an einen Generalmajor, der gegen die Panzerwaffe mit Nachschubfragen argumentierte. Für die Pferde werde man in Polen – das erste Operationsziel war ihm offenbar klar – immer genügend Hafer finden, aber es werde wohl

»schwerfallen«, dort das notwendige Benzin für die Panzer zu beschaffen.[9] Trotz der Diskussion innerhalb der Reichswehrspitze wurde die erste Versuchs-Panzerdivision im Spätsommer 1935 einsatzbereit und führte erfolgreich erste Übungen durch. Im Oktober begann die Aufstellung weiterer drei Panzerdivisionen.[10] Um die Einwände gegen die Panzerwaffe vollständig auszuräumen, schrieb der gelernte Kavallerist Heinz Guderian ein Büchlein, in dem er die großen Panzerschlachten des Ersten Weltkriegs und die Nachkriegsentwicklung in den verschiedenen europäischen Ländern analysierte. Wie Guderian später erfuhr, gelangte es wie erhofft auf Hitlers Schreibtisch. Obwohl – vielleicht auch weil – er in dem Text dramatisierte, nahm Hitler diese Meinungsschrift außerordentlich ernst und forcierte den Aufbau der Panzerwaffe.

Das schien auch geboten, denn die Manöver des Jahres 1935 hätten gezeigt, so Guderian, dass Frankreich eine bewegliche Streitmacht mobilisieren könne, »die Dschingis Chan vor Neid hätte erblassen lassen«. Mehr als die halbe Friedensarmee sei motorisiert und arbeite mit nicht weniger als fünf Panzerabteilungen zusammen.[11] Die »neuzeitlichste Armee« der Erde entstehe jedoch gerade in der Sowjetunion, die mit einer Friedensstärke von 1,3 Millionen Soldaten zugleich die größte sei. Mit rund 10 000 gepanzerten Fahrzeugen und über 100 000 Kraftfahrzeugen stehe sie auch im Hinblick auf die Motorisierung an der Spitze: Aus der Reiterarmee Budjonnys sei bis 1935 die Panzerarmee Woroschilows geworden.

Guderian empfahl als Angriffstaktik den Durchstoß, ganz gleich ob frontal oder in der Diagonalen. Nach dem Durchbruch sollten die Panzer weiter auf ihr Ziel zustürmen. »Zeitraubende Säuberungsarbeiten« müssten sie der Infanterie überlassen, damit der eigentliche Angriff nicht ins Stocken komme. Guderian präzisierte dann, dass beim Durchfahren der feindlichen Kampfzone vor allem das gegnerische Gerät, also Panzerabwehrgeschütze, schwere Waffen und Maschinengewehre, vernichtet werden müsse. Damit werde das feindliche Feuer niedergehalten, und die Infanterie könne umso leichter vorrücken.[12] Als Schlussfolgerungen für den erfolgreichen Angriff benannte Guderian: 1. ein gutes Zusammenwirken mit der Luftwaffe und 2. die

Motorisierung der unterstützenden Truppen, um deren Stoßkraft, Beweglichkeit und Schnelligkeit zu gewährleisten. Die Abwehr von Panzerangriffen sei nur mit Panzern selbst möglich. Um trotzdem einen »durchschlagenden Erfolg« zu erzielen, müssten Panzeroffensiven auf breiter Front und tief gestaffelt vorgetragen werden. Nur so könne man den Feind daran hindern, »flankierend gegen den Kern des Angriffs zu wirken«. Diese Auffassung sollte Guderian später beim Vormarsch in Frankreich korrigieren, als er den Angriff allein mit einem schmalen Panzerkeil bis zur Atlantikküste vorantrieb.[13] Den Plan hatte jedoch nicht Guderian entworfen, sondern Erich von Manstein. Hitler machte ihn sich zu eigen.

Fehlentwicklungen der Luftwaffe

Heer und Marine bestanden nach dem Ersten Weltkrieg noch, im Gegensatz zur Luftwaffe, sodass die Reichswehr für sie 1933 auch noch nicht mit konkreten Aufrüstungsplänen aufwarten konnte. Die Diskussion über den künftigen Luftkrieg wurde in den militärischen Fachzeitschriften weltweit geführt, wobei sich zwei Denkschulen herausbildeten. Die eine prophezeite riesige Luftflotten, die überfallartige Angriffe auf Metropolen und Befehlszentren fliegen würden, um sie mit einer massiven Bombenlast zu zerstören oder die Menschen mit Gas zu vergiften. Die andere war in Deutschland vorherrschend. Von den Rezensenten wurde das Buch, in dem der italienische General Giulio Douhet diese apokalyptische Vision entwarf, überwiegend abgelehnt. Die Weltkriegserfahrungen hätten gezeigt, dass Luftangriffe weitgehend wirkungslos blieben. Weder das französischen Bombardement auf Karlsruhe noch der Zeppelinangriff gegen London hätten nachhaltige Zerstörungen bewirkt. Diese zweite Denkschule wurde durch die international viel beachteten Luftmanöver über Südengland Ende der zwanziger Jahre in ihrer Skepsis bestärkt. Wieder erschienen die Zerstörungen als nicht übermäßig. Ein italienisches Kriegsspiel, das die Vernichtung Mailands aus der Luft simulierte, kam jedoch zu

einem anderen Schluss. Hier kapitulierten die Verteidiger der Groß-
stadt bereits nach dem zweiten Luftschlag.[14]

Neben einer Minderheit der Experten machte sich der erste Generalstabschef der Luftwaffe Walther Wever die Auffassung zu eigen, dass
ein strategischer Bombenkrieg einen Gegner durchaus zur Aufgabe
zwingen könnte. Im Mai 1933 legte der, noch getarnte, Stab Wevers die
erste Denkschrift vor, in der vor allem der Aufbau einer Bomberflotte
gefordert wurde. Mit dem Masseneinsatz von Spreng-, Brand- und
Gasbomben gegen die Zivilbevölkerung der feindlichen Großstädte
sollte Chaos verbreitet und der Gegner so zur Aufgabe gezwungen
werden.[15] Zur selben Zeit gab Wever bei den Firmen Dornier und Junkers Versuchsmuster für einen viermotorigen Fernbomber in Auftrag,
der eine große Bombenlast über weite Strecken befördern könnte.[16]
Die Do 19 und die Ju 89 hatten jedoch eine sehr geringe Geschwindigkeit und lediglich eine Reichweite von etwa 2000 Kilometern.[17]
Während Wevers Stab ursprünglich an einen »Uralbomber« gedacht
hatte, konnten diese Prototypen mit knapper Not gerade die Strecke
Königsberg–Moskau und zurück bewältigen. Der Kurswechsel war
also bereits vorgezeichnet, als Wever im Juni 1936 bei einem Flug-
zeugabsturz ums Leben kam.

Hitler hatte sich in dieser technischen Frage nicht positioniert. Er
forderte immer wieder die Erhöhung der Zahl von einsatzfähigen
Flugzeugen, und Wevers Nachfolger Hans Jeschonnek stand vor der
Aufgabe, diese Vorgabe zu erfüllen. Dabei ließ er sich von der schwie-
rigen Rohstoffsituation leiten, denn das für die Erzeugung von Alu-
minium nötige Bauxit musste importiert werden. Außerdem kannte
er die begrenzten Kapazitäten für den Bau von Flugzeugmotoren, ein-
oder zweimotorige Flugzeuge ließen sich in vielfach größerer Zahl
herstellen. Jeschonnek bestimmte daher, dass mittelschwere Bomber
und leichte, schnelle Jagdflugzeuge den Kern der deutschen Luftwaffe
bilden sollten.[18] Zudem seien Flächenbombardements der deutschen
Luftwaffe nicht würdig, wenn auch punktgenaue Angriffe im Hori-
zontalwurf oder mit Sturzkampfbombern (Stukas) möglich wären.[19]

Die Offensiven der Legion Condor im spanischen Bürgerkrieg

schienen diesen Eindruck zu bestätigen. Mit Flächenangriffen wurden zwar Kleinstädte wie Guernica zerstört, nicht jedoch Metropolen wie Madrid.[20] Die Stukas erzielten die größeren Wirkungen, sowohl beim Kampf gegen unbewegliche Ziele als auch im Einsatz als »Artillerie« gegen Fronttruppen der spanischen Regierung. Auch im Kampf gegen Frankreich bewährte sich das Prinzip des Sturzkampfes, und es stieß erst in der Luftschlacht über Großbritannien, einem gleichwertigen Gegner, an seine Grenzen.[21] Mit den Sturzkampfbombern und akzeptablen Jagdflugzeugen war die Luftwaffe 1939 in der Lage, erfolgreich als Unterstützungswaffe des Heeres zu agieren. Die Fähigkeit zum strategischen Luftkrieg blieb ihr jedoch wegen des Fehlens von Langstreckenbombern versagt.[22]

Fehlplanungen der Marine

Anders als die Luftwaffe verfügte die Marine bereits vor 1933 über konkrete Pläne, was sie nicht davon abhielt, entscheidende Fehler zu machen. Nach der Kapitulation des Kaiserreichs war die Hochseeflotte, die sich im Ersten Weltkrieg als nahezu nutzlos erwiesen hatte, im schottischen Kriegshafen Scapa Flow interniert worden. Als bekannt wurde, dass der Friedensvertrag ihre Auslieferung an die Sieger vorsah, versenkte sie sich im Juni 1919 selbst.

In den ersten Jahren der Weimarer Republik wurde wenig investiert, die von den Siegermächten zugestandenen Quoten für den Bau von kleinen Kriegsschiffen schöpfte die SPD-geführte Reichsregierung niemals aus. Die Marine verstieß dennoch in großem Stil gegen den Versailler Vertrag, indem sie im Ausland von deutschen Konstrukteuren U-Boote bauen ließ und für die Entwicklung neuer, schneller Torpedoboote und Minenleger sorgte. Auf diese Weise blieben die Konstrukteure auf der Höhe der technischen Entwicklung und wurden als Gruppe zusammengehalten.[23] Da die Marine dabei schwarze Kassen unterhielt und den Reichstag nicht informiert hatte, musste ihre Führung 1928 zurücktreten.

Zum neuen Chef der Reichsmarine wurde Erich Raeder ernannt, der sofort daranging, ihr wieder eine starke Stellung zu verschaffen. So baute sie sofort eigene Fliegerverbände auf und forcierte den Bau einer Serie von modernen Panzerschiffen, deren erstes 1931 vom Stapel lief. Dieser »Panzerkreuzer A« war zwar kleiner als die Schlachtschiffe des Ersten Weltkriegs, dafür aber stark mit Geschützen und Torpedos bewaffnet. Auch im Hinblick auf die Geschwindigkeit konnte er es mit den britischen Schlachtschiffen aufnehmen. Bei Manövern in der Nordsee wurde eine neue Angriffstaktik entwickelt, die vorsah, dass kleine Gruppen von Kriegsschiffen künftig autonom operieren sollten. Damit passte Raeder die Taktik an die materiellen Möglichkeiten an und löste sich zugleich von der im Ersten Weltkrieg herrschenden Vorstellung, dass nur große Flotten mit mächtigen Kriegsschiffen Ergebnisse erzielen könnten.[24]

1930 legte Raeder öffentlich einen Plan zum Bau dreier weiterer Panzerschiffe vor, was sich noch im Rahmen des Versailler Vertrags bewegte. Der geheime Teil zwei dieses Plans sah vier zusätzliche Schiffe dieser Art vor, womit ein Verstoß gegen die Friedensvereinbarungen in absehbarer Zeit einkalkuliert war. Raeder wollte auch U-Boote in Auftrag geben, was ein offensichtlicher Vertragsbruch gewesen wäre. Davor schreckten die Regierungen bis 1932 noch zurück, sodass die in den Niederlanden konstruierten deutschen U-Boote vom Typ II in anderen Ländern vom Stapel liefen.[25]

Wenige Wochen nach dem Antrittsbesuch Hitlers bei der Reichswehr im Februar 1933 traf sich Raeder im April mit dem neuen Reichskanzler, um ihm die konkreten Pläne der Marine zu unterbreiten. Im Gegensatz zum Heer, das noch um Konzepte rang, konnte Raeder seine Vorstellungen detailliert präsentieren.[26] Hitler gewährte ihm freie Hand, die U-Boote wurden ab 1933 in Deutschland gebaut, die in rascher Folge auf Kiel gelegten Panzerschiffe wurden vergrößert, ohne dabei an Schnelligkeit zu verlieren. Gleichzeitig sorgte der Marinechef dafür, dass die Produktion kleiner Kriegsschiffe drastisch erhöht wurde.

Offenbar gelang es Raeder auch, Hitler vom intakten Kampfgeist

Hitler als Feldherr

von Franz Halder

Der ehemalige Chef des Generalstabes berichtet die Wahrheit

Legendenbildung 1949. Der ehemalige Generalstabschef Franz Halder stilisierte Hitler zum Alleinschuldigen an der Niederlage im Zweiten Weltkrieg. Der ehemalige Gefreite, behauptete er, habe zahllose falsche strategische und taktische Entscheidungen getroffen. Die Militärs hätten an ihnen nicht mitgewirkt.

No. 4. Flandern. Blick auf die englische Schützengräben.

Die britischen Gräben in Flandern wurden noch 1914 zu undurchdringlichen Sperr-werken ausgebaut.

Hitler (sitzend, links) und seine Meldegängerkollegen mit dem Terrier Foxl, den sie zur Rattenjagd abrichteten.

Im Winter 1914/15 war die Front in Flandern erstarrt. Die Entscheidung wurde anderswo gesucht. Die großen Abnutzungsschlachten in Verdun und an der Somme erlebte Hitler nicht aus nächster Nähe.

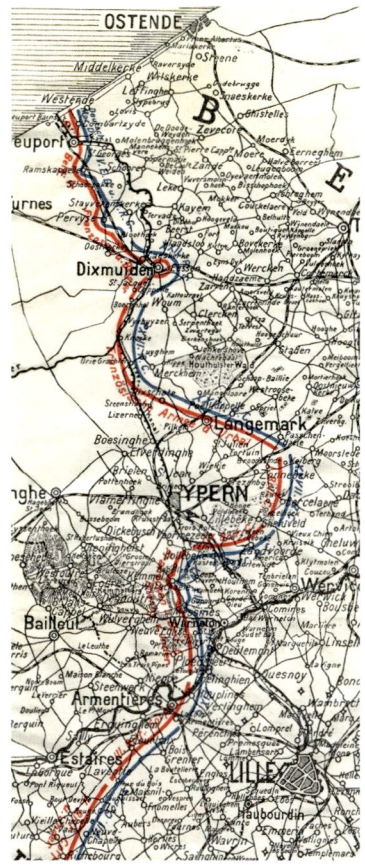

Die Front bei Ypern im Oktober 1914. Die deutschen Armeen sollten den wichtigen Eisenbahnknotenpunkt im Sturm nehmen, was nicht gelang. Die Karte stammt aus dem Weltkriegswerk von Hermann Stegemann, das Hitler später griffbereit in seinem Bücherregal platzierte.

Fromelles

Die Postkarte aus Fromelles zeigt Ruinen, in denen sich aber akzeptable Quartiere herrichten ließen.

Der bayrische Maibaum in Flandern

Vier Jahre lagen die bayerischen Soldaten an diesem Frontabschnitt, in dem sie Straßen deutsche Namen gaben und ihre heimatlichen Feste feierten.

Der Stillstand in Flandern bedeutete für Hitler und den Regimentsstab geregelten Dienst und Freizeit, die der Gefreite zum Malen nutzte. So entstanden Aquarelle wie dieser expressiv und zugleich realistisch abgebildete »Hohlweg bei Wytschaete«, der ihm von seinen Meldegängen her vertraut war.

1916 malte er die Kleinstadt Haubourdin in gefälligen Farben. Die idyllischen Zustände endeten bald darauf mit der Verlegung des Regiments in die Schlacht an der Somme, wo Hitler zum ersten Mal verwundet wurde.

September 1923: Am »Deutschen Tag« in Nürnberg marschierten die bayerischen Wehrverbände in der alten Kaiserstadt auf. Die Traditionalisten nahmen daran ebenso teil wie die Nationalsozialisten, obwohl Hitler, hier an der Seite von Julius Streicher, die »Führung« aller Verbände übertragen worden war.

Als der »gerissenste Hetzer« der Rechten füllte der NSDAP-Chef problemlos riesige Auditorien wie den Zirkus Krone.

Nach seiner Verurteilung in einem Mammutprozess war Hitler in Landsberg am Lech inhaftiert. Hier posierte er für die Fotografen, ins Gästebuch der Anstalt schrieb er: »Immer wenn die Freiheit vergewaltigt wird, treffen sich die Besten im Gefängnis.«

Trotz antijüdischer Propaganda gewann Hitler als Politiker Statur. Das Wahlkampfplakat von 1930 zeigt eine erlegte Schlange mit Davidstern, aus der wie ein böser Fluch Worte wie »Wucher«, »Kriegsschuld-Lüge«, »Inflation«, »Korruption«, »Terror« entweichen.

In den Wahlkämpfen der dreißiger Jahre warb die NSDAP um die Arbeiter mit dem Slogan: »Wählt den Frontsoldaten Hitler!«

Eine SPD-nahe Zeitung konterte mit angeblichen Enthüllungen über »Hitlers ›Fronterlebnis‹«.

30. Januar 1933. Vor dem Palais des Reichspräsidenten in der Berliner Wilhelmstraße haben sich Anhänger Hitlers versammelt, die seine Ernennung zum Reichskanzler feiern.

Mittels Uniformierung, Massenveranstaltungen und Repressionen schwor die NSDAP den weitaus größten Teil der Bevölkerung auf eine fügsame »Volksgenossenschaft« ein. So marschierten beim Reichsparteitag 1937 in Nürnberg Arbeitsmänner und -maiden auf …

… und zum Geburtstag des »Führers« paradierten im April 1938 Soldaten in Berlin. Nach dem Aufbau einer schlagkräftigen Wehrmacht nahm der Diktator unverzüglich die Revision der Ergebnisse des Ersten Weltkriegs in Angriff.

Bei den Vorgaben folgte Hitler zunächst den Vorstellungen der hochrangigen Militärs. 1939 lief die »Tirpitz«, das größte jemals in Deutschland gebaute Schlachtschiff, in seinem Beisein vom Stapel. Über ihren Einsatz kam es zum Streit zwischen ihm und Großadmiral Erich Raeder, der deshalb 1943 zurücktrat. Hitler befahl Zurückhaltung, weil er den schädlichen Propagandaeffekt im Falle einer Versenkung der »Tirpitz« befürchtete.

Juni 1940. Die Rückzugsstraße des britischen Expeditionskorps bot ein Bild des Grauens.

Obwohl die Engländer über 300 000 Soldaten aus dem Kessel bei Dünkirchen evakuieren konnten, gerieten noch Zehntausende in Gefangenschaft.

Am 28. Juni 1940 besuchte Hitler Paris und präsentierte sich in Siegerpose vor dem Eiffelturm.

Hitler und seine wichtigsten militärischen Mitarbeiter, hier beim Kartenstudium in der Wolfsschanze, Sommer 1942. Mit Generaloberst Alfred Jodl (Mitte) entwickelte er die Angriffsplanungen. Generalfeldmarschall Keitel (rechts) sorgte als »Bürovorsteher« für das reibungslose Funktionieren der Wehrmacht.

Die friedliche Natur trügt. Bei gemeinsamen Spaziergängen besprachen Hitler und der Reichsführer SS Heinrich Himmler die Details von Repression und Völkermord.

Ukraine, Herbst 1941, Straßenverkauf vor Ruinen. Zwei Frauen bieten Pilze feil. Wehrmacht und SS plünderten das Land derart rücksichtslos aus, dass eine Hungersnot die unausweichliche Folge war.

Himmlers SS zog im Laufe des Krieges immer weitere Kompetenzen an sich, so den Bau der »Vergeltungswaffe« V2. Hitler ließ sich auch über die Produktionsbedingungen im Untertagebetrieb Bericht erstatten. Das Bild zeigt zwei KZ-Häftlinge, die im Mittelwerk bei Nordhausen Bleche für die Fertigung der Rakete zuschneiden.

Im Januar und Februar 1945 dokumentierte Bildberichterstatter Walter Frentz die Zerstörungen deutscher Städte für Hitler. Nürnberg, das eine prächtige Kulisse für die Parteitage abgegeben hatte, lag in Trümmern.

Vom Braunen Haus in München standen nur noch die Außenmauern. Die Akten waren ausgelagert, fielen später den Amerikanern in die Hände und wurden im Nürnberger Kriegsverbrecherprozess benutzt.

Die Bomben der Alliierten trafen nicht nur die deutschen Städte, sondern auch die Produktionsanlagen. Ein Beispiel: die Leuna-Werke. Nach dem vierten Luftangriff am 12. Mai 1944 sind viele Gebäude zerstört, aber die Rohrbrücken scheinen noch intakt. Die Produktion konnte schnell wieder aufgenommen werden.

Im Frühjahr 1932 hatte der I.G.-Farben-Manager Heinrich Bütefisch Hitler über die Möglichkeiten informiert, Treibstoff aus Kohle zu gewinnen. Im Frühjahr 1945 lag das zu diesem Zweck errichtete Leuna-Werk nach dem 18. Bombardement in Trümmern. Die Produktionsgebäude waren ausgebrannt.

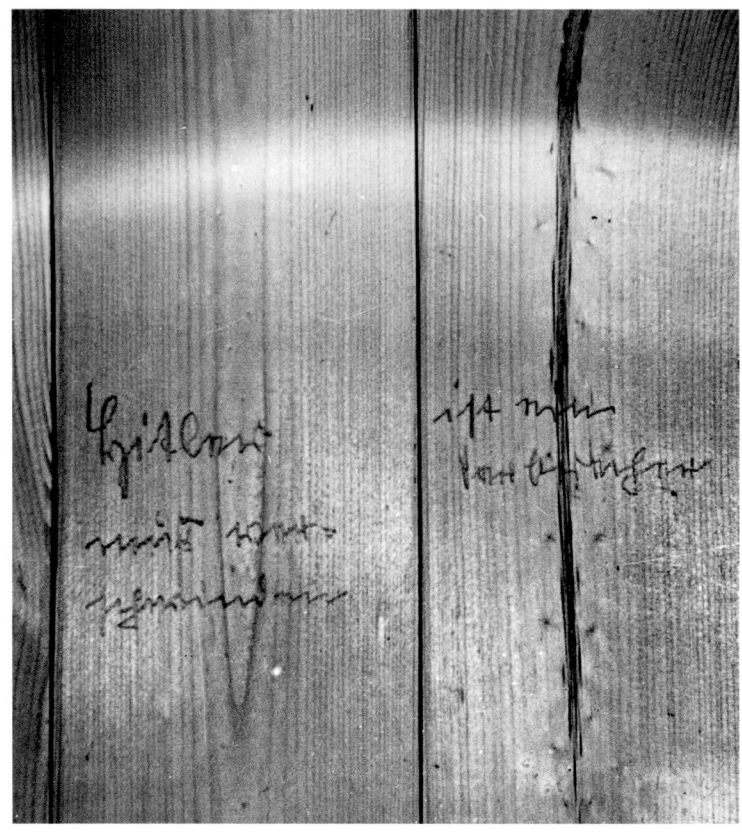

Wenige Wochen vor dem endgültigen Aus für Leuna dokumentierte der Werksfotograf eine »Schmiererei« für die Gestapo. An der Bretterwand einer Baracke hatte er den Schriftzug »Hitler ist ein Verbrecher – muß verschwinden« entdeckt. Selbst in den Rüstungsbetrieben war das Vertrauen in den »Führer« offenbar aufgebraucht.

der Seestreitkräfte zu überzeugen. *Mein Kampf* enthielt abfällige Bemerkungen über die Marine, jetzt war davon keine Rede mehr. In dem Gespräch äußerte Hitler nur eine Einschränkung: Er wünsche keine Konfrontation mit Großbritannien. Beide wussten, was er damit sagen wollte, hatte doch die kaiserliche Flottenpolitik in den unausweichlichen Konflikt geführt, weil das Empire darin eine Weltmachtpolitik vermutete. Es war Hitler, der den Gedanken eines Flottenabkommens mit Großbritannien ins Gespräch brachte, die deutsche Marine sollte, so seine Vorgabe, nur auf ein Drittel des britischen Bestands hochgerüstet werden.[27] Aus Raeders Sicht reichte das völlig aus, um eine Streitkraft aufzubauen, die in der Lage wäre, die auf Lieferungen aus den Kolonien angewiesene britische Hauptinsel derart zu bedrohen, dass das Deutsche Reich »bündnisfähig« werden würde. Ihm schwebte ein dezentral geführter Handelskrieg vor, keine Konfrontation mit der britischen Flotte selbst. Aus britischer Sicht war eine im Verhältnis eins zu drei unterlegene Marine kein ernst zu nehmender Gegner, weshalb London einem Abkommen zustimmte.[28]

Doch bereits das Konzept eines mit Panzerschiffen geführten Handelskriegs war fragwürdig, worauf ein britischer Admiral hinwies. Mit dem Aufkommen von Aufklärungsflugzeugen großer Reichweite waren die deutschen Panzerschiffe ebenso wie die noch größeren britischen Schlachtschiffe höchst gefährdet. Diese mussten nur dem Kielwasser folgen und konnten dann die Position des Schiffs an eigene U-Boote oder Torpedoboote durchgeben. Die Warnung des britischen Admirals wurde schon 1930 in der deutschen *Marine-Rundschau* publiziert. Raeder hielt trotzdem am Bau von Großschiffen fest und ordnete später den Einsatz der Panzerschiffe im Atlantik an.[29] Hitler, der sich ohnehin stärker für die U-Boot-Waffe begeisterte, entließ Raeder erst 1943 nach einem heftigen Zerwürfnis.

Darüber hinaus vernachlässigte die Marine das Training gemeinsamer Operationen mit Heer und Luftwaffe. Schon beim Norwegenfeldzug zeigte die Marine erhebliche Schwächen bei amphibischen Einsätzen, über die Hitler allerdings kein Wort verlor. Das erstaunt umso mehr, als Raeder und Hitler schon am 2. November 1934 (!)

über die künftigen Aufgaben der Marine gesprochen hatten. Allerdings hörte Raeder dabei nur, was er hören wollte, nämlich die Versicherung Hitlers, dass er den Ausbau der Marine für »lebensnotwendig« halte, »da Krieg überhaupt nicht geführt werden könnte, wenn nicht die Marine die Erzzufuhr aus Skandinavien sicherstelle«.[30] Warum dieser klaren Ansage keine Handlungen der Seekriegsleitung folgten, ist nicht bekannt. Das planerische Versagen der Marine offenbarte sich vollständig angesichts der möglichen Landung in Britannien. Sie wurde von Raeder rundheraus für unmöglich erklärt, auch deshalb, weil das notwendige Gerät erst nach dem Sieg über Frankreich in Planung gegeben wurde.[31]

Hitlers Rolle: Passivität bei Detailfragen und Erhöhung des Wehretats

Die nach dem Ende des Zweiten Weltkriegs aufgezeigten Rüstungsfehler – unzureichende Unterstützung der Panzerwaffe, Verzicht auf Langstreckenbomber, Forcierung des Baus von Großkampfschiffen anstelle der U-Boote – wurden häufig Hitler angelastet. Aber tatsächlich ließ er den Waffengattungen freie Hand bei der Aufrüstung, der Gestaltung der Taktik und sogar hinsichtlich der künftigen Strategie seiner Streitmacht. Er mischte sich in die Detailplanungen nicht ein. Trotzdem konnten sich die Militärs bei allen technischen Innovationen auf seine volle Unterstützung verlassen. Er selbst bezeichnete sich gelegentlich als »Narr der Technik« und glaubte fest daran, dass sich auf militärischem Gebiet jener »in der Vorhand« befinde, »welcher mit verblüffenden technischen Neuerungen« aufwarte.[32] Es war daher selbstverständlich, dass er sich im Sommer 1933 auf einer Informationsreise die Heeresversuchsstellen und -laboratorien zeigen ließ, wobei ihn die Inspektion, wie sich ein Teilnehmer erinnerte, »bis in den letzten Winkel« führte.[33] Hier bekam Hitler auch Einblick in die noch neue Raketentechnik, an der Wernher von Braun und andere im Auftrag des Heeres seit 1932 forschten. Obwohl eine militärische Verwendung in weiter Ferne lag, erhielten die Forscher enorme Geldmittel zugewiesen und konnten wenig später mit dem Bau der Heeresforschungsanstalt Peenemünde beginnen.[34]

Wie im Fall der Raketenforscher sah Hitler seine eigentliche Aufgabe in den ersten Jahren seiner Herrschaft darin, große Geldmittel für den Aufbau einer neuen Streitmacht zu mobilisieren. Ihm und seinem Reichsbankpräsidenten Schacht ging es darum, finanzielle Freiräume zu öffnen, die von den einzelnen Waffengattungen genutzt werden konnten. Obwohl die Detailplanungen, gerade bei der Luftwaffe, längere Zeit in Anspruch nahmen, waren die Militärs vorbereitet. Schon im März 1933 trug das Heereswaffenamt ein tatsächlich so genanntes »Milliardenprogramm« vor, das den systematischen Wiederaufbau der deutschen Rüstungsindustrie stützen sollte. Gedacht war zunächst an die Auffüllung der bestehenden Arsenale für einen errechneten sechswöchigen Krieg.[35]

Hitler erhöhte sofort nach den Reichstagswahlen im März 1933 die Etats für die einzelnen Waffengattungen. Das Heer erhielt jetzt 654 Millionen Mark, eine Steigerung auf 135,7 Prozent. Die Reichsmarine bekam für das Haushaltsjahr 236 Millionen Mark zugesprochen, was einer Anhebung auf 126,9 Prozent entsprach. Am deutlichsten fiel der Zuwachs bei der Luftwaffe aus. Ihr Etat stieg von 78 auf 210 Millionen Mark, was eine Erhöhung auf 269,2 Prozent bedeutete. Die in den Folgejahren weiter wachsenden Geldzuweisungen wurden nicht mehr veröffentlicht, sondern in Schattenhaushalten verwaltet.[36]

Das Geld beschaffte sich das Reich am deutschen Kapitalmarkt, was problemlos möglich war, weil der Staat während der Bankenkrise nach 1929 signifikante Beteiligungen an den als systemrelevant eingestuften Banken erworben hatte. Dies betraf die Commerzbank, die Dresdner und Deutsche Bank.[37] Zum Rückgrat der Finanzierung der deutschen Aufrüstung wurden allerdings die öffentlichen Banken und Sparkassen. Sie fielen mit der Machtübernahme 1933 sämtlich in die Hände der Nationalsozialisten, weil sie den Städten, Kreisen und Ländern gehörten und die neuen Bürgermeister, Landräte und Ministerpräsidenten regimetreue Vorstände ernannten. Die Kunden der

Sparkassen erhielten in den dreißiger Jahren auf ihre in Sparbüchern verzeichneten Einlagen zwei Prozent Zinsen. Die Sparkassen kauften wiederum Anleihen des Reichs oder der Länder, die mit 4,5 Prozent beim Reich oder mit vier Prozent vom Land Preußen verzinst wurden. Die Zinsdifferenz sicherte das Grundeinkommen der öffentlichen Kreditinstitute, die sich über die Risikobewertung deutscher Staatsanleihen keine Gedanken machen mussten, weil sie gesetzlich für sicher erklärt worden waren. 1939 hielten die Sparkassen und öffentlichen Banken 43,5 Prozent aller Reichs- und Staatsanleihen, während die Privatbanken nur 8,7 Prozent übernommen hatten.[38]

Zusätzlich initiierte Reichsbankpräsident Hjalmar Schacht 1934 das System der sogenannten Mefo-Wechsel. Mit diesen Schuldscheinen bezahlte die »Metallforschungsgesellschaft«, hinter der sich die Reichswehr verbarg, verschiedene Rüstungsfirmen. Die Reichsbank wurde verpflichtet, diese Schuldscheine in Bargeld einzutauschen, sodass sie zu einer auch von anderen Banken akzeptierten »Zweitwährung« wurden.[39] Diese Form der Kreditfinanzierung wurde aus zwei Gründen gewählt. Da solche Mefo-Wechsel nicht in den öffentlichen Bilanzen ausgewiesen werden mussten, ließ sich auf diese Weise die Aufrüstung verschleiern. Zugleich stellten die Wechsel im Gegensatz zu Staatsanleihen keine Gefahr für die Geldwertstabilität dar, weil sie ja scheinbar nicht auf die Reichsbank bezogen waren, sondern auf die ominöse Metallforschungsgesellschaft. Mithin galten sie als Unternehmensanleihe, nicht als Schulden des Reichs, was sie de facto waren.[40]

Kriegsrohstoffe und Treibstoffversorgung

Über die wesentlichen Rohstoffe zur Führung des Kriegs verfügte das Deutsche Reich selbst, wenn auch nicht in ausreichender Menge. Unproblematisch waren die »brisanten Sprengstoffe« für Granatenfüllungen, Treibladungen der Gewehre und Maschinenpistolen sowie Dynamit und die wesentlich explosivere Sprenggelantine. Sie konnten durchweg aus einheimischen Grundstoffen hergestellt werden. Benötigt wurden dazu Kokskohle, Holz, Steinsalz (Kali) sowie tierische und pflanzliche Fette, etwa Rindertalg und Rapsöl. Der zur Produktion von Schwefelsäure notwendige Gips (Calciumsulfat) findet sich in zahllosen deutschen Lagerstätten. Eine weitere Grundsubstanz war Salpetersäure, da jedem dieser Ausgangsstoffe Stickstoff zugeführt werden musste. Bei der Herstellung von Salpetersäure half das Haber-Bosch-Verfahren zur Gewinnung von Stickstoff (bzw. Ammoniak) aus der Luft, das bereits im Ersten Weltkrieg die deutsche Sprengstoffproduktion sichergestellt hatte. Lediglich die zur Herstellung von Schießbaumwolle notwendige Baumwolle musste eingeführt werden, sie wurde jedoch in den mit dem Deutschen Reich verbündeten Balkanländern in großer Menge angebaut.[41]

Bei der Erzeugung von Stahl war die deutsche Industrie hingegen auf Importe angewiesen. Das Erz kam aus Schweden und wurde über Nord- und Ostsee verschifft. Gegen die Verwendung von einheimischem Erz sprach dessen geringer Eisengehalt. Folgerichtig verweigerten die Ruhrindustriellen Investitionen in die aus ihrer Sicht unrentablen Produktionsbetriebe. Gegründet wurde daher ein Staatsbetrieb, am 15. Juli 1937 nahmen die Hermann-Göring-Werke in Salzgitter ihren Betrieb auf.[42] Die Nutzung der eigenen Erzvorkommen konnte jedoch nicht einmal den Mehrbedarf der Rüstungsfabriken decken. Auch bei den Nichteisenmetallen gelang die Selbstversorgung trotz großer Investitionen in Bergwerke und Gruben nicht. Für den Flugzeugbau der Luftwaffe wurden Aluminiumhütten in Mitteldeutschland errichtet, das von ihr benötigte Bauxit stammte aus dem verbündeten Ungarn.[43]

Im Zentrum der deutschen Bemühungen um Autarkie musste jedoch die Treibstoffversorgung stehen, die Anfang der dreißiger Jahre zu fast drei Vierteln durch Importe gedeckt wurde. Bereits unmittelbar nach der Machtergreifung wurden auch hier die Erkundungsaktivitäten in Norddeutschland und nach dem Anschluss in Österreich forciert, und sie erbrachten auf dem Höhepunkt immerhin eine Erdölförderung von mehr als einer Million Tonnen jährlich. Dies war jedoch nur ein Viertel des Bedarfs, der sich seit 1933 verdoppelt hatte, nicht nur durch die Wehrmacht, sondern auch durch die Zunahme des zivilen Verkehrs.[44]

Die beschränkten Kapazitäten führten dazu, dass eine Technologie in den Blick geriet, für die sich Hitler seit langem interessierte: die Kohlehydrierung. In einem energieintensiven Prozess wird bei hohen Temperaturen der Braun- oder Steinkohle Wasserstoff hinzugefügt, sodass langkettige Kohlenwasserstoffmoleküle entstehen. Diese können in einem weiteren Schritt in kurzkettige Kohlenwasserstoffe (zum Beispiel Oktan) aufgespalten werden.[45]

Hitler nahm Kontakt mit der I. G. Farben auf, die in Leuna bei Merseburg bereits eine kleine, unrentable Anlage zur Gewinnung von Benzin aus Braunkohle betrieb. Auf einer Wahlkampfreise traf er sich mit Heinrich Bütefisch, dem Leiter der Leuna-Werke. Wohlinformiert erbat er weitere Auskünfte über den Herstellungsprozess und mögliche Produktionskapazitäten. Das Gespräch war auf eine halbe Stunde angesetzt, aber seine Neugier war erst nach zweieinhalb Stunden befriedigt. Ausdrücklich erkundigte er sich, ob mit dem Verfahren die deutsche Abhängigkeit von ausländischen Öllieferungen beseitigt werden könnte, was Bütefisch bejahte. Der Konzern könne im Fall seiner Kanzlerschaft mit seiner Unterstützung rechnen, versicherte Hitler. Als die euphorische Gesprächsnotiz Bütefischs auf dem Schreibtisch des I. G.-Farben-Chefs Carl Bosch landete, kommentierte der das mit den Worten: »Der Mann ist vernünftiger, als ich dachte.«[46]

Die Planungen der I. G. Farben waren im September 1933 abgeschlossen, und sie bot Hitler die Lieferung von 1,8 Millionen Tonnen Benzin aus einheimischen Rohstoffen an. Das entsprach etwa 80 Prozent des Bedarfs, den das Deutsche Reich vor allem durch Importe aus den USA und der Sowjetunion deckte. Der Liter dieses synthetischen Benzins kostete allerdings 18,5 Pfennig und war damit teurer als das Importbenzin. Als Hjalmar Schacht das Wirtschaftsministerium übernahm, das bis dahin Subventionen mit dem Hinweis auf Sparmaßnahmen abgelehnt hatte, war dann der Weg frei für die neue Technologie. Zwar war auch Schacht aus ökonomischen Gründen gegen das einheimische Benzin, beugte sich jedoch Hitlers Anweisung und garantierte einen profitablen Abnahmepreis.[47] Statt direkter Subventionen, die es zu vermeiden galt, nahm er dann einen massiven Eingriff in die Privatwirtschaft vor. Er ordnete 1934 die Bildung einer Pflichtgemeinschaft der Braunkohleproduzenten an und zwang diese Braunkohle-Benzin Aktiengesellschaft (BRABAG) dazu, mehr als 200 Millionen Mark in den Aufbau der Benzinwerke zu investieren. 1938 wurden mehr etwa 2,1 Millionen Tonnen Treibstoff aus Braunkohle gewonnen. Das entsprach dem Bedarf des Krisenjahrs 1932, doch angesichts der anspringenden Konjunktur reduzierte sich die Abhängigkeit vom Erdöl nicht.[48]

Mit der immer dringlicher betriebenen Aufrüstung geriet daher auch das noch aufwendigere Verfahren zur Herstellung von Flugbenzin aus Steinkohle ins Visier der Wirtschaftsplaner. Da es ebenfalls von der I. G. Farben entwickelt worden war, wurden ihr der Bau und Betrieb dieser Fabriken angetragen. Das dazu erforderliche Kapital erhielt sie aus dem Reichshaushalt. Geführt wurde das Werk dann klassisch privatwirtschaftlich.[49] Ab 1941 lieferte die deutsche Chemieindustrie mehr als vier Millionen Tonnen synthetisches Benzin und Flugzeugtreibstoff.[50]

Während die Produktion von Treibstoff aus Kohle heute als unrentabel gilt, entwickelte sich der Synthesekautschuk vom Ersatzstoff zum modernen Standard. Auch hier beharrte Hitler entgegen den Bedenken Schachts auf seiner Sicht: Es stimme zwar, dass die Buna-Reifen nicht weltmarktfähig seien, aber würden sie nicht hergestellt, werde Deutschland infolge der Devisenknappheit gerade dann keine Reifen haben, wenn es sie benötige.[51]

Die Denkschriften-Debatte 1936: Goerdeler gegen die Aufrüstung

Wie die Beispiele Buna-Reifen und synthetisches Benzin zeigen, setzte sich Hitler bei der Aufrüstung mehrfach gegen das volkswirtschaftlich orientierte Denken seines Wirtschaftsministers und Reichsbankpräsidenten Hjalmar Schacht durch. Nachdem er 1933 an die Macht gelangt war, entschied er sich dafür, keine Experimente zu unternehmen, und er vertraute die Steuerung der Finanzpolitik den Konservativen an. Schacht sollte als Chef der Reichsbank über die Stabilität der Währung wachen und die Inflation eindämmen. Außerdem vertraute er ihm bei der kreativen Geldschöpfung durch die Mefo-Wechsel. Finanzminister Lutz Graf Schwerin von Krosigk war lediglich ausführendes Organ, er lenkte die Geldströme zu den politisch gewünschten Projekten, anfangs zur Arbeitsbeschaffung, später in die Aufrüstung.[52] Als Hitler die Kontrolle der Inflation nicht mehr für erforderlich hielt, entmachtete er Schacht in seiner Position als Wirtschaftsminister und ersetzte ihn im November 1937 durch den Journalisten Walther Funk, der wegen seines ausschweifenden Lebenswandels erpressbar und damit ein willfähriges Werkzeug war.[53] Vorausgegangen war eine Debatte, die nicht an die Öffentlichkeit drang, aber an Schärfe nichts zu wünschen übrig ließ.

Die ersten Bedenken gegenüber dem unbegrenzten Aufrüstungskurs kamen Schacht und Schwerin von Krosigk im Frühjahr 1935, weil sich der Reichswehrhaushalt zu einer Belastung entwickelte. Betrug der reguläre Wehrmachtshaushalt 1933/34 750 Millionen Mark, waren es 1934/35 1,1 Milliarden und 1935/36 2,5 Milliarden. Es sei vorauszusehen, dass die Summe der Fehlbeträge 1935/36 etwa 5 bis 6 Milliarden erreichen würde, teilte Schacht Hitler am 4. Mai 1935 mit. Der Finanzminister fordere daher zu Recht, »das Problem der Rüstungsfinanzierung nicht nur von der Einnahme-, sondern auch von der Ausgabenseite« zu betrachten und »durch Sparen« zu lösen. Außerdem beklagte er die fehlende Übersicht, weil ein »Zustand des Nebeneinanders und Gegeneinanders zahlloser Staats- und Parteistellen für die Finanzierungsmöglichkeit der Rüstung« bestehe. Zwei Forderungen müssten erfüllt werden, verlangte er selbstbewusst von Hitler, zum einen die absolute Zentralisierung der Haushalte und zweitens eine Erhöhung des Steueraufkommens. Ob das Rüstungsproblem mit dieser Marschroute zu lösen sei, stehe zwar völlig dahin, »aber ohne eine solche Konzentration wird es mit Sicherheit scheitern«. Schacht betonte noch einmal, dass er nicht die Durchführung des Rüstungsprogramms gemäß »Tempo und Ausmaß« nach Hitlers Vorgaben kritisiere, weil ihm klar sei, dass »alles andere diesem Zweck untergeordnet werden« müsse. Aber die »Notenpresse« könne zur Finanzierung der Rüstung nur in dem Umfang herangezogen werden, »als die Aufrechterhaltung des Geldwertes es erlaubt«. Eine mögliche Inflation steigere die Preise der ausländischen Rohstoffe und damit auch die inländischen Preise, sei »also eine Schlange, die sich in den Schwanz beißt«. Im Bestand der Reichsbank machten die Rüstungsschuldverschreibungen beim Stand vom 30. April 1935 2,374 Milliarden Mark von insgesamt 4,641 Milliarden aus. Dabei habe die Reichsbank bereits die ihr zugänglichen, Ausländern gehörenden Markbeträge in »Rüstungswechsel« umgewandelt. »Unsere Rüstungen«, so berichtete Schacht stolz, »werden also zu einem Teil mit den Guthaben unserer politischen Gegner finanziert.« Alles in allem befinde sich der Haushalt jedoch in einer bedenklichen Lage.[54]

Zu der internen Debatte um die Schulden kam noch hinzu, dass die Reichsmark im internationalen Vergleich an Wert gewann. Welche Vor- und Nachteile sich daraus ergaben, sollte eine am 1. Juli 1936 von Göring eingesetzte Kommission klären. Das Ergebnis dieser Expertensitzungen und Gutachten war eigentlich keins, die Reichsmark wurde auf einem künstlich niedrigen Wechselkurs belassen, die Schulden stiegen bis zum Kriegsbeginn auf 80 Prozent des Bruttoinlandsprodukts an.[55]

Interessant ist, dass es nur einen einzigen Experten gab, der grundsätzliche Bedenken gegen Staatsverschuldung und Aufrüstung erhob. Der Leipziger Oberbürgermeister Carl Friedrich Goerdeler, der 1934/35 auch als Preiskommissar gearbeitet hatte, entwickelte in zwei Denkschriften ein komplettes Gegenprogramm zu Hitlers Aufrüstungskurs. Am 2. September 1936 übergab er Göring eine erste Fassung, die an Deutlichkeit nichts zu wünschen übrig ließ.[56] Goerdeler wandte sich gegen die künstliche Abwertung der Währung und plädierte für eine freie Konvertierbarkeit der Reichsmark, weil sonst Schutzzölle die Exporte Deutschlands einschränkten. Im Hinblick auf die Schulden empfahl er eine konservative Politik. Der Staat könne nur so viel ausgeben, wie ihm an Steuermitteln zur Verfügung stünde, der Reichshaushalt und die »Schuldenwirtschaft« müssten also schnellstens in Ordnung gebracht werden. Im Hinblick auf die teuren Anlagen zur Produktion von Ersatzstoffen, also Treibstoff aus Kohle und dem künstlichen Kautschuk, empfahl er eine radikale Nachprüfung ihrer »Wirtschaftlichkeit«, was de facto ihr Aus bedeutet hätte. Um die Währungssicherheit garantieren zu können, sei sicher das Wohlwollen Frankreichs und Englands vonnöten. Er zweifle nicht daran, dass die beiden Länder »gewisse Wünsche auf anderem Gebiete« hätten. Aber er könne sich denken, »dass wir manche Frage, wie z. B. die Judenfrage, die Logenfrage, die Rechtssicherheit, die Kirchenfrage, in eine gewisse größere Übereinstimmung« mit den »Anschauungen anderer Völker werden bringen müssen, nicht im Grundsätzlichen, aber in der Handhabung«. Ebendiese Passage unterstrich Göring und kommentierte sie mit der Randbemerkung: »Frechheit!« Auch im Hinblick auf die Rüstung war Goerdelers Konzept Hitlers Politik entgegengesetzt. Er forderte eine Kopplung an das Steueraufkommen, Ausnahmen dürften nicht gemacht werden. Die Größenordnung der Kürzungen könne erst eine genaue Aufstellung bringen, aber die Kosten der Aufrüstung sollten »außerordentlich weit unter den heute ausgegebenen Beträgen« liegen. »Was gestoppt werden kann, ist allerdings sofort zu stoppen.«

Goerdeler wandte sich aber auch gegen die aus seiner Sicht überzogenen sozialpolitischen Maßnahmen des Regimes. Die Preise für Milch, Butter und Fleisch müssten dem freien Spiel der Märkte überlassen werden. Er empfahl die Erhöhung der Arbeitslosigkeit, sinnlose »Verwaltungsbauten« dürften nicht mehr errichtet werden, der Weiterbau der Reichsautobahn sei mindestens zu »prüfen«. Die zu erwartenden zusätzlichen zwei bis drei Millionen Arbeitslosen sollten sich selbst helfen, man könne ihnen ja Land zuweisen.[57] Am 17. September 1936 schob Goerdeler noch eine Denkschrift nach, in der er zusätzlich die Streichungen sämtlicher Subventionen forderte, auch die für Arbeitslose. Es könne »keine befreiendere und glücklichere Tat getan werden als die, dem deutschen Lebenskämpfer wieder die Freiheit zu geben, seine Fähigkeit, sein Können, seinen Mut und seinen Charakter zu beweisen, und wieder einmal ganz hart die Natur wirken zu lassen, die den Ausgang des Kampfes« bestimme. Goerdeler: »Wer ein tüchtiger Kämpfer ist, kommt durch und nützt damit der Allgemeinheit, wer nicht tüchtig ist, erliegt. Aber die Allgemeinheit darf ihm dann nicht immer wieder auf die lahmen Beine helfen wollen.«[58] Hitler soll die erste Denkschrift Goerdelers gelesen und, ebenso wie Göring, als unbrauchbar bezeichnet haben. Als Grund gab Göring bei einer Sitzung des Ministerrats die Forderung der Rüstungsbeschränkung an.[59]

Hitlers Denkschrift vom August 1936:
Die Wehrmacht ist in vier Jahren kriegsbereit zu machen

Die Öffentlichkeit erfuhr von den Debatten im Wirtschaftsministerium und im Ministerrat nichts. Auch die Denkschrift, die Hitler im August 1936 verfasste, wurde erst nach dem Krieg bekannt. Seine Sorge galt nicht der Stabilität der Mark oder der Umgestaltung der Gesellschaft. Die war aus seiner Sicht mit der Verschmelzung von Partei- und Staatsapparat abgeschlossen. Er widmete sich beim Nachdenken auf dem Berghof dem Thema, wie Deutschland innerhalb von vier Jahren kriegsbereit zu machen sei. Die Exemplare überreichte er den wenigen Empfängern, darunter der preußische Ministerpräsident Göring, auf dem Obersalzberg persönlich.[60] Ihm selbst erschienen die ersten vier Jahre seiner Kanzlerschaft als verlorene Jahre, in denen »man« viel Zeit damit verbracht habe, »festzustellen, was wir nicht können«. Jetzt sei es notwendig, »auszuführen«, »was wir können«. An die Mitglieder seiner Regierung stellte er zwei Forderungen: »I. Die deutsche Armee muss in 4 Jahren einsatzfähig sein. II. Die deutsche Wirtschaft muss in 4 Jahren kriegsfähig sein.« Als politische Begründung benannte er wieder die Bedrohung durch den Bolschewismus, der sich weiterentwickelt habe. Russland sei jetzt die »Ausgangsbasis« für einen »weltanschaulich fundierten Angriffswillen« in einer ansonsten »zerrissenen demokratischen Welt«. Die militärischen Machtmittel des bolschewistischen Systems steigerten sich von Jahr zu Jahr, was das rapide Wachstum der Roten Armee zeige. Eine »Krise«

könne nicht ausbleiben, und Deutschland habe die Pflicht, seine eigene Existenz zu sichern. Außerdem sei es überbevölkert und befinde sich wegen seiner wirtschaftlichen Erfolge in einer Zwangslage. Die Steigerung der Kaufkraft des Volkes um 50 Mark im Monat bedeute ohne Zweifel einen »erhöhten und verständlichen Ansturm auf den Lebensmittelmarkt«. Kaufkraft könnte zwar auch durch die Produktion von Gebrauchsgütern abgeschöpft werden – wozu er sicher den »Volksempfänger« oder den »Volkskühlschrank« zählte –, aber die Produktion auf diesem Sektor könne nicht »ohne weiteres« hochgeschraubt werden. Da aber vor allem in der Landwirtschaft eine »wesentliche Steigerung« nicht mehr möglich sei, habe er sich jetzt entschlossen, die Maßnahmen einzuleiten, »die für die *Zukunft* eine *endgültige* Lösung« bringen könnten. Die Wörter »Zukunft« und »endgültig« sind im Text unterstrichen. Was Hitler damit meinte, formulierte er im nächsten Satz: »Die endgültige Lösung liegt in der Erweiterung des Lebensraums bzw. der Rohstoff- und Ernährungsbasis unseres Volkes.« Die Wörter »endgültige Lösung« markierte Göring, der in dem Text nur wenige Anmerkungen vornahm, mit rotem Buntstift, indem er sie doppelt unterstrich. Auch die Folgerung strich Göring an: »Ähnlich der militärischen und politischen Aufrüstung bzw. Mobilmachung unseres Volkes hat auch eine wirtschaftliche zu erfolgen, und zwar im selben Tempo, mit der gleichen Entschlossenheit und wenn nötig auch mit der gleichen Rücksichtslosigkeit.«

Aus dieser Grundsatzentscheidung leitete Hitler mehrere Folgerungen ab. Er halte es für »nötig«, schrieb er, »dass nunmehr mit eiserner Entschlossenheit auf all den Gebieten eine 100prozentige Selbstversorgung eintritt, auf denen diese möglich ist …«. Das betraf die Stahlindustrie ebenso wie die Landwirtschaft. Die Stahlkonzerne müssten die minderwertigen deutschen Eisenerzvorkommen restlos ausschöpfen, selbst wenn das teurer sei als die Nutzung des besseren schwedischen Eisenerzes. Im Hinblick auf die Landwirtschaft rief er dazu auf, die Förderung einheimischen Erdöls anzukurbeln, um daraus Treibstoff zu gewinnen. Denn der Anbau von Kartoffeln mit dem Ziel, Sprit zur Beimengung zum Benzin herzustellen, sei eine Verschwendung von Ressourcen, die es zu beenden gelte. Boden müsse für Lebensmittel und Faserstoffe genutzt werden, was auch der Wirtschaft helfe, Devisen für die Einfuhr von Agrarprodukten einzusparen.

Noch grundsätzlicher als in diesen Punkten argumentierte Hitler im Hinblick auf die Exportwirtschaft. Sie arbeite nicht im »luftleeren Raum«, sondern in hart umkämpften Gebieten. Daher sei es politisch möglich, diese Exporte jederzeit abzuschneiden, was im Umkehrschluss Importe für Deutschland unmöglich machen würde. Die Rolle der Privatwirtschaft sah Hitler in dem Aufrüstungsprozess lediglich funktional. Besitze man eine solche, dann sei es »deren Aufgabe«, sich den Kopf über die Produktionsmethoden zu zerbrechen. Wenn »wir glauben«, meinte Hitler, »dass die Klärung der Produktionsmethoden Aufgabe des Staates sei, dann benötigen wir keine Privatwirtschaft mehr«. Und konkreter formulierte er einige Absätze später: »Das Wirtschaftsministerium hat nur die nationalwirtschaftlichen Aufgaben zu stellen, und die Privatwirtschaft hat sie zu erfüllen.« Wenn die Privatwirtschaft dazu nicht in der Lage sei, werde der »nationalsozialistische Staat« sie »zu lösen wissen«.[61]

Kapitalistische Wirtschaft statt Kriegsbürokratie

Obwohl Hitler in seiner Denkschrift den Privatunternehmen drohte, sollte er prinzipiell an der kapitalistischen Organisation der Kriegswirtschaft festhalten. Allerdings fügte er der liberalen, frei gestaltenden Wirtschaft eine planwirtschaftliche und militärische Komponente hinzu. Die bereits existierende Vierjahresplanbehörde zur Beseitigung der Arbeitslosigkeit wurde im September 1936 umstrukturiert und mit der Lenkung der Aufrüstung betraut. Die Vorgaben des neuen Vierjahresplans waren von den Unternehmen zu erfüllen, wobei ihnen die Wahl der Mittel im Prinzip freigestellt war. Dem zunehmenden Mangel an Arbeitskräften und Rohstoffen wurde jedoch bürokratisch durch Arbeitsplatzbindung und Rohstoffbewirtschaftung abgeholfen, was die Freiheit der Unternehmer einschränkte. Die administrative, an

Ressorts, Regeln und Gesetze gebundene Regulierung stieß damit an ihre Grenzen.

Die militärische Vorgehensweise wirkte als Korrektiv. Analog zu der im Ersten Weltkrieg gängigen preußischen Auftragstaktik konzentrierte man Kompetenzen nicht in den zuständigen Ressorts, sondern bei der jeweils zu bearbeitenden Sache. Diese mit der Lösung eines Problems betrauten Kader erhielten Entscheidungsvollmachten, oft sogar durch einen Führerbefehl. Sie konnten dadurch auch die in der Hierarchie über ihnen Stehenden zur Erfüllung der Aufgabe verpflichten. Zur Motivation des Beauftragten trug erheblich bei, dass er demjenigen verantwortlich war, der ihm diese Vollmachten erteilte.

Ein Führerbefehl setzte damit herkömmliche Weisungsbefugnisse außer Kraft und schuf neue, straffe Befehlsketten. Insgesamt ergab sich so eine Flexibilisierung der Kriegswirtschaft. Der neu berufene Minister für Bewaffnung und Munition Albert Speer nutzte das Instrument der Bevollmächtigung ab 1942 derart virtuos, dass Militärhistoriker sogar von einem »Rüstungswunder« sprachen.[62] Hitler war mit Speers Ergebnissen zunächst nicht unzufrieden, zumal diese Organisationsform seine alleinige Befehlsgewalt in dem zunehmenden Gestrüpp von konkurrierenden Ämtern und Behörden zementierte.[63] Eine »Verwaltungsanarchie« gab es jedoch zu keinem Zeitpunkt, obwohl sich das vermeintlich von Hitler angerichtete Chaos mehrfach in Memoiren niederschlug.[64] Nach dem Krieg klagten ehemalige Offiziere über dieses und jenes, doch es steht außer Frage, dass alle Beteiligten zu größter Effizienz gedrängt wurden. Mit dem Einsatz von Zwangsarbeitern in der Privatwirtschaft erreichte die militärische Organisationsform der Kriegswirtschaft in den Jahren 1943/44 ihren Höhepunkt. Ganz gleich, ob es sich um V2-Raketen, Panzerstahl oder Flugzeuge handelte, die in der Rüstungswirtschaft tätigen Werke trieben diese Sklaven dazu, das als bindend vorgegebene Produktionssoll zu erfüllen.

Es ist zu bezweifeln, dass Hitler die weitreichenden Konsequenzen seiner Entscheidung für die privatwirtschaftliche Strukturierung der Kriegswirtschaft bereits 1933 überblickte. Aber er wählte bewusst eine Organisationsform, die sich von der des Ersten Weltkriegs unterschied.

Damals wurden zunächst nur die Rohstoffe zentral bewirtschaftet, ein Jahr nach Kriegsbeginn fasste man dann das Munitionsamt und die Freigabestelle der industriellen Arbeitskräfte zu einer Superbehörde zusammen. 1916 gipfelte der Zentralismus in der Errichtung eines Kriegsamtes, dem die gesamte Rüstungsindustrie und die Ernährungswirtschaft unterstellt waren. Entstanden war dadurch eine, wie Kritiker meinten, staatssozialistische Volkswirtschaft, die den Mangel nur verwaltete, ohne ihm abzuhelfen.[65]

Gegner und Grenzen von Aufrüstung und Autarkie

Während die Ressortchefs der Reichsregierung dem Aufrüstungskurs ohne Einschränkung zustimmten, meldete der Präsident der Reichsbank vorsichtige Bedenken an. Zwar hatte Hitler 1936 die Debatte um die Staatsverschuldung mit seiner Denkschrift brüsk beendet, Hjalmar Schacht sorgte sich jedoch um die Außenhandelsbilanz. Die Wehrmacht ließ Kriegsgerät bauen, benötigte dazu aber Importrohstoffe. Daher versuchte Schacht, das Reich weiter zur Exportnation zu profilieren, indem er die Ausfuhr deutscher Produkte subventionierte. Nur auf diese Weise könnten die Rohstofflager wieder aufgefüllt werden, ließ er Göring im April 1937 wissen, sodass »die Wiederaufnahme einer verstärkten Rüstung in nicht allzu ferner Zukunft von der Rohstoffseite her wieder möglich würde«. Ob das auch militärische Vorteile brächte, könne er nicht beurteilen, sich aber vorstellen, dass eine Rüstungspause für die »nachzuholende Ausbildung von Offizier und Mann vorteilhaft wäre«. Außerdem ergebe sich so Zeit zur Überprüfung und Vervollkommnung der Technik. Der Rüstungsindustrie empfahl Schacht die Konzentration auf drei Bereiche: Treibstoff, Reifen aus Bunakautschuk und die Aufschließung der einheimischen Erze.[66] Göring wollte ebenso wie Hitler keine Rüstungspause, sondern eine Forcierung, zumal die verschiedenen europäischen Krisen militärische Handlungsspielräume zu eröffnen schienen.

Der Chef des Generalstabs Ludwig Beck war jedoch völlig anderer

Meinung, er sah keine Chancen, sondern beurteilte die Lage pessimistisch. Als zum Beispiel in Österreich Anfang 1937 Monarchisten versuchten, die Dynastie der Habsburger zu restaurieren, forderten nicht wenige in Deutschland ein militärisches Eingreifen. Denn eine mögliche Vereinigung beider Länder würde erheblich behindert werden, wenn diese Bestrebungen erfolgreich wären. In seiner Lageeinschätzung kam Beck am 20. Mai 1937 zu dem Schluss, dass ein Krieg in Europa sicher nicht nur zwischen zwei Mächten geführt werde. Deutschland müsse erstens mit der Tschechoslowakei und Frankreich als Gegner rechnen, in zweiter Linie mit England, Belgien und Russland und drittens sogar mit Polen und Litauen. Zudem würde sich wohl die österreichische Armee auf die Seite der Habsburger schlagen, was »so viel harte Kriegsmaßnahmen« zur Folge hätte, dass in der Öffentlichkeit wohl nicht mehr von einem Anschluss an das Altreich, sondern von einem »Raub« die Rede sein werde. Becks Schlussfolgerung war, dass Deutschland »in Bezug auf sein Heer noch nicht in der Lage« sei, »das Risiko eines mitteleuropäischen Krieges herauszufordern«. Materiell könne es »zurzeit und bis auf weiteres überhaupt keinen Krieg führen«.[67]

Wenige Monate später, im November 1937, beklagte Beck, »dass über die Absicht, die deutsche Raumnot früher oder später gewaltsam zu beheben«, weder innerhalb noch außerhalb der deutschen Grenzen »ein Geheimnis nicht mehr besteht«. Aber auch die politischen Möglichkeiten seien nicht ausgeschöpft. Die »Gegnerschaft« Englands und Frankreichs sei weder »unumstößlich« noch »unüberwindlich«, die Versuche der Diplomatie, sie auszuräumen, hielt der Generalstabschef für »völlig unzureichend«. Die Politik sei die Kunst des Möglichen, und alle drei Völker seien nun einmal gemeinsam auf der Welt, »noch dazu in Europa«. Zwar sei das Empire nicht unerschütterlich, aber »bis auf weiteres die bestimmende Weltmacht neben Amerika«. Noch einmal ging er auf Österreich und die Tschechoslowakei ein. Mit der Gewinnung dieser Länder werde »im günstigsten Falle nur eine relativ geringe Besserung unseres Ernährungs- und Rohstoffbedarfs eintreten«.[68]

Am 15. Juli 1938, kurz vor seinem Rücktritt, stellte Beck gegenüber dem Oberbefehlshaber des Heeres noch einmal klar, dass ein militärisches Vorgehen Deutschlands gegen die Tschechoslowakei »automatisch zu einem europäischen oder einem Weltkrieg führen wird«. Ein solcher werde »nach menschlicher Voraussicht mit einer nicht nur militärischen, sondern auch allgemeinen Katastrophe für Deutschland endigen«.[69] Die jüngeren Offiziere, die Hitlers forcierten Kurs der Aufrüstung und diplomatischen Erpressung guthießen, fällten später ein vernichtendes Urteil über Beck. Der Panzergeneral Guderian, der unbedingt von der Möglichkeit eines erfolgreichen Revisionskriegs überzeugt war, nannte ihn in seinen Memoiren einen »zaudernden Charakter«, der nie zu einem Entschluss gekommen sei und »keine Resonanz in der Truppe besaß«.[70]

Der pessimistische Beck steht in der Rückschau ebenso für viele Wehrmachtsoffiziere wie der optimistische Guderian.

Welchen Stand die Kriegsvorbereitungen in Deutschland erreicht hatten, erläuterte der Chef der Wehrwirtschaftsamts Georg Thomas am 21. Juni 1938 bei einem Vortrag vor Vertretern der Deutschen Bank. Thomas betonte zunächst die Vorteile der internationalen Arbeitsteilung. Ohne die Zusammenarbeit der I. G. Farben mit amerikanischen Firmen hätte man zum Beispiel kein Fliegerbenzin. Der internationale Wettbewerb habe außerdem zu unzähligen kriegswichtigen Innovationen geführt, etwa bei verstellbaren Flugzeugpropellern oder Hochleistungsmotoren.[71] Aus Sicht des Soldaten sei aber selbstverständlich eine vollständig nationale Wirtschaft wünschenswert. Allerdings könne kein Land mit Ausnahme von Sowjetrussland und den USA eine autarke Rüstung aufbauen. Deutschland habe jedoch mit der Erweiterung der Aluminiumindustrie sowie der synthetischen Kautschuk- und Kunstfaserproduktion Zweige geschaffen, die irgendwann einmal auch ausfuhrfähig sein würden. Gleiches gelte auch für andere Branchen.[72]

Als eigentliches Problem betrachtete Thomas die 20-prozentige Unterproduktion der Landwirtschaft, insbesondere bei der Fettgewinnung. Interessant sind Thomas' Schlussfolgerungen. Als Zahlungsmittel werde schon jetzt nur noch Gold akzeptiert, sodass »für einen künftigen

Krieg das Vorhandensein eines größeren Goldbestandes für uns eine unbedingte Notwendigkeit« darstelle.[73] Insgesamt müsse aber der enge Anschluss an die Weltwirtschaft bestehen bleiben. Durch die weitgehende Erhöhung der Selbsterzeugung, verbunden mit genügender Bevorratung, könne jedoch »die wirtschaftliche Wehrkraft« erreicht werden, welche die »Landesverteidigung« fordere.[74] Dem »Vorhandensein eines größeren Goldbestandes« sollte die Wehrmacht, wie sich zeigte, im heraufziehenden Krieg größte Aufmerksamkeit widmen. Die »Erhöhung der Selbsterzeugung« stieß jedoch an ihre Grenzen, wie aus einer Statistik hervorgeht, die für den Bevollmächtigten des Vierjahresplans Hermann Göring angefertigt wurde.

Dieser Aufstellung zufolge reichte die Erzeugung von synthetischen Fasern nicht aus, um das Fehlen von 78 000 Tonnen Wolle und 243 000 Tonnen Baumwolle zu kompensieren. Der Bedarf an Blei, Zinn, Kupfer und Zink konnte nur zu Bruchteilen und der an Eisenerz nur zu einem Viertel gedeckt werden. Selbst im Hinblick auf den synthetischen Kautschuk für Automobilreifen lag die Quote unter 25 Prozent. Es mag sein, dass verschiedene Behörden ihren Verbrauch absichtlich zu hoch anmeldeten und Firmen oder Institutionen in den unteren Ebenen der Wehrmacht begannen, Reifen oder Metalle zu »hamstern«. Aber eine Minderdeckung von mehr als einer Million Tonnen Heizöl, mehr als einer Million Tonnen Dieseltreibstoff und 250 000 Tonnen Flugbenzin offenbarte gravierende Lücken, die bei einer künftigen Kriegführung einkalkuliert werden mussten. Auch Hitlers angeblich obsessives Verlangen nach den Nickelgruben Oberschlesiens und Finnlands, dem Eisenerz aus Schweden oder dem Öl des Kaukasus findet in dieser Statistik seine Erklärung.

Eigenversorgung und -verbrauch
des Deutschen Reiches 1939

Rohstoff	Verbrauch 1939 In Tonnen	Eigenerzeugung In Tonnen	Eigenerzeugung In Prozent
Textilrohstoffe			
Zellwolle (synthetisch)	57 721	54 847	95,02
Wolle (Natur)	88 091	10 800	12,26
Baumwolle	243 338	0	0
Baumwoll-Zellwolle (Mischgewebe)	126 679	136 675	107,89
Flachs	51 649	26 576	51,46
Hanf	57 408	8214	14,31
Metalle			
Blei	245 450	92 800	37,81
Kupfer	309 000	59 300	19,19
Zink	272 100	155 200	57,04
Zinn	10 501	862	8,21
Aluminium	199 500	195 100	97,79
Nickel	9656	0	0
Eisenerz (in Eisengehalt 100 Prozent)	17 079 000	4 635 000	27,14
Chemikalien			
Kautschuk	95 613	20 985	21,95
Ruß, Gas, Acetylen	13 317	13 930	104,60
Mineralölderivate			
Flugbenzin	511 000	267 232	52,30
sonstiges Benzin	2 800 000	1 211 304	43,26
Benzol	545 000	545 368	100,06
Dieseltreibstoff	1 650 000	322 332	19,54
Schmierstoffe	600 000	225 699	37,62
Heizöl	1 150 000	527 918	45,91

Quelle: Interne Zusammenstellung der Vierjahresplanbehörde aus dem Jahr 1942; Prozent-
angaben eigene Berechnungen, in: RGWA Moskau 700–1-6, Blatt 275 bis 358.

7

Beutezug und Revanche:
Der Krieg 1939/40

Ermutigung durch britische Nachgiebigkeit

Im Jahr 1939 war Deutschland hochgerüstet, hatte jedoch seine
Kriegsziele nicht definiert. Aus Hitlers Sicht stand jedoch spätestens seit 1926 fest, dass es Krieg mit Frankreich geben müsse. In
seinem »zweiten Buch«, das er nicht veröffentlichte, weil es ihm zu
offenherzig erschien, formulierte er, dass es allein schon aufgrund
der Lage Deutschlands in Mitteleuropa niemals zu einem »Zustand
der beschaulichen Ruhe« kommen könne. Ganz egal, welchen Weg
es einschlage, das Reich dürfe »keinen Augenblick vergessen«, dass
»Frankreich sein Gegner sein wird«.[1] Dieser »Feind« habe sich zudem
gestärkt mit einem System europäischer Bündnisse, das von Paris über
Warschau und Prag bis nach Belgrad reiche. Seine Flugzeuge könnten
innerhalb einer Stunde die deutschen Industriezentren erreichen und
zerstören. Dabei sei Frankreich noch keineswegs saturiert. In den letzten 300 Jahren sei Deutschland nicht weniger als 29-mal von Frankreich angegriffen worden. Nach wie vor wolle es Westdeutschland
wenigstens bis zur Rheingrenze erobern und werde nur von England
in Schach gehalten.[2]

Großbritannien hingegen bewunderte er. In seinen Reden und
Schriften nahm er immer wieder Bezug auf das Land, dessen Empire
etwa ein Viertel der Weltbevölkerung und ein Viertel der Landmasse
der Erde umfasste. Seine Wahrnehmung war dabei selektiv, auch des-

halb, weil er sich weigerte, Auslandsreisen zu unternehmen, um die Welt besser kennenzulernen.[3] Besonders bewunderte er die Verbindung von wirtschaftlicher Ausbeutung und militärischer Machtentfaltung. Kein anderes Volk habe es so klug verstanden, seine wirtschaftlichen Eroberungen mit dem Schwert vorzubereiten und dann die wirtschaftliche Stärke wieder in »politische Macht umzugießen«, schrieb er 1926 in *Mein Kampf.*[4] Die Zerstörung des britischen Empire erschien ihm schon deshalb nicht wünschenswert, weil er die britische Oberschicht als unverzichtbar für die Aufrechterhaltung der Weltherrschaft der Weißen betrachtete. Gerade weil England die Welt beherrsche, erhebe es in Europa selbst kaum wirtschaftliche Ansprüche. Zu einer »Verewigung der englischen Feindschaft gegen Deutschland« gebe es daher keinen Anlass. Wer die Interessen des Empire durchkreuze, wie es das Kaiserreich mit seiner Flottenpolitik und Welthandelspolitik getan habe, werde auch in Zukunft Englands Feind sein. Wer sie aber nicht berühre, »dessen Dasein wird auch England nicht berühren«, schrieb er 1926.[5]

Diese Position Hitlers schien die britische Politik in der zweiten Hälfte der zwanziger Jahre zu bestätigen. England erwies sich bei den Schuldenverhandlungen als verständiger Gläubiger und versuchte Frankreich zu bremsen, das auf einer Erfüllung des Versailler Vertrags bestand. Den andauernden Verletzungen des Vertrags sahen die britischen Diplomaten tatenlos zu, selbst als Hitler am 16. März 1935 bekanntgab, dass er die Wehrpflicht eingeführt hatte. Die deutschfreundlichen Regierungsmitglieder in London sahen darin nur ein »Gleichziehen« mit Frankreich. Sie drängten darauf, das Flottenabkommen mit dem Deutschen Reich abzuschließen, das diesem Rüstung erlaubte, sie aber zugleich unter Kontrolle hielt. Den Briten schwebte ein kollektives Sicherheitssystem vor, in dem die europäischen Mächte, zu denen auch Deutschland gehören sollte, auf der Grundlage multilateraler Verträge zur Rüstungsbegrenzung in Frieden ihre Interessen verfolgen konnten.

Die englischen Diplomaten, die mit dem Aushandeln von Vereinbarungen betraut waren, kamen im Mai 1935 mit drei Ergebnissen aus Berlin zurück. In dem für Großbritannien wichtigsten Punkt, dem Flottenabkommen, hatten sie entscheidende Fortschritte erzielt. Ein kollektives Sicherheitssystem, Punkt zwei, lehnte Deutschland ab. Zum dritten Punkt, der Luftrüstung, hatte sich Hitler ursprünglich nicht äußern wollen. Doch im Laufe der Gespräche antwortete er dann doch nach kurzem Zögern, man werde innerhalb von zwei Jahren »bereits die Parität mit England erreicht« haben. Der Wahrheitsgehalt war nicht zu überprüfen, doch in London löste diese Aussage – im Gegensatz zur deutschen Seerüstung, die England nicht im Geringsten beunruhigte – Bestürzung aus und führte zu Maßnahmen, von denen die Deutschen nichts ahnten.[6] Innerhalb der britischen Regierung verschoben sich die Haushaltsmittel zugunsten der Luftwaffe. Die Briten forcierten die Entwicklung des Radars und den Bau moderner Jagd- und Bombenflugzeuge.[7] Der britische Militärattaché in Berlin begann sich intensiv für die Heinkel-Werke zu interessieren und kaufte die Konstruktionsunterlagen für verschiedene Neuentwicklungen.[8] Trotzdem werde es Großbritannien nicht möglich sein, im Rüstungswettlauf auf dem Gebiet der Luftwaffe gleichzuziehen, urteilte der britische Innenminister John Simon, der im Ersten Weltkrieg im Royal Flying Corps gedient hatte.[9]

Auch der Umgang miteinander änderte sich. Das vertrauensvolle Verhältnis der Luftwaffenoffiziere beider Länder untereinander wurde von den Briten ebenso beendet wie die Waffenkameradschaft innerhalb der Marine. Der Grund dafür lag in Hitlers Diplomatie. 1936 entsandte er auf Bitten Francos eine Freiwilligeneinheit der Luftwaffe in den spanischen Bürgerkrieg, was für England einen Affront bedeutete. Großbritannien plädierte für Nichteinmischung, Hitler meinte, einen Staat vor dem Bolschewismus retten zu können, und handelte danach. Dass er damit die Machtverhältnisse auf dem Kontinent verschob, war aus seiner Sicht nebensächlich. Hochrangigen britischen Diplomaten hingegen erschien die Störung der Machtbalance in Europa bedenklich.[10]

Um die Beziehungen zu verbessern, ernannte Hitler im Frühsommer 1936 Joachim von Ribbentrop, in dessen geschmeidiger Kaufmannsnatur er eine Wesensverwandtschaft zu britischen Politikern zu erkennen glaubte, zum Botschafter in London. Der Auftrag, den er ihm gab, war unmissverständlich: »Ribbentrop, bringen Sie mir das englische Bündnis!«[11] Vor seiner Abreise nach London gab Ribbentrop ein Fest, es liefen gerade die Olympischen Spiele. Auch der höchste britische Diplomat Robert Vansittart war anwesend und amüsierte sich. Gut gelaunt vereinbarten die beiden ein Frühstück zu zweit am nächsten Tag in Hotel Kaiserhof, das jedoch zum Debakel wurde. Der mit britischem Understatement als Under State Secretary bezeichnete De-facto-Leiter der britischen Außenpolitik zeigte dem Deutschen die kalte Schulter. Ribbentrop führte das Gespräch völlig undiplomatisch als Geschäftsverhandlung, wie er sie als erfolgreicher Whiskyimporteur dutzendfach absolviert hatte. Er versuchte, dem britischen Chefdiplomaten zu suggerieren, dass er einen unwiderstehlichen »Abschluss« machen könnte. Denn Hitler, der allein und souverän entscheiden könne, unterbreite eine »einzigartige Möglichkeit«, nun endlich »zum Nutzen beider« eine gemeinsame »solide Vertrauens- und Interessenbasis aufzubauen«. Der »Führer« sei, so Ribbentrop, zu »einer aufrichtigen, paritätischen Verständigung« bereit. Das Angebot war tatsächlich aufrichtig gemeint, entsprach es doch exakt den Vorstellungen, die Hitler in *Mein Kampf* und später in seinem zweiten Buch fixiert hatte. Vansittart hörte aufmerksam zu, speiste Ribbentrop jedoch mit allgemeinen Floskeln ab. Als der Deutsche nachbohrte und bat, Vansittart möge offen seine Meinung sagen, ging der Brite darauf nicht ein, weder im Großen und Ganzen, wie es sich Ribbentrop erhoffte, noch im Detail, was der Deutsche als Minimum erwartet hatte. Mit Vansittart sei eine deutsch-britische Verständigung nicht herbeizuführen gewesen, urteilte von Ribbentrop 1946.[12]

Aber wie hätte der britische Chefdiplomat auf diese Offerte auch reagieren sollen? Deutschland hatte eine Luftwaffe aufgebaut, die Wehrpflicht eingeführt und hielt sich nur noch an die Abschnitte des Versailler Vertrags, die ihm genehm erschienen. Parallel wurde zu den Themen Abrüstung und Schulden weiterverhandelt, wobei sich die deutschen Diplomaten unnachgiebig zeigten. Vansittart musste ein deutsches Doppelspiel befürchten und hatte keinerlei Gewissheit, dass es sich um ein ehrliches Angebot zur Verständigung handelte. Aber selbst wenn es das war, lief es auf Hitlers Konzept hinaus, das eine deutsche Vormacht auf dem Kontinent vorsah und Britannien die Weltherrschaft minus Europa zugestand.

Die regierenden Konservativen versetzten allerdings den kompromisslosen Chefdiplomaten Vansittart in den Ruhestand und verfolgten ihrerseits eine Strategie der Deeskalation, um Zeit zu gewinnen. Dabei erkannte der britische Premierminister Neville Chamberlain grundsätzlich an, dass die Grenzen in Europa 1919 oft unglücklich gezogen worden waren, setzte aber auf eine friedliche Revision. Bei den zu diesem Zweck geführten deutsch-britischen Gesprächen in Bad Godesberg im September 1938 posierten Hitler und Chamberlain beim Händedruck zwar demonstrativ vor einer Friedenspalme, doch der Ton, in dem Hitler seine Forderungen zur Lösung der deutschen »Volkstumsfragen« vortrug, erschien den Briten barsch wie der eines siegreichen Kriegsherrn. Hitler beanspruchte die sudetendeutschen Gebiete der Tschechoslowakei mit derartiger Entschiedenheit, dass England den Krieg für unausweichlich hielt. Die Gespräche scheiterten, doch es gelang dem italienischen Diktator Mussolini, dennoch eine Viermächtekonferenz anzuberaumen. Hitler lud die Regierungschefs von Frankreich, Großbritannien und Italien nach München ein. Das Ergebnis der Verhandlungen am 30. September 1938 ist bekannt. Durch das Münchner Abkommen gewann das Deutsche Reich drei Millionen Einwohner, darunter rund 400 000 Tschechen, von denen zwei Drittel die deutsche Staatsbürgerschaft annahmen.[13] Wichtiger noch war die Ausschaltung der Tschechoslowakei als Militärmacht, so gingen die mit großem Aufwand ausgebauten Grenzfestungen kampflos in den Besitz Deutschlands über. Die Tschechoslowakei fiel damit auch als »sowjetrussischer Flugzeugträger« aus, als den die militärischen Planer sie betrachtet hatten.[14]

Während Hitler den britischen Premier Chamberlain wegen seiner Schwäche später verächtlich als »Würstchen« titulierte[15], war die »Appeasement«-Politik Londons in Großbritannien überaus populär. Als

Chamberlain aus München zurückkehrte, wurde er begeistert empfangen, und er glaubte offenbar an die in München unterzeichnete Erklärung. Er und Hitler hatten den Wunsch bekräftigt, dass ihre beiden Völker »niemals wieder Krieg gegeneinander« führen wollten. Chamberlain rief der jubelnden Menschenmenge zu, er bringe »Frieden für unsere Zeit«.[16]

Der britische Historiker Ian Kershaw hat die rasch folgende Ernüchterung und den langsam reifenden Entschluss zum Krieg gegen das Deutsche Reich minutiös nachgezeichnet. Die als »Kristallnacht« bekannt gewordenen Judenpogrome am 9. November 1938 führten dazu, dass Chamberlain noch einmal mit Mussolini Kontakt aufnahm. Der sollte Hitler von weiteren »Wahnsinnstaten« abhalten. Das Treffen verlief ergebnislos. Chamberlain wandte sich erneut an die Öffentlichkeit und hielt am 28. Januar 1939 eine vielbeachtete Ansprache, in der er seinen Friedenswillen betonte, aber die Judenverfolgungen heftig kritisierte.[17]

Hitlers Reichstagsrede zwei Tage später konnte durchaus als Friedenssignal wahrgenommen werden, obwohl er jene Schlüsselsätze sagte, die später von Journalisten und Historikern immer wieder zitiert werden sollten. Wieder einmal, begann er, trete er als »Prophet« ans Pult. »Wenn es dem internationalen Finanzjudentum in und außerhalb Europas gelingen sollte«, fuhr er fort, »die Völker noch einmal in einen Weltkrieg zu stürzen«, dann werde »das Ergebnis nicht die Bolschewisierung der Erde und somit der Sieg des Judentums sein, sondern die Vernichtung der jüdischen Rasse in Europa«.[18]

Diese radikale Ankündigung wie auch die folgenden Ausführungen bettete Hitler geschickt in andere Aussagen ein, die ihn zwar als Feind der Juden, aber zugleich als Pazifisten, als Bewahrer des Friedens erscheinen ließen. Die Völker der Welt wollten eben nicht mehr auf Schlachtfeldern sterben, die von dieser »wurzellosen, internationalen Rasse« bereitet würden. Im selben Atemzug beschuldigte Hitler die kapitalistischen Juden, Kriege aus »alttestamentarischer Rachsucht« anzuzetteln und dann an den »Geschäften des Krieges« zu verdienen, und dasselbe Ziel verfolge die bolschewistische Parole »Proletarier aller Länder, vereinigt euch«. Dem werde man aber »eine höhere Erkenntnis« entgegensetzen, nämlich: »Schaffende Nationen, erkennt euren gemeinsamen Feind!« Ihn, den »jüdischen Weltfeind«, gelte es zu Boden zu werfen.[19]

Die anderen Teile seiner Rede waren militärischen und politischen Fragen gewidmet, die Hitler ebenfalls rhetorisch geschickt dazu nutzte, immer wieder als Bewahrer des Friedens zu erscheinen. Mit dem Münchner Abkommen sei es der internationalen Gemeinschaft gelungen, einen Kriegsherd auszuschalten, behauptete er. Im Westen habe er darauf gedrängt, eine »Verteidigungsfront« zu errichten, den Westwall. Dem Publikum und der Weltöffentlichkeit erläuterte Hitler auch seine Gründe, warum die deutsche Legion Condor in den spanischen Bürgerkrieg eingegriffen hatte, nämlich im Namen der Religionsfreiheit. Denn die spanischen Kommunisten hätten Priester ermordet und Nonnen geschändet.

Den Vorwurf, das Deutsche Reich habe die Gebietsänderungen nur durch die »militärische Erpressung« anderer Völker erreicht, wies Hitler zurück. Deutschland habe lediglich für zehn Millionen »deutsche Volksgenossen« das »Selbstbestimmungsrecht« wieder in Kraft gesetzt, in einem geographischen Raum, in dem die westlichen Staaten keine Interessen hätten. Deutschland werde auch in Zukunft »natürliche und vernünftige Lösungen« vertreten, kündigte Hitler mit Blick auf Danzig, den polnischen Korridor und Oberschlesien an.[20] Mit Verweis auf die zahlreichen Bündnispartner, er nannte Italien, Japan und Ungarn, baute er dann wieder die erprobte Drohkulisse auf, welche die britische Regierung im Vorfeld von München beeindruckt hatte. Das nationalsozialistische Deutschland sei »stark genug«, um gegen jedermann den »Frieden zu sichern« oder aber einen von unverantwortlichen Kräften leichtfertig vom Zaun gebrochenen Konflikt »erfolgreich zu beenden«.[21] Die Schlussworte erschienen dann wieder versöhnlich, wenn auch in reiner Blut-und-Boden-Rhetorik gehalten. 2000 Jahre habe es gedauert, bis aus den verstreuten deutschen Stämmen ein Volk geworden sei, in dessen Staat jetzt alle Ströme deutschen Blutes münden würden. Und dann kam der entscheidende Hinweis für die Außenpolitiker der gegnerischen Staaten: »Nun darf dieser Werdegang der deutschen Nation im Wesentlichen als beendet gelten.«[22]

Hitler präsentierte sich im Reichstag als extrem nationalistischer und judenfeindlicher, aber auch ethisch motivierter Politiker und Pazifist, der nur dann zu den Waffen greifen würde, wenn seinem Volk Schaden drohte.

Die Hoffnung auf ein Ende der explosiven Situation in Mitteleuropa konnte den Europapolitikern des Jahres 1939, ganz gleich in welchem Land, nur recht sein. Mit dem erreichten Stand, so unerfreulich er auch war, hätten sich die Großmächte Frankreich und Großbritannien dauerhaft zufriedengegeben. Das Umdenken setzte mit der Besetzung der »Resttschechei« ein, wie es zynisch hieß.

Bereits unmittelbar nach dem Münchner Abkommen hatte Hitler beim Generalstab eine Studie in Auftrag gegeben, wie die militärische Besetzung des Landes zu bewerkstelligen wäre.[23] Mitte November 1938 forderte Göring bei einer Besprechung mit Hitler, eine Minimallösung herbeizuführen. In diplomatischen Verhandlungen sollte das Land zu einer »Währungsunion« genötigt werden, um »die Verfügung über die Gold- und Devisenbestände der Prager Nationalbank zu erhalten«. Diese beliefen sich, wie Görings Staatssekretär Körner ermittelt hatte, auf »netto etwa 200 Mill. RM«. Angesichts gestiegener Ausgaben für Eisenerz, unedle Metalle und Kraftstoff wäre durch die Währungsunion »die Devisen- und Rohstoffversorgung auch im Jahre 1939 im bisherigen Rahmen gesichert«.[24]

Mit der Besetzung der böhmischen und mährischen Landesteile im März 1939 brach der Viervölkerstaat auseinander. Das mit Deutschland verbündete Ungarn nahm sich die Gebiete, in denen Ungarn wohnten. Die Slowaken gründeten einen souveränen Staat, die Tschechen fanden sich im »Protektorat Böhmen und Mähren« wieder. In allen Gebieten gab es Hunderttausende Deutsche, auf die sich Hitlers Kalkül fokussierte. Zu Recht, denn der slowakische Staat verbündete sich sofort mit dem nationalsozialistischen Deutschland, Ungarn hatte das schon vorher getan.

In Großbritannien bahnte sich der Stimmungswechsel jetzt unter dem Druck der öffentlichen Meinung an. Die britischen Zeitungen waren entsetzt darüber, dass Deutschland nun auch den Rest der Tschechoslowakei besetzte, ein Gebiet, für dessen Bestand Frankreich und Großbritannien diplomatische Garantien abgegeben hatten. Selbst die regierungsfreundliche, konservative *Times* sprach nach diesen Ereignissen von einem »rohen und brutalen Akt der Unterdrückung«.[25] Die britische Regierung forderte sofort, alle tschechischen Guthaben einzufrieren, damit Gold und Devisen nicht in deutsche Hände gerieten, was die Bank of England nicht daran hinderte, ein solches Konto in Höhe von 5,6 Millionen Pfund auf die Reichsbank umzuschreiben.[26] Diplomatisch zeigte Chamberlain jetzt demonstrativ Härte und sprach im März 1939 eine Garantieerklärung für Polen aus. Im Falle »irgendeiner Aktion«, die von der polnischen Regierung für lebensbedrohlich gehalten werde, sei die Regierung Ihrer Majestät bereit, »jegliche Unterstützung zu gewähren, zu der sie imstande ist«. Bei einer Parlamentssitzung räumte er noch einmal jeden Zweifel aus: »Falls Polen angegriffen wird, werden wir den Krieg erklären.« Kershaw bezeichnete diese Garantie mit der Weisheit des Historikers als »gut gemeint«, naiv und zynisch. Denn militärisch konnte Großbritannien nichts unternehmen, um Polen in einem Konflikt wirklich zu unterstützen. Das Empire führte in den folgenden Wochen nicht einmal vorbereitende Gespräche mit Frankreich für den eventuellen Kriegsfall.[27]

Polen fühlte sich jedoch zu einer kompromisslosen Haltung gegenüber dem Deutschen Reich ermutigt. Der polnische Botschafter Józef Lipski übergab Ribbentrop am 26. März 1939 ein Memorandum, dem zufolge jede gewünschte Gebietsänderung Krieg bedeuten würde. Ribbentrop reagierte pikiert und stellte noch einmal klar, dass Hitler drei Zugeständnisse wünsche: 1. die Rückkehr Danzigs zum Deutschen Reich, 2. eine exterritoriale Eisenbahn- und Autoverbindung zwischen dem Reich und Ostpreußen und 3. einen für 25 Jahre festgeschriebenen Nichtangriffspakt.[28] In der Hoffnung auf die britische Rückendeckung und in Verkennung der eigenen militärischen Stärke schloss Polens Außenminister am 6. April 1939 mit Großbritannien einen formalen Bündnispakt ab. Aus deutscher Sicht verstieß England damit gegen das Münchner Abkommen, schließlich hatte Chamberlain damals zugesagt, keine Verpflichtungen einzugehen, ohne dass vorher gegenseitige Konsultationen stattfänden. Hitler und sein Außenminister Ribbentrop hatten das Abkommen von München so interpretiert, dass ihnen Großbritannien bei ihrer Kontinentalpolitik nicht in die Quere kommen würde, und waren jetzt überrascht. Noch im Schatten des Galgens zeigte sich Ribbentrop perplex: »Woher nahm England dieses Recht in Osteuropa?«[29]

Kriegsvorbereitung und Nichtangriffspakt

Weil Hitler klar geworden war, dass die britische Regierung einer diplomatischen Zerschlagung Polens nicht, wie im Fall der Tschechoslowakei, zustimmen würde, setzte er zwei Entwicklungen in Gang. Er erlaubte den Diplomaten die Annäherung an Sowjetrussland und verstieß damit gegen seine eigenen ideologischen Prägungen. Aber diese Flexibilität erschien ihm möglich, weil er Bismarcks Ostpolitik vor Augen hatte. Der Kanzler Wilhelms I. hatte immer auf einem guten Verhältnis zum Russischen Reich bestanden, weil er es erstens für unbesiegbar hielt und zweitens nicht als aggressiv ansah. Hitler sah beides anders, aber er ließ seine Diplomaten in dem Glauben, dass aus ihm ein zweiter Bismarck werden könnte. Am Ende stand ein Nichtangriffspakt, der die vierte Teilung Polens bedeutete.

Die zweite Entwicklung betraf den Eventualfall. Mit der britischen Garantie für Polen sah Hitler den Krieg auch mit den Westmächten als notwendig an, wie er den Spitzen der Wehrmachtsteile am 23. Mai 1939 bei in einer Ansprache mitteilte. Im Gegensatz zu seiner Denkschrift von 1936, in der er behauptet hatte, dass die letzten vier Jahre verschwendet gewesen seien, betrachtete er die Lage jetzt außerordentlich optimistisch. »Die 80-Millionen-Masse« habe dank seines Wirkens die »ideellen Probleme gelöst«, meinte Hitler, jetzt gelte es, die wirtschaftlichen Probleme ins Visier zu nehmen. Deshalb komme

Deutschland nicht darum herum, sich nun auch den ihm zustehenden »Lebensraum« zu verschaffen: »Es handelt sich für uns um Arrondierung des Lebensraumes im Osten und Sicherstellung der Ernährung.« Denn nur dadurch könne das Reich aufsteigen, andernfalls drohe der Abstieg, notierte Hitlers Adjutant Schmundt. Hitler bekräftigte seine Auffassung, dass die Schenkung kolonialen Besitzes keine Lösung darstelle, weil immer eine britische Blockade drohe. Auch Danzig sei nicht das Objekt, um das es gehe. Er habe sich für den Angriff gegen Polen entschieden, teilte Hitler den Anwesenden mit. Neben der »Lebensraumfrage« begründete er dieses Vorgehen damit, dass der östliche Nachbar immer der Feind Deutschlands sein werde und außerdem möglichlicherweise in den Sog des bolschewistischen Russlands gerate.

Zwar sei es die Aufgabe geschickter Politik, Polen zu isolieren, aber er zweifle an einer friedlichen Lösung im Hinblick auf die Westmächte. England werde französisches Blut nicht schonen und die Neutralität Belgiens und der Niederlande ignorieren. »England ist daher unser Feind«, protokollierte Adjutant Schmundt, »und die Auseinandersetzung geht auf Leben und Tod.«

Als Ziel gab Hitler vor, dass das Heer die Positionen in Besitz nehmen müsse, die für Flotte und Luftwaffe wichtig im Kampf gegen das britische Empire seien. Daher müssten die Niederlande und Belgien besetzt und Frankreich geschlagen werden. Das sei die Basis für einen erfolgreichen Krieg gegen England. In seinem optimistischen Szenario war eine Eroberung der Insel nicht vorgesehen. Die Luftwaffe werde nach dem Sieg über Frankreich die »engere Blockade«, die Marine mit den U-Booten die weitere übernehmen. Die Zeit entscheide gegen England.

Ausdrücklich nahm Hitler dabei noch einmal auf die Erfahrungen des Ersten Weltkriegs Bezug. Aus ihnen ergäben sich vier Rückschlüsse:

»1. Bei einer stärkeren Kriegsmarine zu Beginn des Weltkrieges oder [im Falle] eines Abdrehens des Heeres auf die Kanalhäfen hätte der Krieg einen anderen Ausgang genommen.

2. Ein Land ist durch die Luftwaffe nicht niederzuzwingen. Es kön-

nen nicht alle Objekte gleichzeitig angegriffen werden, und wenige Minuten Zeit rufen die Abwehr auf den Plan.

3. Wichtig ist der rücksichtsloseste Einsatz aller Mittel.

4. Hat erst einmal das Heer im Zusammenwirken mit der Luftwaffe und Kriegsmarine die wichtigsten Positionen genommen, dann fließt die industrielle Produktion nicht mehr in das Danaiden-Fass der Schlachten des Heeres, sondern kommt der Luftwaffe und der Kriegsmarine zugute.«[30]

Obwohl ein konkreter Kriegsplan noch nicht vorlag, war für Hitler offenbar klar, dass der Frankreichfeldzug nicht auf Paris, sondern die Kanalhäfen ausgerichtet sein musste. Allerdings gab er dieser Überlegung noch keine festen Konturen, das sollte er erst später bei der Ausarbeitung der Aufmarschpläne gegen Frankreich tun. Die auffällige Anleihe bei der griechischen Mythologie zeigt, dass Hitler einen kurzen Krieg führen wollte, weil er die Abnutzungsschlachten des Ersten Weltkriegs für einen Fluch hielt, waren doch die Töchter des Königs Danaos wegen ihrer Sünden dazu verflucht worden, in der Unterwelt auf ewig Wasser aus einem Fluss in ein Fass ohne Boden zu schöpfen.[31] Seine überaus optimistische Prämisse, dass ein Land durch den Luftkrieg allein nicht in die Knie zu zwingen sei, widersprach den Annahmen der Theoretiker des Luftkriegs. Aber bereits beim Aufbau der deutschen Luftwaffe hatte man die Thesen des Italieners Giulio Douhet zum totalen Luftkrieg verworfen. Hitler argumentierte also genau so, wie es die Luftwaffenführung 1936 entschieden hatte.

Die Last des kommenden Krieges sollte mithin das Heer tragen. Deshalb wurde der sogenannte Schnellplan noch einmal überarbeitet, die Produktion von Waffen, Sprengstoff und sonstigem Kriegsgerät forciert. Zum Dritten ermächtigte Hitler den Generalstab, konkrete Pläne für den Krieg gegen Polen und gegen Frankreich zu erarbeiten. Der Polen betreffende Plan war schnell geschrieben, weil sich das Land ohnehin in einer Zange befand. Aus Schlesien, Pommern und Ostpreußen konnten die Bodentruppen vorstoßen. Nennenswerte geographische Hindernisse gab es lediglich in den Beskiden im Süden, der flache Rest des Landes erwies sich als perfektes Terrain für die neue deutsche Panzerwaffe. Der sogenannte Korridor war eine nicht zu verteidigende Landzunge und das ursprünglich russische Festungsdreieck Modlin–Warschau–Brest-Litowsk kein Hindernis.

Hitler beschäftigte sich im Sommer intensiv mit dem Operationsplan des Heeres für den Polenfeldzug. Der Oberkommandierende des Heeres von Brauchitsch und Generalstabschef Halder besprachen zahllose Einzelheiten mit ihm, die sowohl strategische als auch taktische Fragen betrafen. Während Hitler auf diesen Feldern der passiv Empfangende war, der sich über Konzepte und Planungen informieren ließ, griff er in das Personal der Kommandeure aktiv ein. So wie er in den Jahren 1931/32 zahllose SA-Standartenführer ernannt hatte, bestimmte er jetzt die Besetzung der Armeekommandos und ebnete Offizieren, die ihm ideologisch tragfähig oder militärisch kompetent erschienen, den Weg in die entsprechenden Stellen.[32]

Der Sommer des Jahres 1939 verlief für Außenstehende in scheinbar ereignisarmer Normalität. Hitlers Adjutantur hatte jedoch alle Hände voll zu tun, um das Standardprogramm mit den militärischen Besprechungen zu koordinieren. Hitler besuchte offiziell Kunstausstellungen und Aufführungen in Bayreuth, den defensiv aufgestellten Westwall und absolvierte die Gratulationsveranstaltungen zu seinem 25-jährigen Jubiläum des Eintritts in das Reserve-Infanterieregiment Nummer 16. Immer wieder schoben die Adjutanten Hitlers inoffizielle Treffen in diesen Terminkalender, zum Teil mit hochrangigen Militärs.[33] Hitler führte auch Gespräche mit Reinhard Heydrich und Heinrich Himmler, um mehrere Einsatzgruppen des Sicherheitsdienstes der SS aufzustellen. Im Falle einer Invasion in Polen sollten sich diese Polizeiverbände der »Bekämpfung aller reichsfeindlichen Elemente rückwärts der fechtenden Truppe« widmen und gezielt deutsche Emigranten und Polen ausschalten, »die offensichtlich gewillt und aufgrund ihrer Stellung und ihres Ansehens in der Lage« wären, »Unruhe« zu stiften. Bei den Treffen mit von Brauchitsch und Halder setzte Hitler diese von der Aufgabenteilung in Kenntnis. Eine förmliche Weisung an die Wehrmacht, wie es sie 1941 für den Krieg gegen die Sowjetunion geben würde, erließ Hitler jedoch zunächst nicht.[34]

In diese Zeit hektischer Aktivitäten fiel eine Ansprache Hitlers vor den höchstrangigen Militärs auf dem Obersalzberg am 22. August 1939. Hitler wollte diesen Kreis, etwa 50 Personen, von seinem Entschluss, Polen anzugreifen, überzeugen. Er hatte sich dafür nur wenige handschriftliche Notizen gemacht, die als verschollen gelten müssen. Einige der Teilnehmer fertigten jedoch Mitschriften an, sodass die Kernpunkte von Hitlers Argumentation nachvollziehbar sind.

Seine Rede begann damit, dass er seine persönlichen Verdienste herausstellte. Die Tatsache, dass es wohl nie wieder einen Mann geben würde, der in so hohem Maße »das Vertrauen des ganzen deutschen Volkes« besitze, spreche dafür, den Krieg jetzt, unter seiner Führung, zu beginnen. »Niemand weiß, wie lange ich noch lebe«, verzeichnet das Protokoll: »Deshalb Auseinandersetzung besser jetzt.« Auf der Gegenseite gebe es hingegen keine Persönlichkeit von Format, weder in Frankreich noch in England. Andererseits stelle sich die wirtschaftliche Lage Deutschlands so dar, dass das Land nur noch wenige Jahre werde durchhalten können. Das gelte aber ebenso für das Empire, das aus dem letzten Krieg geschwächt hervorgegangen sei. Auch jetzt betreibe es nur Propaganda, keine wirkliche Aufrüstung. Es sei also fraglich, ob sein Beitrag über die Bereitstellung von drei Divisionen auf dem Festland hinausgehen könne. Eine Seeblockade sei im Gegensatz zu 1914 unwirksam. Den Westen werde man halten, bis Polen niedergeworfen sei. Und durch den Nichtangriffspakt mit Stalin sei nun endlich der Weg frei für den Soldaten.[35]

Beim gemeinsamen Mittagessen meldeten sich jedoch noch einmal die Bedenkenträger zu Wort. Daher ergriff Hitler danach erneut das Wort und verwies auf die erreichte Festigung und Kriegsbereitschaft der Gesellschaft. Die Vernichtung Polens stünde im Vordergrund, wie das Protokoll vermerkte. Und weiter: »Herz verschließen gegen Mitleid. Brutales Vorgehen.« Hitler kündigte jetzt auch den unmittelbar bevorstehenden Kriegsbeginn für den 26. August 1939, einem Samstag, an. Er werde auch, so die Mitschrift, »propagandistischen Anlass zur Auslösung des Krieges geben, gleichgültig, ob glaubhaft«. Tatsächlich fanden sich wenige Tage später als Deutsche verkleidete

Leichen im Rundfunksender Gleiwitz, die SS hatte KZ-Häftlinge dort öffentlichkeitswirksam abgelegt. Der Sieger werde später nicht danach gefragt, ob er die Wahrheit gesagt habe oder nicht, meinte Hitler vor der versammelten militärischen Spitze des Deutschen Reiches und fuhr mit der Sentenz fort, es komme bei Beginn und Führung eines Kriegs nicht auf das Recht an, sondern auf den Sieg.[36]

Der Polenfeldzug

Polen wurde Opfer seiner ungünstigen militärgeographischen Lage und der waffentechnischen Überlegenheit der Wehrmacht. Diese setzte 15 motorisierte Divisionen mit 3600 gepanzerten Fahrzeugen ein, Polen konnte ganze 750 Panzer in die Schlacht werfen. Die deutsche Luftwaffe verfügte über mehr als 1900 Flugzeuge, Polen konnte 900 aufbieten. Hinzu kamen Führungsfehler, die auch durch die Tapferkeit der kämpfenden Truppe nicht kompensiert werden konnten.[37] Der Eintritt der Sowjetunion in den Krieg, mehr als zwei Wochen nach Kriegsbeginn und zu einem Zeitpunkt, an dem klar war, dass sich weder Großbritannien noch Frankreich rühren würden, versetzte Polen den Todesstoß.[38]

Die deutschen Soldaten sammelten bei der Zerschlagung der polnischen Armee wertvolle Kampferfahrung, auch bei Unternehmungen, die nicht so erfolgreich verliefen wie erwartet. So wehrte die Besatzung der Festung Brest-Litowsk einen im Stil des Ersten Weltkriegs vorgetragenen Sturmangriff ab. Die deutsche Artillerie hatte eine Feuerwalze vor die anstürmende Infanterie gelegt, die aber nicht schnell genug folgen konnte. Dann schoss die Artillerie versehentlich auf die eigene Truppe, die bei der Absetzbewegung in schweres polnisches Feuer geriet. Die Einnahme der Festung Brest-Litowsk gelang allerdings trotzdem bereits nach zwei Tagen, was die militärische Führung in ihrer Ansicht bestärkt haben dürfte, dass Festungsbauten, gleich welcher Art, überwindbare Hindernisse darstellten.[39]

Zum Debakel wurde allerdings der Einsatz der Luftwaffe beim Angriff auf die polnische Hauptstadt und Festung Warschau. Die Luftwaffe setzte etwa 1200 Maschinen ein, auch für Luftangriffe ungeeignete Transportflugzeuge, die vorwiegend Brandbomben abwarfen. Die Folge waren eine breite Streuung der Bomben und eine derart intensive Rauchentwicklung, dass die Zielgenauigkeit der Luftwaffe darunter ebenso litt wie die der Artillerie. Die Zivilbevölkerung hatte große Opfer zu beklagen, aber erst als auch deutsche Truppen in »Friendly Fire« gerieten, protestierte das Heer bei Hitler. Der entschied, die Luftwaffe solle weitermachen wie bisher, aber zunächst in Warschau einen Tag Pause einlegen. An diesem Tag, dem 26. September 1939, bombardierte die Luftwaffe die Festung Modlin mit mehr als 400 Flugzeugen, während Heerestruppen in den östlichen Stadtteil Warschaus, Praga, vorstießen. Dort meldeten sich am Abend Parlamentäre, die um einen eintägigen Waffenstillstand baten und Kapitulationsverhandlungen anboten. Die Antwort war negativ, weil nur eine bedingungslose Kapitulation in Frage käme. Unmittelbar darauf setzte ein enormer Artilleriebeschuss ein, dem am nächsten Morgen ein rasch vorangetriebener Angriff der Infanterie folgte. Noch vor dem Mittag willigten die Kommandanten der Festung Warschau in die bedingungslose Kapitulation ein, und 120 000 Mann gingen in Gefangenschaft. Die Luftwaffe konzentrierte ihre Angriffe jetzt auf die Festung Modlin, die am 29. September kapitulierte. Als am 1. Oktober schließlich die Besatzung der Festungshalbinsel Hel die Waffen streckte, war der letzte polnische Widerstand erloschen.[40]

Für Polen war das Ergebnis des Kriegs eine Katastrophe. 70 000 Soldaten waren von den Deutschen, 50 000 von der sowjetischen Armee getötet worden. Mehr als 700 000 Männer gingen in Gefangenschaft. 220 000 flohen ins Ausland, das betraf Marineangehörige, die sich nach Schweden absetzten, ebenso wie Bodentruppen, die sich nach Rumänien durchkämpften. Die deutschen Verluste erscheinen dagegen marginal. 11 000 Soldaten waren gefallen, darunter überdurchschnittlich viele Offiziere. Erstaunlich hoch waren die Einbußen an Material. Die Wehrmacht verlor 300 Panzer, eine Folge der hochmotivierten polnischen Panzerabwehr im Nahkampf. 5000 Kraftfahrzeuge waren verloren oder nicht mehr einsatzfähig. Die Luftwaffe verlor 560 Flugzeuge, etwa ein Viertel ihres Bestands.[41] Besonders kritisch war die Munitionslage. Lediglich ein Drittel der Heeresdivisionen verfügte überhaupt noch über Munition, und das nur noch für weitere 14 Kampftage. Ähnlich sah es bei der Luftwaffe aus, die bei einer weiteren Kriegsdauer innerhalb kurzer Zeit sämtliche Bombenvorräte verbraucht hätte.[42]

Bei mehreren Frontbesuchen verschaffte sich Hitler ein Bild von der Lage, wobei jeder Kommandeur auf die Leistungen seiner Waffengattung verwies. Als er Heinz Guderian angesichts vernichteter polnischer Artillerie fragte, ob diese von Stukas ausgeschaltet worden war, verneinte der General und betonte, dies sei ein Erfolg seines Panzereinsatzes gewesen. Das Gespräch kam dann sofort auf technische Fragen, bei denen Guderian verschiedene Verbesserungen am Panzer III und IV anmahnte, was von Hitler aufmerksam registriert wurde.[43] Als er an seinen Schreibtisch zurückkehrte, fand er eine Denkschrift des für die Rüstung zuständigen Generals Georg Thomas vor, der darin ausführte, dass monatlich 600 000 Tonnen Stahl fehlten und die Steigerung der Pulverproduktion erst ab 1941 möglich sein würde.

Durch hektisches Umsteuern und rücksichtsloses Antreiben der Rüstungsbetriebe konnten alle Ausfälle behoben werden. Außerdem gelang es, die Zahl der Panzer bis zum Frankreichfeldzug wesentlich zu erhöhen, beim Panzer III von 151 auf 785, beim Panzer IV von 143 auf 290 und bei den tschechischen Modellen von 247 auf 381.[44]

Seekrieg: Das Debakel der Schlachtschiffe

Mit der Kriegserklärung Großbritanniens und Frankreichs an das Deutsche Reich begann am 3. September auch der Seekrieg. Im Gegensatz zum Heer im Polenkrieg war die Marine gegen die gigantische Flotte des Empire hoffnungslos unterlegen. So unterlegen, dass der Chef der Seekriegsleitung Erich Raeder notierte, die deutsche Marine sei gewillt, »mit Anstand zu sterben« und damit die ehrenhafte »Grundlage für einen späteren Wiederaufbau« zu schaffen. Weder die beiden Panzerschiffe noch die überschaubare U-Boot-Streitmacht werde im Atlantik »kriegsentscheidend« wirken.[45] Die Marine konnte Erfolge nur erzielen, wenn sie die Unterlegenheit durch kühne Unternehmungen auszugleichen suchte. Dabei vermied sie üblicherweise die direkte Konfrontation mit den gegnerischen Streitkräften und konzentrierte sich stattdessen auf den Handelskrieg.

Durch die Verminung englischer Häfen und riskante U-Boot-Angriffe gelangen tatsächlich erste Erfolge. Innerhalb eines Monats wurden 26 britische Handelsschiffe versenkt, und U-29 traf am 17. September den britischen Flugzeugträger HMS »Courageous« mit seinen Torpedos. Am 14. Oktober drang U-47 in den Marinestützpunkt Scapa Flow ein und versenkte das Schlachtschiff »Royal Oak«. Das Versagen des Magnetzünders vieler Torpedos verhinderte weitere Abschüsse. Die Konstrukteure und Testingenieure wurden vors Kriegsgericht gestellt. Die Probleme waren allerdings vor der Norwegeninvasion noch nicht gelöst, sodass die U-Boote dort keine bedeutende Rolle spielten.[46]

Die beiden Panzerschiffe wurden im Atlantik eingesetzt, wo sie durch die Vernichtung von Geleitzügen für die »Lahmlegung« des Handelsverkehrs nach Großbritannien sorgen sollten. Die »Deutschland« versenkte im Norden ganze zwei Schiffe und brachte einen amerikanischen Öltanker auf. Die »Graf Spee« operierte zunächst im Südatlantik, ging aber Ende Oktober 1939 dazu über, den Gegner im Indischen Ozean aufzustören. Dort zeigte sie sich kurzzeitig und kehrte nach der Versenkung eines kleinen Öltankers in den Südatlantik zurück. Der Zustand ihrer Maschinenanlage machte jedoch die Rückkehr in die Heimat erforderlich. Nachdem sie vor Südafrika noch zwei Schiffe versenkt hatte, nahm sie Kurs auf die Mündung des Rio de la Plata, wo mit starkem Schiffsverkehr zu rechnen war. Zum Schutz dieses Verkehrs war die aus vier Kreuzern bestehende britische Force G abgestellt worden, in welche die »Graf Spee« direkt hineinfuhr. Da die Besatzung glaubte, gesichtet worden zu sein – was nicht zutraf –, griff »Graf Spee« an. Den Deutschen gelang die Beschädigung des schweren Kreuzers »Exeter« und des leichten Kreuzers »Ajax«, woraufhin die Engländer das Gefecht abbrachen. »Graf Spee«, die selbst mehrere Treffer erlitten hatte, setzte Kurs auf Montevideo. Der Kapitän hielt sein Schiff für nicht seetüchtig genug, um die Nordatlantikpassage zu wagen, doch die Behörden Uruguays verweigerten eine Reparatur. Da die Engländer inzwischen starke Kräfte vor der La-Plata-Mündung zusammengezogen hatten und dafür sorgten, dass die Besatzung der »Graf Spee« davon erfuhr, versenkte sich das Schiff selbst. Der Kapitän beging Suizid.[47] Hitler war darüber empört, dass die »Graf Spee« nicht den Untergang im Gefecht gesucht hatte.[48] Raeder erteilte daraufhin einen Grundsatzbefehl: »Das deutsche Kriegsschiff kämpft unter vollem Kriegseinsatz seiner Besatzung bis zur letzten Patrone, bis es siegt oder mit wehender Fahne untergeht.«

Nahm Hitler den verfehlten Einsatz der Schlachtschiffe 1939 noch missmutig hin, verstärkte er seine Kritik in den nächsten Monaten. In der Rückschau erscheint jedoch bereits die Leistungsfähigkeit eines vorher hoch gelobten Schiffstyps fraglich, wenn schon nach drei Monaten Einsatz eine Generalüberholung nötig war. Insgesamt versenkten die beiden Panzerschiffe 57 048 Bruttoregistertonnen (BRT) Schiffsraum[49], die U-Boote ein Vielfaches. Zur Herstellung der »Graf Spee« waren etwa 15 000 Tonnen hochwertigen Panzerstahls nötig gewesen, ein U-Boot von Typ VII wog etwas mehr als 500 Tonnen.[50] U-29, ein Boot dieser Baureihe, versenkte außer dem Flugzeugträger »Courageous« elf Handelsschiffe mit 62 765 BRT.[51]

Vermeidung des Kriegs mit den Westmächten

Es hat von deutscher Seite nicht an Versuchen gefehlt, den Krieg mit den Westmächten zu vermeiden. Eine Vermittlungsmission des schwedischen Industriellen Birger Dahlerus vor dem Krieg gegen Polen scheiterte.[52] Wenige Wochen später empfing Hitler den Vermittler erneut. Immer hielten die Engländer alles für einen Bluff, klagte Hitler bei diesem Treffen. Jahrelang habe er Übergriffe der Polen auf die deutsche Minderheit hingenommen, aber England habe seine »Rücksicht«

und »Langmut« mit Schwäche verwechselt. Man solle sich jedoch nicht in ihm täuschen, denn er sei entschlossen, den Krieg im Westen so zu führen, dass denen »Hören und Sehen« vergehen werde. Immer sei er für die Freundschaft mit den Briten eingetreten, aber selbst wenn sie einen siebenjährigen oder noch längeren Krieg in Aussicht nähmen, würde Deutschland auch diesen durchstehen und »England schließlich in einen völligen Trümmerhaufen verwandeln«. Falls die Engländer den Frieden wollten, so Hitler weiter, müssten sie sich über die »realen Tatsachen« klar werden. In Polen habe Deutschland einen Sieg errungen, und er denke nicht daran, sich »von irgendjemand in die Lösung der Polenfrage hineinreden zu lassen«. Die zentrale Bedingung für Friedensgespräche sei also »freie Hand in Bezug auf Polen«. Zugleich signalisierte er die Bereitschaft, den »Status quo des übrigen Europa« zu garantieren. Deutschland stelle sich dafür zur Verfügung, denn es benötige Frieden, um die im Osten gewonnenen Gebiete zu »kultivieren«. Das würde mindestens 50 Jahre in Anspruch nehmen.[53] Um seine Drohkulisse gegenüber dem britischen Empire noch einmal zu verstärken, bemühte er im Gespräch mit Dahlerus einen Vergleich zum Ersten Weltkrieg. Damals habe Deutschland mit einer »schlechten Regierung« viereinhalb Jahre gegen die ganze Welt standgehalten. Es sei also absurd, »das Deutschland von heute mit seiner guten, energischen Regierung« niederringen zu wollen.[54]

Gegenüber dem schwedischen Entdecker Sven Hedin, den er schätzte und immer wieder zu Gesprächen empfing, äußerte er sich im Oktober noch unverblümter. Die britische Parteinahme für die Polen, dieses »Geschmeiß«, hielt er für »wahnsinnig«. Er verstehe nicht, warum England als Weltmacht sich überhaupt mit den Polen beschäftige und sich mit Frankreich verbünde. In der Hoffnung, dass Hedin das Gesagte nicht für sich behalten würde, unterbreitete er indirekt ein weiteres Friedensangebot. Er habe doch keinerlei Forderungen, die England berühren würden. Wenn er aber das britische Kolonialreich zum Einsturz bringe – wozu er glaubte in der Lage zu sein –, gewinne er nichts. Die Nutznießer davon seien lediglich Sowjetrussland und Japan. Hedin lenkte das Gespräch auf die künftige Rolle Frankreichs,

worauf Hitlers Antwort knapp ausfiel. Frankreich werde seine Volks-
kraft »opfern«, meinte er und fuhr dann fort, über England als Kriegsgegner zu reden.[55]

Ohne von diesen Sondierungen Kenntnis zu haben, versuchte sich
der amerikanische Staatssekretär Benjamin Sumner Welles im Februar
1940 im Auftrag von Präsident Roosevelt an einer Vermittlungsmission, was Hitler an sich schon für unangemessen hielt. Folglich verweigerte er ein Gespräch mit dem Diplomaten, erließ aber konkrete
Anweisungen, was bei solchen Ansinnen aus Übersee gesagt werden
dürfe und was nicht.

Ebenso wie die Vereinigten Staaten jede Einmischung in Süd- oder
Mittelamerika aufgrund der Monroe-Doktrin ablehnten, verbitte er
sich das Engagement der USA in Osteuropa. Zu diesem Thema hätte
er sich ausschließlich mit der Sowjetunion auseinanderzusetzen, was
er getan habe. Frankreich und Großbritannien hätten das zu akzeptieren, ließ er dem US-Abgesandten mitteilen. Trotzdem sehe er eine
Chance für den Frieden. England und Frankreich müssten ihren »Ver-
nichtungswillen« gegenüber Deutschland beerdigen und stattdessen
den »vitalen Lebensinteressen« Raum geben. Es gehe um »Konsolidierung« der bestehenden Zustände, nichts anderes. Bei den Gesprächen müssten demnach alle Wendungen vermieden werden, die von
der »Gegenseite« so ausgelegt werden könnten, als ob Deutschland
zurzeit an der Erörterung von Friedensmöglichkeiten »irgendein Interesse« hätte. Man möge Herrn Sumner Welles »nicht den geringsten Zweifel« übermitteln, »dass Deutschland entschlossen ist, diesen
Krieg siegreich zu beenden«.[56]

Revanchegedanken

Hitler wappnete die Truppe und das deutsche Volk für den bevorstehenden Westfeldzug mit einer Rede zum »Heldengedenktag« am
10. März 1940. Nach einem beispiellosen Siegeszug im Osten seien
Heer, Luftwaffe und Marine nun bereit, »das Reich vor den alten Fein-

den des Westens in Schutz zu nehmen«. Sie täten das in dem gleichen Pflichtbewusstsein wie die Soldaten des Großen Kriegs. Hinter ihnen stehe aber nunmehr eine Heimat, bilanzierte er, »gesäubert von den Elementen der Zersetzung sowohl als den Kräften der Zersplitterung«. Zum ersten Mal in der Geschichte trete das »ganze« deutsche Volk vor den Allmächtigen, um ihn zu bitten, »seinen Kampf um das Dasein zu segnen«.

Es ist auffällig, dass Hitler in der auch vom Rundfunk übertragenen Rede noch einmal auf seine eigenen »Verdienste« hinwies und die Formierung der Gesellschaft hervorhob. Indem er die kommende Auseinandersetzung darwinistisch als Kampf ums Dasein stilisierte, bereitete er das Volk rhetorisch geschickt auf künftige große Opfer vor und gab ihnen einen Sinn. Zugleich adelte er den Soldatenberuf. Die Kämpfer seien die »beste Auslese der Völker«, die durch ihren Lebenseinsatz und, wenn notwendig, ihre Lebenshingabe »das Leben der übrigen Mit- und damit der Nachwelt« ermöglichten.

In der Rede brachte Hitler aber auch seinen Fatalismus zum Ausdruck. In dem bevorstehenden Gottesgericht würden die »Nationen gewogen« und entweder für zu leicht befunden und damit »ausgelöscht aus dem Buch des Lebens und der Geschichte«. Oder aber sie würden als »würdig genug gesehen, um neues Leben zu tragen«. Diese Würdigkeit bemesse sich nach der Bereitschaft, für die Nation zu sterben, fuhr er fort und ging dann in die Geschichte zurück. Die deutsche Nation habe alles Recht, stolz auf ihre Helden zu sein. Seit 2000 Jahren hätten diese ihr Leben für die Gemeinschaft eingesetzt und, wenn nötig, geopfert. Jeder dieser Helden habe sein Leben gegeben in der Hoffnung, dass spätere Generationen ihm folgen würden. An den Schluss seiner Rede stellte Hitler »als einstiger Soldat des großen Krieges« einen Appell, eine »demutsvolle Bitte« an die »Vorsehung«. Sie möge »uns alle« der »Gnade« teilhaftig werden lassen, »das letzte Kapitel des großen Völkerringens für unser deutsches Volk in Ehren abzuschließen«. Dann würden sich auch die »Geister der gefallenen Kameraden aus ihren Gräbern erheben«, und deren Dank sei denen gewiss, »die durch ihren Mut und ihre Treue nunmehr wiedergutmachen, was eine einzige schwache Stunde an ihnen und unserem Volk einst versündigt« habe.[57]

Der Operationsplan: ein »Sichelschnitt«

Hitler täuschte seinen Optimismus nicht vor, er glaubte fest an das Gelingen eines Operationsplans, der in zähem Ringen entstanden war, nun aber von ihm für gut befunden wurde. Er hatte am 9. Oktober eine Weisung für die Kriegführung herausgegeben, in der er befahl, am Nordflügel der Westfront eine Operation durch den luxemburgisch-belgischen und holländischen Raum vorzubereiten, in der möglichst große Teile des französischen Heeres und der mit ihm verbündeten Truppen geschlagen werden sollten. Als Ziel gab Hitler vor, Belgien und die Niederlande sowie »möglichst viel« Raum in Nordfrankreich zu erringen, um eine Basis für eine »aussichtsreiche Luft- und Seekriegführung gegen England« zu gewinnen. Außerdem sollte durch den Raumgewinn ein Angriff auf das lebenswichtige Ruhrgebiet verhindert werden.[58]

Am 19. Oktober übermittelte Halder den ersten Entwurf eines Aufmarschszenarios. Der Schwerpunkt hätte demnach auf der Heeresgruppe gelegen, die durch Belgien vorstoßen und die Kanalküste in Besitz nehmen sollte. Hitler äußerte sich abfällig. Das sei ja der aus dem Weltkrieg bekannte »Schlieffenplan«, nach dem das Heer mit dem rechten starken Flügel zum Atlantik marschieren sollte. Aber »ungestraft« mache man solche Fehler nicht zweimal, sagte Hitler, obwohl das Konzept genau seiner Weisung entsprach. Außerdem war sein Urteil falsch, denn Schlieffen hatte im Ersten Weltkrieg mit seinem starken rechten Flügel versucht, eine Umfassungsoperation zu starten, mithin die Vernichtung der gesamten feindlichen Streitmacht. Jetzt strebte der Generalstab, wie Hitler auch, mit der Eroberung der strategisch wichtigen Knotenpunkte einen Sieg an, der eine günstige Ausgangsposition für weitere Feldzüge schaffen sollte.[59] Auch die Aufmarschanweisung Nummer 2 befriedigte den Oberkommandierenden nicht. Die Generalstabsoffiziere hatten eine Schwerpunktverlagerung in den Süden vorgesehen. Hitler war das nicht genug, sodass er am 11. November die Bildung eines weiter südlich angesetzten Hauptstoßes anordnete, wobei die anderen Vorstöße nicht geschwächt werden dürften. Das bedeutete aber drei Schwerpunkte gleichzeitig und damit, wie der Militärhistoriker Karl-Heinz Frieser urteilte, »den Schwerpunkt überall und nirgends«.[60] In gewisser Weise ähnelten diese von Hitler vorgenommenen Änderungen der später gegen die Sowjetunion geführten Offensive, die drei Angriffskeile vorsah, ihnen aber hinsichtlich der Ziele keine klare Präferenz vorgab.

Weil ein Flugzeug abstürzte, fielen die strategischen Unterlagen den Franzosen in die Hände. Es musste umgeplant werden, wobei dieses neue Konzept Hitler wieder nicht überzeugte. Er vermisste die zündende Idee, den überraschenden Gedankengang. Den lieferte schließlich ein Außenseiter, der nicht zum Generalstab im Oberkommando des Heeres gehörte.

Erich von Lewinski, genannt von Manstein, Generalstabschef der in Koblenz stationierten Heeresgruppe A, schaltete sich in die Debatte ein. Da sein Oberbefehlshaber Generaloberst Gerd von Rundstedt ihn sehr schätzte, erlaubte er ihm, seine Gedanken in einer Denkschrift niederzulegen. Aus einer Denkschrift wurden schließlich sieben. Manstein forderte den Vorstoß durch die angeblich undurchdringlichen Ardennenwälder und die Überwindung der Maas bei Sedan. Dort ging die Maginotlinie in ein System von lose in die Landschaft eingestreuten Befestigungen über, die sich schwer knacken ließen, aber nicht unüberwindlich erschienen.[61] Mit diesem sehr weit im Süden angesetzten Vorstoß wollte Manstein die französischen Befestigungen überrennen und dann rasch zum Ärmelkanal vorstoßen. Auf diese Weise könnten, so die Strategie, die in Nordfrankreich und Belgien konzentrierte französische Armee und das Expeditionsheer der Engländer umfasst werden.

Die nördliche Heeresgruppe B sollte die Niederlande und Belgien erobern und sich dann zu einer Art Amboss formieren. Die starken Panzerverbände der Heeresgruppe A bildeten dem Manstein-Plan zufolge den Hammer, der Briten und Franzosen zerschmettern würde.

Die Verteidigungskräfte von Paris ignorierte der Plan in Stufe 1, erst nach der Vernichtung der feindlichen Kontingente im Norden wollte Manstein nach Süden vorrücken. Dabei nahm er an, dass die Franzosen einen deutschen Vorstoß von Norden abwarten würden.

Generalstabschef Halder legte die Denkschriften der Heeresgruppe A mit der Bemerkung zu den Akten, dass es sich um einen »egozentrischen« Versuch handle, der eigenen Formation zusätzliche Kräfte zu verschaffen. Der Oberbefehlshaber des Heeres spottete sogar über diesen »phantasiereichen Einfall«. Um den Querulanten von seinem Oberbefehlshaber Rundstedt zu trennen, ließ er Manstein nach Pommern wegbefördern. Inzwischen war aber auch Hitler auf den Gedanken gekommen, dass das ausfasernde Ende der Maginotlinie eine Ansatzmöglichkeit bot. Bei einer Besprechung im Hauptquartier der Heeresgruppe A wurden Mansteins Denkschriften Hitlers Chefadjutanten Rudolf Schmundt vorgelegt. Der erkannte eine Übereinstimmung mit den unkonkreten Überlegungen seines Oberbefehlshabers und beraumte ein »Arbeitsfrühstück« in der Reichskanzlei an. Zu dem Termin wurden die Kommandierenden Generale der Heeresgruppen, Hitlers bevorzugter General Erwin Rommel und Manstein befohlen. Nach einer kurzen Aussprache beorderte Hitler Manstein, Jodl und Schmundt in sein Arbeitszimmer, wo er einem langen Vortrag Mansteins schweigend zuhörte. Schließlich stimmte er dessen Konzept zu, wodurch es zur Grundlage der weiteren Detailplanungen wurde.[62] Die Kommandeure in der Heeresgruppe A, vor allem Guderian, griffen die Pläne begeistert auf und bereiteten den Stoß durch die Ardennen und den Maasübergang bei Sedan intensiv vor.[63]

Mansteins Initiative und Hitlers Drängen sorgten dafür, dass die deutschen Truppen mit einer vielversprechenden Strategie in den Frankreichfeldzug gingen. Der später so genannte Sichelschnittplan sah den Vorstoß von Sedan zum Atlantik vor, wobei sie Paris links liegen ließen. Sie konzentrierten sich auf das französische Heer und die Expeditionstruppen im Norden. Karl-Heinz Frieser verglich das Vorgehen mit einer Drehtür. 1914 bewegte sie sich *gegen* den Uhrzeigersinn. Mit der Umfassungsbewegung versuchte das deutsche

Heer, Frankreichs Truppen vor Paris, also an ihrer stärksten Stelle, zu umfassen. Dabei drängte es den Feind in sein Kernland zurück, was den Aufbau starker Verteidigungsstellungen ermöglichte. 1940 wurde die »Drehtür« *im* Uhrzeigersinn angeschoben. Dabei schnitten die Panzertruppen den größten Teil des französischen Heeres von ihren Versorgungsgebieten ab und drängten ihn auf den »Amboss« der im Norden angreifenden Heeresgruppe B.[64]

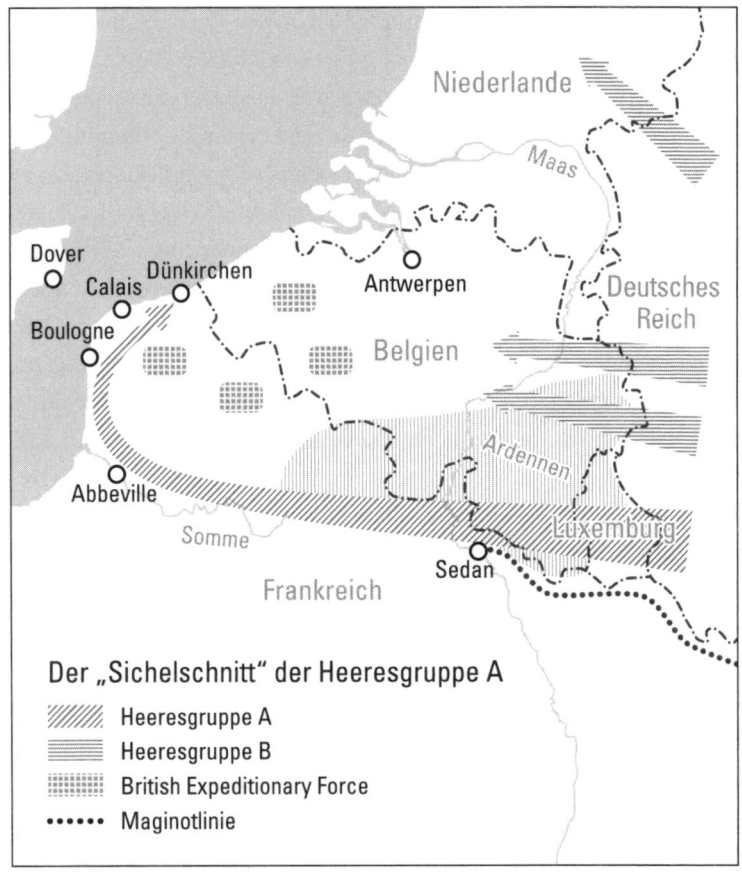

Die Planung für den Feldzug gegen Frankreich sah einen schnellen Stoß der Heeresgruppe A in Richtung der Kanalküste vor. Die langsam vorrückende Heeresgruppe B bildete den »Amboss«, auf dem der eingekesselte Gegner zerschlagen werden sollte.

Norwegeninvasion und Frankreichfeldzug

Der im Oktober 1939 zirkulierende erste Angriffsentwurf des Heeres rief sofort die Kriegsmarine auf den Plan. Ihr Oberbefehlshaber Raeder glaubte nicht an eine völlige Niederlage Frankreichs. Da die Besetzung der holländischen und belgischen Häfen für die Marine jedoch keinen strategischen Gewinn versprach, suchte er um einen Termin bei Hitler nach. Dabei erinnerte er noch einmal an die Agentenberichte, die von einer bevorstehenden Invasion Großbritanniens in Norwegen sprachen. Eine Blockade der deutschen Erzzufuhr konnte Hitler keinesfalls riskieren, also folgte er dem dringlichen Rat des Generaladmirals und ordnete Planungen zur Besetzung des Landes an. Raeder ließ sich aber auch von einer Studie des Vizeadmirals Wolfgang Wegener leiten, in der die mangelnde Einsatzfähigkeit der deutschen Marine während des Ersten Weltkriegs untersucht wurde. Demnach konnte das vorhandene Kampfpotenzial nur durch Stützpunkte außerhalb Deutschlands wirksam auf das Schlachtfeld gebracht werden. Wegeners Fazit: Um England wirkungsvoll anzugreifen, hätte die Marine aus der Enge der Deutschen Bucht ausbrechen müssen, Standorte in Norwegen wären geeignet gewesen, das Manko zu beheben.[65]

Hitler war für beide Argumente empfänglich, sodass er das Unternehmen »Weserübung« anordnete, die Besetzung Norwegens und Dänemarks. Die Operation startete am 9. April bei schlechten Wetterbedingungen und verlief keineswegs reibungslos. Fallschirmjäger verfehlten ihre anstrebten Ziele wegen Bodennebels, die Besetzung der Küstenbatterie in Kristiansand gelang erst im dritten Anlauf, und im Oslofjord stieß die Invasionsflotte auf heftige Gegenwehr. Die Festung Oskarsborg feuerte mit schwerer Artillerie, außerdem gab es eine den Deutschen unbekannte Torpedobatterie, die den schweren Kreuzer »Blücher« versenkte. In Narvik wurde die Invasion zu einem Wettlauf mit der britischen Marine. Zwar gelangten zehn kleine Kriegsschiffe und ein Frachter mit Kriegsgerät zum Erzhafen, die britische Marine besetzte jedoch die Inseln vor der Stadt und platzierte eine starke Streitmacht am Ausgang der Bucht. Im anschließenden Seegefecht wurden alle deutschen Schiffe versenkt. Eine Landungsoperation vertrieb die deutschen Besatzer. Hitler ordnete daraufhin an, Verstärkung über See zuzuführen, was Raeder für unmöglich erklärte. Jetzt befahl Hitler die Zuführung von Truppen über Land, was Wochen dauern konnte. Tatsächlich traf die Verstärkung erst ein, als die Briten sich zurückgezogen hatten.

Etwas mehr als 10 000 Soldaten kamen ums Leben, und die Materialverluste waren verheerend. Beide Seiten verloren jeweils über 100 Flugzeuge, mehrere Kreuzer, viele leichte Kriegsschiffe, einige U-Boote und Frachter. Die deutsche Marine verfügte nach der Schlacht um Norwegen außer den U-Booten nur noch über einen schweren und zwei leichte Kreuzer.[66] Obwohl die deutschen Werften mit Hochdruck arbeiteten, konnten die Verluste der Überwasserschiffe bis zum Kriegsende nicht ausgeglichen werden. Immerhin war der Erzhafen Narvik gesichert und damit das wichtigste Ziel der Operation erreicht. Die Bilanz der Seekriegsleitung im Juli 1941 fiel jedoch negativ aus: »Im Gegensatz zum Weltkriege 1914/18, in dem wir die zweitstärkste Schlachtflotte der Welt, aber keine für ihren Einsatz erforderliche Operationsbasis besaßen, verfügen wir jetzt über eine strategisch günstige Ausgangsbasis, jedoch es fehlt uns die zum Einsatz erforderliche Atlantik-Schlachtflotte.«[67]

Auch im Westfeldzug, der am 10. Mai 1940 begann, kam es zu zahlreichen Schwierigkeiten, die sich jedoch nicht nachteilig auswirkten. Die deutschen Planer hatten mit stärkster Gegenwehr gerechnet, aber sie führten diesen Feldzug ja auch nicht aus einer Position der Schwäche heraus. Die Alliierten verfügten über 144 Heeresdivisionen, das Deutsche Reich über 141. Fast drei Millionen Deutschen standen etwas mehr als drei Millionen Franzosen, Niederländer, Belgier und Briten gegenüber. Bei Panzern und Geschützen war das deutsche Heer mit jeweils etwa 60 Prozent des gegnerischen Bestands numerisch in der Unterzahl, im Hinblick auf die Ausstattung mit Flugzeugen jedoch überlegen. Die abwartende Haltung der Westmächte ermöglichte den Deutschen die Festlegung von Angriffstermin und -ort, wodurch sie das Überraschungsmoment gewannen. Bevor die französische Führung den deutschen Feldzugsplan begriffen hatte, war das Land bereits verloren. Die zahllosen Führungsfehler der französischen Armee machten das Debakel komplett, am 12. Juni 1940 befahl der Oberkommandierende Maxime Weygand, die Waffen niederzulegen.[68]

Die personellen Verluste, also Tote, Verwundete und Vermisste, betrugen auf deutscher Seite mehr als 170 000 Männer, auf alliierter Seite wurden mehr als 360 000 Soldaten getötet oder verwundet. 1,9 Millionen gingen in Gefangenschaft. Das deutsche Heer verlor 714 gepanzerte Fahrzeuge, jedoch nur wenige der modernen Typen Panzer III und IV. Die Luftwaffe büßte rund 1600 Flugzeuge ein, etwa ein Drittel ihres Bestands.[69]

Die Haltebefehle am 16. und 24. Mai 1940

Die Niederwerfung Frankreichs in weniger als sechs Wochen war ein beispielloser Triumph. Trotzdem redeten ihn mehrere Militärs nach dem verlorenen Krieg schlecht. Nach 1945 schien es in Deutschland nicht opportun, darauf zu verweisen, dass die Niederlage der Franzosen vor allem auf ihre eigenen Fehler und Versäumnisse zurückzuführen war. Der geniale Feldzugsplan fand Eingang in die Lehrpläne der Offiziershochschulen, in der Öffentlichkeit wurde jedoch nur der vermeintlich kriegsentscheidende Irrtum Hitlers thematisiert. So urteilte der Panzergeneral Heinz Guderian in seinen Memoiren, dass der Stopp am Flüsschen Aa vor Dünkirchen der »schlimmste« aller »Fehler« Hitlers gewesen sei.[70] Damit lenkte er geschickt davon ab, dass der Krieg nicht 1940 in Frankreich, sondern 1943/44 an der Ostfront entschieden wurde. Zu dieser Zeit war er als Nachfolger Halders Generalstabschef und trug Mitschuld am deutschen Untergang. Es war also nützlich, die Ursache für die Niederlage vorzuverlegen – hinein in die Zeit des größten Sieges der Wehrmacht.

Was war im Mai eigentlich geschehen? Nach dem Durchbruch der deutschen Panzertruppen startete der ehrgeizige Guderian mit seinem Panzerkorps einen in der Kriegsgeschichte bis dahin beispiellosen Run zur Nordseeküste. Ohne Rücksicht auf eine mögliche Bedrohung der

Flanken zu nehmen, schlossen sich andere Einheiten der Panzergruppe von Kleist an, sodass nach wenigen Tagen der gewünschte Keil zwischen das französische Heer und das zur Versorgung notwendige Kernland geschoben worden war. Am 24. Mai hatten sich die Deutschen Dünkirchen, dem einzig verbliebenen Hafen der Alliierten, bis auf 15 Kilometer genähert.

Besorgt über den nur langsam nachrückenden Flankenschutz wies Rundstedt von Kleist an, dass die Panzertruppen selbst ihre Flanken sichern sollten. Kleist war verärgert, weil er die Panzer nicht an solche Aufgaben verzetteln wollte, und telegraphierte am 23. Mai zurück, dass dann (!) die Gruppe zum Angriff »gegen *starken* Feind« nicht kampfkräftig genug sei. Er sehe sich in solchem Fall nicht mehr in der Lage, »zum entscheidenden Angriff antreten zu können«. Daraufhin schlug der Kommandeur der »schnellen Truppen« von Kluge vor, die Panzer anzuhalten, damit seine motorisierten Verbände aufschließen könnten. Rundstedt stimmte zu und gab am 23. Mai um acht Uhr abends den Befehl, am nächsten Tag zu pausieren und Vorbereitungen für die Fortsetzung des Angriffs am 25. zu treffen. Guderian und der neben ihm mit dem XXXXI. Panzerkorps angreifende General Reinhardt protestierten, da sie erwarteten, bei schnellem Handeln nur auf »schwache« Kräfte zu treffen. Wenn der Gegner Gelegenheit erhalte, neue Truppen heranzuführen, könnte das schon in kurzer Zeit ganz anders aussehen. Daraufhin entband der Oberbefehlshaber des Heeres Brauchitsch Rundstedt von der Führung der Heeresgruppe A und unterstellte die Panzer der Heeresgruppe B, was durchaus Sinn ergab, weil die Zerschlagung des Brückenkopfes damit von einer Stelle geleitet worden wäre.[71]

Am 24. Mai begab sich Hitler, der von dem Kompetenzgerangel der Militärs nichts wusste, in das Hauptquartier der Heeresgruppe A. Dort trug ihm Rundstedt seine pessimistische Einschätzung der Lage vor, die sich »ganz« mit Hitlers Gedanken deckte, wie Generaloberst Jodl in seinem Tagebuch notierte. Daraufhin wurde die Entmachtung Rundstedts rückgängig gemacht und die Panzer erneut angewiesen, die erreichte Linie nicht zu überschreiten. Wann die Panzer wieder vorrücken sollten, überließ Hitler Gerd von Rundstedt. Noch am selben Nachmittag bestellte er Walther von Brauchitsch ins Führerhauptquartier, wo er ihm schwerste Vorwürfe wegen seiner Eigenmächtigkeit machte. Der Oberbefehlshaber des Heeres war derart eingeschüchtert, dass er überhaupt nicht dazu kam, Hitler auf die falsche Lagebeurteilung Rundstedts hinzuweisen. Am 25. Mai sprach Brauchitsch noch einmal im Führerhauptquartier vor und musste erneut eine Abfuhr einstecken. Rundstedt wiederum zögerte noch bis zum 26., bevor er die Panzer erneut in Marsch setzte, nicht ohne sich zuvor Rückendeckung von Hitler zu holen.[72]

So kam es, dass die britische Evakuierungsaktion mit dem Decknamen »Operation Dynamo« zwei Tage lang nahezu ungestört lief. Die deutsche Luftwaffe, die den Kessel bombardierte, wurde jetzt mit den britischen Jagdflugzeugen konfrontiert, die von Flugplätzen im Süden Englands starteten. Sie flogen mehr als 2700 Einsätze, vor allem mit der neuen Spitfire, die dem deutschen Jäger Me 109 ebenbürtig war.[73] Allein in dieser Woche verlor die deutsche Luftwaffe mehr als 150 Flugzeuge, und es gelang den Deutschen erst am 4. Juni, den Hafen von Dünkirchen zu erobern.[74]

Es war also ein Kompetenzstreit der Militärs, der den Briten die Evakuierung von 338 226 Soldaten ermöglichte. Mit seiner Einmischung düpierte Hitler den Oberbefehlshaber des Heeres Walther von Brauchitsch und belobigte damit indirekt Gerd von Rundstedt, einen überforderten und inkompetenten Truppenführer. Aber Rundstedt hatte sich loyal gezeigt, Brauchitsch hingegen mit seiner Weisung, die Panzer einem anderen Befehlshaber zu unterstellen, eine Entscheidung an Hitler vorbei getroffen. Mit der Auseinandersetzung hatte Hitler seine Stellung als Oberbefehlshaber der Wehrmacht gefestigt. Die Führung des Heeres verlor durch den Kompetenzstreit an Prestige, was sich später negativ bemerkbar machen sollte.

Hitlers Friedensangebot

Nach dem Sieg über Frankreich glaubte Hitler, dass Großbritannien nun endlich die deutsche Vorherrschaft auf dem Kontinent anerkennen würde. Um seine Auffassung international bekannt zu machen, gab er dem Korrespondenten des amerikanischen Hearst-Konzerns am 13. Juni 1940 ein Exklusivinterview. Die Überschrift beschrieb den Inhalt ganz klar: »America for the Americans, Europe for the Europeans«. Im Krieg gegen Polen und im Frankreichfeldzug hätten die Deutschen nur ihr Recht auf Lebensraum (»living space«) verteidigt. Deutschland habe niemals erwogen, das britische Empire zu zerstören. Dann beschuldigte er Frankreich und England, dass »sie, und sie allein« das Recht für sich in Anspruch nähmen, ihre Interessen weltweit zu vertreten. Diese weltweite Dominanz würden die »erwachenden Nationen« langfristig nicht tolerieren. Eine solche Auffassung sei »antiquiert«, insbesondere angesichts der jüngeren politischen und militärischen Ereignisse.[75]

Am 6. Juli kehrte Hitler nach Berlin zurück, wo ihm ein triumphaler Empfang bereitet wurde. Hitler war auf dem Höhepunkt seiner Beliebtheit angekommen.[76] Die Menschen freuten sich über den Sieg und hofften auf ein Ende des Kriegs. Diese Friedenssehnsucht versuchte Hitler bei einer Rede im Reichstag zu bedienen, indem er noch einmal einen »Appell der Vernunft« an Großbritannien richtete. Und wieder argumentierte er aus einer Position der Stärke heraus. Er glaube, diesen Vorschlag machen zu dürfen, weil er ja nicht als Besiegter um etwas bitte, sondern als Sieger für die Vernunft spreche. »Ich sehe keinen Grund, der zur Fortführung dieses Kampfes zwingen könnte«, formulierte er, schob jedoch verächtliche Sätze gegen die britische Regierung hinterher.[77] Schon kurze Zeit nach seiner Reichstagsrede erfuhr Hitler von den frostigen Reaktionen in England. Die öffentliche Meinung auf der Insel stellte sich gegen seinen »Appell der Vernunft«, woraus er folgerte, dass auch das Kabinett das Friedensangebot nicht annehmen würde. Er lag richtig, denn schon einen Tag später, am 22. Juli 1940, gab Außenminister Halifax im Rundfunk bekannt, dass Großbritannien die Möglichkeit eines Verhandlungsfriedens nicht in Betracht ziehe.[78]

Die ehrgeizigen Generale des Heeres, allen voran der Panzergeneral Guderian, hielten die verklausulierten Friedensangebote an die Londoner Regierung für falsch. Den Waffenstillstand mit Frankreich fand Guderian »lahm«, und die Beendigung des Westfeldzugs vor dem Erreichen der Mittelmeerküste war nach seiner Überzeugung ein Fehler. Aus seiner Sicht wäre es dem Erfolg zuträglicher gewesen, sofort weiter nach Afrika vorzustoßen und nicht erst auf das Hilfeersuchen Mussolinis zu warten. Die Wehrmacht hätte sich sofort gegen Ägypten und den Suezkanal wenden müssen, urteilte er in seinen Memoiren. Auch die Übernahme Maltas, des britischen »unsinkbaren Flugzeugträgers«, wäre nützlich gewesen, meinte Guderian in der Rückschau. Aber Hitler sei in »rein kontinentalem Denken« verharrt und habe »kein Verständnis« für alle mit der Seeherrschaft zusammenhängenden Fragen gehabt.[79] Der Publizist Sebastian Haffner sah darin keine Denkbeschränkung Hitlers, sondern Desinteresse: »Im Grunde genommen interessierte ihn der ganze Krieg mit England nicht.«[80]

Es ist in der Tat unverständlich, warum sich Hitler mit einem Waffenstillstand begnügte. Nur dank seines Entgegenkommens blieb Frankreich als Staat überhaupt bestehen, Polen hatte er dieses Recht nicht zugestanden. Dabei hatte Hitler noch 1928 vehement Bismarcks Position beim Friedensschluss 1871 zugestimmt. Bismarck hatte damals einen »milden« Frieden abgelehnt, weil er davon überzeugt war, dass Frankreich Deutschland sofort angreifen würde, wenn es sich erholt hätte, ganz gleich, unter welchem Regierungssystem.[81]

Die Erklärung dafür, warum Hitler Frankreich als Staat nicht radikal auslöschte, liegt in der umfassenden Kooperationsbereitschaft der Vichy-Regierung. Marschall Pétain etablierte einen faschistischen Vasallenstaat, der den Deutschen in allen ideologischen Punkten zuarbeitete. So verabschiedete Pétain, ohne dass dazu eine Ermunterung von deutscher Seite notwendig gewesen wäre, eine Reihe antijüdischer Gesetze. In allen kriegsentscheidenden Punkten war das Restfrankreich jedoch ein schlechter Verbündeter. Pétain lehnte es am 24. Oktober 1940 ab, gemeinsam mit dem Deutschen Reich gegen Großbritannien in den Krieg zu ziehen. Sein Staat stellte der deutschen Rüstung nicht genügend Arbeitskräfte zur Verfügung, die Integration der französischen Rüstungsindustrie bestand nur auf dem Papier.[82] Sebastian Haffner hat es sich in seinen vielgelesenen *Anmerkungen zu Hitler* allerdings zu einfach gemacht, wenn er behauptet, dass Hitler mit Frankreich einen »Versöhnungs-, ja geradezu Vereinigungsfrieden« hätte schließen müssen. So wäre der »Kriegswillen Englands« über kurz oder lang ausgehungert worden.[83] Haffner unterschätzte den Widerstandswillen der Briten und überschätzte die Bedeutung Frankreichs. Allerdings demütigte Hitler die Franzosen durch die Besetzung großer Landesteile und deren Bestimmung zum deutschen Siedlungsgebiet. Mit der Etablierung einer Marionettenregierung gewann er lediglich selbstherrliche und eigennützige Freunde, zumindest im Hinblick auf den eigentlichen Gegner: das britische Empire.

Strategische Optionen: Entscheidung für »Seelöwe«

Im Hinblick auf die Fortsetzung des Krieges hatte Hitler fünf theoretische Optionen.[84] Er konnte, erstens, den Belagerungskrieg gegen die Britischen Inseln mit U-Booten, Minen und der Luftwaffe fortsetzen. Die zweite Option war ein strategischer Luftkrieg gegen Großbritannien. Dazu hätte es des Aufbaus einer Flotte schwerer Bomber bedurft. Die Weiterentwicklung der viermotorigen Dornier- und Focke-Wulff-Flugzeuge war allerdings 1936 abgebrochen worden. Drittens bot sich die von Guderian favorisierte Operation gegen die britischen Stellungen im Mittelmeerraum und im Nahen Osten an. Hitler hatte diese Möglichkeit durchaus im Blick, die Besetzung Gibraltars scheiterte jedoch daran, dass Franco den Durchmarsch deutscher Truppen verweigerte. Die Eroberung Maltas sollte den Italienern vorbehalten bleiben, die dabei von der deutschen Luftwaffe unterstützt wurden. Das Unternehmen scheiterte mehrfach.[85] Option Nummer vier war die Invasion in Großbritannien selbst und Nummer fünf ein Krieg gegen die Sowjetunion. Während die Heeresspitze eine Invasion favorisierte, neigte Hitler persönlich dem Krieg gegen die Sowjetunion zu. Seine in der Rückschau hanebüchene strategische Überlegung trug er am 30. Juli 1940 Generalstabschef Halder vor. Englands Hoffnung seien Russland und Amerika. Wenn die Hoffnung auf Russland vergehe, werde auch die auf Amerika vergehen. Denn auf die Bezwingung Russlands folge zwangsläufig eine ungeheure »Aufwertung Japans in Ostasien«.[86] Ganz konkret stellte sich Hitler zu diesem Zeitpunkt die Neubildung eines Ukrainischen Reiches, einen Baltischen Staatenbund unter Einschluss Weißrusslands und die Vergrößerung Finnlands vor. Dem Baltikum war dabei die Rolle eines »Pfahls im Fleische« Russlands zugedacht.[87]

Mit dieser Zielorientierung begann die Planung des Kriegs gegen die Sowjetunion.

Die Option, die Britischen Inseln direkt anzugreifen, gab Hitler trotzdem nicht auf, was der Oberbefehlshaber der Kriegsmarine mit einer Denkschrift beantwortete. Raeder glaubte nicht an einen schnellen Erfolg, weshalb er für die Fortsetzung des »Zufahrtskriegs« plädierte. Nur so könne das Empire in die Knie gezwungen werden. Raeder riet daher zum Bau von mehr U-Booten, zumal es für sie nach der Eroberung der französischen Atlantikhäfen sehr günstige Einsatzmöglichkeiten gab. Eine Invasion könne nur das letzte Mittel sein.[88] In diesem Sinne hielt er mehrfach Vorträge bei Hitler, sodass auch die Weisung für die weitere Kriegführung von diesem pessimistischen Geist durchdrungen war. Unter bestimmten »Voraussetzungen«, so formulierte Hitler, käme eine Landung in England in Frage.[89] Die wichtigste Voraussetzung war aber nach der Meinung Raeders und Hitlers die »absolute Luftherrschaft«, darüber hinaus mahnte der Oberbefehlshaber der Kriegsmarine die Schaffung einer »zuverlässig« minenfreien Zone an. Die Flanken dieses Gebiets müssten dann durch »starke und wirkungsvolle Minensperren« gesichert werden. Raeder glaubte, mit diesen utopischen Forderungen die Landung in England verhindert zu haben, erhielt aber nichtsdestotrotz den Befehl, die Planungen für das nun so genannte »Unternehmen Seelöwe« voranzutreiben.[90]

Inzwischen hatte das Heer mehrere Varianten einer Landung in England durchgespielt und war optimistisch, das erste Treffen zu gewinnen und dann auch beim zweiten Treffen und schließlich in der Entscheidungsschlacht zu siegen. Dafür benötigte es aber einen relativ breiten Brückenkopf. Den Vorschlag der Marine, in der engen Niederung von

Folkestone zu landen, wies Generalstabschef Halder zurück. Da könne er die gelandeten Truppen gleich »durch die Wurstmaschine drehen«.[91] Eine weitgesteckte Planung sah dann fünf Landungsräume vor, die von Deal im Osten bis weit hinter Brighton an der Südwestküste reichten. Diesem Szenario zufolge sollten etwa 100 000 Mann gleichzeitig in See stechen und auch schweres Gerät, insbesondere Panzer, mitführen.[92] Eine Landung auf über 160 Kilometer Breite erklärte die Marine rundheraus für unmöglich.

Die in einem Moskauer Archiv lagernden Akten des Stabschefs der 16. Armee Walter Model zeigen, dass das Landungsunternehmen umsichtiger geplant war als die Brachialoffensive des ersten Entwurfs. In Models Plan war die gigantische Invasionsflotte mit 160 000 Soldaten erst für das zweite Treffen der Streitkräfte vorgesehen. Das erste Treffen sollte die 16. Armee allein bestreiten, und zwar, wie von der Marine gewünscht, in einem schmalen Küstenstreifen zwischen Folkestone und Dungeness. Dort sollte die lediglich 8700 Mann umfassende Staffel A angelandet werden. Das Gelände war geschickt gewählt, weil es mit seinem flachen Marschland, den sogenannten Romney Marshes, kaum Verteidigungsmöglichkeiten bot. Dem sumpfigen Gelände war die konzipierte Mobilität mit 136 Pferden und 250 Fahrrädern angepasst. Die geplante Ausstattung der Landungstruppe mit Flak-Geschützen, Panzerabwehrkanonen und Nebelwerfern war allerdings enorm. Kistenweise Sprengkapseln, Handgranaten und sogenannte geballte Ladungen, die gegen Bunker eingesetzt werden konnten, komplettierten das Arsenal der ausdrücklich als solche bezeichneten Stoßtrupps. Erst nachdem diese erste Landungswelle den 20 Meilen breiten Brückenkopf um weitere 20 Meilen nach Süden ausgeweitet hatte, sollte die ähnlich ausgerüstete Staffel B folgen. Die Anlandung auf einem sich letztlich über etwa 60 Kilometer erstreckenden Brückenkopf entsprach den Vorstellungen der Marine, wurde aber offenbar auch vom Heer für durchführbar gehalten. Die Planungen waren sogar so weit gediehen, dass Namenslisten für jedes einzelne Boot der Landungsflotte aufgestellt wurden.[93] Das militärisch wichtige Dover, in dessen Kreidefelsen, den White Cliffs, sich der Befehlsstand für Luftwaffe und Marine befand, sollte von Fallschirmjägern erobert werden. Der Anschluss an den Brückenkopf der 16. Armee hätte sich leicht herstellen lassen, da nur ein einziger Hügel zwischen Folkestone und Dover liegt.[94] Später bewies der Einsatz der Fallschirmjäger auf Kreta, dass sie in der Lage waren, ein solches Kommandounternehmen durchzuführen.

Der 1940 von Model vorgesehene Strandabschnitt in Südostengland war ähnlich breit wie der von den Alliierten 1944 ausgewählte Küstenstreifen in der Normandie. Das Heer hatte sich den Vorstellungen der Marine angenähert, und es spricht alles dafür, dass die Stoßtrupps der 16. Armee und die Fallschirmjäger beim ersten Treffen der Staffeln A und B mit dem Gegner einen ausreichend großen Brückenkopf für das zweite Treffen hätten schaffen können. Von ihm konnte dann ein Keil auf London vorangetrieben werden. Die Entfernung von Romney nach London beträgt ganze 69 Meilen bzw. 112 Kilometer.

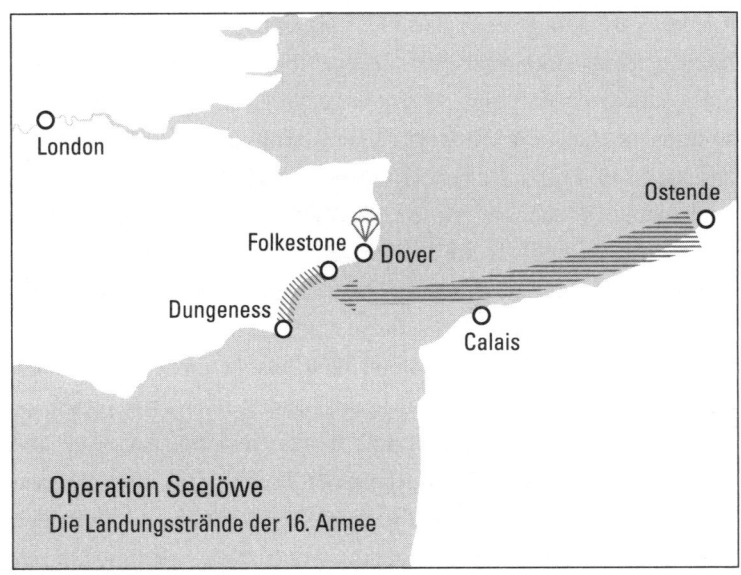

Operation Seelöwe
Die Landungsstrände der 16. Armee

Aus den Unterlagen des Stabschefs der 16. Armee Walter Model für die »Operation Seelöwe«. Er plante das erste Treffen seiner Eliteeinheit mit der britischen Armee an den Stränden zwischen Folkestone und Dungeness. Dover sollte durch Fallschirmjäger genommen werden.

Die Bedenken Raeders richteten sich in den Lagevorträgen bei Hitler dann auch nicht gegen diese Pläne. Weil er die Invasion in jedem Fall verhindern wollte, thematisierte er die immer wieder auftretenden Schwierigkeiten, die eine massenhafte Anlandung von Truppen und Gerät mit sich brachte. Der Transport über den Kanal schien ihm der schwächste Punkt der Gesamtplanung zu sein, zumal die britische Flotte noch immer nicht in voller Stärke eingesetzt war. Eine Landung der Deutschen, so Raeder, würde sie jedoch als »eine Frage auf Leben und Tod« betrachten und sich dann »rückhaltlos und entscheidend« in die Schlacht werfen.[95]

Der gescheiterte Adlertag

Hitler sah zu, wie sich die Planungen konkretisierten, er gab jedoch Raeders Auffassung recht, dass die Luftwaffe den Himmel über den Landungsstränden beherrschen müsste. Ihm erschien die Eröffnung eines Brückenkopfs möglich, die Anlandung einer großen Invasionsstreitmacht schwierig. Er wies daher Göring an, die Lufthoheit herzustellen. Die Luftwaffe benötigte jedoch nach dem Sieg über Frankreich sieben Wochen, bis sie am 13. August 1940, dem sogenannten Adlertag, den Kampf um die Luftüberlegenheit über England beginnen konnte.[96] In dieser Zeit wurde der Schiffsverkehr im Ärmelkanal bombardiert, es wurden Maschinen instand gesetzt und Zielkarten erstellt. Was den Deutschen dabei verborgen blieb, war das dichte Netz von Radaranlagen auf dem neuesten Stand der Technik, die inzwischen installiert worden waren, um einfliegende Bomberverbände frühzeitig und präzise zu lokalisieren. Sie brachten den Vorteil, dass die britischen Jagdflugzeuge keine Zeit damit vergeuden mussten, nach feindlichen Maschinen zu suchen, und sich auf ihren eigentlichen Auftrag konzentrieren konnten. Die deutschen Bomberstaffeln wurden daher rasch dezimiert und schafften es nur unter großen Opfern, ihre Ziele anzufliegen. Die Luftwaffe ordnete daraufhin Begleitschutz durch Jagdflugzeuge an. Die deutschen Jäger benötigten zum Einflug in den britischen

Luftraum jedoch etwa eine halbe Stunde. Da sie nur 80 Minuten in der Luft bleiben konnten, blieben ihnen 20 Minuten zur Bekämpfung der britischen Abfangjäger. Deshalb war es ihnen fast unmöglich, den langsamen Sturzkampfbombern Ju 87 Geleitschutz zu geben, was zur Folge hatte, dass die englischen Jäger sich von den Stukas angezogen fühlten wie Fliegen vom Honig, wie Adolf Galland, damals Kommodore eines Jagdgeschwaders, in der Rückschau zynisch kommentierte.[97] Auch die Jagdbomber Me 110 erfüllten die in sie gesetzten hohen Erwartungen nicht. Sie wurden zwar mit dem Daimler-Benz-Motor DB 601 angetrieben, der 1939 den Geschwindigkeitsweltrekord gebrochen hatte.[98] Inzwischen waren die britischen Jäger aber schneller. Die Verluste an Me 110 nahmen so rapide zu, dass die Luftwaffe das verlorene Personal nicht mehr ersetzen konnte. Zudem erwies sich die britische Rüstungsproduktion als außerordentlich leistungsfähig. Sie produzierte rund 470 Jagdflugzeuge monatlich, doppelt so viel wie die Deutschen.[99] So blieb der Luftwaffe schließlich nichts anderes übrig, als ihre Einsatzaufgabe zu ändern. An die Stelle des Kampfes um die Lufthoheit traten jetzt Einsätze gegen die britische Kommandostruktur, gegen Verkehrswege und Rüstungsbetriebe. Am 24. August flogen deutsche Verbände Angriffe auf London, wobei die City und verschiedene Vororte getroffen wurden. Die Air Force antwortete mit fünf Nachtbombardements von Berlin. Die Wirkung auf die deutsche Öffentlichkeit war verheerend, und Hitler kündigte am 4. September Vergeltung an. Er werde diesen »Nachtpiraten das Handwerk legen«, und, mehr noch, die Luftwaffe werde die englischen Städte »ausradieren«.[100] Mit den Vergeltungsangriffen gewannen die Deutschen nichts. Im Gegenteil, durch die Schwerpunktverlagerung weg von der gegnerischen Streitmacht hin zu militärischen und zivilen Zielen ließen sie der britischen Luftwaffe Zeit zur Regeneration.[101] In den englischen Städten starben etwa 21 000 Menschen, aber die Bombardements hatten der Rüstungsproduktion kaum Schaden zugefügt. Die Konsequenzen, die beide Seiten aus diesen Erfahrungen zogen, konnten unterschiedlicher kaum sein. Die Regierung in London forcierte die Weiterentwicklung ihres Bomberprogramms, das sich langfristig als kriegsentscheidend erweisen sollte. Hitler hingegen gab die Luftschlacht verloren und ließ den »Seelöwen« sterben. Mehrfach verschob er den Angriffstermin, obwohl das Heer auf die Durchführung brannte.[102] Die hochmotivierten und exzellent ausgebildeten Stoßtrupps der 16. Armee wurden an die noch nicht existente Ostfront verlegt.

8

1941: Vernichtungskrieg in der Sowjetunion

Pakt trotz ideologischer Obsession

Nachdem Hitler am 30. Juli 1940 Generalstabschef Halder seine Überlegungen vorgetragen hatte, die ihn zum Krieg mit der Sowjetunion drängten, begann die Ausarbeitung der Pläne. Bereits der erste Entwurf des Generalmajors Erich Marcks vom 5. August ging von einer deutschen Offensive aus, denn: »die Russen werden uns nicht den Liebesdienst eines Angriffs erweisen«.[1]

Berücksichtigt man, dass Hitler mehrfach die Eroberungen neuer Kolonien angekündigt und in *Mein Kampf* dazu aufgerufen hatte, den »ewigen Germanenstrom« nach Süden nun endlich in östliche Richtung umzulenken, erscheint der Angriff auf die Sowjetunion als Ausdruck seiner ideologischen Prägungen. Der Krieg gegen Frankreich, so Sebastian Haffner, sei nur ein Vorbereitungskrieg gewesen, der ihm den Rücken für sein eigentliches Ziel freihalten sollte, den weltanschaulich motivierten Vernichtungskrieg.[2]

Hitler glaubte, dass Russland in eine verhängnisvolle Entwicklung geraten war, die mit dem tragischen Untergang des Zarenreiches im Weltkrieg begonnen hatte. »Der Jude« habe die Russen durch Bank und Börse ausgesaugt und dann die Arbeiter gegen die Besitzenden gehetzt, »soweit sie Nichtjuden waren«. Vom »kriecherischen Hofjuden« habe er sich gewandelt »zum demokratischen« und dann »mit Hilfe irregeleiteter Volksmassen zum blutrünstigen Diktator«. Sein letztes

Ziel bestehe darin, »die verbluteten Völker auszusaugen«. Vor diesem letzten Schritt stehe die Judenheit in Russland jetzt, im August 1921, wie er den 5000 Zuhörern im Münchner Circus Krone offenbarte. Das bolschewistische System werde zusammenbrechen, sagte er voraus.[3] Den Aufstieg des Stalinismus verfolgte Hitler daher mit Verwunderung, erblickte in ihm aber keine Gefahr. So konnte er sich einen Krieg mit Sowjetrussland Anfang der dreißiger Jahre nicht vorstellen. Die Unruhen in Deutschland würden zwar von Sowjetrussland geschürt, aber als expansiven Staat betrachtete er das Land nicht.[4] Auf längere Sicht sah er sogar die Möglichkeit einer Zusammenarbeit. Wenn der Bolschewismus nicht mehr jüdisch wäre, könnte man »später mit ihm paktieren«.[5]

Das erste Signal zur deutsch-sowjetischen Verständigung ging allerdings nicht von Hitler, sondern von Stalin aus. Joachim von Ribbentrop erhielt im März 1939 die Mitschrift einer Rede, in der Stalin formulierte, dass die Sowjetunion nicht beabsichtige, für irgendeinen kapitalistischen Staat die »Kastanien aus dem Feuer zu holen«. Der Außenminister bat Hitler darum, das Signal zumindest prüfen zu dürfen. Hitler reagierte skeptisch, ließ sich aber sehr schnell vom Fortschritt der Wirtschaftsverhandlungen überzeugen. Ribbentrop nutzte die Handelsvereinbarungen daraufhin zur Platzierung politischer Vorschläge, die als Zusätze zum Handelsabkommen deklariert werden könnten. Am 14. August 1939 wies er dann den deutschen Botschafter in Moskau an, den ultimativen Köder auszuwerfen. Der »weltanschauliche Gegensatz« zwischen Deutschland und der UdSSR sei die »alleinige Ursache« dafür gewesen, dass sich die beiden Staaten nun in »getrennten« und »sich bekämpfenden Lagern« gegenüberstünden. Die Entwicklung der jüngsten Zeit – gemeint war die von der Sowjetunion tolerierte Annexion der »Resttschechei« – würde doch aber die »Wiederherstellung« eines »vernünftigen Verhältnisses« und eine »neue, gute Zusammenarbeit« nahelegen. Auf diese Weise würde der Weg frei für »eine neue Zukunft« der beiden Länder, zumal es keine Interessengegensätze zwischen den beiden Staaten gebe. Deutschland habe keinerlei aggressive Ambitionen, schrieb er an die sowjetische Regierung und bot eine Flurbereinigung in Osteuropa an. Die Reichsregierung kenne keine »Frage« zwischen Ostsee und Schwarzem Meer, »die nicht zur vollen Zufriedenheit beider Länder geregelt werden könnte«. Um diesen Köder unwiderstehlich zu machen, konkretisierte Ribbentrop sein Angebot; gesprochen werde könnte über »Ostsee, Baltikum, Polen, Südost-Fragen usw.«.[6]

Die sowjetische Führung ließ sich das schillernde Sortiment nicht entgehen, weil sie den Cordon sanitaire kapitalistischer Länder, den die Westmächte mit den Friedensverträgen von Versailles und Trianon um das kommunistische Russland gelegt hatten, als lästig empfand. Die Preisgabe der baltischen Staaten musste dabei als besonders fetter Happen erscheinen.[7] Ribbentrop schmückte das Angebot mit zusätzlichen rhetorischen Avancen. Wegen der »weltanschaulichen Gegnerschaft« habe sich zwischen beiden viel »Schutt« aufgetürmt, den es wegzuräumen gelte. Aber nun stehe doch fest, dass die »kapitalistischen westlichen Demokratien« für beide »unversöhnliche Feinde« seien. Sie würden wie 1914 versuchen, Russland in einen Krieg gegen Deutschland zu hetzen. Es sei das »zwingende Interesse« der Engländer und Franzosen, beiden Ländern bei ihrer »Zerfleischung« zuzusehen. Dem sollten Moskau und Berlin mit vereinten Kräften entgegensteuern und stattdessen eine »endgültige Bereinigung« der deutsch-russischen Beziehungen anstreben.[8]

Stalins Reaktion erscheint im Hinblick auf die wortreiche, verklausulierte Offerte des Deutschen Reiches recht erratisch. Am 21. August schrieb er Hitler einen Brief, in dem er seinen Dank und die Hoffnung aussprach, dass das Angebot »eine Wendung zur ernsthaften Besserung zwischen unseren Ländern schaffen wird«. Im Hinblick auf den Abschluss eines Nichtangriffspakts erwarte er das Eintreffen des Herrn von Ribbentrop am 23. August.[9] Den Vertrag entwarf der deutsche Außenminister im Flugzeug, bei den Verhandlungen fanden die Anwesenden sofort eine gemeinsame Sprache. Von sowjetischer Seite waren Stalin und Molotow gekommen, die deutsche vertraten Ribbentrop und Botschafter Friedrich-Werner von der Schulenburg. Im Handumdrehen waren die Interessensphären festgelegt: Finnland und die baltischen Staaten für die Sowjetunion, als Zugabe Bessarabien, die heutige Republik Moldawa. Für den Fall, dass es zu einer deutsch-polnischen Konfrontation kommen würde, zeichneten Ribbentrop und die Sowjets »vorsorglich« eine Demarkationslinie auf einer Karte ein. Die Geschwindigkeit, mit der sich die verfeindeten Staaten annäherten, erschien Ribbentrop unheimlich, weshalb er eine Rücksprache bei Hitler für unumgänglich hielt. Er unterbrach die Verhandlungen und erhielt beim Telefonat die volle Unterstützung seines Führers.[10] Die Unterzeichnung war nur ein formeller Akt, verblüfft zeigte sich Ribbentrop von der rhetorischen Garnierung. Stalin bezeichnete Hitler als einen Mann, den er immer schon verehrt habe, Molotow sprach ähnlich, und je mehr Wodka floss, desto zukunftsträchtiger erschienen allen Beteiligten die deutsch-sowjetischen Beziehungen.[11]

Die Folgen des Nichtangriffspakts

Hitlers Chefideologe Alfred Rosenberg, der während der Revolution 1917 in Moskau studiert hatte, war fassungslos. Es sei doch das »Ideal eines 20-jährigen Kampfes« gewesen, die bolschewistische Revolution »niederzukämpfen«, schrieb er in sein Tagebuch. Wie könne man jetzt noch »von der Rettung und Gestaltung Europas sprechen«, fragte er sich, »wenn wir den Zerstörer Europas um Hilfe bitten müssen?«. Ihm erschien der Pakt nicht als Schritt aus freiem Entschluss, sondern als deutsches Bittgesuch. Daher beschlich ihn das Gefühl, dass »sich dieser Moskau-Pakt irgendwann am Nationalsozialismus rächen wird«. Zwei Punkte sah er besonders kritisch. So hielt er den Zeitpunkt für falsch. »*Musste* die polnische Frage *jetzt* gelöst werden und in dieser Form?«, schrieb er skeptisch ins Tagebuch. Auch empfand er die Überlassung der Karpatho-Ukraine an die Sowjetunion als schweren Schlag für eine künftige deutsche Ostpolitik, weil damit starke »antimoskowitische« Kräfte geschwächt würden.[12]

Mit dieser Einschätzung sollte er recht behalten, denn sofort nach dem Einmarsch der Roten Armee in das Gebiet begannen die stalinistischen »Säuberungen«. Zu den ersten Opfern gehörten etwa 250 000 polnische Kriegsgefangene, die deportiert und in Russland beim Straßenbau eingesetzt wurden. Dann betraf es polnische Siedler und Forstangestellte. Allein im Februar 1940 wurden mehr als 146 000 Menschen verhaftet und in Güterwaggons nach Sibirien deportiert. Wie viele von ihnen dort ankamen, ist nicht bekannt. Angesichts der herrschenden Temperaturen von minus 30 Grad muss es zahllose Tote gegeben haben. Im April 1940 traf es 22 000 Familien polnischer Offiziere und Beamter, mehr als 65 000 Menschen. Im April und Juni 1941 gab es weitere Deportationswellen. Die offizielle Statistik wies 381 000 verschleppte Menschen aus, berücksichtigte aber nicht die Zehntausende von polnischen und westukrainischen Zwangsarbeitern, denen Arbeitsplätze in den Kohlegruben zugewiesen wurden, und auch nicht die Zwangsrekrutierten für die Rote Armee. In den baltischen Republiken begann der Terror später, wie der Berliner Historiker Jörg Baberowski feststellte, »aber er war nicht weniger unerbittlich als im polnischen Besatzungsgebiet«.[13] Tausende Deutsche »verschwanden« ebenfalls, darunter über 160 Männer mit deutscher Staatsangehörigkeit.[14]

Im Gegenzug erhielt Hitler Polen und Danzig, was ihm seinerseits erlaubte, dort ein Schreckensregime nach seinen eigenen Vorstellungen zu errichten. Er entwickelte sie Ende September 1939. Ihm schwebte vor, das besetzte Gebiet in drei Streifen zu teilen. An der bisherigen Grenze sollte durch Vertreibung der Juden und aller irgendwie »unzuverlässigen Elemente« ein breiter »Gürtel der Germanisierung« geschaffen werden. Im Osten sollte an der Weichsel eine militärische Zone entstehen, ein »Ostwall – noch stärker als im Westen«. Dazwischen könne es eine Zone wie auch immer gearteter polnischer Staatlichkeit geben.[15] Auf Letzteres wurde bald darauf verzichtet, stattdessen etablierte das Deutsche Reich ein Generalgouvernement, in dem die Polen als Menschen zweiter Klasse behandelt und zur Zwangsarbeit gepresst wurden. Die polnische Intelligenz galt als Bedrohung und Keim des Widerstands, weshalb sie ausgerottet werden sollte. Im Generalgouvernement, das juristisch nicht zum Deutschen Reich gehörte, fanden auch Vernichtungslager für den Holocaust ihren Platz.[16]

Die Errichtung dieses Terrorregimes in Polen wie auch später in den eroberten Gebieten der Sowjetunion ging unmittelbar auf die Vorstellungen Hitlers zurück. Damit steuerte er in eine der Besatzungspolitik des Kaiserreichs während des Ersten Weltkriegs entgegengesetzte Richtung. Unter zaristischer Herrschaft war die jüdische Bevölkerung damals ständig von Pogromen betroffen gewesen und zu Hunderttausenden aus ihren Siedlungsgebieten vertrieben worden. Erst unter deutscher Verwaltung hatten sich ein differenziertes jüdisches Schulwesen und eine freie jüdische Presse sowie ein reges politisches Leben entfaltet. Diese Emanzipationsbewegung wurde vom Reichstag unterstützt, dem der damalige Oberkommandierende und spätere Mitverschwörer Hitlers Erich Ludendorff sehr entgegenkam, wie ein nationalsozialistischer Bevölkerungswissenschaftler später urteilte.[17]

Die Weisung für »Barbarossa«, ein Präventivkrieg?

Angesichts der guten politischen und wirtschaftlichen Zusammenarbeit der beiden Diktaturen waren die höheren Truppenführer überrascht, als Hitler im Sommer 1940 verkündete, er wolle die Entscheidung nicht gegen Großbritannien, sondern gegen die Sowjetunion erzwingen. Hitlers instinktive Abneigung gegen den Verbündeten manifestierte sich bei dem außerordentlich schlecht verlaufenden Besuch Molotows in Berlin am 12. und 13. November 1940. Die Rivalität entzündete sich bei der Aufteilung des Balkans. Hitler hatte angenommen, dass die Interessensphären klar geteilt waren, und versagte daher Finnland jede Unterstützung, als es von der Sowjetunion angegriffen wurde. Dafür erwartete er deren Stillhalten bei seiner Neuordnung im Südosten. Im September 1940 traten Ungarn und Rumänien dem deutschen Bündnissystem bei. Im Gegenzug brachte die Sowjetunion jedoch kommunistische Kräfte in Jugoslawien und Bulgarien in Stellung, die garantieren sollten, dass diese Länder ihr zufallen würden. Hitler hielt das Molotow vor, der gab sich jedoch ungerührt; darüber würde er gern mehr hören, lautete sein einziger Kommentar. Als Hitler die Frage der schwedischen Neutralität ansprach, erwiderte Molotow, dazu könne er nichts sagen, aber die Sowjetunion sei durchaus in der Lage, den Frieden im Ostseeraum zu »garantieren«. Die Vorstellung von einer »Garantiemacht Sowjetunion« entsetzte Hitler, weil die deutsche Rüstung auf das schwedische Eisenerz angewiesen war. Er war nicht bereit, sich in dieser Hinsicht von der Sowjetunion abhängig zu machen. So wie Hitler seinen diplomatischen Siegeszug 1938 mit permanenten Drohungen unterfüttert hatte, agierte jetzt Molotow, der bewusst erkennen ließ, dass die Finnlandfrage aus seiner Sicht noch immer ungelöst war. Außerdem brachte er das »Meerengenproblem« zur Sprache, also den Zugriff auf Bulgarien und die Türkei. Hitlers aufmunternde Bemerkung zu Beginn, dass beiden Mächten umso größere Erfolge gelingen würden, je entschlossener sie »Rücken an Rücken« gegen die kapitalistischen Mächte kämpften, war damit obsolet. Molotow hatte den Interessenausgleich in Südosteuropa abgelehnt und damit das Angebot zur Fortsetzung der vertraglich verbrieften Freundschaft ausgeschlagen.[18] Es waren diese unauflösbaren geopolitischen Gegensätze, die Hitler dazu brachten, die Angriffsplanungen zu forcieren.

Die im Dezember 1940 von ihm ausgefertigte Weisung für die Kriegführung war in jeder Hinsicht unmissverständlich. Die Wehrmacht müsse darauf vorbereitet sein, noch vor Beendigung des Krieges gegen England »Sowjetrussland in einem schnellen Feldzug niederzuwerfen«. Das im westlichen Russland stehende sowjetische Heer solle durch das resolute Vorantreiben von Panzerkeilen vernichtet werden, wobei es gelte, den Abzug kampfstarker Teile in die Weite des Raums zu verhindern. Als Endziel sei eine Linie zu erreichen, die sich von der Wolga bis zum Eismeerhafen Archangelsk erstrecke. Dazu würden drei Heeresgruppen gebildet. Die Heeresgruppe Nord müsse Leningrad nehmen und dann südöstlich gegen Moskau eindrehen. In der Mitte solle eine von Warschau vorpreschende Heeresgruppe die sowjetischen Kräfte in Weißrussland »zersprengen« und dann gegen Moskau vorgehen. Der dritten Heeresgruppe Süd falle die Aufgabe zu, im Zusammenwirken mit den Rumänen die Ukraine zu erobern.[19]

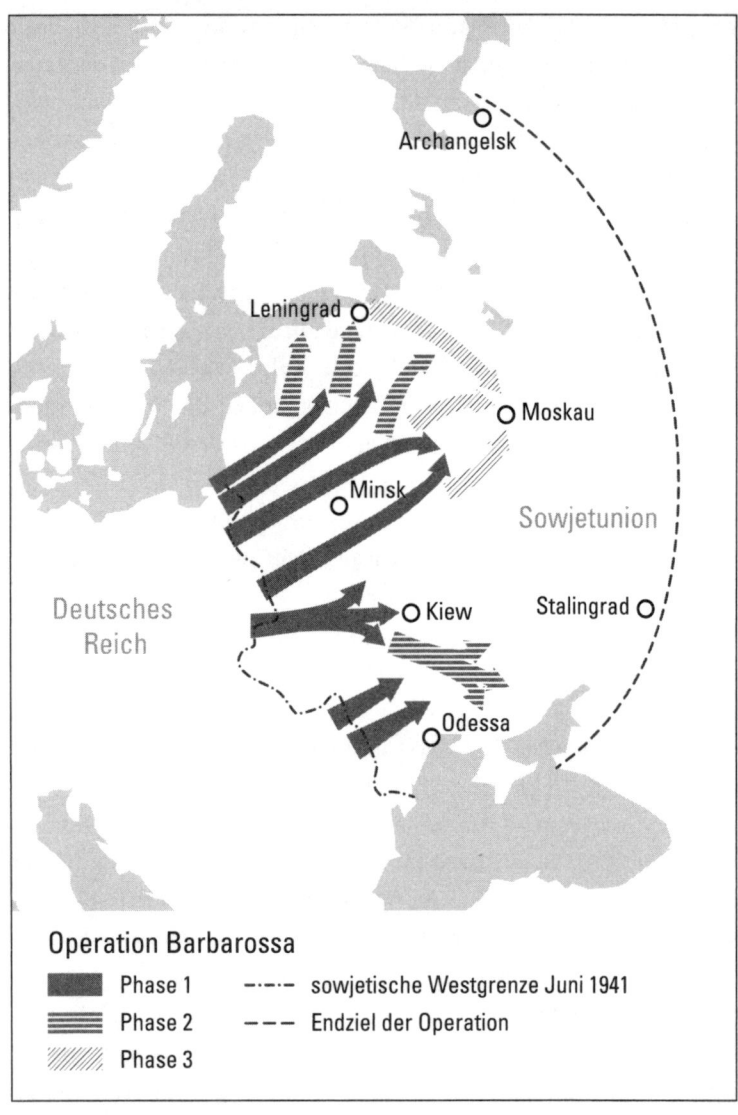

Operation Barbarossa

- ▓ Phase 1
- ≡ Phase 2
- ▨ Phase 3

- —··— sowjetische Westgrenze Juni 1941
- – – Endziel der Operation

Das geplante Ziel der »Operation Barbarossa« war die Eroberung eines Territoriums bis zur gedachten Linie zwischen Archangelsk und dem Schwarzen Meer. Die Heeresgruppe Nord sollte rasch Leningrad nehmen, um dann nach Südosten in Richtung Moskau einzuschwenken. Der Vorstoß der Heeresgruppe Mitte richtete sich gegen Minsk und Moskau. Der Heeresgruppe Süd und der verbündeten rumänischen Armee war die Eroberung der Ukraine zugedacht.

Wie sein Generalstabschef Halder war Hitler extrem optimistisch. Die Wehrmacht werde im Mai 1941 den bisherigen »Höchststand in Führung, Material [und] Truppe« erreichen, während sich der Gegner auf einem »unverkennbaren Tiefstand« befinde, meinte er. Der russische Mensch sei »minderwertig«, die Armee »führerlos«. Allein ihre zahlenmäßige Stärke erschien ihm als Problem, daher müsse sie zerlegt und »in Paketen abgewürgt« werden.[20] Aber auch hinsichtlich der Stärke der verfügbaren Truppen irrte sich der deutsche Generalstab. Bei einem Vortrag am 3. Februar 1941 ging Halder von etwa 100 Infanteriedivisionen, 25 Divisionen Kavallerie und etwa 30 mechanisierten Divisionen aus. »Zahlenmäßig« sei man also überlegen, im Hinblick auf »Erfahrung, Ausbildung, Bewaffnung, Organisation, Führung, Volkscharakter, Idee« ohnehin.[21] Die Berichte von SD und Abwehr über den Zustand der sowjetischen Truppen wichen allerdings erheblich voneinander ab. Während die Besatzungstruppen in Riga einen »günstigen« Eindruck hinterließen, wurde die Qualität der kämpfenden Truppen im Winterkrieg gegen Finnland sehr unterschiedlich beurteilt. Unter ihnen befanden sich Einheiten, denen die Finnen Kampfstärke im Stellungskrieg attestierten, aber auch solche, die ohne Sinn und Verstand stürmten und mit Maschinengewehren einfach niedergemäht wurden.[22]

Trotz dieser optimistischen Prognosen erstaunt doch, dass Hitler und sein Generalstab das Fell des russischen Bären bereits verteilten, bevor sie ihn erlegt hatten. Noch vor Beginn des Ostfeldzuges formulierten sie am 11. Juni 1941 eine Weisung, die als Entwurf im Oberkommando des Heeres und bei den Befehlshabern der Wehrmachtsteile zirkulierte. Nach der Zerschlagung der sowjetrussischen Armee würden Deutschland und Italien das europäische Festland militärisch beherrschen. »Irgendeine ernsthafte Gefährdung« des europäischen Raumes zu Lande bestünde dann nicht mehr. Wie stark die »Sicherungskräfte« im russischen Raum zu bemessen seien, könne noch nicht gesagt werden.

Was dann folgte, war ein Entwurf für einen Feldzug zur Weltherrschaft, der einmalig in der Geschichte der Menschheit ist. Die Vertiefung der deutsch-französischen Zusammenarbeit könne weitere englische Kräfte binden und die Bewegungsmöglichkeiten der britischen Flotte im Mittelmeer zunehmend einschränken. Nach dem Zusammenbruch der Sowjetunion solle ein Expeditionskorps Transkaukasien und den Irak besetzen. Die »arabische Freiheitsbewegung«, von der man im Oberkommando des Heeres nur wenig wusste, könnte gegen die Engländer im Nahen Osten ausgenutzt werden. Der britische Stützpunkt Gibraltar an der Südspitze Spaniens werde ausgeschaltet. Nach der »Wegnahme« von Gibraltar würden Spanisch-Marokko und Französisch-Westafrika erobert. Dann konkretisierte der Entwurf die Stoßrichtungen auf Gibraltar, Ägypten und Palästina. Die Rüstung habe sich deshalb vorrangig auf Kriegsmarine und Luftwaffe zu konzentrieren.

Die Befehlshaber der Wehrmachtsteile wurden »ersucht«, ihre Vorstellungen zu dem Plan vorzutragen. Tatsächlich korrigierte der Führungsstab die Weisung hinsichtlich Palästinas, das vorerst als unerreichbar eingestuft wurde. Der Schwerpunkt müsse beim Suezkanal, also beim Angriff auf Ägypten von Libyen aus, liegen. Eine Offensive von Osten, über den Kaukasus, sollte jedoch nicht aus den Augen verloren werden.[23]

Der geplante Vernichtungskrieg:
Aufgabenteilung und Kooperation von Wehrmacht und SS

Während sich der Generalstab mit utopischen Vorstellungen für den Tag nach dem Zusammenbruch des sowjetischen Imperiums beschäftigte, konzentrierte sich Hitler auf die Details. So lehnte er einen Entwurf für die Behandlung der gegnerischen Truppen und der Bevölkerung im zu erobernden Ostraum ab, weil er sich zu stark am Kriegsvölkerrecht orientierte. In einer Besprechung mit dem Chef des OKW Wilhelm Keitel und dem Leiter des Wehrmachtführungsstabs Alfred Jodl gab er am 3. März 1941 noch einmal die Richtung vor. Das ganze Gebiet müsse in Staaten aufgelöst werden, die eigene Regierungen bekommen sollten; mit denen könne dann Frieden geschlossen werden. In dieser Hinsicht erinnerte das Vorgehen an den Ersten Weltkrieg, wo das Deutsche Reich im Sommer 1918 in den eroberten Gebieten Satellitenstaaten schuf, etwa die Ukraine oder Georgien. Zur Vorbereitung dieser Staatenbildung sollten deutsche Reichskommissariate errichtet werden, deren territoriale Struktur sich durch die »volkstumsmäßige Grundlage« ergab. Geschaffen wurden schließlich drei – »Baltikum«, »Weißrussland« und »Ukraine«. Zwei weitere waren geplant: »Kaukasien« und »Moskowien«. Die Reichskommissare, bestimmte Hitler, sollten ihre politischen Richtlinien von ihm selbst empfangen. Diese Staatenbildung sei so »schwierig«, dass »man sie nicht dem Heere zumuten« könne, notierte Jodl. Sein Protokoll verzeichnet auch, was Hitler für erforderlich hielt, um diese neuen Staaten zu stabilisieren: »Die jüdisch-bolschewistische Intelligenz als bisheriger ›Unterdrücker‹ des Volkes muss beseitigt werden.« Die zweite Festlegung betraf die Wirtschaftsordnung der eroberten Gebiete. Hitler erteilte die Weisung, dass »allein« die »sozialistische Idee« als innenpolitische Grundlage für die neu zu schaffenden Staaten maßgeblich sein könne. Diese sei ohnehin im »heutigen Russland« verankert und müsse daher beibehalten werden.[24]

SD-Chef Reinhard Heydrich verstand den Gedanken so, dass die »nationale Frage« in Osteuropa mit »äußerster Zurückhaltung« behandelt werden müsse, wie er am 2. Juli 1941 anordnete. Verwirklicht werde in den besetzten Gebieten der »wirkliche, wahre Sozialismus, d.h. eine staatlich gesicherte soziale Gerechtigkeit für alle Schaffenden«. Dass dies die Juden ausschloss, verstand sich für die SD-Männer von selbst, hatten sie doch bereits in Polen zahllose Umsiedlungs- und Mordaktionen durchgeführt. Heydrich legte ausdrücklich fest, wer im Zuge der Operation Barbarossa zu exekutieren sei: Funktionäre der Kommunistischen Internationale, kommunistische Berufspolitiker, höhere, mittlere und radikale untere Funktionäre der Partei, Volkskommissare, Juden in Partei- und Staatsstellungen sowie »sonstige radikale Elemente (Saboteure, Propagandeure, Heckenschützen, Attentäter, Hetzer usw.)«, sofern sie nicht benötigt würden, um »Auskünfte in politischer oder wirtschaftlicher Hinsicht zu geben«.[25]

Aber auch die Wehrmacht wurde mit einer rigiden Direktive für die Kriegführung versehen. Hitlers Intentionen folgend entwarf Jodl eine neue Weisung, die am 13. März bestätigt wurde, also drei Monate vor Angriffsbeginn. Der Aktionsradius der Wehrmacht sollte nach rückwärts möglichst begrenzt sein, um den Staatsaufbau zu ermöglichen. Zur »Vorbereitung« der späteren politischen Verwaltung erhielt die SS die Befugnis, im Operationsgebiet des Heeres »Sonderaufgaben« wahrzunehmen. Dabei durfte sie die Wehrmacht nicht behindern, war ihr aber auch nicht rechenschaftspflichtig. Der Reichsführer SS handle »selbständig und in eigener Verantwortung« in dem »auszutragenden Kampf zweier entgegengesetzter politischer Systeme«. Um Geheimhaltung zu gewährleisten, werde die ehemalige deutsch-sowjetische Grenze abgeriegelt, nur der militärische Verkehr und die SS dürften sie noch passieren. Die Grenzsperre erstreckte sich auch auf »leitende Persönlichkeiten« der Partei und der Reichsbehörden. Ausnahmen regelte Hitler persönlich.

Für den Krieg gegen die Sowjetunion existierten damit präzise Anordnungen für die Aufteilung der Zuständigkeiten zwischen Heer und SS. Hitler wies der Wehrmacht den militärischen Part zu, der SS eine in dieser Anordnung nicht näher spezifizierte ideologische Sonderaufgabe. Die Wehrmachtsführung akzeptierte diese Arbeitsteilung zwischen der Vernichtung des militärischen und des angenommenen ideologischen Gegners. Zugleich besagte die Weisung aber auch, dass die SS ihre »Sonderaufgaben« im (!) Operationsgebiet der Wehrmacht wahrzunehmen habe.[26]

Auch die »Richtlinien für das Verhalten der Truppe in Russland« folgten den Intentionen Hitlers. »Der Bolschewismus ist der Todfeind des nationalsozialistischen deutschen Volkes«, lautete der erste Satz, der folgende: »Dieser zersetzenden Weltanschauung und ihren Trägern gilt Deutschlands Kampf.« Er verlange »rücksichtsloses und energisches Vorgehen gegen bolschewistische Hetzer, Freischärler, Saboteure« und, eigens aufgeführt, »Juden«. Gegenüber den Angehörigen der Roten Armee seien äußerste Zurückhaltung und schärfste Aufmerksamkeit geboten, da mit »heimtückischer Kampfesweise« zu rechnen sei.[27] Diese Auffassung mündete in den sogenannten Kommissarbefehl, für den sein Mitverfasser Alfred Jodl im Nürnberger Kriegsverbrechertribunal schuldig gesprochen und 1946 hingerichtet wurde. Im Kreuzverhör erläuterte Jodl, wie der Befehl zustande gekommen war. Er und Feldmarschall Keitel hätten bei Hitler Bedenken vorgetragen, ob ein solcher Befehl tatsächlich völkerrechtskonform wäre. Auch andere hatten den ersten Entwurf des Befehls abgelehnt, etwa Walther von Brauchitsch, der Oberbefehlshaber des Heeres. Dann aber setzte sich Hitler in einer, so Jodl, »sehr erregten Auseinandersetzung« durch. Nach dem Austausch aller Argumente schnitt Hitler Brauchitsch das Wort mit der Bemerkung ab: »Ich kann nicht verlangen, dass meine Generale meine Befehle verstehen, aber ich verlange, dass sie sie befolgen.«[28]

Da Hitler schon bei der ihm ergebenen Wehrmachtsführung wenig Verständnis für seine ideologisch geprägten Argumente fand, versuchte er, die künftigen Kommandeure des Ostfeldzugs mit dem erprobten Mittel der persönlichen Rede zu gewinnen. In seinen Ansprachen am 5. Dezember 1940 und 9. Januar 1941 machte er das schon bei Napoleon auftauchende Motiv von Russland als Britanniens »Festlanddegen« stark. Es bestehe eine reale militärische Bedrohung im Rücken des Reichs, suggerierte er den Anwesenden, zumal die mögliche Intervention Amerikas eine gefährliche Kräfteverschiebung mit sich brächte. Aus seiner Sicht müsse die »ständige kommunistische Gefahr« ausgeschaltet werden. Für Hitler war der bevorstehende Feldzug mithin eine ideologische Abrechnung ebenso wie ein Raubzug, von dem er glaubte, er könnte quasi nebenbei erledigt werden.[29]

Die sowjetischen Präventivkriegsplanungen

Den sowjetischen Militärs blieben die deutschen Angriffsvorbereitungen dank ihrer exzellenten Aufklärung nicht verborgen.[30] Der Generalstab der Roten Armee intensivierte daher die Planungen für einen möglichen Präventivschlag gegen das Deutsche Reich. Nach der Berufung des späteren Marschalls Georgi Shukow zum Chef des Generalstabs im Februar 1941 wurden diese Planungen konkretisiert. Shukow war der aufgehende Stern der Roten Armee, deren Führung Stalin in der »Großen Säuberung« 1937 enthauptet hatte. Als Führer der sowjetischen und mongolischen Streitkräfte hatte er die Japaner in der Schlacht am Chalchin-Gol im August 1939 vernichtend geschlagen. Nach der Besetzung der Bukowina und der Westukraine ernannte ihn Stalin zum Befehlshaber des Kiewer Militärbezirks. Bei mehreren Kriegsspielen erbrachte der Armeegeneral den Beweis, dass die von ihm geführten sowjetischen Truppen deutsche Verbände besiegen konnten. Stalin befahl daher die Beförderung Shukows zum Stellvertretenden Verteidigungsminister und Generalstabschef.[31] Einen ersten Aufmarschplan präsentierte Shukow am 11. März 1941. Dabei rechnete er mit 245 einsatzbereiten Divisionen, also einer Streitmacht von mindestens 2,5 Millionen Soldaten. Im Mai 1941 wies die aktualisierte Aufstellung bereits einen Bestand von 258 einsatzbereiten Divisionen aus, unterstützt von 6600 Schlachtflugzeugen. Shukows Aufmarschanweisung sah einen konzentrierten Vorstoß von der Ukraine aus vor, einem Territorium, das ihm bestens vertraut war. Nach diesem Plan wäre die Rote Armee innerhalb von 30 Operationstagen bis zu einer Linie vorgedrungen, die von der Region nördlich von Warschau bis ins schlesische Oppeln gereicht hätte. In Shukows Konzept gab es nur einen mit aller Macht vorangetriebenen Keil mechanisierter Streitkräfte, der im Süden ansetzte und auf Berlin ausgerichtet war. Im sowjetischen Sprachgebrauch bedeutete mechanisiert, dass die Ausstattung mit beweglichem Gerät und Panzern überwog; es handelte sich also um sehr wendige, flexible Verbände. Die von Halder angenommenen 25 Kavalleriedivisionen reduzierte der Plan auf sieben.[32] Shukow hielt es für unverzichtbar, die Initiative »unter gar keinen Umständen den Deutschen zu überlassen«. Es sei notwendig, »dem Feind im Aufmarsch zuvorzukommen und die deutsche Armee anzugreifen, wenn sie sich noch in der Aufmarschphase befindet«. Mit dem Vordringen in Richtung Schlesien wollte Shukow die deutsche Armee von ihren südlichen Verbündeten trennen, an den anderen Fronten sollte eine »aktive

Verteidigung« organisiert werden. Unter günstigen Umständen könne auch ein »Schlag« gegen Rumänien geführt werden, erläuterte Shukow in seinen Begleitnotizen zur Aufmarschanweisung, offenbar ein Zugeständnis an die Balkanpolitik des Politbüromitglieds Molotow.[33]

Zur selben Zeit stärkte Shukow die sowjetische Verteidigung. Die zahllosen Festungen und befestigten Bauwerke des Ersten Weltkriegs wurden modernisiert und mit Artillerie aufgerüstet. Das betraf die alten Grenzfestungen des zaristischen Russlands ebenso wie die in Besitz genommenen Verteidigungsstellungen der baltischen Staaten. Mehr als 140 000 Arbeiter waren seit April 1941 beim Stellungsbau eingesetzt.[34]

Da Shukow auch Truppen in die von ihm gewählten Aufmarschräume vorrücken ließ, blieben seine Aktivitäten den deutschen Luftbeobachtern und der Funkaufklärung nicht verborgen, was wiederum Hitler von der Dringlichkeit zu handeln überzeugte. Auch Stalin rechnete nun mit einer militärischen Auseinandersetzung, er sah sie jedoch nicht als unmittelbar bevorstehend an.[35] Obwohl er von seinem Londoner Botschafter Iwan Maiski am 10. Juni 1941 detaillierte Meldungen über Zahl, Ausrüstung und Stärke der deutschen Einheiten erhielt, reagierte er nicht.[36] Die Sowjetunion war gerüstet, die Rote Armee stand zum Präventivschlag bereit, allein Stalin verhinderte das Losschlagen. Er misstraute den Nachrichten des Londoner Botschafters, weil er sie als Einflüsterungen kapitalistischer Kreise betrachtete. Das alarmierende Telegramm von Richard Sorge, dem in Tokio residierenden wichtigsten Informanten der Sowjets, wurde ohne Prüfung zu den Akten genommen.[37] Selbst als der Minister für Staatssicherheit ihn mit Agentenmeldungen über konkrete Truppenbewegungen konfrontierte, behauptete Stalin, dies sei nichts als Desinformation. Er riet dem Minister, seine Agenten zurück zu ihrer »Hurenmutter« zu schicken. Am 18. Juni, drei Tage vor dem deutschen Angriff, versuchten Verteidigungsminister Semjon Timoschenko und Generalstabschef Shukow noch einmal, ihren Diktator vor der bevorstehenden Offensive zu warnen. Wie üblich beleidigte Stalin in der Replik seine Untergebenen. Timoschenko, der Mann mit dem großen Kopf und dem winzigen Hirn, habe sich alles nur ausgedacht. Niemals werde Deutschland gegen Russland kämpfen.[38] Diese Bemerkung zeigt, dass Stalin im Gegensatz zu Hitler in der Lage war, die realen Machtpotenziale abzuschätzen. Aus seiner Sicht war der Angriff sinnlos, weil das Deutsche Reich ohnehin nur verlieren konnte. Hitler hätte die von Stalin formulierten Vorschläge Molotows im November 1940 annehmen müssen, gerade weil sie – rein rational betrachtet – die Unterordnung des Deutschen Reiches unter die Sowjetunion bedeuteten. Stalin glaubte, Hitler würde nur Druck aufbauen, um seine Verhandlungsposition zu stärken.

Am 22. Juni, dem Tag des deutschen Angriffs, ging Stalin übrigens wie gewohnt seiner Arbeit im Kreml nach. Die ihm nachgesagte Lethargie und sein angebliches Versagen gehören in das Reich der Legende. Noch am Tag des Überfalls erließ er 20 unterschiedliche Befehle und Dekrete. Einen Tag später bildete er eine »Stawka« genannte Militärregierung. In ihr übernahm er den politischen Part, die Leitung übergab er Verteidigungsminister Timoschenko. Das militärisch geprägte, aber der kollektiven Beratung verpflichtete Oberkommando erteilte bereits am 24. Juni kriegsentscheidende Befehle, etwa zur Evakuierung bedrohter Industriebetriebe. Am 29. Juni folgten Anweisungen für die Parteiorganisation, die diese dazu verpflichteten, jeden Zentimeter russischen Bodens bis zum letzten Blutstropfen zu verteidigen. Stalin rief dazu auf, Partisanenarmeen zu bilden und im Fall eines Rückzugs verbrannte Erde zu hinterlassen.[39] Dabei war er davon überzeugt, dass sein Land jeden Krieg gewinnen könnte, auch wenn es nicht die von Shukow empfohlene Angriffsoption gewählt hatte. Die von dem Wiener Militärhistoriker Heinz Magenheimer vorgeschlagene Deutung des Ostfeldzugs als »Krieg zweier Angreifer«, die sich »synchron« auf eine Offensive vorbereitet hätten, ist daher nicht ganz richtig.[40] So bezweifelt der britische Historiker Richard Overy zumindest die Gleichzeitigkeit der Angriffsvorbereitungen. Seiner Ansicht nach plante die Sowjetunion für eine Offensive im Jahr 1942.[41] Stalin agierte aus einer Position der Überlegenheit heraus und ließ Hitler kommen, weil er sich des Sieges gewiss war.

Die ersten Massenmorde
an den osteuropäischen Juden

Die Entwicklung in den ersten Kriegswochen schien Hitler und den Optimisten im deutschen Generalstab recht zu geben. Die Truppen stießen schnell ins Baltikum und nach Weißrussland vor, bei der Kesselschlacht von Białystok gerieten über 300 000 sowjetische Soldaten in Gefangenschaft.[42] Während sich die Truppen der Roten Armee im Mittelabschnitt schnell ergaben, wurde im Süden erbittert gekämpft. In der Schlacht bei Dubno, Luzk und Riwne erlitten die Deutschen hohe Verluste, es gelang ihnen aber, mehr als 90 Prozent der sowjetischen Verbände aufzureiben.[43] Besonders erfreut war die Wehrmacht über die großen sowjetischen Verluste an schwerem Gerät. Sie zerstörten in dieser bis dahin größten Materialschlacht des Kriegs über 2000 sowjetische Panzer, Verluste, von denen man annahm, dass sie sich nicht ersetzen ließen.[44]

Mit dem raschen Vorrücken der Wehrmacht entfalteten auch die verbrecherischen Befehle ihre Wirkung. Bereits am ersten Feldzugstag gingen Meldungen über erschossene »Kommissare« ein. Innerhalb von vier Tagen brachten deutsche Soldaten mindestens 100 Zivilisten um, ein deutsches Polizeibataillon ermordete in Białystok mehrere Hundert Menschen. Weitere Massaker folgten im litauischen Grenzstreifen. Schon Ende Juni errichtete die SS in Litauen ein großes Konzentrationslager für Juden.[45] In den Grenzgebieten und Regionen, die dem Deutschen Reich oder dem Generalgouvernement zugeschlagen wurden, ermordeten Sonderkommandos und Gestapo-Einheiten Tausende Menschen. Über die Massentötungen der Einsatzgruppen sind genaue Zahlen bekannt, weil Hitler wünschte, laufend über deren »Arbeit« informiert zu werden.[46] Die im Baltikum und Weißrussland eingesetzte Einsatzgruppe A meldete bis zum 15. Oktober 118 430, die ebenfalls in Weißrussland tätige Einsatzgruppe B bis zum 31. Oktober 45 467 Tote. Von etwa 75 000 sprach die in der Ukraine mordende Einsatzgruppe C und die in der Südukraine tätige Einsatzgruppe D von 54 696.[47] Hitler erbat jedoch nicht nur Berichte über die Zahlen, sondern auch

»Anschauungsmaterial«, wie Gestapochef Müller die Kommandeure der Einsatzgruppen am 1. August 1941 wissen ließ.[48]

Da Himmler und Hitler im Oktober 1941 entschieden, für die Ermordung der Juden künftig Giftgas einzusetzen, ließen sie spezialisierte Tötungsfabriken errichten, deren Baupläne Hitler persönlich abnahm.[49]

Trotzdem waren die Massenmorde der Einsatzgruppen damit nicht beendet. Die Berichte ihrer Massaker sind in den Archiven nur lückenhaft überliefert, weshalb hier ein Beispiel angeführt wird. Der Schwarzmeerhafen Feodosia hatte 1939 46 000 Einwohner, im April 1942 waren es noch 26 000. Die Einsatzgruppe D unterzog die Stadt nicht weniger als vier »Durchkämmungsaktionen«. Dabei wurden die Fahndungstrupps des SD von jeweils knapp 400 Wehrmachtssoldaten unterstützt. Bei der ersten Razzia wurden 351 Personen zugeführt und 13 exekutiert, entweder weil sie Juden waren oder angeblich Partisanen beherbergt hatten. Bei der zweiten Razzia gab es 447 Festnahmen. 15 Menschen wurden ins Stadtgefängnis überführt und nach Verhören erschossen. 57 Arbeitslose kamen ins Kriegsgefangenenlager. Die dritte Razzia führte zu 257 Festnahmen und 15 Morden. 23 arbeitsfähige Männer wurden ins Gefangenenlager überstellt. Bei der vierten Durchkämmung gab es nur noch 54 Verhaftete, die elf arbeitsfähigen Männer wurden in das Gefangenenlager überwiesen. Drei Juden und drei kommunistische Arbeitsverweigerer habe man »nach eingehenden Verhören hingerichtet«. Wegen des »Erfolgs« dieser Razzien sprach sich der zuständige Wehrmachtskommandant lobend über die Zusammenarbeit mit dem SD aus. Daraufhin ordnete das Generalkommando an, auch die anderen Städte im Gebiet zu durchkämmen.[50] Allerdings setzte sich zur gleichen Zeit das Oberkommando des Heeres, das inzwischen von Hitler geleitet wurde, wegen des Fachkräftemangels bei der Sicherheitspolizei in Minsk für den Verbleib von Juden ein. »Trotz gegenteiliger Zusage« seien von der Wehrmacht rekrutierte Fachhandwerker der »Sonderbehandlung« unterzogen worden. Dadurch werde die Leistungsfähigkeit der Dienststelle beeinträchtigt. Erst jetzt wies Himmler an, dass alle arbeitsfähigen Juden zwischen

16 und 32 Jahren »bis auf weiteres von Sondermaßnahmen« auszunehmen seien.[51]

Kein Zweifel, zwischen Wehrmacht und SS kam es immer wieder zu Konflikten über einzelne Facharbeiter oder über bestimmte Gruppen, die vom Massenmord vorläufig verschont werden sollten. Aber wie von Hitler in seiner Weisung für die Kriegführung initiiert, unterstützte die Wehrmacht die SS-Einsatzgruppen logistisch und personell. Die Soldaten waren dazu auch bereit, weil sie als Jugendliche das nationalsozialistische Erziehungssystem durchlaufen hatten. Wie von Hitler 1933 angekündigt, bekam die Wehrmacht ausschließlich junge Männer, die von der SA und der Hitlerjugend vormilitärisch gedrillt und politisch geschult waren. Historiker haben inzwischen Hunderte Einzelverbrechen anhand von Akten und Täterverhören rekonstruiert, wobei sich als Grundmuster ergab, dass die Täter sich ihrer Taten nicht schämten. Kein Zweifel: Wehrmacht und SS trieben den Angriff in der Sowjetunion 1941 gemeinsam voran. Dazu gehörten Judenerschießungen ebenso wie die grausame Behandlung der russischen Kriegsgefangenen.[52]

Massenmord der Wehrmacht durch Hunger

Da die deutsche Wehrmacht nicht aufgeklärt hatte, in welch großer Zahl Soldaten der Roten Armee im Westen der Sowjetunion stationiert waren, hatte sie auch keine Vorbereitungen für die enorme Zahl von Gefangenen getroffen. Daher traten in Gefangenenlagern Epidemien auf, gegen die Wehrmachtsärzte oft erfolglos kämpften. Heute dank Antibiotika mühelos beherrschbare Krankheiten, etwa Typhus oder Fleckfieber, forderten unvorstellbare Opfer. Auch der Hunger in den Kriegsgefangenenlagern war vor allem ein logistisches Problem. Nicht überall waren Brot und sauberes Trinkwasser erhältlich, was wieder zu Tausenden von Hungertoten und zu Epidemien führte. Das mag unvermeidlich gewesen sein, die meisten Menschenopfer des Jahres 1941 waren es nicht, wie der Hamburger Historiker

Hannes Heer festgestellt hat. Denn viele russische Soldaten kamen nicht einmal in den Sammellagern an. So startete ein Gefangenenzug mit 65 000 Menschen, von denen 43 000 übrig geblieben waren, als er am Sammelpunkt in Smolensk eintraf. 10 000 russische Soldaten marschierten in Wjasma ab, 3480 erreichten den Zielort Smolensk. Die Kriegstagebücher verzeichnen üblicherweise keine Ursachen für dieses Massensterben. Einige Einheiten hielten jedoch akribisch fest, wie viele Gefangene sie bei »Fluchtversuchen« erschossen. Den wegen Entkräftung Liegengebliebenen gaben die Deutschen meist den »Gnadenschuss«, was im Einzelfall unter den gegebenen Umständen sogar tatsächlich eine humanitäre Handlung gewesen sein mag. Die deutschen Soldaten beobachteten auch Kämpfe unter den Gefangenen, die für ein Stück Brot oder einen Fetzen Pferdefleisch andere Gefangene umbrachten.[53] Es kam auch zu Kannibalismus, wobei die Hungernden vor allem die Leber und die Fleischstücke aus den Beinen ihrer Kameraden verzehrten.[54] Die Deutschen erschossen daraufhin alle Beteiligten.

Die Historiker können sich auf das Ausmaß des Massensterbens im ersten Jahr des Feldzugs gegen die Sowjetunion nicht festlegen. Die Berechnungen von Hannes Heer legen nahe, dass von den 2,4 Millionen gefangen genommenen Soldaten etwa ein Drittel auf dem Weg zu den Sammelplätzen verhungerte, verdurstete oder ermordet wurde. Die Behandlung der Gefangenen empfand sogar ein Panzerkorpskommandeur als »skandalös«, weshalb er Proteste der Bevölkerung befürchtete.[55] In der obersten Wehrmachtsspitze sah man das anders. Obwohl in allen Lagern Hunger herrschte, wurden die Rationen für »nichtarbeitende Russen« im Oktober 1941 noch einmal um 27 Prozent gekürzt. Da man für die Mehrzahl der Kriegsgefangenen keine Beschäftigung gefunden hatte, war das nichts anderes als Massenmord. Generalquartiermeister Eduard Wagner, heute als Mann des Widerstands verehrt, notierte beiläufig: »Nichtarbeitende Kriegsgefangene in den Lagern haben zu verhungern.«[56] Generalfeldmarschall Walter von Reichenau gab an seine Truppe die Weisung aus, kein Mitleid zu zeigen. »Das Verpflegen von Landeseinwohnern«, so Reichenau, sei

»eine ebenso missverstandene Menschlichkeit wie das Verschenken von Zigaretten und Brot«.[57]

Erst ein Befehl Hitlers, den er am Heiligabend 1941 erließ, veranlasste Wehrmacht und SS zu einem gewissen Umsteuern. Die Zuführung der sowjetischen Kriegsgefangenen in die Rüstungs- und Kriegswirtschaft sei für die »Aufrechterhaltung der Rüstungskapazität und für die Leistungsfähigkeit« der Kriegswirtschaft nunmehr zu einem entscheidenden Problem geworden. Die an der Bereitstellung »einsatzfähiger Arbeiter« beteiligten Behörden und Dienststellen müssten »ihr Äußerstes daransetzen, die Einsatzfähigkeit der Kr.[iegs]Gef.[angenen] zu erweitern«. Hitler ordnete ausdrücklich an, »eine ausreichende Ernährung« zu gewährleisten, damit möglichst viele Kriegsgefangene in Deutschland ankämen. Das Oberkommando der Wehrmacht änderte daraufhin seine Strategie der Massentötung durch Hunger oder Fronarbeit insbesondere beim Stellungsbau. Feldmarschall Keitel legte auf Druck Hitlers neue Richtlinien für den Arbeitskräfteeinsatz fest, denen zufolge sowjetische Kriegsgefangenen jetzt zunächst der Industrie »anzubieten« seien, Meldung monatlich.[58]

Symbolstadt Leningrad und die Führungskrise im August 1941

Bereits bei den Planungen für den Ostfeldzug hatte Leningrad, das einstige und heutige St. Petersburg, als Ursprungsort der bolschewistischen Revolution eine gewichtige Rolle gespielt. Hitler wollte die symbolträchtige Stadt dem Erdboden gleichmachen und das Territorium den Finnen übergeben.[59] Um dieses Ziel zu erreichen, hatte er die Heeresgruppe Nord gestärkt. Diese kam im Baltikum zwar gut voran, stieß jedoch immer wieder auf starke Kräfte, die den Vormarsch verlangsamten. Anfang August steckten die deutschen Panzerspitzen in Estland fest. Leningrad war nicht gefallen, geschweige denn dass die Heeresgruppe Nord wie geplant »eindrehen« und nach Moskau vorstoßen konnte.

Bei der Richtungsdebatte über den weiteren Vormarsch schlug Generalstabschef Halder am 18. August vor, jetzt alle Kräfte für den Vorstoß auf Moskau zu bündeln. Halder war, wie sein Biograph Christian Hartmann urteilt, »geradezu besessen von der Idee, dass eine Entscheidung gegen die Sowjetunion durch eine Offensive gegen Moskau zu erzwingen sei«. Aus Halders Sicht war Moskau nicht nur Sitz einer zentralisierten Verwaltung, die im Fall einer erfolgreichen Operation der Wehrmacht zusammenbrechen würde, sondern auch ein Verkehrsknoten und Rüstungszentrum erster Ordnung.[60] Hitler meldete zwei Tage später grundsätzliche Bedenken an. Er sei »nicht einverstanden«, ließ er dem Generalstab mitteilen. Es komme ihm nicht auf Moskau an, vordringlich sei vielmehr, »die russischen Industriegebiete auszuschalten bzw. für eigene Zwecke in die Hand zu bekommen«. Aus zwei Gründen sei außerdem ein schneller Vormarsch im Süden vonnöten. Erstens müsse eine Drohkulisse gegenüber dem Iran aufgebaut werden, der sich noch nicht für eine Seite entschieden hatte. Zweitens wünsche er, dass die Halbinsel Krim als Luftwaffenstützpunkt verschwinde und so die Gefahr für die rumänischen Ölfelder beseitigt werde.[61]

Einen Tag später, am 21. August, schlug Hitler in einer weiteren Erklärung versöhnlichere Töne an, blieb im Hinblick auf Moskau aber unnachgiebig. Er bekräftigte die Auffassung, der er »von Anfang an« gefolgt sei, »dass nämlich die Inbesitznahme des Industriegebiets von Leningrad und die Eroberung des ukrainischen Industrie- und Rohstoffgebietes der Wegnahme des Gebietes um Moskau voranzugehen« hätten. Im Norden wünsche er die »Abschneidung« Leningrads und Vereinigung mit den Finnen, im Süden die Eroberung des Kohlegebiets am Donez.[62]

Dieser Weisung gemäß setzte die Heeresgruppe Nord ihre Versuche fort, Leningrad einzuschließen, was sich im Kriegstagebuch des Oberkommandos der Wehrmacht wie folgt liest. 4. September: »Gr[uppe] Schmidt kämpft in schwierigstem Gelände gegen zähen Feind … mehrere russische Gegenangriffe, z. T. mit schwersten Panzern, wurden abgewiesen«. 6. September: »… verteidigt sich der Feind sehr hartnäckig, z. T. in Anlehnung an Bunkerstellungen«. 7. September: »… erbitterter Widerstand«. Am 9. September gelang es schließlich, in den Festungsgürtel um Leningrad einzudringen. Ausbruchsversuche der eingeschlossenen sowjetischen Truppen konnten abgewiesen werden. Der mit starker artilleristischer Vorbereitung vorgetragene Angriff der Roten Armee zum Entsatz der Stadt wurde ebenfalls bei großen eigenen Verlusten zurückgedrängt.[63] Die Deutschen schlossen den Ring um die Stadt. Da jedoch auch der sowjetische Diktator in der Stadt ein unverzichtbares Symbol sah, setzte sein Statthalter Andrej Shdanow den Widerstand mit allen Mitteln stalinistischer Repression durch. Wie viele kapitulationswillige Menschen von den Sicherheitsorganen verhaftet, abgeurteilt oder ermordet wurden, ist noch immer nicht erforscht.[64]

Mit der Einschließung war die Stadt als Industriezentrum tatsächlich ausgeschaltet und dem Hunger preisgegeben. Von der Wehrmachtsspitze wurde das begrüßt. Generalquartiermeister Wagner, der schon dem Verhungern der Kriegsgefangenen ungerührt zugesehen hatte, schrieb seiner Frau rhetorisch fragend: »Was sollen wir mit einer 3 ½-Mill[ionen]-Stadt, die sich nur auf unser Verpflegungsportemonnaie legt.« Die Antwort gab er im nächsten Satz seines Briefes: »Sentimentalitäten gibt's dabei nicht.«[65]

Im Gegensatz zu Kiew, wo 50 000 Menschen verhungerten, oder Charkow, wo 20 000 Menschen starben, gelang es nicht, auf diese Weise eine Kapitulation zu erzwingen. Obwohl die Belagerung mehr als eine Million Opfer forderte, scheiterte das Hungerkonzept, weil die sowjetische Führung die Versorgung Leningrads über den zugefrorenen Ladogasee sicherte.[66] Die Lastwagen, die Lebensmittel in die Stadt brachten, nahmen auf dem Rückweg Flüchtlinge mit, wie der SD aufgrund von Spitzelmeldungen zu berichten wusste. Während zum 1. Januar 1942 noch mehr als zwei Millionen Lebensmittelkarten ausgegeben worden seien, habe sich die Anzahl bereits Anfang März um rund 600 000 verringert, was sich nur zum Teil auf den Hungertod zurückführen lasse. Es sei den Behörden aber gelungen, die Brotrationen auf 500 Gramm täglich für Arbeiter und auf 300 Gramm für

Familienangehörige heraufzusetzen. Das Brot sei allerdings mit einer Masse aus Torf und Papier gestreckt worden. In den Arbeiterkantinen gebe es immerhin Pferdefleisch und Kohl sowie Speisen aus Eipulver. Insgesamt sei die Bevölkerung apathisch und unpolitisch geworden, notierte der zuständige SD-Referent. Weder glaube man den ständigen Siegesmeldungen, die über Lautsprecher verbreitet würden, noch an die Eroberung durch die Deutschen. Man diskutiere ausschließlich die Ernährungslage und hoffe auf eine Wetterbesserung, von der man erwarte, dass sie mit einer Änderung der militärischen Lage einhergehen müsse, »so oder so«.[67] Mochte die Bevölkerung auch in Lethargie verfallen sein, der Widerstandswille der Parteifunktionäre und der Roten Armee war ungebrochen. Die Leningrader Front entwickelte sich zu einem Ort, an dem deutsche Truppen »abgenutzt« wurden.

Hitler hatte die Entwicklung anders eingeschätzt, wie sich aus seiner Rede vor alten Parteigenossen anlässlich des Jubiläums des gescheiterten Novemberputsches schlussfolgern lässt. Die Einschließung Leningrads sei keineswegs ein Prestigeobjekt gewesen, versicherte er den Zuhörern. Und wenn die Wehrmacht dort jetzt in der Defensive stehe, sei gerade das beabsichtigt gewesen. Der andere müsse jetzt ausbrechen, aber das werde nicht gelingen, sondern er werde »verhungern in Leningrad, oder er wird kapitulieren!«. Das Protokoll verzeichnet an dieser Stelle tosenden Beifall. Nicht »einen Mann« werde er »mehr opfern als unbedingt nötig«, versicherte er. Jederzeit könnte er den Befehl geben zu stürmen, aber das sei nicht notwendig: »Die Stadt ist umklammert. Niemand wird sie mehr befreien, und sie fällt in unsere Hand.«[68]

Leningrad fiel nicht in deutsche Hand, weshalb Hitler schließlich Erich von Manstein zum Einsatz brachte, der für die nach 250-tägiger Belagerung gelungene Eroberung der Halbinsel Krim zum Generalfeldmarschall befördert worden war. Bei der Einweisung in die Problematik befragte Manstein Generalstabschef Halder zur strategischen Notwendigkeit.

Zwischen ihm und Hitler habe es eine Debatte in der Leningradfrage gegeben, antwortete der Generalstabschef. Hitler wolle von seinem Ziel, Leningrad zu erobern, nicht abrücken. Ob er nicht im Süden dringender gebraucht würde, fragte Manstein, worauf Halder antwortete, er glaube durchaus, ohne seine, Mansteins, 11. Armee auf dem Südflügel auszukommen.[69] Da Leningrad große deutsche Truppenteile band und die Rote Armee die Einkesselung aufbrechen wollte, erschien dem Generalfeldmarschall nach einigem Nachdenken die Eroberung ebenfalls »sehr erwünscht«. Die 11. Armee wurde an den Ladogasee verlegt, wo sie eine blutige Schlacht schlug. Wieder einmal konnte ein Versuch der Roten Armee, Leningrad zu entsetzen, abgewiesen werden. Dabei machte Mansteins Armee 12000 Gefangene, »die blutigen Verluste des Gegners übertrafen die Zahl der Gefangenen um ein Mehrfaches«.[70] Der erste Teil der Aufgabe war mit der Wiederherstellung der Lage an der Front bei Leningrad erfüllt. Zum Angriff auf die Stadt war Mansteins Armee jedoch nicht mehr in der Lage. Die Wehrmacht erlitt Verluste von etwa 26000 Mann, sämtliche Munition war verschossen, Nachschub konnte nicht geliefert werden. In der Rückschau erschien Manstein die Schlacht überflüssig, und er bedauerte es, im Norden gestanden zu haben, »während im Süden der Ostfront unsere Offensive anscheinend im Kaukasus und vor Stalingrad versickerte«.[71]

Die Kriegsentscheidung vor Moskau

Auch wenn Manstein die kriegsentscheidende Niederlage in das Jahr 1942 datierte, fand sie wahrscheinlich bereits vor Moskau statt. Hatte Hitler im August die Einnahme Moskaus noch als zweitrangig bezeichnet, so stimmte er nach der Einschließung Leningrads dem Vorstoß auf die Hauptstadt zu. Dazu wurden Truppen umgruppiert und die Heeresgruppe Mitte mit allen entbehrlichen Panzerkräften verstärkt. Die »Operation Taifun« brachte sehr rasche Geländegewinne und führte zu großen Verlusten der Roten Armee, die mit dem Angriff auf Moskau gerechnet hatte. Sie hatte riesige Truppenkontingente vor Moskau konzentriert, die, wie Hitler es vorausgesehen hatte, in »Paketen« zerschlagen werden mussten. Dieses Vorgehen kostete Zeit, obwohl die Wehrmacht ein sehr effektives Verfahren entwickelt hatte. Sie ging bei der Umfassung in zwei Ringen vor, wobei die Panzer den schnell vorstoßenden äußeren Ring und damit »Kessel« bildeten. Die eingeschlossenen Truppen wurden dann vom inneren Ring, bestehend aus der Infanterie, bekämpft. Dabei ermöglichte die Motorisierung zuvor nicht gekannte Ausmaße solcher Einkesselungsoperationen. Die Seitenlängen des Umfassungsdreiecks südlich von Kiew betrugen zum Beispiel über 500 Kilometer. Die Vernichtung oder Gefangennahme des eingeschlossenen Gegners nahm entsprechend viel Zeit in Anspruch.[72]

Die Zahlen der gefangen genommenen Soldaten und das Volumen des vernichteten Geräts sprachen jedoch für das Verfahren. Bei der Doppelschlacht von Wjasma und Brjansk gerieten mehr als 600 000 Angehörige der Roten Armee in Gefangenschaft, mehr als 300 000 wurden getötet. Über 1000 Panzer wurden zerstört.[73] Die Deutschen, die an diesem Frontabschnitt mit einer Übermacht angriffen, näherten sich der Stadtgrenze von Moskau. Nach dem Debakel verlegte das sowjetische Oberkommando mehr als 100 Divisionen, also über eine Million Soldaten, in das Kampfgebiet. Außerdem wurden Vorbereitungen für die Räumung Moskaus getroffen. Mehr als 500 000 Einwohner der Stadt wurden zum Stellungsbau befohlen. Ende Oktober hatten die Deutschen jedoch eine weitere Frontlinie durchbrochen, die mit großem Einsatz aufgebaut worden war.[74]

Im Führerhauptquartier verbreitete sich Zuversicht. Die jetzt einsetzende Schlammperiode verlangsamte jedoch den deutschen Vormarsch erneut. Damit waren die Panzerverbände an Straßen gebunden, was den Verteidigern Moskaus die Gelegenheit gab, ihre Kräfte dort zu konzentrieren und den Vormarsch zu stoppen.[75]

Der Beginn der Frostperiode Mitte November eröffnete neue Möglichkeiten. Der Chef der Heeresgruppe Mitte, Generalfeldmarschall Fedor von Bock, glaubte, den Durchbruch jetzt erzwingen zu können. Generalstabschef Halder stimmte zu, Hitler hielt sich zurück und ließ dem Geschehen seinen Lauf. Der Plan des Generalstabs war überambitioniert und sah eine Einschließung Moskaus vor, was wegen des Wintereinbruchs nicht gelingen konnte. Der Frost von mehr als 20 Grad minus ermöglichte nur theoretisch das Voranschreiten auf festem Boden, praktisch war es so, dass die Panzer nicht für diese Temperaturen ausgelegt waren. Hitler ordnete am 8. Dezember an, an der ganzen Front zur Verteidigung überzugehen.[76]

Der Befehl traf die Truppe jedoch unvorbereitet, mit einem Halt hatten ihre Befehlshaber nicht gerechnet. Es gab keinen Plan B, keinen Befehl, der für diesen Fall ausgegeben worden war. Jetzt ging es um die Frage, ob die Geländegewinne gehalten werden sollten.

Heinz Guderian, zu dieser Zeit Kommandeur einer Panzergruppe, plädierte für die Rückverlegung und beriet sich am 14. Dezember 1941 mit dem Oberbefehlshaber des Heeres Walther von Brauchitsch und Feldmarschall Günther von Kluge, seinem unmittelbaren Vorgesetzten. Er erbat und erhielt die Genehmigung, seine Panzergruppe in die bereits im Herbst ausgebaute Stellung an der Oka südlich von Moskau zurückzunehmen. Wenige Stunden später traf er sich mit Hitlers Adjutanten Schmundt, um Hitler direkt zu informieren. Noch am selben Abend rief Hitler an und untersagte jede Absetzbewegung. Guderian ignorierte den Führerbefehl, zumal er die Verlegung der Truppen schon angewiesen hatte. Stattdessen nahm er Kontakt zu den Kommandeuren der benachbarten Verbände auf, die ihm in seiner Einschätzung, die Front sei hier nicht zu halten, beipflichteten.[77] Guderian entschloss sich, Hitler persönlich zu informieren, und erhielt einen Termin für den 20. Dezember.

In den nächsten beiden Tagen verschlechterte sich die Situation weiter, woraufhin Hitler den Oberbefehlshaber des Heeres entließ und Feldmarschall Kluge gleich mit. Seine Auffassung bekräftigte er mit dem Befehl: »Größere Ausweichbewegungen« könnten »nicht durchgeführt werden«, weil das »zum völligen Verlust von schweren Waffen und Gerät« führen würde. Daher sei die Truppe »unter persönlichem Einsatz der Befehlshaber, Kommandeure und Offiziere« zum »fanatischen Widerstand in ihren Stellungen zu zwingen, ohne Rücksicht auf den durchgebrochenen Feind in Flanke und Rücken«. Nur durch eine derartige Kampfführung lasse sich der Zeitgewinn erzielen, der notwendig sei, um Verstärkungen »aus der Heimat und dem Westen« heranzuführen.[78]

Als Guderian am Nachmittag in der Wolfsschanze eintraf, hatte Hitler diese Anweisung bereits erteilt, worüber Guderian wahrscheinlich nicht informiert war. In seinem Vortrag berichtete er Hitler und den anwesenden Offizieren des Oberkommandos der Wehrmacht von der katastrophalen Situation seiner Panzerarmee und der anderen Truppen. Dann erläuterte er die Art und Weise seiner Absetzbewegung, von der Hitler allerdings nichts wusste, weil Feldmarschall Kluge ihm davon nichts mitgeteilt hatte. Hitler geriet darauf in Wut und verbot den Rückzug. Guderian erwiderte, dass er die Bewegung bereits in Gang gesetzt habe, weil es vor Ort keine geeignete Dauerstellung gebe. Danach entspann sich der eingangs bereits geschilderte Dialog, bei dem Hitler das »Einkrallen« in den Boden forderte und ihm Guderian die Unmöglichkeit dieses Vorgehens vor Augen hielt.

Als Hitler auf seinem Befehl bestand, dort die Position zu halten, wo sich die Truppe gerade befinde, antwortete Guderian: »Dann bedeutet dies den Übergang zum Stellungskrieg in ungeeignetem Gelände, wie an der Westfront des ersten Weltkrieges. Wir werden dann die gleichen Materialschlachten und die gleichen ungeheuren Verluste erleben wie damals, ohne eine Entscheidung erkämpfen zu können. Schon in diesem Winter werden wir durch eine solche Taktik die Blüte unseres Offiziers- und Unteroffizierskorps und den für beide geeigneten Ersatz opfern, und dieses Opfer wird ohne Nutzen sein und außerdem unersetzlich.«

Hitler antwortete kühl, dass auch die Grenadiere Friedrichs des Großen nicht »gern« gestorben seien, aber der König sei berechtigt gewesen, das Opfer ihres Lebens zu verlangen. Die gleiche Berechtigung, dieses Opfer einzufordern, so Hitler weiter, beanspruche er auch für sich.

Guderian stimmte dem zu, aber das Opfer dürfe nur gefordert werden, wenn sich der Einsatz lohne. Erst in der ausgebauten Stellung an der Oka finde die Truppe Schutz gegen die Witterung. Und er gebe zu bedenken, »dass nicht der Feind uns viele blutige Verluste zugefügt hat, sondern die abnorme Kälte«. Wer die Lazarette mit den Erfrorenen gesehen habe, wisse, was das zu bedeuten habe.

Hitler lenkte ein und versicherte Guderian, dass er wisse, wie sehr er sich für seine Truppe eingesetzt habe, und er erkenne das auch an, aber: »Sie haben zu viel Mitleid mit dem Soldaten, sie sollten sich mehr absetzen.«

Guderian antwortete, ihm falle das schwer, wenn die Truppe noch nicht einmal mit Winterstiefeln, Unterwäsche, Kopfschützern und Handschuhen versehen sei.

Hitler brauste auf und rief, das sei nicht wahr, worauf Guderian konterte, dass die Sachen zwar zugewiesen seien, aber immer noch auf dem Bahnhof in Warschau stünden. Der sofort hinzugezogene Generalquartiermeister musste das bestätigen.

Trotz des hitzigen Verlaufs der Aussprache war Guderian noch zum Abendessen geladen. Er nutzte diese Gelegenheit, um weitere Horrorschilderungen von der Front zu geben, die ihm aber weder Hitler noch die anwesenden OKW-Generale glauben wollten.[79]

Von dem denkwürdigen Gespräch zwischen Guderian und Hitler existiert eine zweite Schilderung, und zwar von Hitler selbst. Als er im Mai 1942 Albert Ganzenmüller, den neuen Staatssekretär im Verkehrsministerium, in seine Aufgaben einwies, berichtete er von dem Konflikt mit Guderian. Angesichts der Krise im Dezember 1941 habe er selbst Leute, die ihm sehr nahestanden, entlassen müssen, weil sie ihrer Aufgabe nicht mehr gewachsen waren. Einer von ihnen, gemeint war Guderian, habe zu ihm gesagt: »Mein Führer, wir können uns nicht halten, wir müssen zurück.« Er, Hitler, habe gefragt, wie weit er denn zurückgehen wolle, 50 Kilometer südlich sei es genauso kalt. Der General habe auch die schweren Waffen zurücklassen wollen, aber gefleht: »Mein Führer, retten Sie wenigstens die Armee.« Er, Hitler, habe dann gefragt, ob er sich etwa bis zur deutschen Reichsgrenze zurückziehen wolle. Die angebliche Antwort des Generals: »Ja, mein Führer, es wird uns wohl nichts anderes übrig bleiben, ich muss Ihnen das offen gestehen.«[80] Wenn Guderian sich tatsächlich so unverhohlen geäußert hätte, wäre er wohl niemals reaktiviert worden. Zunächst sah er sich sechs Tage nach dem Disput in der Wolfsschanze in die Führerreserve versetzt, während Generalquartiermeister Wagner, der zu verantworten hatte, dass die Wintersachen nicht an die Ostfront geliefert worden waren, im Amt blieb. Über die Ausweichmanöver in die besser zu verteidigenden Stellungen wurde nicht mehr debattiert, obwohl Hitler sie eben noch verboten hatte. Sie verliefen »planmäßig«, wie das Kriegstagebuch des Oberkommandos der Wehrmacht verzeichnete.[81] Es gelang der Wehrmacht, die Front zu stabilisieren und den Zusammenbruch zu vermeiden. So entstand eine zusammenhängende Front, und die Deutschen konnten wieder Anschluss an ihre Nachschubwege finden.

Bei dem Ringen um Moskau war von maßgeblicher Bedeutung, dass die Deutschen zwar versagten, es aber auch den sowjetischen Truppen nicht gelang, größere Umfassungsoperationen durchzuführen. Ihnen glückte die Rückeroberung der Vororte Wolokolamsk und Moshajsk sowie der Stadt Tula.[82] Die Wehrmacht hielt allerdings Rshew und Welikije Luki und baute diese Stellungen aus. Sie hielten stand und wurden zu einer »Blutmühle« größer als Verdun, größer als Stalingrad. Aus dem deutschen Bewusstsein wurden die dort geführten Schlachten verdrängt, weil der Ostfeldzug als Bewegungskrieg in Erinnerung blieb. Erst ging es vorwärts, dann zurück. Im russischen Gedächtnis sind die ständigen und ergebnislosen Angriffe als »Fleischwolf von Rshew« präsent.[83] Die Sowjetunion verlor bei ihren Angriffen mindestens eine Million Soldaten, wahrscheinlich fast 2,5 Millionen. Auf deutscher Seite standen dem Verluste von etwa 400 000 Mann entgegen. Zum Vergleich: 1916 starben in Verdun etwa 330 000 und an der Somme rund 465 000 deutsche Soldaten.[84] Die Sowjets stürmten mehrfach vergeblich, Guderians Prognose, eine gut ausgebaute Stellung würde feindliche Opfer kosten und eigene Leben schützen, bewahrheitete sich.

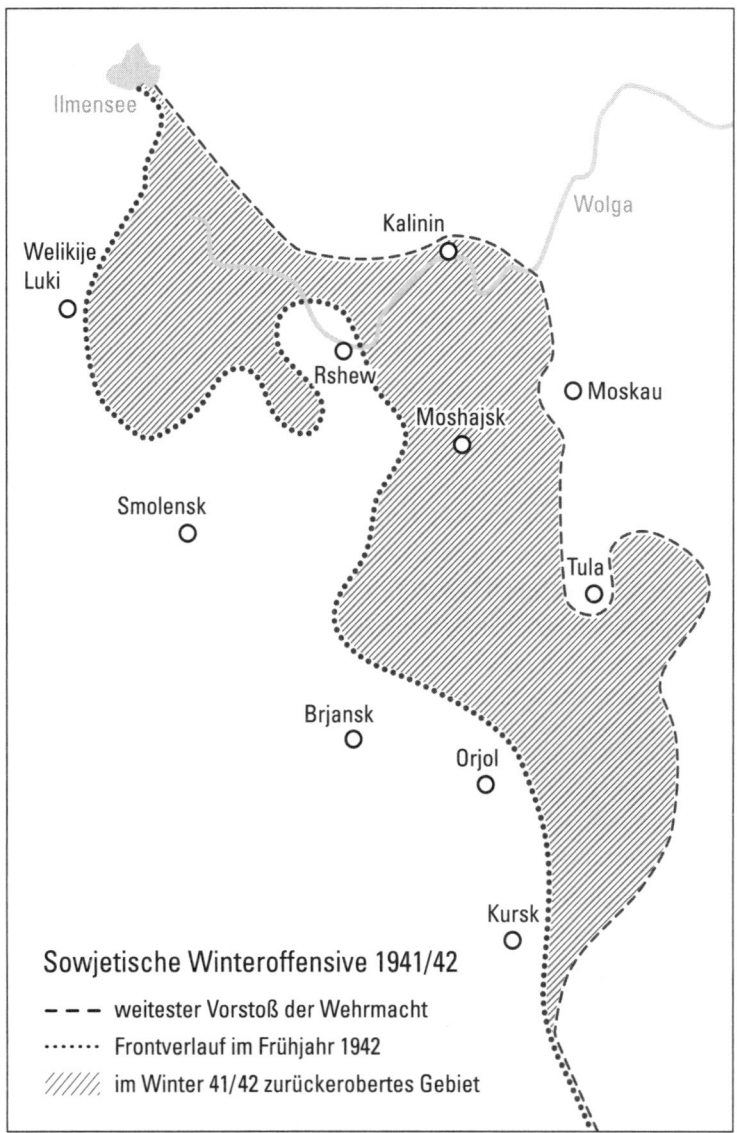

Sowjetische Winteroffensive 1941/42

- - - weitester Vorstoß der Wehrmacht

······· Frontverlauf im Frühjahr 1942

/////, im Winter 41/42 zurückerobertes Gebiet

Im November 1941 standen die deutschen Truppen vor Moskau. Die sowjetische Gegen-
offensive konnte sie nur wenige Dutzend Kilometer zurücktreiben. In gut ausgebauten
Stellungen hielt die Wehrmacht den Frontbogen bis zum März 1943. Der »Fleischwolf von
Rshew« war die opferreichste Schlacht des Zweiten Weltkriegs.

Anderswo geschah das Einfrieren der Front im Dezember 1941 geräuschlos, was aus Sicht der Kommandeure, die alle Clausewitz gelesen und Militärgeschichte studiert hatten, nur konsequent war. Der Feldzug hatte eben nicht zum Friedensschluss geführt, weshalb so lange hinhaltend gekämpft werden musste, bis die Zeit für eine neue Offensive gekommen war.[85] Die Offiziere hielten den Krieg keineswegs für verloren. Sie sahen in dem Halt vor Moskau mit Clausewitz einen »Kulminationspunkt« und suchten nun, mit der Frühjahrsoffensive 1942, den »Enderfolg«.[86]

Die ökonomische Zwischenbilanz

Die Zwischenbilanz fiel jedoch nüchtern aus. Das Industriegebiet um Leningrad war ausgeschaltet, doch Panzer wurden nun in Tscheljabinsk und Stalingrad gebaut.[87] Der Verlust des Donezbeckens hatte nicht, wie von Hitler erwartet, zum Zusammenbruch der sowjetischen Wirtschaft geführt.[88] In der Ukraine, auf die Hitler große Hoffnungen gesetzt hatte, entwickelten sich unter der rasch etablierten Zivilverwaltung skandalöse Zustände, wie ein dort eingesetzter Kriegsverwaltungsrat registrierte. Der im Zivilberuf als Professor für Volkswirtschaft tätige Beamte verfasste daher am 2. Dezember 1941 einen Bericht für den Chef der Wehrmachtsrüstung. Während der Wehrmachtsbesatzung, schrieb er, habe es zwar »Unzulänglichkeiten« gegeben, doch die Etablierung des Reichskommissariats Ukraine erweise sich als völliger Fehlschlag. Die Wehrmacht sei als Befreier begrüßt worden, jetzt hingegen würden »unzulängliche« und inkompetente Besatzer ein brutales »Herrentum« praktizieren. Demonstrativ würden die jungen und schlecht ausgebildeten Beamten mit Reitpeitschen herumlaufen und zu häufig von ihrem Recht Gebrauch machen, jeden Ukrainer erschießen zu lassen. Die materielle Lage der Bevölkerung habe sich »sehr erheblich verschlechtert«. Es sei zu befürchten, »dass sich die Gesamtstimmung des ukrainischen Volkes gegen uns wendet, wenn sie merken, dass es ihnen wesentlich schlechter als vorher geht«.

Die Juden bildeten in Handel und Handwerk das Rückgrat der Wirtschaft. Die Wehrmacht habe sich mit ihrer Arbeitsleistung durchaus zufrieden gezeigt, wobei »irgendeine Gefahr« von ihnen nicht ausgegangen sei. Ihre »planmäßige Erschießung« durch die Formationen der Ordnungspolizei sei der Art ihrer Durchführung nach »grauenhaft« gewesen. Darüber hinaus bemängelte der Volkswirt, dass man erst bei den allerletzten »Hinrichtungen« einige wenige »nützliche« Juden, insbesondere Fachkräfte, ausgenommen habe. Im Ergebnis sei zwar eine große Zahl »überflüssiger Esser« beseitigt worden, aber eben auch die Mehrzahl der »dringend notwendigen Handwerker«. Auch in den Kriegsgefangenenlagern herrsche weiterhin ein desolater Zustand. »Fast nirgends« werde das »Existenzminimum« erreicht, sodass die Gefangenen in völlige Apathie verfielen und es mehrfach zu kannibalistischen Handlungen gekommen sei. »Dadurch, dass man die Kriegsgefangenen verhungern lässt«, werde »Raubbau« an »verfügbarer menschlicher Reservekraft« getrieben. Mit dem »Abgang« mehrerer Hunderttausende sei zu rechnen.

Die »Abschöpfung« der landwirtschaftlichen Produkte führe in die nächste Katastrophe. Der Viehbesatz liege gerade einmal bei 50 Prozent des ohnehin niedrigen Vorkriegsstands, und das Getreide gelange nicht mehr in die Städte. In dieser Situation sei es »selbstverständlich«, dass sich die Bevölkerung gegen das ihr »zugedachte Verhungern« wehre, aber »unausweichlich«, dass es zum Massensterben kommen werde. Zur Lage trage übrigens auch der »Paketversand« in die Heimat bei. Durch den günstigen Wechselkurs sei auch der einfache Soldat »überaus zahlungsfähig«, zumal er seinen Sold in der Ukraine kaum anders als für Lebensmittel ausgeben könne.[89]

Das Fazit des Volkswirtschaftsprofessors kann nur als Ratlosigkeit angesichts der Zustände gedeutet werden. Es müsse doch »klar« sein, dass letzten Endes in der Ukraine »nur die Ukrainer durch Arbeit Wirtschaftswerte« erzeugen könnten. Aber, so der Professor: »Wenn wir die Juden totschießen, die Kriegsgefangenen umkommen lassen, die Großstadtbevölkerung zum erheblichen Teile dem Hungertode ausliefern, im kommenden Jahre auch einen erheblichen Teil der Landbevölkerung verlieren werden, bleibt die Frage unbeantwortet: Wer denn hier eigentlich Wirtschaftswerte produzieren soll.« Die Kritik des Professors wiegt umso schwerer, als er selbst ein überzeugter National-sozialist und Judenhasser war.[90] Wenn er jetzt wenigstens die Ukrainer am Leben erhalten wollte, forderte er das nicht aus einem Sentiment heraus, sondern, wie er selbst schrieb, »aus nüchternen wirtschaftli-chen Erwägungen«.[91]

Dass die Deutschen beim wirtschaftlichen Aufbau der eroberten Gebiete gänzlich versagt hatten, zeigt eine Statistik, die im Oktober 1942 als Planungsgrundlage für Hermann Göring angefertigt wurde. Von der etwa 60 Millionen zählenden Bevölkerung, hieß es dort, sei der weitaus größte Teil der Arbeitsfähigen eingesetzt. Von insgesamt 21,673 Millionen Menschen arbeiteten 20,846 Millionen in der Land-wirtschaft, also 96,2 Prozent. 271 000 Arbeiter waren in Ernährungs-betrieben und weitere 210 000 in der Forst- und Holzwirtschaft tätig. Kohle förderten lediglich 30 000 Arbeiter, im Erzbergbau waren gan-ze 4000 beschäftigt, im estnischen Ölschieferbergbau 5000 und in der Erdölförderung 7000. Die eisenschaffende Industrie beschäftigte 40 000 Arbeiter, in der Eisenverarbeitung waren es 101 000. Nicht nur, dass die Wehrmacht kein bedeutendes industrielles Zentrum in Russland erobert hatte, sogar die Erzförderung lag am Boden. Durch »Metallsammlungen«, etwa das Einschmelzen von Kirchenglocken, kamen in dem riesigen Gebiet gerade mal 10 000 Tonnen Buntmetall zusammen, außerdem 442 Tonnen Aluminiumschrott, vermutlich ab-geschossene Flugzeuge. Wirklich nennenswert war nur die Erzeugung von Manganerz (175 000 Tonnen) und Öl (300 000 Tonnen). Nicht einmal die Herstellung von Zement entsprach den Bedürfnissen von Wehrmacht und Industrie. Im gesamten Zeitraum von Kriegsbeginn 1941 bis zum August 1942 hatte sich die Produktion auf lediglich 40 000 Tonnen belaufen. Mit welchen Bauten für die Wehrmacht wa-ren also die Millionen Arbeitskräfte beschäftigt?[92]

Nicht einmal die Ernährung des Kriegsheeres konnte aus den Gebie-ten sichergestellt werden, wie Finanzminister Schwerin von Krosigk am 4. September 1942 feststellte. Schließlich erwarte das Reich von den besetzten Ostgebieten »eine wesentliche volks- und finanzwirtschaftliche Entlastung« im Hinblick auf die Ernährung der deutschen Bevölkerung und die Rohstoffversorgung. Aus den finanziellen Überschüssen dieser Gebiete und der Abschöpfung der Preisunterschiede sollte eigentlich »ein wesentlicher Teil der Kriegslasten, insbesondere der Zins- und Tilgungslast des Reiches, gedeckt werden«. Auch Schwerin von Krosigk lobte die Produktion von Öl in Estland und von Mangan in der Ukraine, aber die »noch stärkere« Ausschöpfung der Gebiete werde künftig »unerlässlich« sein. Auf vier Seiten rechnete er schonungslos mit der Misswirtschaft in den Ostgebieten ab, wobei er vor allem den »wirtschaftlichen Egoismus« geißelte. In großem Ausmaß seien Zweckgesellschaften gegründet worden, die nur diese Gesellschaften, nicht jedoch den Staat reich machten: »Die hohen Gehälter, der Aufwand der Gesellschaften, die das Vermögen des Reichs verwalten, und darüber hinaus der Aufbau auf den verschiedensten Gebieten der Wirtschaft gehen zu einem beträchtlichen Teil zu Lasten des deutschen Steuerzahlers.« Die Schulden würden bis zum Herbst 1942 auf über 160 Milliarden Mark ansteigen. Da Steuererhöhungen im Reich nicht möglich seien, forderte er die Einführung einer simpel zu handhabenden Umsatzsteuer in den Ostgebieten sowie Abgaben auf Verbrauchsgüter, insbesondere Zucker, Tabak, Branntwein. »Ich weise darauf hin«, so der Finanzminister, »dass über die Hälfte aller Einnahmen zur Zarenzeit aus dem Branntweinmonopol geflossen sind.«[93]

Schwerin von Krosigk sorgte sich nicht ohne Grund um den Staatshaushalt. Bei seinem Amtsantritt als Finanzminister 1932 hatte die Staatsverschuldung unter 50 Prozent des Bruttoinlandsprodukts gelegen. Mit dem Beginn des Krieges 1939 war die Schuldenquote auf über 80 Prozent angewachsen. 1942 betrug sie trotz der Einnahmen aus den besetzten Gebieten bereits mehr als 150 Prozent. Bis Ende 1944 stieg die Staatsverschuldung auf 240 Prozent des BIP an, rund 110 Prozent mehr als 1918 nach dem verlorenen Ersten Weltkrieg.[94]

Während im regulären Staatshaushalt durch den starken Anstieg der Einnahmen bei Einkommen- und Lohnsteuer 1940 und 1941 Überschüsse erwirtschaftet wurden, war der Kriegshaushalt hoch defizitär.

Aus dem regulären Haushalt wurden dem Kriegsetat 1941 8,6 Milliarden Mark zugeführt, 1942 waren es über 11 Milliarden. Die besetzten Länder brachten 1941 11,5 Milliarden ein, 1942 mehr als 17 Milliarden. Der Krieg kostete jedoch 1941 über 78 Milliarden und 1942 über 100 Milliarden Mark.[95]

Kriegshaushalt in den Jahren	Einnahmen (Zuschüsse des Staatshaushalts und Einnahmen aus Anlass des Krieges, vor allem Besatzungskosten)	Ausgaben aus Anlass des Krieges
1939		19,1 Mrd. RM
1940	9,2 Mrd. RM	52,7 Mrd. RM
1941	10,2 Mrd. RM	78,5 Mrd. RM
1942 (geplant)	29,1 Mrd. RM	102,7 Mrd. RM

Quelle: Berechnungen des Reichsfinanzministeriums 1942, RGWA Moskau 1458–36-101, Blatt 2 f.

9

Der Weg in die Niederlage

Die sowjetische Gegenoffensive

Die Situation zum Jahreswechsel 1941/42 musste Hitler als die Wiederkehr eines historischen Szenarios bekannt vorkommen. Carl von Clausewitz hatte in seinem unvollendeten Buch *Vom Kriege* auch Napoleons Russlandfeldzug 1812 analysiert und dessen Fehler beschrieben. Dabei kam der Militärtheoretiker zu einer grundsätzlichen Feststellung. Die Verluste einer feindlichen Streitmacht könnten »im ersten Augenblick« am stärksten sein und sich dann täglich verringern, bis sie schließlich mit denen des Angreifers ins »Gleichgewicht« träten.[1] Zumindest Stalin sah dieses Gleichgewicht im Januar 1942 erreicht, obwohl er ursprünglich nur den Angriff auf Moskau hatte abwehren wollen. Die von seinem Marschall Shukow kommandierten 90 000 Verteidiger der Stadt erhielten Verstärkung durch frische Truppen aus dem fernöstlichen Militärbezirk.

Beflügelt durch die Anfangserfolge des Gegenstoßes, gestand Stalin den Deutschen »keine Atempause« zu und versuchte, ihren Rückzug zu einer größeren Operation auszunutzen. Die gesamte Heeresgruppe Mitte sollte in einer Kesselschlacht nach deutschem Vorbild umfasst und vernichtet werden. Dieses Vorhaben scheiterte jedoch daran, dass Stalin am 7. Januar 1942 entgegen dem Rat Shukows eine »allgemeine Offensive der Roten Armee« ausrief, in der sich die sowjetischen Kräfte in zahllosen Einzelaktionen verbrauchten. Gleichwohl sorgten die zahllosen Angriffe an der inzwischen auf über 2500 Kilometer ausgedehnten Frontlinie für viele kritische Situationen. Insbesondere an der dünn besetzten Nahtstelle zwischen den Heeresgruppen Nord und Mitte entstand ein etwa 100 Kilometer breiter Riss. Hier stießen die sowjetischen Truppen weit ins Hinterland vor. Als sich diese Angriffsspitze mit einem zweiten südlich vorangetriebenen Angriffskeil zu vereinigen drohte, löste das größte Bedenken in der deutschen Führung aus. Generalstabschef Halder notierte am 9. Januar, dass nun die »große Entscheidung« über die Rückverlegung der Front anstehe. Hitler sei allerdings noch unschlüssig und wolle sich erst mit Günther von Kluge, dem neuen Oberbefehlshaber der Heeresgruppe Mitte, beraten. Hitler nahm den Haltebefehl wenige Tage später zurück, was eine bewegliche Form der Verteidigung ermöglichte. Der 9. Armee, die jetzt von Walter Model befehligt wurde, gelang ein erster offensiver Gegenschlag.[2]

Die mit dem Tauwetter einsetzende Schlammperiode führte allerdings zu einer Atempause für beide Seiten. Hitler befasste sich jetzt vor allem mit Rüstungsfragen und diplomatischen Problemen. Entscheidungen zur Innenpolitik traf er nicht. Er lehnte es sogar ab, den Vorschlägen zur Vereinfachung der Verwaltung den nötigen Nachdruck zu verleihen. Den erforderlichen Personalabbau müssten die Ministerien selbst vornehmen, meinte er bei einem der häufigen ausufernden Abendessen in der Wolfsschanze.[3] Hitler äußerte sich vor seinen Gästen zu allen möglichen politischen und historischen Fragen, jedoch nicht zur Frontlage. Nur einmal, bei einem Gespräch mit Generalstabschef Halder, gab er einen knappen Rückblick auf den bisherigen Kriegsverlauf. Dabei bezeichnete er Walther von Brauchitsch, den entlassenen Oberbefehlshaber des Heeres, ausdrücklich als Alleinschuldigen an der Katastrophe vor Moskau. Dieser »eitle, feige Wicht« habe den ganzen Plan für den Ostfeldzug sabotiert, der von ihm, Hitler, doch »kristallklar« entworfen worden sei. Durch sein ständiges Dazwischenreden und vor allem durch seinen dauernden Ungehorsam sei alles verdorben worden. »Hätte Brauchitsch alles das getan, was von ihm verlangt wurde«, sagte Hitler, »dann stünden wir im Osten heute anders.« Es sei Brauchitsch gewesen, der unbedingt nach Moskau wollte, um damit einen »Prestigeerfolg« zu erzielen. Dann entwickelte Hitler noch einmal seine Vorstellung, dass es sinnvoller gewesen wäre, den Kaukasus zu erobern und damit die Sowjetunion von ihren Rohstoffquellen abzuschneiden.[4] Freilich vergaß er, gegenüber Halder zu erwähnen, dass er der Offensive gegen Moskau zugestimmt hatte, nachdem seine eigene Strategie einer gigantischen Zangenbewegung von Norden und Süden gescheitert war.

Operation Blau: Der Griff nach dem Öl und der gleichzeitige Vorstoß nach Stalingrad

Halder, der solche Auslassungen seines Oberbefehlshabers fast immer unwidersprochen ließ, zog am 3. März 1942 Bilanz. 3,2 Millionen Soldaten hatten sich am 21. Juni 1941 gegen die Sowjetunion in Bewegung gesetzt, jetzt waren davon eine Million tot, verwundet, in sowjetischer Gefangenschaft oder vermisst. Von den 162 Divisionen des Ost-Heeres konnten nur noch acht bis elf alle militärischen Aktionen durchführen. 47 waren teilweise einsatzfähig, 73 nur noch für Abwehraufgaben verwendbar.[5]

Gemeinsam mit Hitler entwickelte der Generalstab ein offensives Konzept für die Fortsetzung des Krieges im Sommer 1942, die Operation Blau. Alle verfügbaren Kräfte sollten auf dem Südflügel der Front konzentriert werden, um einen Angriff in Richtung Kaukasus vorzutragen. Vordringliches Ziel war es, die Ölfelder von Maikop unter deutsche Kontrolle zu bringen. Denn 1941 war die Wehrmacht nicht nur im Hinblick auf ihre personellen Ressourcen an ihre Grenzen gestoßen. Wenn die Truppen nicht endlich ein Ölgebiet eroberten, meinte OKW-Chef Keitel pessimistisch, seien sie in absehbarer Zukunft zu keiner Operation mehr fähig. Hitler formulierte es drastischer: »Wenn ich das Öl von Maikop und Grosny nicht bekomme, dann muss ich diesen Krieg liquidieren.«[6] Darüber hinaus, befahl er, seien auf dem Weg zum Kaukasus die Halbinseln Krim und Kertsch von sowjetischen Truppen zu »säubern« und der Nachschubverkehr im Schwarzen Meer zu unterbinden. Dabei sollten wie bisher sowjetische Kräfte in Einschließungsoperationen vernichtet werden.[7]

Der Vorstoß zum Kaukasus gelang tatsächlich, aber auf sowjetischer Seite hatte inzwischen ein Lernprozess eingesetzt, wie der Oberbefehlshaber der Heeresgruppe A Ewald von Kleist später konstatierte. Als er in sowjetischer Haft gezwungen wurde, seine Erinnerungen niederzuschreiben, kommentierte er den Vorstoß in die Tiefe des Raums resigniert mit der Bemerkung: »Es gab keine operativen Ziele.« Die Rote Armee habe sich immer geschickt aus den Kämpfen herausmanövriert, weshalb seine Truppen »ihr keinen vernichtenden Schlag versetzen« konnten.[8] Maikop erreichten sie am 9. August, aber den mitreisenden Spezialisten gelang es wegen der großen Zerstörungen nicht, die Ölförderung wieder in Gang zu setzen. Auch die Vorausabteilungen, die nach Grosny in Tschetschenien gelangten, fanden statt funktionsfähiger Förderanlagen lediglich verbrannte Erde vor. Eine sowjetische Gegenoffensive beendete dann Anfang 1943 den deutschen Vorstoß zum Öl im Kaukasus.[9]

Zwar scheiterte der Griff nach dem Öl, das zweite Ziel der Sommeroffensive wurde jedoch am 23. August erreicht: der Vorstoß in den Raum vor Stalingrad. Die Stadt war ein bedeutendes Rüstungszentrum und der Verkehrsknotenpunkt für das sowjetische Öl, das auf der Wolga zu den nördlichen Industriegebieten befördert wurde.[10] Sollte es der Wehrmacht gelingen, sie einzunehmen, erlaubte ihre strategische Lage die Umfassung Moskaus durch einen Schwenk nach Nordwesten, eine Aussicht, die in der sowjetischen Führung für Aufregung sorgte. Stalin forderte, die Stadt um jeden Preis zu halten, was zu außerordentlich verlustreichen Straßenkämpfen führte. Die Lage der Verteidiger war verzweifelt, denn Zehntausende sowjetische Soldaten wurden ohne jede Ausrüstung in die Schlacht geschickt. Sie sollten sich erst ihre Waffen erobern und dann weitere Deutsche töten. Um die Disziplin aufrechtzuerhalten, verhafteten die hinter der Front stehenden Einheiten des Innenministeriums Tausende Deserteure und schickten sie in Strafeinheiten zurück ins Gefecht.[11] Der immer stärker werdende Ausstoß der sowjetischen Rüstungsindustrie kam den Verteidigern Stalingrads nur zu einem kleinen Teil zugute, die weitaus größeren Mengen wurden zu den Reserven geleitet, die Shukow, mit Zustimmung Stalins, für die Gegenoffensive aufbaute.

Die Kämpfe um jedes einzelne Haus, jeden Industriebetrieb und jede Anhöhe zogen sich über fünf Monate hin. Hitler, der die Einnahme der Stadt vorschnell verkündet hatte, trieb die 6. Armee und ihren Oberbefehlshaber Friedrich Paulus an, die Eroberung zu vollenden. Die Verteidiger kämpften jedoch hartnäckig, wobei sie zunehmend Artillerieunterstützung vom gegenüberliegenden Wolgaufer erhielten. Durch die zähe Verteidigung gewann die sowjetische Führung Zeit. Die Gegenoffensive mit dem Decknamen Operation Uranus begann am 19. November 1942. Die sowjetischen Truppen durchbrachen die Front weit hinter der Stadt und bildeten eine Zange, deren beide Enden sich vier Tage später vereinigten. Bei ihrem Vormarsch trieben sie die deutschen und rumänischen Truppen in die Stellungen zurück, die sie zuletzt im August eingenommen hatten. Damit gelang die Einschließung der 6. Armee im Kessel von Stalingrad, einem mehrere hundert Quadratkilometer großen Gebiet. Durch diesen weiten Vorstoß erschien es weder Hitler noch den anderen Militärs im Führerhauptquartier möglich, die 6. Armee einfach umzudrehen und zurückmarschieren zu lassen. Entsatz konnte ihrer Meinung nach nur von außen kommen, weshalb Hitler Paulus befahl, im Kessel auszuhalten und keinen Ausbruchsversuch zu unternehmen. Bestärkt wurde er in dieser Entscheidung von Göring, der ihm versicherte, dass es möglich sei, täglich 500 Tonnen Lebensmittel und Material in den Kessel zu transportieren. Doch die Luftwaffe konnte diese Zusage nicht einhalten und wurde bei ihren Versuchen, den Nachschub zu gewährleisten, verschlissen. Denn jetzt, fast zwei Jahre nach dem Beginn des Feldzugs, waren die sowjetischen Luftstreitkräfte in der Lage, gleichwertige Maschinen in großer Zahl in die Schlacht zu werfen. Innerhalb weniger Monate verloren die Deutschen 488 Transportflugzeuge. Da sich die deutsche Offensive, die den Kessel entsetzen sollte, nach kurzer Zeit festlief, entwickelte sich der Kampf um Stalingrad zu einer weiteren Katastrophe für die Wehrmacht.[12] Sie verlor nicht nur die eingeschlossenen 230 000 Soldaten, die im Februar 1943 kapitulieren mussten, sondern auch große Mengen an Kriegsgerät. Die Verluste der Deutschen, Italiener und Rumänen summierten sich auf mehr als 840 000 Mann. Auf sowjetischer Seite starben über eine halbe Million Menschen, weitere 600 000 wurden verwundet.[13]

Nach der Kapitulation des Feldmarschalls Paulus entspann sich ein bizarrer Dialog zwischen Hitler und Generalstabschef Kurt Zeitzler, der wenige Monate zuvor Halder ersetzt hatte. Hitler, so zeigt das Protokoll, betrachtete es als unehrenhaft, dass sich Paulus nicht einfach eine Kugel in den Kopf geschossen hatte: »Wie leicht ist so etwas zu machen! Die Pistole – das ist doch eine Leichtigkeit. Was gehört schon für eine Feigheit dazu, vor dem auch noch zurückzuschrecken!« Außerdem befürchtete er Auswirkungen auf die Moral der Truppenteile, die noch nicht kapituliert hatten; wenn Paulus ein solches Beispiel gebe, dürfe man nicht erwarten, »dass die Männer weiterkämpfen«. Zeitzler stimmte zu: »Dann muss er sich vorher totschießen, wenn die Nerven zu versagen drohen.« Wenn die Nerven zu versagen drohten, bliebe sowieso nichts anderes übrig, antwortete Hitler. Aber Paulus hätte sich schon vorher töten müssen, »so wie sich früher die Feldherren in das Schwert stürzten, wenn sie sahen, dass die Sache verloren war. Das ist eine Selbstverständlichkeit.« Angesichts dieses Beispiels sei doch jeder Soldat »ein Idiot«, wenn er sein Leben einsetze: »Mir tut das darum so weh, weil das Heldentum von so vielen Soldaten von einem einzigen charakterlosen Schwächling ausgelöscht wird.«[14]

Kursk und die Zerschlagung der Heeresgruppe Mitte 1944

Doch nicht die mangelnde Kampfmoral einiger angeblich charakterloser Schwächlinge war schuld an der Kriegsniederlage des Deutschen Reiches. Die Wehrmacht wurde niedergekämpft. Die Luftwaffe verlor 1940 die Schlacht über Großbritannien, und im Winter 1942/43 erwiesen sich auch die sowjetischen Luftstreitkräfte als den deutschen ebenbürtig. Die Marine, von Anbeginn in der Defensive und im Überwasserkrieg hoffnungslos unterlegen, scheiterte 1943 mit dem U-Boot-Krieg im Atlantik. Der verstärkte Schutz der Geleitzüge erwies sich als unüberwindlich. Viele der angreifenden U-Boote wurden mit verbesserten Radar- und Sonargeräten geortet und durch Wasserbomben zerstört.[15] Weil die Entschlüsselung der deutschen Funksprüche gelang, konnten Schiffstransporte umgeleitet und U-Boote gezielt bekämpft werden.[16] Von den 1170 in Dienst gestellten Booten wurden 784 versenkt oder aufgebracht, mehr als drei Viertel der Besatzungen verloren ihr Leben.[17] Der Sieg in der Atlantikschlacht war zweifellos entscheidend für den Sieg der Alliierten. Sie ermöglichte den Westmächten die mehr oder minder ungestörte Versorgung der Britischen Inseln und des sowjetischen Verbündeten mit Kriegsgerät. Dazu gehörten Flugzeuge für den strategischen Luftkrieg der Royal Air Force ebenso wie Lastkraftwagen für die russischen Bodentruppen.[18]

Hitler und seine militärischen Berater versuchten trotz der Debakel im Atlantik und bei Stalingrad wieder das Gesetz des Handelns zu bestimmen. Bereits im März 1943 fassten sie gemeinsam den Beschluss, an der Ostfront zwar grundsätzlich zur Defensive überzugehen, aber an einem eng begrenzten Frontabschnitt die Initiative zu ergreifen. Die Ausgangssituation erschien dafür nicht ungünstig. Die im Süden stehenden Verbände wurden von den sowjetischen Armeen zwar weit zurückgetrieben, konnten die Front jedoch stabilisieren. Das gelang auch deshalb, weil die Reserven der Roten Armee erschöpft waren und Stalin es für geboten hielt, eine Ruhephase ohne offensive Aktivitäten einzulegen.[19]

Um die Heeresgruppe Mitte zu entlasten, räumten die Deutschen den Frontbogen bei Rshew. Der Generalstab überschätzte allerdings die Stabilität der Stellungen der Heeresgruppe Nord, weshalb befohlen wurde, die Positionen um Leningrad zu halten. Eine für das gesamte

Ostheer vorbereitete Rückzugsstellung, die hätte eingenommen werden können, existierte ohnehin nicht.[20]

Zum Ansatzpunkt für eine offensive Begradigung wählte Generalstabschef Zeitzler den weit vorspringenden Frontbogen der Roten Armee bei Kursk. Dieser ragte in einer Breite von 200 Kilometern rund 120 Kilometer in das von den Deutschen besetzte Gebiet hinein.[21] Die Rote Armee konzentrierte dort mehrere Armeen mit fast zwei Millionen Soldaten und stattete sie für zukünftige Angriffsoperationen aus.

Das Kräfteverhältnis der Schlacht im Kursker Bogen konnte inzwischen nach den sowjetischen Akten rekonstruiert werden. 625 000 Deutschen standen mehr als 1,9 Millionen Sowjetsoldaten gegenüber. Obwohl die deutschen Truppen neues Kriegsgerät erhielten, darunter Sturmgeschütze und Panzer aus dem von Rüstungsminister Albert Speer forcierten Panzerbauprogramm, verfügten sie nur über knapp 2700 Panzer, die sowjetischen Truppen dagegen über mehr als 8000. Gegen die nicht einmal 10 000 Artilleriegeschütze der Wehrmacht bot die Rote Armee über 47 000 auf. Die gleiche signifikante Unterlegenheit des Angreifers offenbarte die Luftwaffe. Sie führte rund 1400 Flugzeuge in die Schlacht, die sowjetischen Luftstreitkräfte dagegen fast 6000. Angesichts des dank der Luftaufklärung bestens bekannten Kräfteverhältnisses plädierten hochrangige sowjetische Militärs für eine Offensive. Stalin und Schukow wollten jedoch die Wehrmacht kommen lassen und dann aus der Nachhand schlagen.[22] Die Rote Armee errichtete daher ein tief gestaffeltes System von Panzergräben und Minenfeldern. Eigens geschulte Verbände setzten Flammenwerfer und Panzerabwehrkanonen ein, Maschinengewehrtrupps belegten die deutsche Infanterie mit einem Sperrfeuer von nie zuvor erreichter Intensität. Die Hoffnung, an dieser Stelle der Front einen Erfolg zu erzielen, zerschlug sich innerhalb weniger Tage.

Trotzdem war die Schlacht bei Kursk nicht die eigentliche Kriegswende, als die sie später von der sowjetischen Geschichtsschreibung dargestellt wurde. Im Gegenteil. Die Materialschlacht forderte etwa 320 000 sowjetische Opfer, aber nur 54 000 deutsche. Die Wehrmacht verlor 252 Panzer, die Rote Armee fast 2000. Während die Luftwaffe 159 Flugzeuge einbüßte, waren es beim Gegner über 1900. Die Schlacht wurde von Hitler abgebrochen, weil sich ein durchschlagender Erfolg trotz der gründlichen Vorbereitung nicht einstellte. Außerdem bewog ihn die zur gleichen Zeit stattfindende Landung der Alliierten auf Sizilien, Verbände aus dem Osten abzuziehen.

Die größte Panzerschlacht der Geschichte markierte zwar das Scheitern der deutschen Offensive. Aber der Vorstoß der Wehrmacht nahm dem sowjetischen Heer die Fähigkeit zu weiteren großräumigen Angriffen. Insofern waren die Gefechte im Kursker Bogen ein operativer Erfolg, der den sowjetischen Vorstoß in der zweiten Jahreshälfte 1943 verlangsamte.[23]

Insgesamt vermochte die Wehrmacht dem systematischen Voranschreiten der Roten Armee jedoch nicht mehr viel entgegenzusetzen. Die Deutschen und ihre Verbündeten erzielten immer wieder Abwehrerfolge, konnten den Ansturm aber nicht aufhalten. Jede sowjetische Offensive wurde gründlich vorbereitet und dann mit mehrfacher Überlegenheit vorangetragen. Mit operativer Geschicklichkeit ließ sich die materielle Unterlegenheit auf Dauer nicht ausgleichen. Daher verfiel Hitler auf eine Idee, die, wie sich zeigte, den Untergang des Heeres beschleunigen sollte: das System der festen Plätze.

Den »festen Plätzen« falle die gleiche Aufgabe zu wie den früheren Festungen, heißt es im Führerbefehl Nummer 11 vom 8. März 1944. Sie hätten zu verhindern, »dass der Feind diese operativ entscheidenden Plätze in Besitz nimmt«. Hitler erteilte ausdrücklich Befehl, dass sich diese Plätze einschließen lassen sollten, um so möglichst starke Feindkräfte zu binden. Die Besatzungen mussten diese Positionen »bis zum Letzten« halten, die Entscheidung, sie aufzugeben, behielt sich Hitler persönlich vor.[24] Die Vorstellung, dass solche Festungen »Wellenbrecher« für die Flut des Angreifers bilden könnten, entstammte dem Denken des Ersten Weltkriegs. Im Zweiten

Weltkrieg hatten sie einen Vormarsch in keinem Fall lange aufhalten können, wie die Eroberung von Brest innerhalb von drei Tagen 1939 oder der Fall der Maginotlinie 1940 bewies. Andererseits stellten gut ausgebaute Stellungen wie bei Rshew oder im Kursker Bogen den Angreifer vor unlösbare Aufgaben. Die von Hitler zu festen Plätzen erklärten Städte waren jedoch überwiegend unbefestigt und wurden so zu »Menschenfallen«, wie der Militärhistoriker Karl-Heinz Frieser in der Rückschau urteilte.[25] Die in den festen Plätzen gebundenen Truppen fehlten an anderer Stelle der deutschen Front. Der Roten Armee fiel es aufgrund ihrer numerischen Überlegenheit nicht schwer, diese feindlichen Stellungen mit Einschließungstruppen zu umgeben. Mit der Eroberung ließen sie sich häufig Zeit, da Munitions- und Nahrungsmittelknappheit die Lage der Verteidiger von Tag zu Tag verschlechterte.

Die festen Plätze bildeten so etwas wie kleine »Kessel«, deren Bekämpfung wenig Mühe machte. Bei ihren zangenförmigen Vorstößen erzeugte die Rote Armee jedoch auch regelmäßig große Kessel, die nicht so einfach zu beseitigen waren. Obwohl die Rote Armee koordinierte Angriffe mit Panzern und Schlachtfliegern führte, gelang es den geschickt operierenden deutschen Truppen im Winter 1943/44 immer wieder, sich aus Einschließungen zu befreien und in bessere Stellungen abzusetzen. Da diese Art der Kriegführung an allen Abschnitten der Front enorme Opfer forderte und nur langsam das gewünschte Ergebnis brachte, entschieden sich die Sowjets für eine gut vorbereitete Großoffensive, die Operation »Bagration«.[26] Als Schauplatz dieser Offensive wählte die STAVKA einen weit vorgeschobenen Frontbogen in Weißrussland. Sie begann genau drei Jahre nach dem deutschen Überfall auf die Sowjetunion und führte bereits in den ersten Tagen zu bedeutenden Erfolgen. Überraschenderweise griffen die sowjetischen Truppen nicht auf breiter Front an, sondern konzentrierten sich jeweils auf eine andere deutsche Armee. Die von starker Artillerie und Flugzeugen unterstützten Panzerangriffe hatten eine lawinenartige Wucht, was dazu führte, dass die gesamte deutsche Front ins Wanken geriet.

Jetzt spielten sich auch im Führerhauptquartier dramatische Szenen ab. Hitler untersagte ausdrücklich jedes Zurückweichen, was die Oberbefehlshaber der angegriffenen Armeen für unmöglich erklärten. Die Frontlinie löste sich in manchen Abschnitten auf, einige Stellungen wurden gehalten und eingekesselt. Eine besonders bezeichnende Situation entwickelte sich nach dem Einschluss von Witebsk. Hitler befahl, die Stadt zu halten, genehmigte wenige Stunden später aber einen Teilausbruch. Daraufhin intervenierte Generalfeldmarschall Ernst Busch und führte Hitler die Halbherzigkeit seiner Entscheidung vor Augen. Einerseits werde für den Ausbruch jeder Mann benötigt, andererseits sei die eine Division, die in Witebsk bleiben solle, viel zu schwach, um dem zu erwartenden Ansturm Widerstand entgegenzusetzen. Dennoch bekräftigte Hitler seinen Befehl am nächsten Tag und kündigte an, dass die 206. Infanteriedivision vor Ort zu bleiben habe, bis sie entsetzt werden könne. Das wiederum rief den Protest des Armeeoberbefehlshabers hervor, woraufhin Hitler seine Weisung zurücknahm und den Ausbruch aller Truppen aus Witebsk anordnete. Das allerdings war inzwischen so gut wie unmöglich, denn während dieser zeitraubenden Debatten auf deutscher Seite hatten die sowjetischen Truppen den Ring um die Stadt undurchdringlich gemacht. Durch das Hin und Her ging ein ganzes Panzerkorps mit immerhin noch 28 000 Mann verloren, ohne dass es irgendeinen Beitrag zur Stabilisierung der Front hatte leisten können.[27] Das Szenario von Witebsk wiederholte sich im Raum Mogilew und bei Orscha. Die 9. Armee wurde bei Bobrujsk eingeschlossen und existierte nach wenigen Tagen nicht mehr. Die deutsche Front war auf einer Breite von 400 Kilometern zusammengebrochen, die sowjetischen Verbände stießen an einigen Stellen fast 150 Kilometer vor. Jetzt bildete sich ein Kessel bei Minsk, wo die 4. Armee aufgerieben wurde. 19 Tage nach dem Start von »Bagration« betrugen die deutschen Verluste mindestens 250 000 Mann, von denen die meisten als »vermisst« galten. Insgesamt wurden 28 Divisionen zerschlagen oder derart geschwächt, dass sie bis auf weiteres nicht mehr eingesetzt werden konnten.[28] Die weiteren Vorstöße der sowjetischen Truppen konnten erst vor Warschau gestoppt werden. Stalin feierte seinen Sieg mit einem Triumphzug, bei dem er 55 000 Kriegsgefangene an der Moskauer Bevölkerung vorbeiführen ließ.

Historiker haben die starre Operationsführung Hitlers für den Zusammenbruch der Heeresgruppe Mitte verantwortlich gemacht. Tatsächlich kostete das unsinnige Festhalten am System der festen Plätze Zehntausende Soldaten das Leben. Die Niederlage wäre jedoch keinesfalls abzuwenden gewesen, wie das Kräfteverhältnis am Beginn der Operation Bagration deutlich vor Augen führt. 1,2 Millionen sowjetische Soldaten standen 336 000 Deutschen gegenüber. Die abgekämpfte Heeresgruppe Mitte verfügte über gerade noch 118 Panzer, auf sowjetischer Seite waren es 2715, was einem Verhältnis von 1:23 entsprach. Die Deutschen hatten 377 Sturmgeschütze, der Gegner 1355. Besonders krass wirkte sich die Überlegenheit bei der Artillerie aus. Hier standen 2589 Geschütze mehr als 24 000 auf sowjetischer Seite gegenüber. Bei den Flugzeugen betrug das Kräfteverhältnis 1:10,5 bzw. 602 zu 6334.[29]

Die strategische Bombenoffensive und ihre Auswirkungen

Wenige Wochen vor dem Beginn der Operation Bagration gelang den Westalliierten die Bildung eines Brückenkopfes in der Normandie. So wie die Zerschlagung der Heeresgruppe Mitte an der Ostfront gilt die Eröffnung dieser weiteren Front im Westen als kriegsentscheidend. Die Frage, warum es nicht gelang, den Brückenkopf zu eliminieren, beschäftigte vor allem Walter Warlimont, Alfred Jodls Stellvertreter als Chef des Wehrmachtführungstabs. In seinen 1964 veröffentlichten Memoiren machte er in einer detaillierten Analyse vor allem den Abzug zahlreicher Wehrmachtsverbände aus Frankreich an die Ostfront für die Schwäche verantwortlich. Dabei verschwieg er seinen Lesern allerdings die prekäre Lage, die dort durch den sowjetischen Abnutzungskrieg entstanden war. Nur durch die

Heranführung frischer Truppen aus dem Westen ließ sich der Osten halbwegs stabilisieren. Als zweite Ursache benannte er die mehrfache Änderung der Befehle Hitlers. Zuerst habe er die Ausschaltung des Brückenkopfs gefordert, dann eine passive Verteidigung befohlen. Es ist richtig, dass Hitler seine Weisungen an die jeweilige Lage anpasste. Es ist ebenfalls richtig, dass er für Entscheidungen oft längere Zeit benötigte und das Heer dadurch in die Defensive geriet. Aber er hatte sein Vertrauen in die Fähigkeit des Militärs, großangelegte Bodenoperationen zu führen, nach den Niederlagen im Osten längst verloren. Doch wie bei dem Debakel der Heeresgruppe Mitte im Osten stellt sich auch hinsichtlich des Westfeldzugs die Frage, ob das Heer tatsächlich erfolgreicher agiert hätte, wenn seine Befehlshaber nicht verpflichtet gewesen wären, ihre Weisungen mit Hitler zu diskutieren.

Die dritte Ursache für den Erfolg der Amerikaner und Engländer schien Warlimont keiner Erörterung wert, weil sie für ihn selbstverständlich war: die absolute Luftüberlegenheit der Alliierten.[30] Ihren mehr als 12 000 Flugzeugen konnte die Luftwaffe lediglich 300 Jäger entgegensetzen. Aber anders, als Warlimont es behauptete, hatte sich dieses Kräfteverhältnis nicht einfach ergeben, es war hart erkämpft. Zwar hatte die Royal Air Force den Sieg in der Luftschlacht über England errungen, in der Offensive hatte sie jedoch wenig erreicht. Bis 1942 fielen nur 30 Prozent der über Deutschland abgeworfenen Bomben überhaupt auf bebaute Gebiete. Selbst konzentrierte Angriffe wie gegen den Flottenstützpunkt Wilhelmshaven kosteten lediglich 20 Opfer. Das Kriegstagebuch des Oberkommandos der Wehrmacht verzeichnete am 15. Januar 1941 zwar »erhebliche Brände«, aber nur 110 Sprengbomben hatten ihr Ziel gefunden.[31]

Das deutsche Konzept der engen Verbindung des Heeres mit angreifenden Schlachtflugzeugen hatte sich im Offensivgefecht als das präzisere erwiesen und wurde deshalb auch von den sowjetischen Luftstreitkräften kopiert. Da die Briten jedoch von einer Insel aus operierten, blieb ihnen nichts anderes übrig, als die Angriffe mit den ungenauen Fernbombern fortzusetzen.[32] Nach der deutschen Kriegserklärung an die USA standen auch diese vor der Frage, wie sie Schläge gegen das politische und wirtschaftliche Zentrum der deutschen Kriegführung vortragen konnten. Bei der Suche nach erfolgversprechenden Zielen verfielen die Amerikaner auf die Taktik, die Produktionsstätten der Luftwaffe auszuschalten. Folgerichtig wurde jetzt Rostock, der Sitz der Heinkel-Werke, mehrfach bombardiert. Der Effekt war allerdings gering, weil die zuständige Rüstungsinspektion die Fertigung schon vor dem Krieg dezentralisiert hatte.[33] Nach der Ernennung von Arthur Harris zum Chef des britischen Bomberkommandos im Frühjahr 1942 wurde die Strategie, die materiellen Grundlagen der deutschen Rüstung zu zerstören, erheblich forciert. Innerhalb kurzer Zeit fertigten die Fabriken fast 2000 neue Lancaster-Langstreckenbomber, die sofort Einsätze gegen die deutschen Rüstungszentren flogen. Da sich die Betriebe vorwiegend in Städten befanden, waren zahllose zivile Todesopfer einkalkuliert. Eine der ersten Attacken traf Essen im März 1942.[34] Nach den Angriffen gegen die Kruppwerke waren die Kugellagerfabriken in Schweinfurt an der Reihe. Immer wieder gingen Bomben auf den größten Produktionsstandort von Siemens in Berlin und die Werften an der Nordsee nieder. Seit August 1942 flogen auch die Amerikaner mit der Boeing B-17 Bombardements gegen Deutschland. Dank ihrer großen Flughöhe konnten die »fliegenden Festungen« auch tagsüber angreifen, neuartige Zielgeräte ermöglichten sogar die präzise Zerstörung von Eisenbahnknotenpunkten und Fabriken.[35] Die von den Amerikanern eingeführte Taktik, Bomberverbände, analog den Geleitzügen auf See, durch Jagdfliegereskorten zu schützen, senkte zudem die Verlustzahlen. Die Briten konnten dazu die Rolls-Royce-Triebwerke beisteuern, die der Mustang P-51 die nötige Schnelligkeit und Reichweite verliehen.[36]

Die Optimierung des Bombenkriegs hatte auch für die Zivilbevölkerung verheerende Folgen. Nach den Angriffen auf das Ruhrgebiet rückte Hamburg ins Visier. An der Hafen- und Werftenstadt wurde ein neues Operationsmuster getestet, von dem sich Harris die komplette Auslöschung eines Industriezentrums erhoffte. Nicht ohne

Grund hatte er für die Operation den Decknamen »Gomorrha« gewählt. In der Nacht vom 24. zum 25. Juli 1943 griffen 791 britische Bombenflugzeuge an. Am nächsten Tag folgte eine Tagesoffensive der Amerikaner. In der folgenden Nacht bombardierten die Engländer mit schwächeren Kräften, kehrten aber in der Nacht von 27. zum 28. Juli zurück. Da die Bomben auf einem sehr eng begrenzten Gebiet abgeworfen wurden, entwickelte sich hier zum ersten Mal ein sogenannter Feuersturm, bei dem sich die vielen kleinen Brände zu einem einzigen großen vereinigten. Das Feuer saugte die Luft aus den Luftschutzkellern, sodass alle erstickten, die nicht verbrannten. In der folgenden Nacht bombardierten die Briten das brennende Hamburg erneut, wobei ihnen das Feuer die Richtung wies. Jetzt konnten jedoch die deutschen Jäger ebenfalls auf Sicht operieren, was auch Opfer bei den Angreifern forderte. Einige Tage mit schlechtem Wetter verschafften den deutschen Jägern den Vorteil, erneut auf Sicht fliegen zu können, weil elektrostatische Aufladungen die Propeller der Bomber zum Leuchten brachten. Das ermöglichte zahlreiche Abschüsse, was andere britische Piloten zum Abdrehen veranlasste.

Das Inferno vom 28. Juli wiederholte sich nicht. Dennoch war die Bilanz schrecklich. Innerhalb weniger Tage hatten die Alliierten 2500 Einsätze gegen Hamburg geflogen und etwa 8400 Tonnen Brand- und Sprengstoffbomben abgeworfen. Rund 34 000 Menschen starben, 125 000 mussten in Notaufnahmen ärztlich behandelt werden. Alle Bahnhöfe und mehr als 50 Prozent aller Wohnungen (etwa 256 000) waren zerstört, die Elektrizitäts- und Wasserversorgung zusammengebrochen. Gesunkene Schiffe blockierten den Hafen, 20 bis 25 im Bau befindliche U-Boote konnten nicht mehr fertiggestellt werden. Der rechnerische Produktionsausfall in der Stadt summierte sich auf etwa zwei Monate. Die Verluste der Alliierten waren vergleichsweise gering. Beim Einsatz über Hamburg verloren sie 59 Flugzeuge durch die deutschen Jäger, elf durch die Flak, weitere 17 stürzten nach Flugfehlern im schlechten Wetter ab.[37]

Die Luftangriffe auf Hamburg und andere Industriezentren trafen die Rüstungsindustrie und die Zivilbevölkerung gleichermaßen. Nach dem Hamburger Feuersturm herrschte unter den Deutschen eine Art »Novemberstimmung«, wie der Sicherheitsdienst der SS registrierte, die Auswirkungen waren im ganzen Reich spürbar. Die »ausgesprochene Schockwirkung«, heißt es in einem Bericht, werde durch die Schilderungen der Evakuierten bedauerlicherweise sogar noch verstärkt.[38]

Der Volkszorn konzentrierte sich dabei auf das Versagen der Luftwaffe, der offenbar kein ausreichendes Abwehrmittel zur Verfügung stand. Das aufgrund der jahrelangen Erfolge der Luftwaffe gewachsene Gefühl der Sicherheit sei durch die Luftangriffe auf die westdeutschen Städte »abgebröckelt« und nach der Bombardierung Hamburgs »urplötzlich zusammengesackt«, bemerkten die SD-Spitzel. Hitler sei, so die Volksmeinung, das ganze Ausmaß der Schäden wohl nicht bekannt gewesen, sonst wären sicher weitergehende Hilfsaktionen eingeleitet worden. Die meisten Volksgenossen hätten jedoch die feste Hoffnung, »dass Deutschland letztem Endes doch noch Kräfte aufzubringen in der Lage sei, den Krieg siegreich zu beenden«. Häufig werde der Wunsch geäußert, »der Führer möge gerade in dieser Situation das deutsche Volk aufrichten und seinen Glauben stärken«.[39]

Wie fragil die allgemeine Gemütsverfassung im Sommer 1943 war, wurde Hitler durch die Stimmungsberichte vor Augen geführt, die er nach dem Sturz Mussolinis erhielt. Es gebe schon sehr zu denken, so wurde geraunt, wenn eine solch festgefügte Weltanschauung wie der Faschismus über Nacht ins Abseits gerate. Wie schnell könnte das auch mit dem Nationalsozialismus geschehen. Diese Ansicht war kein Einzelfall, sondern »typisch«, wie die SD-Meldung festhielt, und, schlimmer noch, die Menschen konnten sich sogar eine Alternative zum Nationalsozialismus vorstellen. »Eine Militärdiktatur ist doch das Beste«, hieß es in dem Bericht.[40] Sogar despektierliche Witze machten jetzt die Runde, etwa der, dass sich der Führer zurückgezogen habe, weil er an einem neuen Buch arbeite. Der Titel: »Mein Irrtum«.[41]

Unzureichende Rüstungsproduktion

Durch die Taktik der Gegner, die schweren Bomberverbände in Begleitung von Langstreckenjägern einzusetzen, verlor die deutsche Luftwaffe im November 1943 etwa 21 Prozent ihres Jägerbestands. Im Dezember waren es 23 Prozent. Da die bombardierten Fabriken ihren Ausstoß zurückfahren mussten, sank die monatliche Produktion von 873 Jagdflugzeugen im Juli 1943 auf 663 im Dezember.[42] Welche Probleme ein einzelner Luftangriff verursachen konnte, zeigt das Bombardement der Messerschmitt-Werke in Regensburg am 17. August 1943. Dabei wurde die Hälfte der gelagerten Bleche und der bereits fertiggestellten Flugzeugteile vernichtet. Ein Drittel aller Werkzeugmaschinen und Vorrichtungen war zerstört. Auch mehrere Flugzeuge, die zum Einfliegen bereitstanden, wurden durch Bombensplitter so stark beschädigt, dass sie nicht mehr repariert werden konnten. Die Endmontagelinie für den Standardjäger Bf 109 war nicht mehr funktionsfähig und wurde in den folgenden Wochen in einer unterirdischen Fabrik wiederhergestellt. Auch die im Aufbau befindliche Fertigungsstrecke für den Düsenjäger wurde sofort demontiert und verlagert.[43] Die Luftangriffe bewirkten jedoch mehr als nur die Zerstörung einzelner Werke. Sie zwangen die Luftwaffe dazu, den Ausstoß an Jägern zu forcieren, während immer weniger Bomber gebaut wurden. Gelangten 1943 noch 4649 Schlachtflugzeuge an die Front, wo sie integrierte Operationen mit dem Heer durchzuführen hatten, waren es 1944 nur noch 2287. Ohne Luftunterstützung fiel es vor allem an der Ostfront immer schwerer, zum Gegenangriff überzugehen.[44] Diese erzwungene Defensive betraf auch andere Gebiete der deutschen Rüstung. Etwa ein Drittel der gesamten Produktion von Artilleriegeschützen entfiel auf die Flugabwehr. Fast zwei Millionen Menschen waren zudem mit Luftschutzaufgaben beschäftigt, wenn auch oft nebenberuflich.[45]

Rüstungsminister Speer ließ im Januar 1945 von seinen Mitarbeitern eine Bilanz der Folgen alliierter Luftangriffe erstellen. Ihr zufolge wurden etwa 35 Prozent weniger Panzer gebaut, als möglich gewesen wären, ebenso 31 Prozent weniger Flugzeuge und 42 Prozent weniger Transportfahrzeuge.[46]

Diesen Zahlen steht jedoch gegenüber, dass sich das Deutsche Reich im Jahr 1944 auf dem historischen Höchststand seiner Rüstungsproduktion befand.[47] Die Frage, ob dieses Fertigungsvolumen schon früher hätte erreicht werden können, ist hypothetisch. Zumindest Großadmiral Erich Raeder betrachtete es im Rückblick als ein Versäumnis Hitlers, dass er der Marine nicht schon vor dem Krieg die materielle Basis für eine erfolgreiche Kriegführung verschafft hatte.[48] Ähnliche Vorwürfe wurden später von den ehemaligen Befehlshabern der Luftwaffe erhoben. Auch die Ausstattung und besonders der Motorisierungsgrad des Heeres sei unzureichend gewesen, urteilten Generale wie Guderian, Manstein und andere nach dem Krieg. Tatsächlich zeigen die Zahlen, dass das Deutsche Reich hinsichtlich des Ausstoßes von Rüstungsgütern seit Kriegsbeginn unterlegen war und unterlegen blieb.

Der Nichteinsatz von Giftgas

Bereits unmittelbar nach dem Zweiten Weltkrieg wollten amerikanische Militärs wissen, warum das Deutsche Reich, obwohl seit 1943 in der Defensive, keine chemischen Waffen eingesetzt hatte. Sie befragten den General der Nebeltruppen Hermann Ochsner, der jedoch vehement bestritt, auch nur einen Gedanken darauf verwendet zu haben. Die Amerikaner gaben sich damit zufrieden, obwohl Ochsner offensichtlich log. Ihnen war wichtiger, Informationen über die neuartigen Nervengase Tabun und Sarin zu erhalten, die Ochsner ihnen bereitwillig lieferte.[49] Psychohistoriker, die sich als »Hitlerversteher« profilieren wollten, unterstellten ihm eine sentimentale Regung. Er,

Tabelle rechts: Ausstoß der Rüstungsproduktion (nach Overy)[50]
Verglichen werden hier nur die Zahlen der wichtigsten Nationen auf dem europäischen Kriegsschauplatz. Die Flugzeuge, Panzer und Kriegsschiffe der USA sind nicht aufgeführt, weil sie zum großen Teil in den asiatischen Konfliktherden eingesetzt waren.

	Deutsches Reich	Großbritannien	UdSSR
Flugzeuge			
1939	8295	7940	10 382
1940	10 247	15 049	10 565
1941	11 776	20 094	15 735
1942	15 409	23 672	25 436
1943	24 807	26 263	34 900
1944	39 807	26 461	40 300
1945	7540	12 070	20 900
Kriegsschiffe einschließlich U-Boote			
1939	15	57	?
1940	40	148	33
1941	196	236	62
1942	244	239	19
1943	270	224	13
1944	189	188	23
1945	0	64	11
Panzer			
1939	ca. 1300	969	2950
1940	2200	1399	2794
1941	5200	4841	6590
1942	9200	8611	24 446
1943	17 300	7476	24 089
1944	22 100	5000	28 963
1945	4400	2100	15 400
Artilleriegeschütze			
1939	ca. 2000	1400	17 348
1940	5000	1900	15 300
1941	5000	5300	42 300
1942	12 000	6600	127 000
1943	2700	12 200	130 300
1944	41 000	12 400	122 400
1945	?	?	31 000

der Gasvergiftete des Ersten Weltkriegs, habe es nicht mit seinem Gewissen vereinbaren können, sich einer derart schrecklichen – und völkerrechtswidrigen – Waffe zu bedienen. Analog argumentieren Revisionisten in kruden Internetforen. Einer von ihnen schrieb 2010 auf der Plattform Politikarena: »Es bleibt ein Rätsel, warum Hitler die Nervengase nicht einsetzte. Sie hätten eine Wende im Krieg bringen können, zumindest aber den Krieg um wertvolle Monate verlängert, sodass dann den Deutschen ihre neuartigen Waffensysteme zur Verfügung gestanden hätten (Interkontintentalraketen mit Atombomben).« Und weiter: »Schade«. Seine Schlussfolgerung lag nahe: »Hätte Hitler auch nur ansatzweise den Krieg so brutal geführt, wie man es ihm heute vorwirft, hätten wir ihn gewonnen.«[51]

Der User dieses Forums irrte in mehrfacher Hinsicht. Den Bruch mit der Haager Landkriegsordnung, die den Einsatz von Giften untersagte, wollte Hitler durchaus in Kauf nehmen. Er befürwortete die Entwicklung und Optimierung solcher Kampfstoffe und trieb die chemische Industrie immer wieder zur Schaffung größerer Produktionskapazitäten an.[52] Allerdings behielt er sich, wie auch bei Biowaffen, den Einsatzbefehl vor.[53] Als im Herbst 1939 die Planungen zum Frankreichfeldzug begannen, trugen Vertreter verschiedener Waffengattungen ihre Vorstellungen vor. Der Chef der für den Gaskrieg zuständigen Nebeltruppe musste eingestehen, dass Deutschland im Hinblick auf chemische Waffen keine quantitative und qualitative Überlegenheit vorzuweisen habe. Außerdem besäßen seine Einheiten kein geeignetes Transportmittel, mit dem sich zum Beispiel London erreichen ließe. Da eine geplante Fernrakete erst in drei bis vier Jahren verfügbar sein sollte, wurde die Produktion giftiger Substanzen zugunsten von Munition und Sprengstoffen vorübergehend zurückgefahren.[54]

Ohnehin schien der Gebrauch chemischer Kampfstoffe nicht geboten. Eine Vergiftung des Schlachtfeldes hätte die schnellen Vorstöße der Panzertruppen verlangsamt, ein Bewegungskrieg, wie er den Vorstellungen des Generalstabs und auch Hitlers entsprach, wäre unmöglich geworden. Die Befürworter des Gaskriegs argumentierten vor allem ökonomisch. So empfahl der Aufsichtsratschef der I. G. Farben Carl Krauch 1939 den Einsatz »sehr billiger Gaswerfer« am Westwall.[55] Hitler entschied im Sinne seiner militärischen Berater und führte den erfolgreichen »Blitzkrieg« gegen Frankreich.[56] Auch über England warf die Luftwaffe keine Gasbomben ab, weil anfänglich eine Landung auf der Insel geplant war. Der Luftkrieg richtete sich deshalb gegen militärische Einrichtungen und Produktionskapazitäten. Zudem war sich Hitler über die demoralisierende Wirkung von Gas und den unzureichenden Schutz der eigenen Bevölkerung im Klaren. Der Sicherheitsdienst der SS hatte von Gerüchten im Reich berichtet, die besagten, dass die Engländer in ihrer Verzweiflung wohl bald mit dem Gaskrieg beginnen würden. Außerdem wurden englische Flugblätter gefunden, die tägliche Luftangriffe ankündigten: »Kommt ihr mit Stukas, kommen wir mit Gas!«[57]

Im Westfeldzug wurde Giftgas also aus pragmatischen Gründen nicht angewandt. Beim Krieg gegen die Sowjetunion sollte es im Herbst 1941 zu Situationen kommen, die den Einsatz von Gas als geboten erscheinen ließen. Ähnlich wie im Ersten Weltkrieg intensivierten die sowjetischen Offiziere den Ausbau fester Stellungen, obwohl sie damals von den Deutschen erfolgreich bekämpft worden waren. Sie beschossen sie zunächst mit Gas und stürmten sie dann, nach Auflösung der Giftnebel. Auf diese Weise waren, sehr oft unter Verlusten, Durchbrüche erzielt, aber auch Stellungen gehalten worden, wie die Geschichte von Hitlers Regiment belegt.

Als die Ostfront 1941 zum Stehen gekommen war und sich der Einsatz von Gas gegen das eingeschlossene Leningrad angeboten hätte, gab das Oberkommando des Heeres eine Machbarkeitsstudie in Auftrag. Der mit der Ausarbeitung beauftragte Major im Generalstab war zuversichtlich, dass ein überraschender Giftgaseinsatz das Aufbrechen der Front um Leningrad bewirken könnte. Allerdings errechnete er, dass für eine komplette Vernichtung der Stadt mehr als eine Million Schuss Gelbkreuzmunition (Schwefellost) zur Verfügung stehen müssten, vorhanden waren jedoch nur 270 000 Schuss.[58] Der Einsatz wurde vertagt, auch deshalb, weil Hitler große Hoffnungen auf das neu entwickelte Nervengas Sarin setzte, dessen tödliche Wirkung die des herkömmlichen Senfgases um das Sechsfache übertraf.[59]

Denkbar ist, dass Hitler die chemischen Kampfstoffe vorerst zurückhielt, um Winston Churchill nicht herauszufordern, der am 10. Mai 1942 in einer martialischen Rede angekündigt hatte, mit Nervengiften gegen die Deutschen vorzugehen, sobald diese als Erste C-Waffen einsetzen würden – auch gegen den sowjetrussischen Bündnispartner.[60] Angesichts der britischen Lufthoheit und der ersten Flächenbombardements auf deutsche Städte im März erschien seine Drohung glaubhaft. Als Franz Halder zwei Tage später forderte, Partisanen mit Giftgas zu bekämpfen, erhielt er daher von Hitler einen abschlägigen Bescheid.[61] Außerdem war im vorangegangenen Winter mehr als ein Drittel eines produzierten Ausgangsstoffs dazu benutzt worden, Frostschutzmittel herzustellen.[62]

Den Befehl zur massiven Aufstockung des C-Waffen-Arsenals erteilte Hitler erst am 30. Juni 1942, als absehbar war, dass der Krieg in diesem Jahr nicht beendet werden würde. Nach Rücksprache mit den Bevollmächtigten der I.G. Farben wurde beschlossen, die monatliche Produktion von Kampfstoffen auf 7000 Tonnen zu erhöhen.[63] Nur wenige Wochen später ordnete Hitler die Vorbereitung ihres Einsatzes für das Frühjahr 1943 an. Ein eigens eingerichteter »Sonderausschuss C« stimmte die logistischen Anforderungen des Heeres mit der industriellen Produktion ab. Anfang Januar 1943 ließ sich Hitler erneut über den Stand der Ausrüstung des Heeres mit Kampfgasen informieren. Die Luftwaffe meldete Einsatzbereitschaft, Bedenken kamen jetzt jedoch von der Industrie. Von der entscheidenden Konferenz am 15. Mai 1943 existiert kein wörtliches Protokoll, aber Hitler wird der Einschätzung von Otto Ambros gefolgt sein. Der I.G.-Farben-Geschäftsführer warnte davor, die Wirkung des Nervengases Tabun zu überschätzen, weshalb an einen derzeitigen Einsatz nicht gedacht werden könne, aber noch mehr davon produziert werden müsste. Daraufhin wurde, auf Hitlers Weisung, die Produktion des Gases erheblich erhöht. Militärhistoriker halten es für wahrscheinlich, dass Hitler den Einsatz bei der erwarteten Invasion der Alliierten in Westeuropa plante.

Inzwischen war die Luftwaffe jedoch nicht mehr in der Lage, den in Bomben abgefüllten Kampfstoff zum Schlachtfeld zu bringen. Die Landung in der Normandie glückte dank der vollständigen Lufthoheit der Alliierten. Trotzdem glaubte der Generalstab des Heeres noch im August 1944, dass ein »schlagartiger Masseneinsatz ein durchschlagender Erfolg« werden könnte.[64] Auch über Giftgasangriffe an der Ostfront wurde nachgedacht. So schlug der Führer der »Gewerkschaft« Robert Ley Hitler im Herbst 1944 vor, an der deutsch-sowjetischen Front entlang der Flüsse Narew und Weichsel auf 750 Kilometern eine Sperre mit Tabun zu legen.[65]

Hitler setzte jedoch immer wieder auf Gegenoffensiven des Heeres. Die weit tödlicheren Kampfstoffe Tabun und Sarin hätten das Territorium für die Angreifer dauerhaft und viel wirkungsvoller als im Ersten Weltkrieg vergiftet. Aus seiner Sicht wurde dadurch der Einsatz von Kampfstoffen obsolet. Trotzdem hielt er bis zum April 1945 daran fest, die Entwicklung von Kampfstoffen voranzutreiben und sie als Kriegswaffe in Reserve zu halten. Letztlich setzte er sie nicht ein, weil er einen möglichen Gegenschlag der Alliierten nicht ausschließen konnte. Er zweifelte nicht an Churchills Entschlossenheit, die deutschen Städte in einer Vergeltungsaktion mit Giftgas zu bombardieren. Dagegen gab es, wie Hitler aus eigener Erfahrung wusste, keine effizienten Schutzmaßnahmen. Seine Anweisung vom März 1944, so schnell wie möglich 60 Millionen »Volksgasmasken« zu produzieren, kann deshalb nur als Propaganda bewertet werden.[66] Der Wissenschaftshistoriker Florian Schmaltz nannte noch einen weiteren Aspekt. Keiner der Wissenschaftler, die Hitler über chemische Kampfstoffe informierten, pries sie dem Diktator als kriegsentscheidende »Wunderwaffe« an. Das war vermutlich der Grund, warum auf diesem Gebiet wenig geforscht wurde, zumindest im Vergleich mit den Entwicklungsprogrammen für die Raketenwaffe. Auch die Überführung in die Produktion und die Erprobung der einsatzbereiten chemischen Waffen wurden nicht mit allem Nachdruck vorangetrieben.[67]

Hochtechnologie ohne militärischen Wert:
die Vergeltungswaffen »V1« und »V2«

Mit der Niederlage in der Luftschlacht um England suchten die deutschen Militärs nach Möglichkeiten, die bestehenden waffentechnischen Defizite durch Neuentwicklungen zu kompensieren. Die quantitative Unterlegenheit sollte durch Qualität wettgemacht werden. Das gelang beim Heer mit der Verbesserung des Panzers IV und der Einführung des Tigerpanzers, der dem sowjetischen T 34 in allen Parametern überlegen war.[68] Die Marine optimierte ihre U-Boote durch die Bestückung mit innovativen High-Tech-Schnorcheln und zielsuchenden Torpedos.[69] Die Luftwaffe forcierte die Fertigung unbemannter Flugzeuge, da ihr die hohen Verluste von Piloten zusetzten. Die ersten, später als Vergeltungswaffe 1 (»V1«) bezeichneten Marschflugkörper Fieseler Fi 103 kamen 1944 zum Einsatz. Ihre Geschwindigkeit war jedoch so gering, dass sie von britischen Jagdflugzeugen abgefangen werden konnten. Außerdem war ihre Treffgenauigkeit von +/− 4,5 Kilometern bei einer Reichweite von 225 Kilometern sehr gering.[70] Hitler konnte diese Waffe nicht überzeugen, auch wenn er den Masseneinsatz des »Fernfeuers gegen England« befahl. Bei einem Frontbesuch am 17. Juni 1944 teilten ihm die Kommandeure vor Ort zudem mit, dass die zu diesem Zeitpunkt möglichen 100 Abschüsse pro Woche bei weitem nicht ausreichten, um durchschlagende Erfolge zu erzielen. Hitler ordnete daraufhin die Steigerung der Produktion auf 3000 Stück monatlich an. Mit Hilfe von KZ-Häftlingen in der Fertigung, vor allem im Volkswagenwerk und in unterirdischen Fabriken, wurde die Kapazität zunächst gesteigert, für die geplante Produktion von 9000 Stück pro Monat reichten jedoch schon ab September 1944 die verfügbaren Sprengstoffmengen nicht mehr aus.[71] Insgesamt wurden etwa 11 000 V1 Richtung Feindesland gelenkt, die fast 40 000 Menschen das Leben kosteten.[72]

Während Hitler beim Einsatz der konventionellen Flugbomben vor allem deren moralische Wirkung auf die eigene Bevölkerung im Blick hatte, weil er mit ihnen sichtbar »Vergeltung« für die Bombenangriffe gegen deutsche Städte üben konnte, so galt doch seine wahre Begeisterung der später Vergeltungswaffe 2 genannten ballistischen Rakete A 4 und deren neuartiger Technik. Nach einem Vortrag der Peenemünder Forschungsgruppe im August 1941 urteilte er, diese Entwicklung werde »von revolutionierender Bedeutung für die Kriegsführung der ganzen Welt« sein. Zugleich äußerte er sich skeptisch über die militärischen Auswirkungen, weil das Geschoss nur eine geringe Menge Sprengstoff tragen konnte.[73] Daher müssten, folgerte er, »Hunderttausende« solcher Geräte pro Jahr gefertigt und verschossen werden können. Für die Raketentechniker war das ein unbefriedigendes Urteil, erhofften sie sich doch größere Unterstützung durch Hitler. Sie brannten darauf, die Rakete in die Serienfertigung zu überführen. Ihre nach dem Krieg vorgebrachten Behauptungen, sie seien bei der Weiterentwicklung der Waffe von Hitler gebremst worden, treffen jedoch nicht zu, im Gegenteil. Der Ausbau der Werkstätten in Peenemünde zum Versuchsserienwerk erhielt die höchste Dringlichkeitsstufe, die vom Oberkommando der Wehrmacht für Rüstungsprojekte vergeben werden konnte.[74] Obwohl dieser »Führerbefehl« half, finanzielle und organisatorische Probleme aus dem Weg zu räumen, bekamen die Techniker ihre Schwierigkeiten nicht in den Griff. Die Entwicklungsarbeit könne nicht vor Oktober 1942 beendet werden, stellte Walter Dornberger, der Chef der Raketenabteilung im Heereswaffenamt, schon im Oktober 1941 ernüchtert fest. Hitler, der von Rüstungsminister Albert Speer ständig über den schleppenden Fortgang informiert wurde, gab daraufhin im März 1942 als vorläufiges Ziel eine Serienfertigung von 3000 Stück monatlich vor. Sei das nicht einzuhalten, sollten alle Kapazitäten der Marine zur Verfügung gestellt werden.[75] Dornberger ordnete umgehend höchste Konzentration auf die Beseitigung der technischen Schwachstellen an, um endlich Erfolge vorweisen zu können. Tatsächlich konnte die erste Rakete im Oktober 1942 getestet werden, aber bis zum Jahresende war kein einziger Schuss gelungen, der an die geforderte Reichweite herankam. Das war erst im April 1943 der Fall.[76]

In dieser Phase der Fehlschläge fertigte Dornberger Vortragsnotizen an, in denen er die Vor- und Nachteile des »Geräts A 4« auflistete. Als wesentliche Vorteile der ballistischen Rakete gegenüber dem Bombenflugzeug benannte er, dass erstens das Schießen bei jeder Wetterlage möglich sei und es zweitens gegen das Geschoss selbst keine Abwehr gebe. Der dritte wesentliche Vorteil lag darin, dass die Rakete mit ihrer hohen Auftreffgeschwindigkeit auch U-Bahn-Tunnel und starke Luftschutzbunker zu durchschlagen vermochte. Dem stand die aus heutiger Sicht geringe Nutzlast gegenüber, was Dornberger bei seinen Vorträgen erwähnte, aber nicht ausdrücklich als Nachteil herausstrich. Bei einer Schussentfernung von 270 Kilometern konnte die A 4 eine Tonne Sprengstoff befördern, was lediglich der doppelten Bombenlast eines Sturzkampfbombers entsprach.[77] Außerdem war die Rakete nur für Flächenbombardements geeignet, solange ihr kein Leitstrahl Ziele vorgab. Diese Option war jedoch damals bereits obsolet, weil Flugzeuge, die solche Leitstrahlen hätten aussenden können, sofort von der Royal Air Force geortet und abgeschossen worden wären. Die Alternative, der gleichzeitige Abschuss eines Bündels von Raketen, die auf einem kleinen Trefferfeld verheerende Wirkungen entfalten könnten, sei bislang, so Dornberger weiter, aufgrund unlösbarer technischer Schwierigkeiten noch nicht zu realisieren. Das Gerät A 4 sei daher keine »Massenfeuerwaffe«, eine motorisierte Abteilung werde nicht mehr als 27 Raketen pro Tag verschießen können. Die wichtigsten Nachteile sah Dornberger allerdings in der aufwendigen Fertigung und Treibstoffversorgung der Projektile. Daher liege die monatliche Herstellungskapazität derzeit bei nicht mehr als 500 Raketen, könne aber bis auf 12 000 Geräte im Jahr gesteigert werden.[78] Dornberger und sein Mitarbeiter Wernher von Braun berichteten Hitler im Juli 1943 von den technischen Fortschritten. Hitler zeigte sich angetan, war jedoch mit den Planzahlen nicht zufrieden. Er forderte einen Mindestausstoß von 2000 Stück monatlich und wies dafür sogar höhere Materialzuteilungen an.[79]

Vom Vorankommen der Raketeningenieure erfuhr auch die britische Regierung, die daraufhin die Zerstörung Peenemündes anordnete. In der Nacht vom 17./18. August 1943 bombardierten die Briten dabei nicht nur die eigentliche Heeresversuchsanstalt, sondern auch die zum Werk gehörige Siedlung, um die Spezialisten zu töten.[80] Unter den 735 Toten waren jedoch nur zwei, die Walter Dornberger als »unersetzlichen Verlust« bezeichnete.[81] Über die bei dem Angriff ums Leben gekommenen KZ-Häftlinge verlor der Leiter des Raketenbauprogramms in seinen Memoiren kein Wort, wie er auch die bei den Bauarbeiten an Hunger und Entkräftung gestorbenen Zwangsarbeiter nicht erwähnte.[82] Die wichtigsten Teile des Werks, die Abteilungen für Forschung und Entwicklung, blieben unzerstört und arbeitsfähig.

Für die Fertigung von Raketen bedeutete das Bombardement einen Zeitverlust von vier bis sechs Wochen.[83] Die Überführung von der Erprobungsphase in die Serienfertigung fiel daher mit der Verlagerung der Produktion in die noch im Bau befindliche Untertagefabrik im Kohnstein bei Nordhausen zusammen, was weitere Probleme verursachte. Gleichzeitig zerstörten amerikanische Bomber den im Bau befindlichen Abschussbunker an der französischen Kanalküste, was zu weiteren Verzögerungen führte. Auch die Ausbildung der nunmehr zur Raketentruppe umformierten Armeeeinheit, eine Herausforderung neuer Art, kostete Zeit. Weitere Bombenangriffe legten Zulieferbetriebe, Testgelände und Fabriken zur Treibstoffherstellung lahm. Es sollte noch bis zum 8. September 1944 dauern, bis das erste Aggregat 4 in Chiswick einschlug, etwa zehn Kilometer vom Sitz des Premierministers in der Downing Street entfernt.[84]

Insgesamt wurden 1944 lediglich 4145 A-4-Raketen fertiggestellt, in den ersten Monaten des Jahres 1945 waren es noch 1806. Davon kamen etwa 3200 zum Einsatz, die rund 8000 Opfer forderten.[85] Bei der Fertigung der Waffen verloren jedoch noch mehr Menschen ihr Leben. Nach Hitlers Anweisung vom Juli 1943, das A-4-Programm zu forcieren, wurden mindestens 40000 Häftlinge und Zwangsarbeiter zur Produktion herangezogen. Von ihnen starben 15000 bis 20000 wegen der unmenschlichen Arbeitsbedingungen.[86]

Letztlich handelte es sich bei den unter großen Opfern gefertigten Raketen um sehr teure Artilleriegeschosse, wie Hitler schon 1941 urteilte. Erst mit der Erhöhung der Nutzlast und der Ausstattung mit atomaren Sprengköpfen konnte die Rakete im Kalten Krieg zu einer strategisch wirksamen Waffe werden.[87] Die Entwicklung einer Atombombe, die von einer Rakete in das zur Vernichtung vorgesehene Ziel hätte transportiert werden können, lag jedoch weit außerhalb der deutschen Möglichkeiten.

Obwohl Hitler nur en passant über die Potenziale der Kernspaltung informiert wurde[88] und sich nie mit der Frage beschäftigte, ob sie sich militärisch nutzen ließe, war er indirekt dafür verantwortlich, dass die Atombombe im Deutschen Reich nicht gebaut werden konnte. Die Entlassung der jüdischen Physiker aus den deutschen Universitäten und Forschungseinrichtungen hatte zu einem personellen Aderlass geführt, der nicht aufzuholen war. Da die Nationalsozialisten die miserable Bezahlung von Wissenschaftlern erst nach Kriegsausbruch nach oben korrigierten, fehlte es auch an notwendigem Nachwuchs. Der Kreis der Physiker, die sich um den an der Universität Leipzig lehrenden Nobelpreisträger Werner Heisenberg und den umtriebigen Kurt Diebner im Heereswaffenamt formierten, blieb zu klein und zu schlecht ausgestattet, um in das Stadium der Produktion waffenfähigen Urans eintreten zu können.[89]

Der verzögerte Blitzbomber

Wie die V1 und die V2 gehörte das Düsenflugzeug Me 262 zu den sogenannten Wunderwaffen, die angeblich zu spät kamen, um die Kriegswende noch herbeiführen zu können. Und wie die Raketenforscher machten die Konstrukteure des Flugzeugs allein Hitler für angebliche Verzögerungen bei der Indienststellung verantwortlich.[90]

Obwohl die theoretischen Grundlagen für die Konstruktion von Flugzeugturbinen bereits Anfang des 20. Jahrhunderts geschaffen worden waren, dauerte es bis 1938, bis das erste funktionsfähige Strahltriebwerk erfolgreich getestet und in ein Flugzeug eingebaut wurde.[91] Wenige Wochen vor Beginn des Zweiten Weltkriegs konnten die ersten Testflüge in den Rostocker Heinkel-Werken absolviert werden.[92] Hitler wohnte einer Vorführung bei, interessierte sich für die neuartige Technik und ließ sich erläutern, warum man zum Erreichen von Geschwindigkeiten in der Nähe der Schallgeschwindigkeit keine normalen Kolbenmotoren verwenden kann. Der Entwickler des Triebwerks, Hans von Ohain, klärte ihn über die Verschlechterung des Wirkungsgrades von Luftschrauben bei hohen Geschwindigkeiten auf.[93]

Obwohl die kurze Flugdauer und der enorme Brennstoffverbrauch gegen das Projekt sprachen, wurde noch 1940 mit der Entwicklung sparsamerer und leistungsfähiger Triebwerke begonnen. Hitler hielt sich über die technischen Fortschritte auf dem Laufenden und fragte im April 1942 nach, ob denn nun endlich »Schnellbomber« mit Düsenantrieb zur Verfügung stünden.[94] Wenige Wochen später erschienen Ingenieure von Junkers, Heinkel, BMW und Daimler-Benz vor der Triebwerkskommission beim Luftzeugmeister und präsentierten ihre Entwürfe. Den Zuschlag für die Serienfertigung erhielt die Junkers-Turbine Jumo TL 004, das BMW-Triebwerk sollte als Sicherheitsentwicklung ebenfalls zur Serienreife geführt werden.[95] Die Serienfertigung des Triebwerks konnte jedoch 1943 noch nicht beginnen, weil technische Komplikationen auftraten, die es, Führerbefehl hin oder her, zunächst zu beheben galt. So gab es Probleme mit dem Anlasser und der Treibstoffpumpe, und die Turbinenschaufeln mussten nach kurzer Laufzeit nachpoliert werden, weil die Leistung schlagartig nachließ.[96]

In welches Flugzeug die Düsentriebwerke eingebaut werden sollten, war 1942 noch nicht geklärt, weil auch hier konkurrierende Entwürfe vorlagen. Als im Herbst 1943 feststand, dass die Serienfertigung der Turbinen 1944 anlaufen würde, musste eine Entscheidung über das Flugzeug getroffen werden. Die Luftwaffe plädierte für ein reines Jagdflugzeug, um damit die Rüstungsproduktion in Deutschland gegen die Luftangriffe der Alliierten zu schützen. Hitler und Göring hingegen sahen den Einbau der Triebwerke in ein Bombenflugzeug als Chance, endlich wieder in die Offensive gehen zu können. Die Furcht vor einer Invasion in Frankreich tat ein Übriges. Hitler glaubte an die Überlegenheit der neuen Bomber – mit ihnen würde es gelingen, die anlandenden Truppen zu vernichten. Es sei »lebensentscheidend«, argumentierte er gegenüber Göring, dass man spätestens im Frühjahr 1944 mit Flugzeugen antrete, die eine zweite Front sofort zerschlagen könnten. Nach mehreren Besprechungen zwischen Experten der Luftwaffe, Göring und Messerschmitt stand am 18. November 1943 die Entscheidung fest: Die Wahl fiel auf die Me 262, und zwar »in vorderster Dringlichkeit« als Bomber »gegen den Erd- und Seefeind beim Kampf um die Küsten«.[97]

Mit dieser Maßgabe wurde Hitler das Flugzeug am 22. und 23. November 1943 auf dem Flugplatz Insterburg in Ostpreußen vorgeführt. Der oberste Kriegsherr fragte ausdrücklich nach, ob die Me 262 tatsächlich als Bombenflugzeug gebaut werden könne. Als Messerschmitt bejahte, entschied Hitler: »Das ist der Schnellbomber.«[98] Es verstand sich von selbst, dass Hitlers Wunsch sofort in Befehle gegossen wurde und die Me 262 höchste Priorität erhielt. In den Messerschmitt-Werken wurden jedoch die Weiterentwicklung und Erprobung des Flugzeugs als Jäger, das heißt ohne Vorrichtungen zum Bombenabwurf, vorangetrieben. Außerdem konnten nur zehn Maschinen monatlich gefertigt und eingeflogen werden. Höhen- und Seitenruder flatterten, von zehn Maschinen stürzten drei noch in der Erprobungsphase ab. Da die Zeit bis zur erwarteten Invasion knapp wurde, musste sich Luftzeugmeister Erhard Milch wegen dieser Eigenmächtigkeiten und Pannen im Mai 1944 vor Hitler rechtfertigen. Seine Ausflüchte lösten einen Wutausbruch des »Führers« aus, wie ihn seine Umgebung bisher nur selten erlebt hatte. In der Rückschau scheint er jedoch begründet. Denn die Oberen der Luftwaffe hatten seine Befehle ebenso missachtet wie die Industrie, und für die Abwehr der Invasion stand kein akzeptables Bombenflugzeug zur Verfügung.[99] Bis zum Jahresende 1944 konnten dann aber doch noch 564 Düsenjäger fertiggestellt werden, bis April 1945 stieg ihre Zahl auf 1369. Nicht wenige stürzten ab oder wurden, kaum vom Band gelaufen, bei Luftangriffen auf den Fliegerhorsten zerstört. »Am Feind« hatten am Ende des Krieges nur 181 Maschinen gestanden.[100]

Diese Menge war zu gering, um eine Kriegswende herbeizuführen, obwohl ihr Einsatz seit Dezember 1944 die überlegene Kampfkraft bestätigte.[101] Da dies aber auch von den Amerikanern erkannt wurde, richteten sie ihre Angriffe verstärkt gegen die Messerschmitt-Werke und jeden Flugplatz, auf dem diese Maschinen vermutet wurden. Ein bei Messerschmitt stationierter Feldwebel begutachtete die Schäden nach dem Bombardement vom 16. Februar 1945 und beklagte den »trostlosen Anblick« der zerstörten und beschädigten Düsenjäger. Es werde zwar weitergearbeitet, notierte er, aber »es war ja sowieso alles zwecklos und kostete nur Opfer«.[102]

Entscheidende Produktionsminderungen: Rohstofflage und Treibstoffproblem 1944

Die ungebremsten Bauprogramme der Flugzeugindustrie werfen die Frage auf, ob der alliierte Luftkrieg die deutschen Ressourcen der Kriegführung an entscheidender Stelle hätte treffen können. Zumindest bei den Metallen und Erzen war das nicht der Fall. Das für Messerschmitt, Junkers und Co. unentbehrliche Bauxit bezog die Luftwaffe schon vor dem Krieg überwiegend aus dem luftkriegssicheren Ungarn. Nach der Eroberung Frankreichs kamen die dortigen Gruben als Lieferant hinzu. Bis zum Juni 1944 konnte die Produktion trotz der Bombardements sogar gesteigert werden. Die Versuche der Alliierten, diese Lieferungen zu unterbinden, schränkten die Flugzeugindustrie bis zum Kriegsende nicht wesentlich ein.[103] Im Hinblick auf die Nichteisenmetalle, die für die Produktion von hochwertigem Stahl benötigt wurden, war das Deutsche Reich 1939 ohne angemessene Bevorratung in den Krieg gezogen, doch dank der Ausweitung des deutschen Machtbereichs gelangte die Wirtschaft rechtzeitig in den Besitz von ausreichenden Fundgebieten. Das Bündnis mit Finnland sicherte den Zugriff auf die Nickelgruben des Gebiets von Petsamo (heute Petschenga) in Karelien. Das dort geförderte Erz wurde unter dem Schutz der Wehrmacht über Norwegen verschifft, bis zum Jahreswechsel 1944/45 trat kein

Engpass ein.[104] Das ebenfalls unentbehrliche Chromerz bezog die deutsche Rüstungsindustrie aus Gruben auf dem besetzten Balkan und von der neutralen Türkei. In Bezug auf das Metall Wolfram, das vor allem für Glühfäden in Leuchtmitteln und für hochwertigen Werkzeugstahl benötigt wurde, war das Deutsche Reich von Spanien und Portugal abhängig. 1944 zwangen die Alliierten beide Länder, die Lieferungen einzustellen, doch da sich infolge des Exportverbots rasch ein lebhafter Schwarzhandel etablierte, konnte die deutsche Rüstungswirtschaft ihren Bedarf fortan illegal decken.[105]

Anders sah es dagegen bei der Belieferung der kämpfenden Truppe mit Treibstoff aus. Unter Einsatz massiven politischen Drucks hatte Hitler den Bau von Hydrierwerken durchgesetzt, in denen durch Kohleverflüssigung synthetisches Benzin gewonnen wurde. So hatte er die Treibstoffversorgung für die Blitzkriege sichergestellt. Mit der Ausdehnung des deutschen Machtbereichs stieg jedoch auch der Kraftstoffbedarf, was Hitler 1942 zum Griff nach dem sowjetischen Öl veranlasste. Das Rückgrat der deutschen Ölversorgung bildete jedoch Rumänien, das nach dem Abschluss eines Vertrages ab 1940 jährlich mehr als drei Millionen Tonnen des Rohstoffs lieferte.[106] Die Luftüberlegenheit der Alliierten ermöglichte allerdings seit 1943 auch Bombardements in den Karpaten.[107] Wenige Monate später erreichte die Rote Armee rumänisches Gebiet, was zu einem Machtwechsel führte. Rumänien fiel daher als Lieferant aus, weshalb die deutschen Hydrierwerke ab Mitte 1944 allein die Last der Treibstoffversorgung zu tragen hatten. Folgerichtig starteten die Alliierten in der zweiten Jahreshälfte 1944 eine Offensive, um die Anlagen zu zerstören. Das Ergebnis war verheerend, der britische Historiker Richard Overy schätzte die Ausfallquote auf 90 Prozent.[108] Der deutsche Generalstab konstatierte, dass zu Beginn des Jahres 1945 die Treibstofferzeugung in allen deutschen Werken zum Stillstand gekommen war. Die Reserven reichten gerade noch aus, um die dezimierten Panzerdivisionen vor dem Stillstand zu bewahren. Alle anderen Soldaten des Heeres mussten jetzt zu Fuß oder mit dem Fahrrad in den Kampf ziehen.[109]

Die prekäre Finanzlage

Die Rohstofflage sahen Militär und Regime im Herbst 1944 als kritisch an, aber nicht als Grund, an der Fortführung des Kriegs zu zweifeln. Dann allerdings meldete sich der Vizepräsident der Reichsbank zu Wort und informierte Hermann Göring am 28. November 1944 darüber, dass die Lage hoffnungslos sei. Er präsentierte den Befund als nüchterne Statistik, die die Entwicklung der Devisen- und Goldbestände der Reichsbank vor Augen führte.

Demnach verfügte die Reichsbank zum Stichtag 1. September 1939 über 383 Millionen Mark in Devisen und über Gold im Wert von 939 Millionen Mark. Durch »Sonderaktionen« aus Geldgeschäften mit Wertpapieren mutmaßlich jüdischer oder tschechischer Herkunft waren der Reichsbank noch einmal 178 Millionen Mark zugeflossen. Insgesamt verfügte das Reich bei Kriegsbeginn über eine nutzbare Devisenreserve in Höhe von 1117 Millionen Mark.

Als Zuflüsse verbuchte die Reichsbank 1940 in Gold aus den Niederlanden 340 Millionen, aus Belgien 560 Millionen, aus Luxemburg zwölf und aus Frankreich vier Millionen. Die französische Regierung hatte ihr Zentralbankgold rechtzeitig nach Dakar im heutigen Senegal abtransportiert. An »sonstigen Goldeingängen« verbuchte der Reichsbankvizepräsident 25 Millionen Mark, gemeint waren damit Zahngold und Schmuckstücke der ermordeten Juden aus den Vernichtungslagern.[110]

Während des Krieges hatte das Deutsche Reich von den 1117 Millionen Mark bis zum Stichtag 1. November 1944 etwa 1078 Millionen ausgegeben, davon 350 Millionen für das rumänische Öl. Mit dem Rest waren von der Reichsbank die laufenden Kosten der Rohstoffeinfuhr, des auswärtigen Dienstes, der Abwehr und der Kriegsgefangenenbetreuung durch das Rote Kreuz beglichen worden. Vorhanden seien wegen der Zuflüsse jetzt noch Gold und Devisen in einem Wert von 472 Millionen Mark, also 89 Millionen Mark mehr als bei Kriegsausbruch. Darüber hinaus könnten noch 60 Millionen Mark in Gold eingezogen werden, das Mussolini bei der Reichbank deponiert habe, ebenso das ungarische Gold im Wert von 110 Millionen Mark.

Gleichmäßigen Abfluss vorausgesetzt, würden diese Goldbestände theoretisch bis Mitte 1946 ausreichen. Rein praktisch werde jedoch die Schweiz von den Alliierten derart unter Druck gesetzt, dass sie die Blockierung des Zahlungsverkehrs erwäge. Wenn sich diese Entwicklung weiter verschärfe, könne der Fall eintreten, so die Reichsbank, »dass trotz des Besitzes von Gold und Bardevisen das Reich in seiner Zahlungsfähigkeit beeinträchtigt wird«.[111]

10

Die »Seele des Feldherrn«

Der Krieg, der nicht gewonnen werden konnte

Im Herbst 1944 war der Krieg verloren. Bis zur Kapitulation sollten noch Millionen Soldaten und Zivilisten ihr Leben verlieren. Die Zahl der Opfer betrug allein in Europa mehr als 47 Millionen, und es sind immer noch nicht alle gezählt.[1] Das Deutsche Reich wurde von einer Allianz von Großmächten geschlagen, gegen die es nicht gewinnen konnte. Hitler hatte zwei Kriegsziele vorgegeben: die Gewinnung von »Lebensraum im Osten« und eine Revanche gegen Frankreich. Der Sieg gegen den »Erzfeind« im Westen glückte, weil die stalinistische Sowjetunion stillhielt. Bei der Weiterführung des Kriegs gegen das britische Empire kam die Wehrmacht in der Luftschlacht über England nicht über ein Unentschieden hinaus. Bestärkt durch seine militärischen Ratgeber, wandte sich Hitler daraufhin der Sowjetunion zu. Doch was als Raubzug geplant war, entwickelte sich zu einem Fiasko. Auf Anfangserfolge folgten kriegsentscheidende Niederlagen bei Leningrad, Moskau und Stalingrad.

Die militärische Stärke der Sowjetunion war keine Überraschung. Hitler selbst hatte immer wieder vor dem Erstarken des »Bolschewismus« gewarnt. Die diplomatischen Verhandlungen mit Außenminister Molotow mussten ihm signalisieren, dass er es nicht mehr mit einem fragilen politischen System zu tun hatte, das vor dem Zusammenbruch stand, sondern mit einer Großmacht. Auch die britische Bündnisgarantie für Polen hätte Hitler signalisieren müssen, dass seine erpresserische Politik, die zum Anschluss Österreichs und des Sudentenlandes geführt hatte, ein Ende finden musste. Mit seinem Überfall auf Polen eröffnete Hitler einen Zweifrontenkrieg, und die demokratischen Mächte benötigten einige Zeit, um darauf wirksam zu reagieren, doch militärisch war das Deutsche Reich von vornherein für den gewünschten Krieg unzureichend gerüstet. Obwohl das auch den Spitzenmilitärs bekannt war, stellten sie sich Hitler nicht entgegen. Im Gegenteil, sie ließen sich von den Chancen verlocken, die ein künftiger Krieg zu bieten schien.

Am Ende war Deutschland finanziell bankrott, wie der Vizepräsident der Reichsbank konstatierte. Militärisch war die Niederlage unausweichlich. Die kämpfende Truppe hatte keinen Treibstoff mehr, die technisch überlegenen neuen Waffen konnten nicht in ausreichender Menge produziert werden.

Hitler hatte das Land lediglich innenpolitisch auf einen Krieg vorbereitet. Er schuf ein Terrorregime, das jede Form von Opposition eliminierte. Dabei bediente er sich zwecks Beherrschung der Gesellschaft der militärischen Organisationsformen, wie er sie im Ersten Weltkrieg kennengelernt hatte. Sie bewährten sich beim Kampf um die Macht und später bei der Durchsetzung seiner verbrecherischen Befehle. Nur ohne demokratische Mitbestimmung und gesellschaftliche Debatten konnte Hitler die Gesellschaft nach seiner Ideologie formen.

Nicht Herr der Ereignisse und doch unfähig zum Frieden

Der von Hitler häufig zitierte Militärtheoretiker Carl von Clausewitz[2] kam bei seinen Analysen der napoleonischen Kriege zu dem Schluss, dass ein Feldherr über die Ereignisse herrschen müsse, statt von ihnen »überwältigt« zu werden.[3]

Die in der Schlacht vor Moskau gescheiterte Blitzkriegsstrategie erscheint in der Rückschau als der Zeitpunkt, zu dem Hitler die Herrschaft über die Ereignisse entglitt. Trotzdem hielt er an dem Plan fest, das stalinistische Imperium zu besiegen und zu zerstören. Gemeinsam mit seinem Generalstab und den höchsten militärischen Führern trieb er den Krieg voran. Der »Operation Barbarossa« folgte der »Plan Blau«, der Vorstoß der deutschen Wehrmacht in den Süden der Sowjetunion 1942. Noch bevor sich das Scheitern abzeichnete, noch vor der Schlacht bei Stalingrad, drängte Italien zum Friedensschluss mit der Sowjetunion. Hitler lehnte jedoch jede Kontaktaufnahme mit Moskau ab. Die Interessen der beiden Staaten lägen nun einmal in denselben Gebieten, wie der Griff Stalins nach Finnland und dem Balkan gezeigt habe. Außerdem gäbe es keine Linie, auf die sich beide Staaten mit Rücksicht auf ihre Nahrungsmittel- und Energieversorgung einigen könnten. Für beide sei das kaukasische Öl ebenso unverzichtbar wie das ukrainische Getreide. Durch einen Frieden erhielte die Rote Armee Gelegenheit, ihre Kräfte zu regenerieren, und aus den erwähnten politischen Gründen wäre dann ein künftiger Vertragsbruch aus sowjetischer Sicht unvermeidbar.[4]

Auch nach den Niederlagen der Wehrmacht im Sommer 1943 blieb Hitler bei dieser Auffassung. Nicht die weltanschaulichen Gegensätze zwischen ihm und Stalin hielten ihn von Verhandlungen ab, erfuhr Propagandaminister Goebbels im Gespräch, sondern der Umstand, dass Stalin den Lebensraum, den er für das Deutsche Reich fordere, nicht abtreten könne.[5] Selbst im August 1944 war Hitler nicht bereit, Sondierungen über Friedensschlüsse zuzulassen. Er werde den Kampf fortsetzen, teilte er den anwesenden Militärs mit, »bis die Möglichkeit eines anständigen, für Deutschland tragbaren und auch das Leben der kommenden Geschlechter sichernden Friedens gegeben ist«. Wenn nötig, würden sich die Deutschen eben auch am Rhein schlagen, allein schon deshalb, weil es gelte, einen Frieden zu erkämpfen, der vor allem »unsere Ehre« nicht ein zweites Mal so schände wie im Jahr 1918.[6] Unter keinen Umständen wollte Hitler mit einem vorzeitigen Kriegsende die Aussicht auf einen Sieg vergeben, wie es seiner Meinung nach im Ersten Weltkrieg geschehen war. Damit befand er sich in der Tat bei Clausewitz, der geurteilt hatte, dass eine Regierung, die nach »verlorener Hauptschlacht« nicht versuche, »alle Kräfte anzuspornen«, inkonsequent handle. Das zeige, so Clausewitz, »dass sie des Sieges nicht würdig und eben deswegen vielleicht auch gar nicht fähig« gewesen sei.[7]

Homunkulus der Reichswehr

Ursprünglich hatte Hitler den Beruf des Kunstmalers angestrebt. Zunächst kopierte er Postkarten und andere Vorlagen, und noch als Soldat des Ersten Weltkriegs übte er mit dem Ziel vor Augen, ein eigenständiger Künstler zu werden. Er suchte sich Motive in der flämischen Landschaft, die er seinem Talent entsprechend abbildete. Dabei galt der Gefreite als Sonderling, der sich von seinen Kameraden fernhielt. Im Hamburger Verleumdungsprozess um sein Eisernes Kreuz I. Klasse konnte er gerade einmal zwei Dutzend Kameraden präsentieren, die für sein untadeliges Verhalten bürgten. Den Journalisten fiel es nicht schwer, mit ähnlich vielen Zeugen aufzuwarten, die Hitler nicht mochten und ihn als »Etappenhengst« und »Drückeberger« schmähten. Die Erklärung liegt auf der Hand: Die Gemeinschaft des Frontheeres, die Hitler stets beschwor, hatte niemals existiert. In seinem Regiment gab es jene, die Befehle erteilten, und jene, die sie ausführten. Am Ende der Befehlskette standen die einfachen Soldaten an der vordersten Front. Als Gefreiter im Stab fühlte er sich als Teil einer kleinen Elite, die eine große Masse, das Regiment, kommandierte.

Nach Kriegsende wuchs Hitler in eine ihm von außen übertragene, aber wie maßgeschneiderte Rolle hinein. Die Reichswehr bildete ihn zum antibolschewistischen Propagandaredner aus und führte ihn in die Deutsche Arbeiterpartei ein. Hitler nahm die ihm zugedachte Aufgabe ernst. Er las, was ihm die Vorgesetzten als lesenswert empfahlen: die antijüdischen Schriften Houston Stewart Chamberlains ebenso wie die Pamphlete Dietrich Eckarts. Er passte sich seiner antisemitischen Umgebung an und übernahm schließlich Führungsaufgaben in der von heftigen Richtungskämpfen geprägten Kleinpartei.

Sein verinnerlichtes Dogma beschränkte sich anfangs exakt auf die von der Reichswehr vertretene Ideologie. Als Redner und Parteiführer stand er für das, was seine unmittelbaren Vorgesetzten in München für richtig hielten: Die Einheit des Reichs müsse gegen separatistische Bestrebungen behauptet werden, die Juden trügen die Schuld an der Niederlage im Weltkrieg, und anzustreben sei eine Revision des Friedensvertrags.

Die Erfahrung des fehlgeschlagenen Putsches setzte bei Hitler einen Emanzipationsprozess in Gang. Er verwarf das Bündnis mit den aus seiner Sicht nur scheinbar national empfindenden Gruppierungen. Mehr noch: Mit der Abfassung seines Buches *Mein Kampf* trennte er sich endgültig von den tradierten Auffassungen der »Gefühlsantisemiten« und setzte diesen eine eigenständige Ideologie entgegen.[8]

Der Aufstieg Hitlers vom Politiker zum Feldherrn ist jedoch nicht mit seinem rassistischen Weltbild zu erklären. Wahlerfolge konnte Hitler erzielen, weil er den Kern seiner Ideologie verschwieg. Zwar hatte er seinen Krieg gegen die Juden in *Mein Kampf* angekündigt, doch griff er sie zunächst nicht offen an. In seinen Wahlkampfreden stilisierte er sich zum Vertreter der um ihren Sieg betrogenen Kriegsgeneration.[9] Wahlplakate forderten die »Arbeiter der Stirn und der Faust« ausdrücklich auf, den »Frontsoldaten« zu wählen.[10] Am militärischen Charakter seiner Partei, insbesondere der Sturmabteilungen, seiner »braunen Armee«, störten sich die Wähler nicht. Die deutsche Gesellschaft, die Jahre des Stillstands und der Resignation erlebt hatte, wünschte sich Bewegung. Zugleich nährten die sozialen Verwerfungen der Republik die Sehnsucht nach Gemeinschaft, und die nahm in den scheinbar klassenlosen Formationen der SA Gestalt an, wo Studenten neben Arbeitern, Gutsbesitzer neben Landarbeitern marschierten. Viele sehnten sich nach der Wiederbelebung des »Frontsozialismus« von 1914, wie es der Nationalsozialismus versprach.[11]

In der Opposition erarbeitete Hitler sich den Status eines Mannes, in dessen Macht es stünde, die sozialistisch empfindenden Arbeiter für die deutsche Nation zu gewinnen. Er erschien als der Reformator mit dem eisernen Bestreben und der Kraft, die Klassenschranken einzureißen und eine Volksgemeinschaft zu formen. Die Wahlerfolge Hitlers basierten jedoch nicht nur auf dem Vertrauen, das er persönlich genoss. Sein politisches Konzept, die Nation im Inneren zu festigen und die Verantwortlichen für die Novemberrevolution zur Rechenschaft zu ziehen, leuchtete auch den Konservativen ein. Dieser unbedingte Wille zur Abschaffung der Demokratie und Errichtung einer nationalen Diktatur sicherte Hitler so viele Wählerstimmen, dass ohne ihn eine Regierung nicht gebildet werden konnte.

Der Feldherr und seine Gehilfen

Die Weichen für den Krieg stellte Hitler gemeinsam mit anderen Politikern und Militärs. Seit dem Beginn seiner Herrschaft delegierte er Politikfelder und Aufgaben. Das begann mit der Terrorisierung des deutschen Volkes durch seine SA- und SS-Führer Ernst Röhm und Heinrich Himmler und endete in millionenfachem Mord. Die finanziellen Probleme der Aufrüstung wurden von Reichsbankpräsident Hjalmar Schacht und Finanzminister Lutz Graf Schwerin von Krosigk gelöst. Heer und Marine verfügten schon vor Hitlers Machtergreifung über detaillierte Aufrüstungspläne, die, ebenso wie später die Pläne für die Aufstellung der Luftwaffe, Experten und hochrangige Offiziere entwickelt hatten. Die dabei begangenen Fehler und Versäumnisse waren nicht dem einstigen Weltkriegsgefreiten Hitler mit seinem ranggemäß beschränkten Erfahrungshorizont anzulasten. Der Generalstabschef der Luftwaffe Hans Jeschonnek war wie ihr Oberbefehlshaber Hermann Göring ein hochdekorierter Jagdflieger. Die Luftrüstung wurde von Erhard Milch verantwortet, der nicht nur eine beeindruckende militärische Karriere als Pilot, sondern auch eine zivile als technischer Direktor der Lufthansa vorzuweisen hatte.

Die Vorwürfe gegen den angeblich inkompetenten Oberbefehlshaber erhoben erst nach Kriegsende etliche Offiziere, die von Hitler zurückgesetzt worden waren und nun über die »verlorenen Siege« schwadronierten. Oder sie wurden von jenen vorgebracht, die der einstige Oberkommandierende jahrelang gefördert hatte und die ihre

Karriere nach 1945 fortsetzen wollten. Diese öffentliche Distanzierung von Hitler und den Verbrechen des NS-Regimes war unabdingbar für eine Karriere in Bundeswehr und NATO. So äußerte sich der spätere Kommandeur der amphibischen Streitkräfte der Bundesmarine Erich Topp abfällig über den »Irrsinn« in der Endphase 1945, obwohl er bis zum letzten Tag seine Pflicht als Ausbilder von U-Boot-Besatzungen erfüllt hatte.[12] Adolf Heusinger, einst Leiter der Operationsabteilung im Generalstab, erdachte eine rührende Geschichte, nach der er seinen obersten Chef im September 1944 massiv kritisiert haben wollte, was sogar in einer von ihm verfassten Denkschrift niedergelegt sei, über die Hitler mit ihm diskutiert habe. Mit dieser Streiterbiographie und großem militärischem Können brachte Heusinger es in den sechziger Jahren zum Vorsitzenden des NATO-Militärausschusses.[13]

Nur jene, deren Karriere in Deutschland unwiderruflich beendet war, äußerten sich positiv über Hitler. So gab Luftwaffenoberst Hans-Ulrich Rudel, der höchstdekorierte Soldat der Wehrmacht, in seinen 1951 veröffentlichten Memoiren unumwunden zu, dass der Tod des »Führers« für ihn ein Schock gewesen sei.[14] An den militärischen Fähigkeiten des Diktators übte er keine Kritik, wohl aber an den Offizieren des Heeres, die Hitler sehr oft über die wirkliche Lage getäuscht und belogen hätten.[15] Als Rudel das schrieb, hatte er sich bereits nach Argentinien abgesetzt, wo er ein Hilfswerk für namhafte NS-Kriegsverbrecher gründete.

In einem Moskauer Gefängnis äußerte sich im August 1945 Erich Raeder, der ehemalige Oberbefehlshaber der Marine, zu Hitlers Qualitäten: »Aus seinen persönlichen Ausführungen, besonders über innen- und sozialpolitische Fragen, und seinen Reden auf den Parteitagen, aber auch aus der Art und Weise, wie er militärische Fragen in Angriff nahm und erledigte, schien mir hervorzugehen, dass es sich um einen wirklich genialen, zur Führung berufenen Mann handle.«[16]

Hitlers Verhältnis zu seinen hochrangigen Militärs war allerdings nicht immer spannungsfrei. So entließ er Generalstabschef Halder, der dann 1949 in einer gehässigen Epistel postum über die mangelnden militärischen Fähigkeiten Hitlers herziehen sollte.[17]

In den ersten Kriegsmonaten nahm sich Hitler zurück. Zwar hatte er im Vorfeld des Überfalls auf Polen Kommandeure nach Gutsherrenart ernannt, aber sein Schachzug, die Sowjetunion mit ins Boot zu holen und so die vierte Teilung Polens zu erzwingen, verschaffte ihm ein Prestige, das ihn unangreifbar erscheinen ließ. Bei den Gesprächen mit unzähligen Militärs, bei Frontbesuchen und im kleinen Kreis hörte Hitler aufmerksam zu und bildete sich weiter. Zu einer persönlichen Lektion gestaltete sich die Debatte um die Führung des Frankreichfeldzugs. Da der Generalstab alle Planungen mit ihm als Oberbefehlshaber der Wehrmacht abstimmte, erhielt Hitler Einblick in das militärisch Machbare und gewann ein Gefühl für das, was die deutschen Truppen nicht würden leisten können. Zufällig traf sich seine Auffassung, dass sich ein Sieg über Frankreich erringen ließe, mit den eigenmächtig vorgenommenen Planungen Erich von Mansteins. Da sich Hitler in die Bearbeitungen laufend einbrachte, erschien das erfolgreiche Konzept für den »Sichelschnitt« letztlich als sein Verdienst. So sicherte ihm der Sieg über Frankreich zumindest zwischen Mitte 1940 und Mitte 1941 die rückhaltlose Zustimmung der Spitzen der Wehrmacht.

Scheinbar erwies sich auch Hitlers Idee als richtig, Russland nicht mit einem einzigen gezielten Stoß, sondern auf breiter Front anzugreifen. Weil die Rote Armee unmittelbar an der Grenze zu einer Angriffsformation aufgestellt war, gelangen große Umfassungsoperationen, die zu immensen Gefangenenzahlen und zur Vernichtung von großen Mengen an Kriegsgerät führten. Generalstabschef Halder schrieb zwölf Tage nach Kriegsbeginn in sein Tagebuch: »Es ist also wohl nicht zu viel gesagt, wenn ich behaupte, dass der Feldzug gegen Russland innerhalb von 14 Tagen gewonnen wurde.«[18]

Krieg bis in den Untergang

Die Bereitschaft der Wehrmacht, bis zum letzten Tag zu kämpfen, wurde auch durch gnadenlose Repressalien aufrechterhalten. Die Heeresrichter verkündeten mindestens 19 500 Todesurteile, wobei die Anklagen wegen Zersetzung der Wehrkraft und Fahnenflucht seit dem ersten Halbjahr 1943 exponentiell anstiegen.[19] Gegen die Zivilbevölkerung wurden mehr als 16 000 Todesurteile verhängt. Wie viele Menschen 1945 von Standgerichten verurteilt wurden, ist unbekannt.[20] Der Terror richtete sich jetzt, wie am Beginn von Hitlers Herrschaft, gegen die Deutschen, nachdem sie ihn in einem mörderischen Krieg in die Welt getragen hatten. Das Terrorregime der Konzentrationslager wurde von Hitler errichtet, um die Gesellschaft kriegsbereit zu machen, die Wehrmachtsjustiz diente ihm bis zum Schluss als Mittel, um überhaupt noch Krieg führen zu können. Aus Hitlers Sicht hatten die Gerichte im Ersten Weltkrieg zu nachlässig geurteilt, und so sorgte er im Zweiten persönlich immer wieder für Verschärfungen. Als die Prozesswellen gegen sogenannte Volksschädlinge zahlreiche Menschen veranlassten, sich für Bekannte oder Freunde einzusetzen, verbot Hitler allen NSDAP-Mitgliedern, Gnadengesuche zu verfassen oder Leumundszeugnisse abzugeben.[21]

Weil Hitler die Wirkung der gegnerischen Propaganda erlebt hatte, stellte er mit Kriegsbeginn das Abhören von »Feindsendern« unter Strafe. Wer Nachrichten ausländischer Sender verbreitete, die geeignet waren, »die Widerstandskraft des deutschen Volkes zu gefährden«, konnte mit dem Tod bestraft werden.[22] Alle deutschen Zeitungen und Zeitschriften unterlagen einer strikten Kontrolle, weil Hitler in ihnen das vorrangige Instrument sah, um die Menschen zur Kriegsbereitschaft zu erziehen. Er entschuldigte sich sogar einmal bei den Chefredakteuren dafür, dass ihn die äußeren Umstände »gezwungen« hätten, »jahrzehntelang fast nur vom Frieden zu reden«.[23] Obwohl er die Leitung von Presse und Rundfunk seinem Propagandaminister Joseph Goebbels übertrug, redigierte er während des Zweiten Weltkriegs jeden Wehrmachtsbericht persönlich, weil, so seine Überzeugung, selbst »kleinste Kleinigkeiten« durch die Multiplikation groß und bedeutsam werden könnten.[24] Hitler sah auch jede Folge der *Deutschen Wochenschau,* bevor sie in die Kinos kam.[25]

Das Vertrauen des Volkes in den Diktator schwand trotzdem. In der Öffentlichkeit legten die Deutschen die geforderten Lippenbekenntnisse ab, und sie erfüllten die ihnen übertragenen Aufgaben. Die Spitzel des Sicherheitsdienstes registrierten diesen Stimmungsverfall, weshalb das Regime seine Repressalien verstärkte.

Genozid: Die wahre »Seele des Feldherrn«

Alfred Jodl, der Chef des Wehrmachtführungsstabes, trug im November 1943 den höchsten Parteifunktionären eine Zwischenbilanz des Kriegs vor. Dabei begründete er seinen Glauben an den »Endsieg« mit dem Vertrauen in den Mann an der Spitze Deutschlands, »der nach seiner ganzen Entwicklung, seinem Wollen und Streben vom Schicksal nur dazu ausersehen« sein könne, »unser Volk in eine hellere Zukunft zu führen«. Hitler sei die »Seele nicht nur der politischen, sondern auch der militärischen Kriegführung«. Die Kraft seines Willens, der »schöpferische Reichtum seiner Gedanken in strategischer, organisatorischer und rüstungstechnischer Beziehung« durchströme die gesamte Wehrmacht und halte sie zusammen. Die wichtige Einheit von militärischer und politischer Führung verkörpere er in einer Weise, »wie es seit Friedrich dem Großen nicht mehr der Fall gewesen« sei. Hitler habe, so suggerierte Jodl seinen Zuhörern, die »Seele eines großen Feldherrn«, wie sie einst von Clausewitz gerühmt worden war.[26]

Wenn auch nicht alle Militärs so loyal zu Hitler standen wie Jodl, waren sie doch an der Planung des Kriegs beteiligt, und sie führten ihn so, wie ihr Oberbefehlshaber es wünschte. Sie akzeptierten die Prämisse vom »Kampf um den Lebensraum« und wirkten am Völkermord mit, teils als unmittelbare Täter, teils als Helfer. Bereits vor dem Beginn der »Operation Barbarossa« ließ Hitler Einsatzgruppen der SS zur Ermordung der osteuropäischen Juden aufstellen. Die Wehrmacht sollte ihr Operationsgebiet so klein wie möglich halten, um der SS die nötigen Freiräume zu schaffen. Aber auch im rückwärtigen, eroberten Terrain musste das Heer logistische und personelle Unterstützung leisten.[27] Aus Hitlers Sicht bewährte sich die zynische Arbeitsteilung zwischen Wehrmacht und SS. Indem er den radikalisierten und ihm treu ergebenen Verbänden die Mordaufgabe zuwies, konnte er sicher sein, dass sie erfüllt wurde, ohne dass es zu Protesten kam.

Mit der Übernahme des Oberbefehls über das Heer im Dezember 1941 fiel Hitler auch formell die vollziehende Gewalt im Operationsgebiet zu. So konnte er die territoriale Abgrenzung und die Kompetenzen der Militärverwaltung bestimmen. Die Grundlinien der zivilen Besatzungspolitik legte er zusammen mit SS-Chef Heinrich Himmler und seinem Reichsminister für die besetzten Ostgebiete Alfred Rosenberg fest.[28] Ganz gleich, welche Verordnungen oder Befehle Himmler, Rosenberg oder die Heereskommandeure erließen, immer war dabei der Massenmord an der Zivilbevölkerung intendiert. Lediglich Ausmaß und Effizienz der Tötungen variierten. Weil Hitler ein menschenleeres Siedlungsgebiet anstrebte, wurden Menschen vergast, erschossen, zu Tode geprügelt, oder man ließ sie durch Hunger zugrunde gehen. Jodls Beschreibung von der Rolle Hitlers im Zweiten Weltkrieg traf durchaus den Kern der Sache, obwohl sie als Huldigung an den Diktator gemeint war. Hitlers verbrecherische Ideologie wurde zur »Seele« eines Krieges, der ohne ihn so nicht geführt worden wäre.

Dank

Für Anregungen und konstruktive Gespräche schulde ich den Kollegen Dietmar Schulze (Leipzig), Matthias Uhl (Moskau), Thomas Pruschwitz (Potsdam), Jan Mittenzwei (Greifswald) und Jan Armbruster (Greifswald) ebenso Dank wie den Mitarbeitern der Archive in Bamberg, Berlin, Freiburg, Greifswald, Halle, Koblenz, London, Merseburg, Moskau und München. Michael und Patricia Thiede (Chemnitz) berieten mich verständig bei nicht wissenschaftlichen Problemen. Mein Agent Thomas Karlauf (Berlin) formte die vage Idee, Hitlers bisher falsch dargestelltes Verhältnis zum Militär und zu seinen Militärs genauer zu untersuchen. Dem Team von Hoffmann und Campe sei stellvertretend in der Person des Lektors Jens Petersen gedankt.

Anmerkungen

1

1 Die Briefe prüfte Heeresrichter Karl Sack, der Schmidt bescheinigte, zum Zeitpunkt des Abfassens nicht aus freiem Willen gehandelt zu haben. Sack wurde wegen seiner Verbindungen zu den Verschwörern des 20. Juli 1944 verhaftet und ermordet. Vgl. Stahl, Friedrich-Christian: Generaloberst Rudolf Schmidt, in: Ueberschär, Gerd R. (Hg.): Hitlers militärische Elite, Darmstadt 2011, S. 493 ff.

2 Vgl. CA FSB Akte N 21 139, Bd. 1, Blatt 153–168.

3 Vgl. Hubatsch, Walther (Bearbeitung): Kriegstagebuch des Oberkommandos der Wehrmacht (Wehrmachtführungsstab), Bd. III, Teilband 1, Herrsching 1982 (fortan KTB OKW), S. 204.

4 Vgl. Below, Nicolaus von: Als Hitlers Adjutant 1937–1945, Selent 1999, S. 332.

5 Vgl. Stahl, in: Ueberschär, Elite, S. 494.

6 Vgl. KTB OKW III/6, S. 1420 ff.

7 Vgl. BA MA N 28/2.

8 Vgl. Hartmann, Christian: Halder. Generalstabschef Hitlers 1938–1942, Paderborn u. a. 2010, S. 57 ff.

9 Vgl. Frieser, Karl-Heinz: Blitzkrieg-Legende. Der Westfeldzug 1940, München 2005, S. 67.

10 Zitiert nach ebd., S. 66.

11 Vgl. Wiedemann, Fritz: Der Mann, der Feldherr werden wollte, Velbert und Kettwig 1964, S. 249 ff.

12 Vgl. Guderian, Heinz: Erinnerungen eines Soldaten, Heidelberg 1951, S. 241.

13 Vgl. http://de.wikipedia.org/wiki/Schlacht_von_Rschew#Erste_Rschew-Sytschowka-Operation_.2830._Juli_bis_1._Oktober_1942.29. Die Kriegsopferzahlen folgen an dieser Stelle wie auch später den Angaben in der Wikipedia, da die gedruckte Literatur die neueren Forschungsergebnisse gerade russischer Historiker für den Zweiten Weltkrieg noch nicht berücksichtigt. Die offiziellen Opferzahlen der deutschen Armeen wurden in der »amtlichen« Literatur künstlich heruntergerechnet. Auch hier erweist sich Wikipedia als die zuverlässigere Quelle.

14 Zitiert nach: Hartmann, Halder, S. 331.

15 Vgl. ebd., S. 18 f.

16 Vgl. Richardson, William, und Seymour Freidlin (Hg.): The Fatal Decisions. First Hand Accounts by Hitler's Generals, Barnsley 2012.

17 Vgl. Halder, Franz: Hitler als Feldherr. Der ehemalige Chef des Generalstabs berichtet die Wahrheit, München 1949, S. 63.

18 Ebd., S. 8–28, zum Größenwahn vgl. S. 50 ff.

19 Vgl. Guderian, S. 127.

20 Vgl. ebd., S. 128.

21 Vgl. ebd.

22 Vgl. Hillgruber, Andreas: Hitlers Strategie. Politik und Kriegführung 1940–1941, München 1982, S. 229.

23 Vgl. Dornberger, Walter: Peenemünde. Die Geschichte der V-Waffen, Frankfurt am Main und Berlin 1991, S. 290.

24 Vgl. Neufeld, Michael J.: Die Rakete und das Reich. Wernher von Braun, Peenemünde und der Beginn des Raketenzeitalters, Berlin 1997, S. 150 f.

25 Vgl. Galland, Adolf: Die Ersten und die Letzten. Jagdflieger im Zweiten Weltkrieg, Würzburg 2012, S. 378 ff.

26 Vgl. Schabel, Ralf: Die Illusion der Wunderwaffen. Die Rolle der Düsenflugzeuge und Flugabwehrraketen in der Rüstungspolitik des Dritten Reiches, München 1994, S. 292 ff.

27 Zu ihnen gehörte Erich Raeder, der die Verantwortung für die Inbesitznahme Norwegens übernahm, aber auch Joachim von Ribbentrop mochte an seiner Außenpolitik, die zum Nichtangriffspakt mit der Sowjetunion führte, keinen Makel erkennen. Ribbentrop, Annelies von (Hg.): Joachim von Ribbentrop. Zwischen London und Moskau, Leoni am Starnberger See 1953; Raeder, Erich: Mein Leben, Bd. 2, Tübingen 1956, S. 156 f.

28 Frank, Hans: Im Angesicht des Galgens. Deutung Hitlers und seiner Zeit auf Grund eigener Erlebnisse und Erkenntnisse, München 1958, S. 329.

29 Schramm, Percy Ernst: Hitler als militärischer Führer. Erkenntnisse und Erfahrungen aus dem Kriegstagebuch des Oberkommandos der Wehrmacht, Frankfurt am Main 1972, S. 48.

30 Vgl. ebd., S. 155. Luise Katharina von Benda (1905–1998) war Sekretärin im Oberkommando des Heeres, Jodl hatte sie nach dem Tod seiner ersten Frau 1944 geheiratet.

31 Vgl. GA RF 9401–2-97, Blatt 446–461.

32 Erich Naumann, Führer der Einsatzgruppe B, wurde 1951 hingerichtet. Vgl. Information Services Division Office of the U. S. Highcommissioner for Germany (Hg.), Landsberg. Ein dokumentarischer Bericht, München o. J. [ca. 1951], S. 20.

33 So abstrahierte die Schweizer Historikerin Marlis Steinert 1994 in ihrer voluminösen Biographie sehr stark von der Person des Diktators, den sie letztlich als »Produkt« von »Verwerfungen und Frustrationen der deutsch-österreichischen Geschichte« interpretierte. Dieses Fazit lässt den Leser ratlos zurück. Vgl. Steinert, Marlis: Hitler, München 1994, S. 616. Generell vgl. Lukacs, John: Hitler. Geschichte und Geschichtsschreibung, Berlin 1997, insbesondere zum Historikerstreit ebd., S. 181 ff.

34 Vgl. Browning, Christopher: Die Entfesselung der »Endlösung«. Nationalsozialistische Judenpolitik, München 2003, S. 13.

35 So wies Heike B. Görtemaker darauf hin, dass sie mit ihrer Eva-Braun-Biographie keineswegs eine »Überbetonung des Individuums in der Geschichte« rechtfertigen wolle. Tatsächlich ist ihr Buch weniger eine Lebensbeschreibung der Hitlergeliebten als vielmehr eine gelungene Studie über die Funktionsmechanismen von Hitlers Hofstaat. Folgerichtig ging Görtemaker auch nicht der Frage nach, ob Hitler Geschlechtsverkehr mit Eva Braun hatte, was vor allem Psychohistoriker und zeitgenössische Psychiater beschäftigte. Vgl. Görtemaker, Heike B.: Eva Braun. Leben mit Hitler, München 2011, S. 11. Der Berliner Ordinarius Ludolf Herbst untersuchte Hitlers Charisma und kam zu dem Schluss, der »deutsche Messias« sei das Produkt einer systematischen bürokratischen Parteiarbeit gewesen. Obwohl Herbst Webers Konzept der charismatischen Herrschaft schlüssig auf Hitler überträgt, argumentiert er erstaunlicherweise dagegen und schlägt als erklärenden Begriff »synergetisches Charisma« vor. Vgl. Herbst, Ludolf: Hitlers Charisma. Die Erfindung eines deutschen Messias, Frankfurt am Main 2010, S. 284. Der Journalist Volker Ullrich erklärt die Notwendigkeit der Beschäftigung mit der Person Hitler damit, dass er die »Schicksalsfigur der deutschen und europäischen Geschichte« sei und jede Generation die Pflicht habe, sich mit ihm auseinanderzusetzen. Vgl. Ullrich, Volker: Adolf Hitler. Band 1: Die Jahre des Aufstiegs 1889–1939, Frankfurt am Main 2013, S. 21.

36 Vgl. Militärgeschichtliches Forschungsamt (Hg.): Das Deutsche Reich und der Zweite Weltkrieg, Bd. 1, Stuttgart 1979; zuletzt Bd. 8, 2011.

37 Vgl. Müller, Rolf-Dieter: Albert Speer und die Rüstungspolitik im totalen Krieg. In: ebd., Bd. 5/2, S. 674.

38 Die Zahlen der russischen Historiker weichen von den von Frieser ermittelten ab, zeigen aber ebenfalls die mehrfache Überlegenheit. Für die Operation Bagration zur Zerschlagung der Heeresgruppe Mitte konzentrierte die Rote Armee im entsprechenden Frontabschnitt vier Fronten mit 2,4 Millionen Mann, 5200 Panzern und SFL, 36000 Geschützen und 5300 Flugzeugen. Damit war man dem Gegner beim Personal um das 2fache, bei Panzern und SFL um das 5,8fache, bei Geschützen um das 3,8fache und bei Flugzeugen um das 3,9fache überlegen. Vgl. Welikaja otetschestwennaja wojna 1941–1945 godow w dwenadzati tomach. Tom 1: Osnownye sobytija wojny. Moskau 2011, S. 368.

39 Vgl. Otto, Hans-Dieter: Lexikon fataler Fehlentscheidungen im Zweiten Weltkrieg. Von Alpenfestung bis Zitadelle, München 2006; Gilbert, Martin: The Second World War. A Complete History, London 1989.

40 Vgl. Keegan, John: Die Maske des Feldherrn. Alexander der Große, Wellington, Grant, Hitler, Reinbek 2000, S. 410.

41 Vgl. Frieser, Blitzkrieg-Legende, S. 384.

42 Vgl. de.wikipedia.org/wiki/Operation _Dynamo.

43 Vgl. GA RF Moskau 9401–2-97, Blatt 415–445.

44 Vgl. Bennet, G. H., und R. Bennet: Hitlers Admirale 1939–1945, Hamburg u. a. 2009, S. 71.

45 Vgl. RGWA Moskau 700–1-6, Blatt 275–358.

46 Vgl. Stegemann, Bernd: Unternehmen »Weserübung«, in: Das Deutsche Reich und der Zweite Weltkrieg, Bd. 2, S. 220.

47 Vgl. Aussage von Generaladmiral Hermann Boehm, in: Bennet, Admirale, S. 74.

48 Vgl. Stegemann, »Weserübung«. In: Das Deutsche Reich und der Zweite Weltkrieg, Bd. 2, S. 220; ohne Fehlerdiskussion vgl. Gilbert, Second World War,

S. 78, 83 und 89.

49 Vgl. Manstein, Erich von: Verlorene Siege. Bonn 1955, S. 305.

50 Vgl. Guderian, Erinnerungen, S. 395.

2

1 Vgl. Sigmund, Anna Maria: Diktator, Dämon, Demagoge. Fragen und Antworten zu Adolf Hitler, München 2006, S. 133 ff.

2 Vgl. Neumann, Hans-Joachim, und Henrik Eberle, War Hitler krank?, Bergisch Gladbach 2009, S. 168 ff.

3 Vgl. Sigmund, Diktator, S. 148.

4 Vgl. ebd., S. 142.

5 Vgl. Weber, Thomas: Hitlers erster Krieg. Der Gefreite Hitler im Weltkrieg – Mythos und Wahrheit, Berlin 2011, S. 194.

6 Vgl. Hamann, Brigitte: Hitlers Wien, Lehrjahre eines Diktators, München und Zürich 2004, S. 440.

7 Die berühmte Postkarte, die einen jubelnden Hitler in der Menge zeigt, ist eine Fotomontage. Das Bild als »Fälschung« einzustufen und damit zu suggerieren, dass Hitler nicht auf dem Platz gewesen sei, ist jedoch abwegig. Fotograf Hoffmann berichtete später von der Entstehung der Fotomontage. Er habe Hitler von den Fotos erzählt, da habe dieser überrascht gesagt, er sei auch da gewesen. Danach fertigte Hoffmann die Postkarte an. Vgl. Heydecker, Joe J.: Das Hitler-Bild. Die Erinnerungen des Fotografen Heinrich Hoffmann, St. Pölten und Salzburg 2008, S. 50, sowie Thamer, Hans-Ulrich, und Simone Erpel: Hitler und die Deutschen. Volksgemeinschaft und Verbrechen, Berlin 2010, S. 2 f. und 9.

8 Vgl. Hitler, Adolf: Mein Kampf,

548.–552. Auflage, München 1940, S. 194.

9 Vgl. Stegemann, Hermann: Geschichte des Krieges, Bd. 2, Stuttgart und Berlin 1917, S. 129 ff.

10 Vgl. Gilbert, Martin: The First World War. A Complete History, London 2008, S. 92.

11 Vgl. ebd., S. 92 f.; Keegan, John: Der Erste Weltkrieg. Eine europäische Tragödie, Reinbek 2000, S. 190.

12 Vgl. Provinzarchiv der Bayerischen Kapuziner, Abt. II Neuere Provinzgeschichte, Fach 9 Besondere Ereignisse, Facsimile 3 m Kriegsberichte von Pater Norbert von Würzburg.

13 Solleder, Fridolin (Hg.): Vier Jahre Westfront. Geschichte des Regiments List R. I. R. 16, München 1932, S. 14 ff.

14 Hitler am 26. Januar 1915 an Josef Popp, in: Jäckel, Eberhard, und Axel Kuhn: Hitler. Sämtliche Aufzeichnungen, Stuttgart 1980, S. 63.

15 Ebd., S. 64.

16 Solleder, Westfront, S. 21 f.

17 Hitler am 5. Februar 1915 an Ernst Hepp. Vgl. Jäckel / Kuhn, Sämtliche Aufzeichnungen, S. 67.

18 Solleder, Westfront, S. 28 f.

19 Ebd., S. 23.

20 Ebd., S. 38.

21 Vgl. Weber, Hitlers erster Krieg, S. 71 f.

22 Ebd., S. 70 f.

23 An Ernst Hepp, 5. Februar 1915, in: Jäckel / Kuhn, Sämtliche Aufzeichnungen, S. 69.

24 Vgl. Weber, Hitlers erster Krieg, S. 185.

25 Vgl. Brandmayer, Balthasar: Meldegänger Hitler, München 1933, S. 75.

26 Messines wurde im Juni 1917 von den

Engländern eingenommen. Vgl. http://
de.wikipedia.org/wiki/Schlacht_von_
Messines

27 An Josef Popp, 22. und 26. Januar
1915, in: Jäckel / Kuhn, Sämtliche Aufzeichnungen, S. 62 ff.

28 An Ernst Hepp, 5. Februar 1915, in:
Jäckel / Kuhn, Sämtliche Aufzeichnungen,
S. 69.

29 Reichsarchiv (Bearbeitung): Die Operationen des Jahres 1915. Die Ereignisse
im Winter und Frühjahr (Der Weltkrieg,
Bd. 7), Berlin 1931, S. 58 f.

30 Vgl. Weber, Hitlers erster Krieg,
S. 155.

31 Vgl. Maser, Legende, Mythos, Wirklichkeit, 1993, S. 598–622.

32 Vgl. Mulders, Jean-Paul: Auf der
Suche nach Hitlers Sohn. Eine Beweisaufnahme, München 2009.

33 http://www.dailymail.co.uk/news/
article-2126591/Philippe-Loret-believes-
Adolf-Hitlers-grandson-French-plumber-
tells-family-story.html

34 Vgl. Price, Billy F.: Adolf Hitler als
Maler und Zeichner. Ein Werkkatalog der
Ölgemälde, Aquarelle, Zeichnungen und
Architekturskizzen. Zug 1983, S. 187–199.

35 Vgl. Hitler, Mein Kampf, S. 193.

36 Hitler sprach von einer »fünfbändi-
gen« Schopenhauer-Ausgabe, wahrscheinlich ist jedoch die sechsbändige, von
Eduard Grisebach 1890 herausgegebene
Reclam-Ausgabe gemeint, die häufig
nachgedruckt wurde. Vgl. Jochmann,
Werner (Hg.): Adolf Hitler. Monologe im
Führerhauptquartier 1941–1944, München
2000, S. 411.

37 Vgl. Grisebach, Eduard (Hg.): Arthur
Schopenhauer's sämmtliche Werke in
sechs Bänden, Band IV, S. 405.

38 Vgl. Weber, Hitlers erster Weltkrieg,

S. 197 ff.

39 Die Stigmatisierung der Geschädigten
zu Kriminellen, die aufgrund moralischer
Mängel die Niederlage verursacht hätten,
fand erst Jahre danach statt. Vgl. Kienitz,
Sabine: Beschädigte Helden. Kriegsinvalidität und Körperbilder 1914–1923,
Paderborn 2008.

40 Vgl. Weber, Hitlers erster Krieg,
S. 221 ff.

41 Sehr anschaulich bei Weber, ebd.,
S. 211 ff.

42 Vgl. ebd., S. 208.

43 Vgl. Neumann und Eberle, War Hitler
krank?, S. 55.

44 Verlustlisten im Krankenbucharchiv
Berlin; auch Weber, Hitlers erster Krieg,
S. 209.

45 Krankenbucharchiv Berlin, Nr. 12 629,
Hauptkrankenbuch des Vereinslazaretts
Beelitz, S. 65.

46 Vgl. Hitler, Mein Kampf, S. 210,
sowie Kershaw, Ian: Hitler. 1889–1936,
München 2002, S. 142.

47 Vgl. Hitler, Mein Kampf, S. 211.

48 Vgl. Corni, Gustavo: Hunger. In:
Hirschfeld, Gerhard, Gerd Krumeich und
Irina Renz (Hg.): Enzyklopädie Erster
Weltkrieg, Paderborn u. a. 2009, S. 566 f.

49 Vgl. Triebel, Armin: Gesellschafts-
verfassung und Mangelwirtschaft in
Staat und Gemeinde. 30 Jahre neues
Denken in Weltkriegszeiten?, in: Thoss
und Volkmann, Erster Weltkrieg, Zweiter
Weltkrieg, besonders S. 417 ff.

50 Vgl. Hitler, Mein Kampf, S. 211.

51 Vgl. Jäckel / Kuhn, Sämtliche Aufzeichnungen, S. 80.

52 Vgl. Weber, Hitlers erster Krieg,
S. 248 f.

53 Vgl. ebd., S. 254 f.

54 Zitiert ebd., S. 262.

55 Vgl. Hitler, Mein Kampf, S. 220.

56 Vgl. Weber, Hitlers erster Krieg, S. 269.

57 Vgl. Jäckel/Kuhn, Sämtliche Aufzeichnungen, S. 82.

58 Vgl. Hitler, Mein Kampf, S. 220; zu den deutschen Kriegszielen im Osten vgl. Nebelin, Manfred: Ludendorff. Diktator im Ersten Weltkrieg, München 2010, S. 396 ff.

59 Vgl. Groß, Gerhard P.: Das Dogma der Beweglichkeit, in: Thoß, Bruno, und Hans-Erich Volkmann: Erster Weltkrieg/Zweiter Weltkrieg. Ein Vergleich, Krieg, Kriegserlebnis, Kriegserfahrung in Deutschland, Paderborn 2002, S. 156 f.

60 Vgl. Joachimsthaler, Anton: Hitlers Weg begann in München 1913–1923, München 2000, S. 170.

61 Ebd., S. 170 f.

62 Ebd., S. 173 f.

63 Vgl. Felger, Friedrich: Frontpropaganda bei Feind und Freund, in: ders.: Was wir vom Weltkrieg nicht wissen, Berlin 1929, S. 503 f. Schiff (1891–1947) engagierte sich während des Zweiten Weltkriegs in der französischen Résistance. Er wurde nach Deutschland verschleppt, überlebte jedoch den Krieg. Vgl. Eintrag in Gale Dictionary of Psychoanalysts, auf: answers.com

64 Vgl. Felger, Frontpropaganda, S. 503.

65 Vgl. Kirchner, Klaus (Hg.): Bayern und der Frieden. Kriegsflugblätter in Bayern, Erlangen 1983, Abb. 9.

66 Vgl. ebd., Abb. 10.

67 Vgl. Weber, Hitlers erster Krieg, S. 204.

68 Vgl. Felger, Frontpropaganda, S. 502.

69 Vgl. Hindenburg, Paul von: Aus meinem Leben, Leipzig 1934, S. 272 und 274.

70 Vgl. Jochmann, Monologe, S. 57.

71 Vgl. Groß, Gerhard P.: Das Dogma der Beweglichkeit, in: Thoß, Bruno, und Hans-Erich Volkmann: Erster Weltkrieg/Zweiter Weltkrieg. Ein Vergleich, Krieg, Kriegserlebnis, Kriegserfahrung in Deutschland, Paderborn 2002, S. 157.

72 Vgl. Kershaw, Hitler 1889–1936, München 2002, S. 136.

73 Vgl. Solleder, Westfront, S. 336.

74 Vgl. Weber, Hitlers erster Krieg, S. 294.

75 Vgl. Lohs, Karlheinz: Synthetische Gifte. Zur Chemie, Toxikologie und Problemen ihrer völkerrechtswidrigen Anwendung durch imperialistische Armeen (Lehrbuch), Berlin (Ost) 1973, S. 127.

76 Abb. in BA MA RHD 43/56.

77 Hitler trug einen Gasmaskentyp, dessen Durchlässigkeit zwischen 5 und 108 Minuten gelegen haben muss. Vgl. BA MA RH 12/23/1299. Wikipedia gibt bei heutigen Gasschutzanzügen eine Durchlässigkeit nach etwa sechs Stunden an. Vgl. Wikipedia, Stichwort: Senfgas.

78 Vgl. Richter, Wilhelm: Kampfstoffwirkung und Heilung, Leipzig 1939. Richter war Dermatologe an der Universität Greifswald und führte über mehrere Jahre Versuche zur Wirkung verschiedener Loste an Tieren und Menschen durch.

79 Vgl. Hitler, Mein Kampf, S. 221.

80 Die letale Dosis wird im DDR-Hochschullehrbuch für Kampfstoffe mit 60 Milligramm pro Kilogramm Körpergewicht angegeben. Wikipedia geht von 10 mg/kg perkutan aus (LD 50). Vgl. Lohs, Gifte, S. 127; Wikipedia, Stichwort: Senfgas.

81 Vgl. Richter, Kampfstoffwirkung.

82 Vgl. Verlustlisten im Berliner Krankenbucharchiv.

83 Vgl. Plöckinger, Othmar: Unter Soldaten und Agitatoren. Hitlers prägende

Jahre im deutschen Militär 1918–1920, Paderborn u. a. 2013, S. 27.

84 Vgl. Hitler, Mein Kampf, S. 220 ff.

85 Vgl. ebd., S. 224 f.

86 Vgl. ebd., S. 225.

87 Vgl. Horstmann, Bernhard: Hitler in Pasewalk. Die Hypnose und ihre Folgen, Düsseldorf 2004, S. 202.

88 Vgl. Weber, Hitlers erster Krieg, S. 295.

89 Vgl. Neumann/Eberle: War Hitler krank?, S. 46.

90 Vgl. UAG PA 486 Forster.

91 Auch im Zusammenhang mit Forsters Suizid wurde Hitler nicht ein einziges Mal erwähnt. Anlässlich einer schmutzigen Intrige überprüften die Behörden dessen politische Zuverlässigkeit und bestätigten ihn in allen seinen Ämtern. Forster nahm sich das Leben, weil er seine Ehre beschädigt sah. Vgl. ebd.

92 Krankenbucharchiv Berlin, Nr. 28 103, Hauptkrankenbuch des Reservelazaretts Pasewalk, korrigierte S. 164.

93 Trotzdem berichtete Weber die Geschichte Guido Knopp, der sie ungeprüft in sein Buch über die Geheimnisse des Zweiten Weltkriegs übernahm. Vgl. Knopp, Guido: Geheimnisse des Zweiten Weltkriegs, München 2012, S. 163 f.

94 Vgl. Armbruster, Jan: Die Behandlung Adolf Hitlers im Lazarett Pasewalk 1918: Historische Mythenbildung durch einseitige bzw. spekulative Pathographie, in: Journal für Neurologie, Neurochirurgie und Psychiatrie, 10 (4), 2009, S. 18–23.

95 Vgl. Krankenbucharchiv Berlin, Nr. 28 103, Hauptkrankenbuch des Reservelazaretts Pasewalk, korrigierte S. 148.

96 Vgl. ebd., korrigierte S. 164.

3

1 Plöckinger weist die Vermutungen Joachim Fests aus den siebziger Jahren und die besser begründete Vermutung Joachimsthalers anhand der Akten energisch zurück. Vgl. Plöckinger, Soldaten und Agitatoren, S. 40 f. und 43.

2 Vgl. Hennig, Diethard: Johannes Hoffmann, Sozialdemokrat und Bayerischer Ministerpräsident, München u. a. 1990, besonders S. 196, 268, 290.

3 Vgl. Tapken, Kai Uwe: Die Reichswehr in Bayern von 1919 bis 1924, Hamburg 2002, S. 85.

4 Abgedruckt in: Kriegsgeschichtliche Forschungsanstalt des Heeres: Die Niederwerfung der Räteherrschaft in Bayern 1919, Berlin 1939, S. 213.

5 Abgedruckt in: ebd., S. 218 f.

6 Vgl. ebd, S. 167.

7 Vgl. http://de.wikipedia.org/wiki/Egelhofer

8 Vgl. dazu die detaillierte Kriegsgliederung in: Niederwerfung, S. 188 ff. Tapken gibt 30 000 bis 40 000 Soldaten an, nennt jedoch keine Quelle.

9 Vgl. Plöckinger, Soldaten und Agitatoren, S. 53.

10 Vgl. Hillmayr, Heinrich: Roter und weißer Terror in Bayern nach 1918, München 1974, S. 90.

11 Vgl. Niederwerfung, S. 150.

12 Vgl. Tapken, Reichswehr, S. 89 f.

13 Vgl. Niederwerfung, S. 168.

14 Vgl. Plöckinger, Unter Soldaten und Agitatoren, S. 45.

15 Vgl. ebd., S. 86 ff.

16 Vgl. ebd., S. 93.

17 Vgl. Joachimsthaler, Anton: Korrektur einer Biographie. Adolf Hitler 1908–1920, München 1989, S. 214.

18 Vgl. Plöckinger, Unter Soldaten und Agitatoren, S. 97.

19 Vgl. ebd., S. 101 ff.

20 So auch in der Wikipedia, Stichwort: Karl Mayr (SPD).

21 Dabei argumentierten er und seine Autoren durchaus nicht so primitiv, wie dies heute oft unterstellt wird. Auch sie gestanden die Niederlage in der Schlacht an der Marne im August 1918 ein, behaupteten aber, dass eine »ehrenvolle« Niederlage noch möglich gewesen wäre, wenn es nicht die sozialistische Revolution gegeben hätte. Vgl. Süddeutsche Monatshefte, Jahrgang 1924. Die Zeitschrift erschien zunächst bei F. Bruckmann, dann wurde der Verlag der Süddeutschen Monatshefte G. m. b. H. gegründet und an Knorr und Hirth verpachtet. Insgesamt vgl. Hans-Christof Kraus, Süddeutsche Monatshefte, in: Historisches Lexikon Bayerns, URL: www.historisches-lexikon-bayerns.de / artikel / artikel_44812

22 Mayr starb 1945 im KZ Buchenwald, vgl. Neue Deutsche Biographie, Bd. 16, S. 584 f.

23 Vgl. Plöckinger, Unter Soldaten und Agitatoren, S. 105 f.

24 Vgl. Deuerlein, Ernst (Hg.): Der Aufstieg der NSDAP in Augenzeugenberichten, München 1980, S. 86.

25 Vgl. Maser, Sturm, S. 200 ff.

26 In sein Tagebuch notierte Feder, dass er über »Finanzfragen, BdZ« sprach, also eben über dieses Thema. Plöckinger korrigiert mit diesem Hinweis die Auffassung Ernst Deuerleins, dass Hitler am Aufklärungskurs Nummer 1 teilgenommen habe. Vgl. Plöckinger, Unter Soldaten und Agitatoren, S. 108.

27 http://de.wikipedia.org/wiki/Ludwig_August_von_Müller

28 Als Cossmann, wahrscheinlich bedrängt vom Anteilseigner der Süddeutschen Monatshefte Enoch von und zu Guttenberg, auf monarchistischen Kurs ging, schwenkte von Müller radikal auf Hitler ein. Die Guttenbergs wurden enteignet, Karl Ludwig von und zu Guttenberg (der Platzhalter seines Bruders Enoch im Aufsichtsrat) wurde im April 1945 ermordet. Cossmann starb im KZ Theresienstadt, Karl Alexander von Müller wurde von seinen Schülern mit einer Festschrift geehrt.

29 Vgl. Martynkewicz, Wolfgang: Salon Deutschland. Geist und Macht 1900–1945, Berlin 2009.

30 Vgl. Müller, Karl Alexander von: Von Mars und Venus. Erinnerungen 1914–1919, Stuttgart 1954, S. 338 f.

31 Vgl. Maser, Werner (Hg.): Mein Schüler Hitler. Das Tagebuch seines Lehrers Paul Devrient, Paffenhofen 1975.

32 Vgl. Wiedemann, Feldherr, S. 85.

33 Die Aufzeichnungen Krohns befinden sich im Institut für Zeitgeschichte, München. Plöckinger hat wie Ryback auf die Unzuverlässigkeit dieser Erinnerungen hingewiesen. Vgl. Ryback, Timothy W.: Hitlers Bücher. Seine Bibliothek – sein Denken, Köln 2010, S. 78; Plöckinger, Unter Soldaten und Agitatoren, S. 13.

34 Vgl. Guderian, Erinnerungen, S. 392.

35 Vgl. Picker, Henry: Hitlers Tischgespräche im Führerhauptquartier 1941–1942, Stuttgart 1963, S. 396.

36 Vgl. Chamberlain, Houston Stewart: Rasse und Nation. Flugblatt aus Deutschlands Erneuerung, Monatsschrift für das deutsche Volk, Heft 7, 1918, S. 4 f.

37 Ebd., S. 10 ff.

38 Ebd., S. 13 f.

39 Vgl. Armin, Otto (d. i. Alfred Roth): Die Juden im Heere. Eine statistische

Untersuchung nach amtlichen Quellen, München 1919.

40 http://de.wikipedia.org/wiki/Otto_Armin

41 Armin, Otto: Die Juden in den Kriegs-Gesellschaften und in der Kriegs-Wirtschaft. Unter Benutzung amtlicher und anderer Quellen dargestellt, München 1921.

42 Vgl. Rosenthal, Jacob: »Die Ehre des jüdischen Soldaten«. Die Judenzählung im Ersten Weltkrieg und ihre Folgen, Frankfurt am Main und New York 2007, S. 49–55.

43 Rosenthal stützt sich bei seiner Berechnung auf Statistiken des Central-vereins deutscher Staatsbürger jüdischen Glaubens und diskutiert deren Erfassung plausibel. Vgl. ebd., S. 119.

44 Vgl. Weber, Hitlers erster Krieg, S. 290.

45 Vgl. Turner, Henry Ashby (Hg.): Hitler aus nächster Nähe. Aufzeichnung eines Vertrauten 1929–1932, Frankfurt am Main u. a. 1978, S. 422; Hitlers Adjutant Fritz Wiedemann berichtet eine ähnliche Geschichte. Als ein jüdischer Kompanieführer aus Hitlers Regiment emigrieren wollte, setzte sich Hitler dafür ein, dass ihm sein Gehalt ins Ausland (Österreich) überwiesen werde. »Der Mann war ein tapferer Offizier, sorgen Sie dafür, dass er sein Geld bekommt«, sagte er zu Wiedemann. Überprüfbar war die Anekdote nicht. Vgl. Wiedemann, Feldherr, S. 33.

46 Jäckel/Kuhn, Sämtliche Aufzeichnungen, S. 119 f.

47 Vgl. Plöckinger, Unter Soldaten und Agitatoren, S. 118 f.

48 Vgl. ebd., S. 113.

49 Vgl. ebd., S. 139.

50 Vgl. Hitler, Mein Kampf, S. 523.

51 Vgl. Deuerlein, Aufstieg, S. 85 ff.; Plöckinger, Unter Soldaten und Agitatoren, S. 139.

52 Vgl. Plöckinger, Unter Soldaten und Agitatoren, S. 141.

53 So noch bei Kershaw, Hitler I, S. 170.

54 Vgl. Plöckinger, Unter Soldaten und Agitatoren, S. 147.

55 Vgl. Hitler, Mein Kampf, S. 238; Plöckinger, Unter Soldaten und Agitatoren, S. 151.

56 Mit diesen Beiträgen koppelte sich die Partei von den Zuschüssen des Deutsch-völkischen Schutz- und Trutzbundes ab, hinter dem der Alldeutsche Verband stand, mithin die extreme Rechte, die stets für einen Annexionsfrieden eingetreten war. Vgl. Maser, Sturm auf die Republik, S. 171.

57 Vgl. Merkblatt in RGWA 519-1-1 b. Die Schätzung erfolgte aufgrund der Durchschnittseinkommen, berechnet nach Angaben des Statistischen Reichs- bzw. Bundesamts. Unabhängig davon garantierte der hohe Beitrag zweierlei. Einerseits erreichte Hitler die finanziell potenten Schichten, andererseits die bereits überzeugten Anhänger.

58 Vgl. Plöckinger, Unter Soldaten und Agitatoren, S. 166.

59 Vgl Jäckel/Kuhn, Sämtliche Aufzeichnungen, S. 93.

60 Vgl. Plöckinger, Unter Soldaten und Agitatoren, S. 178.

61 Vgl Jäckel/Kuhn, Sämtliche Aufzeichnungen, S. 95.

62 Vgl. Kershaw, Hitler I, S. 188 f.

63 Vgl. Maser, Sturm, S. 208 sowie dokumentarischer Anhang, S. 468–474.

64 Vgl. Richardi, Hans-Günther: Hitler und seine Hintermänner. Neue Fakten zur Frühgeschichte der NSDAP, München

1991, S. 100.

65 Vgl. Pommerin, Rainer: Die Ausweisung von »Ostjuden« aus Bayern 1923. Ein Beitrag zum Krisenjahr der Weimarer Republik, Vierteljahrshefte für Zeitgeschichte, 1986, Heft 3, besonders S. 319; Plöckinger, Unter Soldaten und Agitatoren, S. 207.

66 In Punkt 19 forderte die NSDAP, das römische Recht, das lediglich einer »materialistischen Weltordnung« diene, solle durch ein »deutsches Gemeinrecht« ersetzt werden, womit sie den Spengler'schen Volksgemeinschaftsgedanken aufgriff.

67 Vgl. Plöckinger, Unter Soldaten und Agitatoren, S. 176.

68 Hitler zitierte aus den Anlagen zu Artikel 236 des Vertrages. Vgl. RGBl. 1919, Nr. 140, ab S. 684; auch auf http://www.documentarchiv.de/wr/vv08.html. Die Viehzählung vom 1. Oktober 1923 ergab knapp 17 Millionen Rinder und mehr als 17 Millionen Schweine. Vor dem Krieg waren es etwa 18 Millionen Rinder und knapp 23 Millionen Schweine, der Rückgang war nicht auf die Ablieferungen zurückzuführen. Vgl. Statistisches Reichsamt (Hg.): Statistisches Jahrbuch für das Deutsche Reich, Berlin 1926, S. 63.

69 Vgl. Jäckel / Kuhn, Sämtliche Aufzeichnungen, S. 101–105 und 120.

70 Vgl. ebd., S. 105.

71 Donau-Zeitung, 22. 2. 1920, zitiert nach Plöckinger, Unter Soldaten und Agitatoren, S. 172 f.

72 Die Monarchisten wurden daher zu erbitterten Gegnern der Nationalsozialisten, was seinen Niederschlag in zahllosen, auch handgreiflichen Auseinandersetzungen hatte. Vgl. Weiß, Dieter J.: Kronprinz Rupprecht von Bayern. Eine politische Biografie, Regensburg 2007, S. 265 f.

73 Entlassungsschein als Fotokopie in StA HH D 133–2.

74 Vgl. Maser, Werner: Hitlers Briefe und Notizen. Sein Weltbild in handschriftlichen Dokumenten, Düsseldorf und Wien 1973, S. 227.

75 Vgl. Kershaw, Hitler I, S. 193.

76 Vgl. Hitler, Mein Kampf, S. 199 f.

77 Zum Folgenden vgl. ebd., S. 193–204.

78 Zur Positionierung Hitlers im Bereich der politischen Religionen vgl. Zehnpfennig, Barbara: Adolf Hitler: Mein Kampf. Weltanschauung und Programm, Studienkommentar, München 2011, S. 116.

79 Teile aus der Ansprache des »Führers«, gehalten am 21. 1. 1938 im Reichskriegsministerium, S. 6, in: IfZ F 19 / 1.

80 Vgl. Hartmann, Christian (Hg.): Hitler. Reden, Schriften, Anordnungen, Bd. 4 / 3, München 1997, S. 82.

81 Vgl. Domarus, Max: Hitler. Reden und Proklamationen 1932–1945, München 1965, Bd. 2 / I, S. 529.

82 Vgl. Ausführungen Hitlers zur Parteiorganisation am 15. 12. 1932, in: IfZ F 19 / 1.

83 Ihr Wasser wurde dringend für die Rüstungsindustrie der Städte Magdeburg und Braunschweig benötigt. Die Talsperre wurde dann in der DDR-Zeit zu Ende gebaut, mit Freiwilligen und Häftlingen. Vgl. LHASA MD, Rep. C 20 I Ib, Nr. 2472.

84 Vgl. Wiedemann, Feldherr, S. 62.

85 Vgl. Anonym: Max Amann. Ein Leben für Führer und Volk 1891–1941, Berlin 1941. Absurderweise geht zum Beispiel Wikipedia davon aus, dass das Programm keine »Relevanz« besessen habe. Vgl. Wikipedia, Stichwort: 25-Punkte-Programm.

86 Vgl. Weber, Hitlers erster Krieg,

S. 390.

87 Hitler, Mein Kampf, S. 509.

88 Turner, Hitler aus nächster Nähe, S. 139.

89 Dass viele Nationalsozialisten Spengler wegen seines Kulturpessimismus ablehnten, bleibt damit unbestritten. Auch Hitler bezog sich niemals öffentlich auf Spengler als Ideengeber. Dass er dessen Schriften gekannt haben muss, steht jedoch außer Frage. Seine Flugschrift »Preußentum und Sozialismus« erreichte innerhalb weniger Wochen eine Auflage von mehr als 70 000 Exemplaren und wurde heiß diskutiert. Vgl. Spengler, Oswald: Preußentum und Sozialismus, München 1919.

90 Vgl. Niekisch, Ernst: Die dritte imperiale Figur, Toppenstedt 2005 (Reprint der Ausgabe von 1935), S. 174.

91 Vgl. Conze, Eckart, u. a.: Das Amt und die Vergangenheit. Deutsche Diplomaten im dritten Reich und in der Bundesrepublik, München 2010, S. 127 f. und 154.

92 Walter Schücking u. a. (Hg.), Das Werk des Untersuchungsausschusses der Deutschen Verfassunggebenden Nationalversammlung und des Deutschen Reichstags 1919–1926. Verhandlungen / Gutachten / Urkunden, im Auftrag des Reichstags. 4. Reihe: Philipp, Albrecht (Hg.): Die Ursachen des Deutschen Zusammenbruchs im Jahre 1918. 12 Bände, Berlin 1925–1929, Bd. 1, S. 19–25.

93 Die Debatte um das Wort wird diskutiert bei Sammet, Rainer: »Dolchstoß«. Deutschland und die Auseinandersetzung mit der Niederlage im Ersten Weltkrieg (1918–1933), Berlin 2003, S. 90.

94 Vgl. Süddeutsche Monatshefte 1924.

95 Vgl. Beckmann, Ewald: Der Dolchstoßprozess in München vom 19. Oktober

bis 20. November 1925, München 1925, S. 21

96 Vgl. ebd., S. 81. Ab 1933 stand der sozialdemokratische Redakteur und Landtagsabgeordnete Erich Kuttner, der diese Aussagen gesammelt hatte, auf den Fahndungslisten der Gestapo. Über Prag floh er nach Amsterdam, nahm dann am spanischen Bürgerkrieg teil und kehrte verwundet nach Holland zurück. Dort fasste ihn die SS. Sein Versuch, sich selbst zu töten, scheiterte, wenige Tage nach seiner Ankunft im KZ Mauthausen wurde er ermordet.

97 Hindenburg, Leben, S. 403; nach Sammet.

98 Vgl. Hitler, Mein Kampf, S. 707.

99 Vgl. ebd., S. 225.

100 Florian Sepp, Anifer Erklärung, 12. / 13. November 1918, in: Historisches Lexikon Bayerns, URL: <http://www.historisches-lexikon-bayerns.de/artikel/artikel_44319> (19. 12. 2011).

101 Vgl. Hitler, Mein Kampf, S. 57.

102 Vgl. ebd., S. 256.

103 Vgl. ebd., S. 225.

104 Vgl. ebd., S. 305. An dieser Stelle seines programmatischen Buches lobte Hitler allerdings die deutschen Monarchen des 19. Jahrhunderts wegen ihrer Förderung von Kunst und Wissenschaft, die »vorbildlich« gewesen sei.

105 Vgl. Hitler, Mein Kampf, S. 304.

106 Vgl. ebd., S. 259 ff.

107 Vgl. Niekisch, Die dritte imperiale Figur, S. 64.

108 Vgl. Picker, Tischgespräche, S. 138.

109 Vgl. Hitler, Mein Kampf, S. 304.

110 Vgl. Jäckel / Kuhn, Sämtliche Aufzeichnungen, S. 121.

111 Ebd., S. 545.

112 Vgl. Picker, Tischgespräche, S. 246,

380, 439 f. und 473.

113 Vgl. Haffner, Sebastian: Anmerkungen zu Hitler, München 1978, S. 90.

114 Vgl. Lacoste, Werner: Deutsche Sturmbataillone 1915–1918. Der Kaiserstuhl und das Markgräflerland als Geburtsstätte und Standort deutscher Sturmbataillone des Ersten Weltkrieges, Aachen 2009.

115 Zu ihnen gehörten seine Fahrer Julius Schreck (dem Lothar Machtan eine homosexuelle Beziehung mit Hitler unterstellte) und Emil Maurice (der mutmaßliche Geliebte von Geli Raubal), der geschulte Schläger Joseph Berchthold, der gelernte Fleischer Sepp Dietrich und Ulrich Graf, der Hitler am 9. November 1923 das Leben rettete.

116 Vgl. Hitler, Mein Kampf, S. 699.

117 Vgl. Jäckel / Kuhn, Sämtliche Aufzeichnungen, S. 786.

118 Vgl. ebd., S. 790.

119 Vgl. Grant, Madison: Der Untergang der großen Mächte. Die Rassen als Grundlage der Geschichte Europas, München 1925, S. 123.

120 Vgl. Hitler, Mein Kampf, S. 766.

4

1 Vgl. Hamann, Brigitte: Hitlers Wien. Lehrjahre eines Diktators. München 2004, S. 496 ff., als Reaktion auf die anderslautende These in Joachimsthaler, München.

2 Vgl. Deuerlein, Ernst: Hitlers Eintritt in die Politik und die Reichswehr, Vierteljahrshefte für Zeitgeschichte, Jahrgang 7 (1959), Heft 2, S. 203 f.

3 Ebd., S. 202.

4 Vgl. Plöckinger, Soldaten, S. 312.

5 Hitlers Finanzgebaren war »undurchsichtig«, wie Werner Maser urteilte. So scheint der Kredit des Augsburger

Unternehmers nicht zurückgezahlt worden zu sein, da dieser noch 1940 Ansprüche gegen den Verlag erhob. Vgl. Maser, Sturm, S. 260 ff.

6 Ebd., S. 268.

7 Dickel wurde aus der NSDAP ausgeschlossen und 1934 verhaftet. Nach zweieinhalb Jahren freigelassen, kam er in Kontakt mit Widerstandskreisen und tötete sich nach dem gescheiterten Attentat auf Hitler 1944 selbst. Vgl. http://de.wikipedia.org/wiki/Otto_Dickel

8 Vgl. Herbst, Hitlers Charisma, S. 157.

9 Vgl. Maser, Sturm, S. 269 f.

10 Vgl. ebd., S. 273 ff.; Kershaw, Hitler I, S. 212 f.

11 Vgl. Engelbrechten, Julius K. von: Eine braune Armee entsteht, München 1937.

12 Vgl. Maser, Sturm, S. 319 f., und Kershaw, Hitler I, S. 229.

13 Die Zahlen sind zum Teil widersprüchlich und verstreut. Vgl. Pätzold, Kurt, und Manfred Weißbecker: Geschichte der NSDAP 1920–1945, Köln 1998, S. 63.

14 Vgl. Maser, Sturm, S. 396.

15 Vgl. Jäckel / Kuhn, Hitler, S. 607–612.

16 Ebd., S. 614 ff.

17 Ebd., S. 618.

18 Vgl. Hamann, Brigitte: Winifred Wagner oder Hitlers Bayreuth, München und Zürich 2003, S. 80 f.

19 Ausführlich Maser, Sturm auf die Republik, S. 449–457; Korrektur der Opferzahlen auf Polizeiseite vgl. http://de.wikipedia.org/wiki/Hitlerputsch.

20 Vgl. Maser, Sturm, S. 461.

21 Vgl. Gruchmann, Lothar, und Reinhard Weber (Hg.): Der Hitler-Prozess 1924, Wortlaut der Hauptverhandlung vor dem Volksgericht München I, München 1997, S. 1573 f.

22 Vgl. ebd., S. 1577.

23 Vgl. ebd., S. 1581.

24 Ebd., S. 1591 f.

25 Vgl. Willsch, Natalie: Hellmuth Mayer (1895–1980). Vom Verteidiger im Hitler-Prozess zum liberal-konservativen Strafrechtswissenschaftler, Baden Baden 2008, S. 53 ff. und 57.

26 Vgl. Gruchmann, Weber, Hitler-Prozess, S. 354.

27 Vgl. ebd., S. 353.

28 Vgl. ebd., S. 356 ff.

29 Vgl. ebd., S. 363.

30 Vgl. ebd., S. 342 und 364.

31 Vgl. Voggenreiter, Ludwig: Der Hitlerprozess. Das Fanal zum Erwachen Deutschlands, Potsdam 1924.

32 Fotokopie in: IfZ F 19/8.

33 Die Österreicher behaupteten, Hitler hätte seine Staatsbürgerschaft durch den Dienst im bayerischen Heer verwirkt, was nicht stimmte. Es gelang ihm aber 1925, sie abzulegen. Vgl. Kershaw, Hitler, Bd. I, S. 296 f.

34 Vgl. Evans, Richard J.: Das Dritte Reich, Bd. I, Aufstieg, München 2005, S. 290.

35 Vgl. Pätzold, Kurt, und Manfred Weißbecker: Geschichte der NSDAP 1920–1945, Köln 1998, S. 87 ff.

36 Vgl. RGWA 519-1-1 b, Blatt 12.

37 Vgl. Gellately, Robert: Lenin, Stalin und Hitler. Drei Diktatoren, die Europa in den Abgrund führten, Bergisch Gladbach 2009, S. 266.

38 Vgl. RGWA 519-1-1 b, Blatt 55–72.

39 Vgl. Burleigh, Michael: Die Zeit des Nationalsozialismus, Frankfurt am Main 2000, S. 138.

40 Vgl. Turner, Hitler aus nächster Nähe, S. 18.

41 Vgl. Tyrell, Albrecht: Führer, befiehl … Selbstzeugnisse aus der »Kampfzeit« der NSDAP – Dokumentation und Analyse, Düsseldorf 1969, S. 352.

42 Vgl. ebd., S. 63 f.

43 Urteile gegen Eduard Land, Pflastersteinzurichter in Naila, am 25.2.1926 und Erich Dombrowski am 21.8.1926; vgl. RGWA 519-1-3, Blatt 263–269.

44 RGWA 535-1-61, Blatt 359.

45 Bucher, Peter: Der Reichwehrprozess. Der Hochverrat der Ulmer Reichswehroffiziere 1929/30, Boppard 1967, S. 260 f.

46 Vossische Zeitung Nr. 97 vom 26.2.1931, RGWA 535-1-31, Blatt 73.

47 RGWA 1355-1-5, Blatt 347 f.

48 Sigmund: Diktator, S. 159 ff.

49 Vgl. StA HH, 213-4 Nr. D 1933, Klageschrift mit Belegstück.

50 Vgl. Einleger in: StA HH 213-4 Nr. D 1933.

51 Vgl. Hütte, Werner Otto: Die Geschichte des Eisernen Kreuzes und seine Bedeutung für das preußische und deutsche Auszeichnungswesen von 1813 bis zur Gegenwart. Phil. diss. Bonn 1968, S. 75, sowie aktualisiert: http://de.wiki pedia.org/wiki/Eisernes_Kreuz.

52 Vgl. Fotokopien in: StA HH 213-4 Nr. D 1933. Thomas Weber gibt fehlerhaft die Bayerische Militärverdienstmedaille III. Klasse an, der Eintrag im Wehrpass lautet jedoch »MVK 3. Kl. mit Schw.«. Das Fehlen der bayerischen Auszeichnung, deren Namensträger allesamt bekannt sind, hatte der Informant des Echos der Woche explizit bemängelt. Vgl. Weber: Hitlers erster Krieg, S. 269.

53 Vgl. StA HH 213-4 Nr. D 1933, Blatt 50.

54 Vgl. ebd., Anlage 15.

55 Vgl. ebd., Blatt 51.

56 Vgl. ebd., Anlage 11.

57 Vgl. ebd., Anlage 7.

58 Vgl. Machtan, Lothar: Hitlers Geheimnis. Das Doppelleben eines Diktators, Frankfurt am Main 2003, S. 83 ff.

59 Vgl. Weber, Hitlers erster Krieg, S. 304.

60 Vgl. ebd., S. 343 und 390.

61 StA HH 213–4 Nr. D 1933, Anlage 16.

62 Vgl. ebd., Anlage 12.

63 Vgl. ebd., Anlage 9.

64 Vgl. Urteil S. 2 und 18, in: ebd.

65 Vgl. Urteil S. 11 und 15, in: ebd.

66 Vgl. ebd., S. 18 f.

67 Zitiert nach Winkle, Ralph: Der Dank des Vaterlandes. Eine Symbolgeschichte des Eisernen Kreuzes 1914 bis 1936, Essen 2007, S. 305. Bei seiner Bewertung kam der Kulturwissenschaftler Winkle ebenfalls zu diesem Schluss, ohne das Urteil eingesehen zu haben. Die Kosten wurden zu einem Viertel von Hitler getragen, zu drei Vierteln von der Zeitung.

68 RGWA 519–1 Nr. 1, Blatt 68–109; dabei vertrat Rechtsanwalt Luetgebrune auch Röhm und die SA innerhalb von sechs Monaten bei nicht weniger als 48 Fällen.

69 Vgl. Kopitzsch, Franklin (Hg.): Hamburgische Biografie. Personenlexikon, Bd. 2, S. 66 f. Zur Auflagenhöhe vgl. de.wikipedia.org / wiki / Heinrich_Braune.

70 Zum Beispiel wurden auch schon vorbeugend Entschädigungszahlungen für beschlagnahmte Lebensmittel geregelt; da man von einem Zusammenbruch der Währung und der Rückkehr zum Naturalsystem ausging, schlugen die Autoren ein Gutscheinsystem vor. Vgl. RGWA 1361–1-565, Umschlag Blatt 191.

71 Vgl. Herbert, Ulrich: Best. Biographische Studien über Radikalismus, Weltanschauung und Vernunft 1903–1989, Bonn 1996, S. 114 f.

72 Vgl. RGWA 1361–1-565, Blatt 75.

73 Vgl. ebd., Blatt 1 ff.

74 Vgl. ebd., Blatt 60 ff.

75 Vgl. ebd., Blatt 90.

76 Vgl. ebd., Blatt 74 f.

77 Der 4. Strafsenat folgte am 12. Oktober 1932 dem Antrag und schrieb als Begründung: »Die aufgrund des Schreibens des Preußischen Ministeriums des Innern vom 30. Januar 1930 veranlassten und im Band II der Akten gesammelten Erhebungen berechtigen nicht, Sinn und Zweck des Boxheimer Dokuments für die Schuldfrage anders zu bewerten, als vorstehend geschehen. Falls in diesem Material Anhaltspunkte dafür zu finden wären, dass innerhalb der NSDAP einzelne und vielleicht sogar maßgebende Persönlichkeiten an eine gewaltsame Änderung des gegenwärtigen Verfassungssystems denken und insbesondere die Meinung vertreten, dass die NSDAP zunächst zwar auf legalem Wege zur Macht im Staate kommen, dann aber als letztes Ziel die Errichtung der nationalsozialistischen Diktatur unter Verletzung der jetzt bestehenden Verfassungen durch eine missbräuchliche Benutzung der Machtmittel des Staates durchsetzen solle, so fehlt doch jeder Nachweis dafür, dass der Angeschuldigte mit diesen Persönlichkeiten in Verbindung stand und an ihren Bestrebungen teilhatte.« Ebd., Blatt 212 und 230.

78 Vgl. Turner (Hg.), Hitler aus nächster Nähe, S. 145 ff.

79 Vgl. ebd., S. 152 ff.

80 Vgl. Hartmann, Christian (Hg.): Hitler. Reden, Schriften, Anordnungen, Bd. 4 / 3, München 1997, S. 104, Fußnote 75.

81 Vgl. ebd., S. 74–110.

82 Bei den Wählern waren die Beamten hingegen leicht überrepräsentiert. Vgl.

Falter, Jürgen W.: Hitlers Wähler, München 1991, S. 245.

83 Vgl. Longerich, Peter: Die braunen Bataillone. Geschichte der SA, Augsburg 1999, S. 88 f.

84 Vgl. Pyta, Wolfram: Hindenburg. Herrschaft zwischen Hohenzollern und Hitler, München 2009, S. 714–717.

85 Vgl. Lankheit, Klaus A. (Hg.): Hitler. Reden, Schriften, Anordnungen, Bd. V, Teil 1, München u. a. 1998, S. 301 f.

86 Vgl. RGWA 1235–2-6, Blatt 360 ff.

87 Vgl. RGWA 519–1-1 a, Blatt 62 f.

88 Vgl. ebd., Blatt 64 ff.

89 Vgl. Kissenkoetter, Udo: Gregor Strasser und die NSDAP, Stuttgart 1978, S. 165.

90 Die Erklärung dafür, dass sich die Briefe des Kronprinzen in einer Handakte von Hitlers Kanzleramtschef Lammers befinden, ist darin zu suchen, dass Hindenburg sie dem Direktor des Reichsarchivs Wolfgang Foerster übergab, der sie am 5. Oktober 1933 an seinen alten Regimentskameraden weiterleitete. Vgl. RGWA 1235–2-6, Blatt 356 ff.

5

1 Vgl. Maser, Hindenburg, S. 310.

2 Vgl. Elina Kiiskinen: Kampffront Schwarz-Weiß-Rot / Deutschnationale Front, 1933, in: Historisches Lexikon Bayerns, URL: http://www.historisches-lexikon-bayerns.de/artikel/artikel_44735

3 Vgl. DHM, Berlin, P 62/260.

4 http://pressechronik1933.dpmu.de/category/allgemein/page/23/; Pyta, Hindenburg, S. 816 f.

5 In der Reichswehr gab es zwei politische Köpfe, die für eine Diktatur in Frage kamen, beide genossen nicht das Vertrauen Hindenburgs. Der ehemalige Chef der Reichswehrleitung Hans von Seeckt stand im Sommer 1932 Gewehr bei Fuß, um eine sozialistisch inspirierte Diktatur zu errichten. Hindenburg entschied sich damals für ein Präsidialkabinett unter Franz von Papen, was Seeckt höhnisch und falsch als Machtübernahme des politischen Katholizismus interpretierte: »Habemus Papem!« Kurt von Schleicher war als Leiter des Ministeramtes im Kriegsministerium Verfechter einer Strategie, welche die Nationalsozialisten spalten und Hitler unmöglich machen wollte. Nachdem von Papen »abgewirtschaftet« hatte, betraute Hindenburg ihn mit der Bildung eines Präsidialkabinetts. Von Schleicher bat Hindenburg im Januar 1933 um die Auflösung des Reichstages ohne Neuwahlen, mithin um die Legalisierung eines Staatsstreichs. Dazu war Hindenburg aber nicht bereit. Seeckt emigrierte nach China, Schleicher wurde 1934 ermordet. Vgl. Rabenau, Friedrich von: Seeckt. Aus seinem Leben 1918–1936, Leipzig 1936, S. 674.

6 Vgl. Vogelsang, Thilo (Hg.): Neue Dokumente zur Geschichte der Reichswehr 1930–1933, in Vierteljahreshefte für Zeitgeschichte, Jg. 2 (1954), S. 452.

7 Vgl. ebd.; Wirsching, Andreas: »Man kann nur Boden germanisieren«, in Vierteljahreshefte für Zeitgeschichte, Jg. 49 (2001), S. 545–548.

8 Vgl. ebd., S. 549.

9 Vgl. Vogelsang, Neue Dokumente, S. 454 f.

10 Vgl. Raupach, Hans: Der interregionale Wohlfahrausgleich als Problem der Politik des Deutschen Reiches, in: Conze, Werner, und Hans Raupach (Hg.): Die Staats- und Wirtschaftskrise des Deutschen Reichs 1929/33, Stuttgart 1967, S. 23 f.

11 Vgl. Wirsching, Boden, S. 546 f.

12 Vgl. ebd., S. 547.

13 Vgl. Vogelsang, Neue Dokumente, S. 455.

14 Vgl. Wirsching, Boden, S. 547.

15 Vgl. ebd., S. 548.

16 Vgl. ebd., S. 545.

17 Erinnerung des Generaladmirals Albrecht, vgl. Wirsching, Boden, S. 549.

18 Vgl. RGWA 1235–2-6, Blatt 179 f. Alle Argumente für diese Annahme wurden zusammengetragen von Bahar, Alexander, und Wilfried Kugel: Der Reichstagsbrand. Wie Geschichte gemacht wird, Berlin 2001.

19 Vgl. Diels, Rudolf: Lucifer ante Portas. Zwischen Severing und Heydrich, Zürich 1949, S. 143 f.

20 Vgl. S. 441.

21 So die Paragraphen 1 und 2 der Verordnung des Reichspräsidenten zum Schutz von Volk und Staat, vgl. RGBl. I, 1933, Nr. 17, S. 83.

22 Vgl. Longerich, Peter: Heinrich Himmler, München 2008, S. 159 ff.

23 Vgl. RGWA 1361–1-1353.

24 Vgl. RGWA 503–1-267, Blatt 80 ff. So wurden zum Beispiel Pfarrer verhaftet, worüber die Tageszeitungen, etwa die Pommersche Tagespost, auch ganz offen berichteten.

25 Dies traf vor allem auf Prozesse gegen homosexuelle Priester zu. Vgl. RGWA 500–4-621 und 622.

26 Vgl. Engelbrechten, J. K. von (Bearbeitung): Eine braune Armee entsteht. Die Geschichte der Berlin-Brandenburger SA, München und Berlin 1937, S. 270.

27 Vgl. RGWA 503–1-622, Blatt 69–72.

28 Vgl. Löwenstein an Guttenberg

30. 3. 1932, Antwort Guttenberg

13. 4. 1932, in: StaBa, Familienarchiv Guttenberg PRGE I 8 Georg Enoch Jan–Juni 32, Nr. 18.

29 Vgl. Guttenberg, Elisabeth zu: Beim Namen gerufen, Berlin 1998, S. 113 f.

30 Vgl. Weiß, Rupprecht, S. 265 f.

31 Vgl. ebd., S. 268.

32 Eine kritische Biographie des 1938 gestorbenen Ministerpräsidenten steht aus. Somit ist auch nicht klar, welche Versprechungen Held von den Nationalsozialisten gemacht wurden, mit denen er selbstverständlich ebenso wie mit den Sozialdemokraten verhandelte.

33 Vgl. BA Berlin R 3003/12 J 134/33, Teil 3, Ermittlungsakte Aretin u. a.

34 Vgl. BA Berlin R 187/269.

35 Vgl. Selig, Wolfram: Paul Nikolaus Cossmann und die Süddeutschen Monatshefte von 1914–1918, Osnabrück 1967, S. 77 ff.

36 Malinowski, Stephan: Vom König zum Führer. Deutscher Adel und Nationalsozialismus, Frankfurt am Main 2010, S. 509.

37 Domarus, Hitler, Bd. 1, S. 227 f.

38 Ebd., S. 232.

39 Vgl. Malinowski, Vom König, S. 509 f.

40 Ebd., S. 511.

41 Vgl. Domarus, Hitler, Bd. 1, S. 353 und 363.

42 Vgl. BA Berlin R 3003/12 J 134/33.

43 Malinowski, Stefan: Die Hohenzollern und Hitler, auf: http://www.cicero.de/97. php?item=712&ress_id=7, und Neugebauer, Wolfgang: Die Hohenzollern, Bd. 2, Stuttgart 2003, S. 195.

44 Vgl. RGWA 1235–2-6, Blatt 360 ff.

45 Vgl. RGWA 519–3 a-1, Blatt 6.

46 Vgl. ebd., Blatt 7.

47 Vgl. RGWA 519–1-1 a, Blatt 523–529.

48 Ebd.

49 Der SPD stand der Reichsbanner nahe, die Kommunisten bildeten den Rotfrontkämpferbund.

50 Vgl. Longerich, Bataillone, S. 159 und 183 f.; Gossweiler, Kurt: Der Putsch, der keiner war. Die Röhm-Affäre 1934 und der Richtungskampf im deutschen Faschismus, Köln 2009, S. 349.

51 Vgl. RGWA 503-1-622, Blatt 193.

52 Vgl. RGWA 1235-2-6, Blatt 124.

53 Vgl. RGWA 503-1-622, Blatt 156.

54 Vgl. Höhne, Heinz: Der Orden unter dem Totenkopf. Die Geschichte der SS, Bindlach 1990, S. 93.

55 Vgl. Rundschreiben Röhm 164/34 vom 11.1.1934, in RGWA 1212-1-2, Blatt 180.

56 Vgl. RGWA 503-1-622, Blatt 193-196.

57 Vgl. Fallois, Immo von: Kalkül und Illusion. Der Machtkampf zwischen Reichswehr und SA während der Röhm-Krise 1934, Berlin 1994, S. 134 f.

58 Vgl. Höhne, Orden, S. 95.

59 Gruppenführer Kurt Lasch am 26.5.1934, am 30.6. wurde er verhaftet und nach Berlin gebracht, jedoch nicht erschossen. Vgl. RGWA 1212-1-2, Blatt 140 f.

60 Ebd., Blatt 179 f.

61 Vgl. Höhne, Orden, S. 100 f.

62 Vgl. ebd., S. 108-122.

63 Vgl. RGWA 1212-1-2, Blatt 120.

64 Vgl. Ausforschungsprotokoll des Verhafteten Jeckeln, Friedrich, den 13. Dezember 1945, CA FSB N-18 313, Blatt 33-40.

65 Dabei wurden 89,9 Ja-Stimmen gezählt, vgl. http://de.wikipedia.org/wiki/Präsidialkanzlei

66 Zitiert nach: Absolon, Rudolf: Die Wehrmacht im Dritten Reich, Bd. 1, 30. Januar 1933 bis 2. August 1934, Boppard 1969, S. 168.

67 Als Beleg dafür kann gelten, dass die Frage des Eides in den Familien Stauffenberg und Guttenberg mehrfach debattiert wurde. So bei der Frage der Einsetzung des Kronprinzen zum Monarchen. Vgl. Berthold Stauffenberg an Enoch zu Guttenberg, 4.4.1932, in: StA Bamberg, FA Guttenberg, StaBa, Familienarchiv Guttenberg, RGE I 8 Karton 18, Georg Enoch Jan–Juni 32. Die Verpflichtung, die von einem geleisteten Schwur ausging, illustriert auch ein Dialog in der Familie Himmler. Von seinem Bruder 1945 zur Rede gestellt, warum er nicht schon früher mit Hitler gebrochen habe, antwortete Heinrich Himmler: »Na, brich du doch mal einen Treueid!« Vgl. Himmler, Katrin: Die Brüder Himmler. Eine deutsche Familiengeschichte, Frankfurt am Main 2005, S. 284.

68 Vgl. Absolon, Wehrmacht, Bd. 1, S. 169.

69 Vgl. Andrew, Christopher: The Defence of the Realm. The Authorized History of MI5, London 2010, S. 189 ff.

70 Vgl. Absolon, Wehrmacht, Bd. 1, S. 120.

71 Eigentlich waren es Zellen- bzw. Blockleiter der NSDAP. Da diese später häufig auch die Funktion des Blockwarts im Reichsluftschutzbund übernahmen, bürgerte sich diese Bezeichnung ein. Vgl. Schmiechen-Ackermann, Detlef: Der »Blockwart«. Die unteren Parteifunktionäre im nationalsozialistischen Terror- und Überwachungsapparat, Vierteljahreshefte für Zeitgeschichte, Jg. 48 (2000), S. 586.

72 Vom 10. Februar 1936, in: Preußische Gesetzsammlung, 1936, S. 21; Sammlung der einschlägigen Erlasse und Gesetze in: RGWA 500–3-6; hier: Blatt 15.

73 Vgl. Scharnagl, Hermann: Kurze Geschichte der Konzentrationslager, Wiesbaden 2004, S. 96.

74 Vgl. ebd., S. 99.

75 Vgl. Herbert, Ulrich, Karin Orth und Christoph Dieckmann: Die nationalsozialistischen Konzentrationslager. Entwicklung und Struktur, Bd. 1, S. 27 f.

76 Vgl. Picker, Tischgespräche, S. 440.

77 Die Diskussion fand im sogenannten Judenreferat II / 112 des Reichssicherheitshauptamtes statt, wo man schließlich erleichtert zur Kenntnis nahm, dass Eichmann 5000 Juden aus Wien schicken würde, womit Hitlers Wunsch Genüge getan war. Vgl. RGWA 500–1-261, Blatt 30.

78 Vgl. Gerwarth, Robert: Reinhard Heydrich, München 2011, S. 163 f.; Orth, Karin: Die Konzentrationslager-SS. Sozialstrukturelle Analysen und biographische Studien, München 2004, S. 24.

79 Vgl. Longerich, Peter: »Davon haben wir nichts gewusst!« Die Deutschen und die Judenverfolgung, München 2006, S. 129 ff.

80 Vgl. RGBl. I vom 7. April 1933, S. 175.

81 Vgl. Absolon, Wehrmacht, Bd. 1, S. 154.

82 Vgl. ebd., S. 78.

83 Vgl. Funke, Manfred: Starker oder schwacher Diktator. Hitlers Herrschaft und die Deutschen, Düsseldorf 1989, besonders S. 78 ff.

84 Vgl. Zehnpfennig, Barbara: Adolf Hitler: Mein Kampf. Weltanschauung und Programm, München 2011, S. 238.

85 Vgl. Meystre, Fritz: Sozialismus wie ihn der Führer sieht, München 1935, S. 36, 39 und 44.

86 Vgl. Kershaw, Hitler-Mythos, S. 19.

87 Vgl. Frei, Norbert: Der Führerstaat. Nationalsozialistische Herrschaft 1933 bis 1945, München 2001, S. 106.

88 Vgl. Evans, Richard J.: Das Dritte Reich, Diktatur, Bd. II / 2, München 2006, S. 579 ff.

89 Im 19. Jahrhundert war der Arbeiter laut Marx doppelt frei. Er war frei in der Wahl seines Arbeitsplatzes, was das NS-Regime beendete. Zugleich stand es dem Unternehmer frei, ihm einen Lohn zu zahlen, der ihm angemessen schien. Dieser Zustand wurde durch das NS-Regime ebenfalls beendet.

90 Vgl. Frei, Führerstaat, S. 108.

91 Vgl. Clausewitz, Carl von: Vom Kriege, Kindle Edition, Pos. 9901.

92 Vgl. Kotze, Hildegard von, und Helmut Krausnick (Hg.): »Es spricht der Führer«. 7 exemplarische Hitler-Reden, Gütersloh 1966, S. 132.

6

1 http://de.wikipedia.org/wiki/Versailler_Vertrag

2 Vgl. Dirks, Carl, und Karl-Heinz Janssen: Der Krieg der Generäle. Hitler als Werkzeug der Wehrmacht, München 2001, S. 13.

3 Vgl. Rabenau, Seeckt, S. 461 f.

4 Vgl. Schäfer, Kirstin A.: Werner von Blomberg. Hitlers erster Feldmarschall, Paderborn u. a. 2006, S. 77–82.

5 Vgl. Müller, Orrie: Sturmpioniere im Kampf. Nach Erlebnisberichten von Mitkämpfern, Berlin 1943.

6 Vgl. Geyer, Michael: Aufrüstung oder Sicherheit. Die Reichswehr in der Krise der Machtpolitik 1924–1936, Wiesbaden 1980, S. 88–93.

7 Vgl. Absolon, Wehrmacht, Bd. 1, S. 53.

8 BA MA RW 19/1322 a, Blatt 58.

9 Vgl. Wiedemann, Feldherr, S. 102.

10 Vgl. Dupuy, Trevor N.: Der Genius des Krieges. Das deutsche Heer und der Generalstab 1807–1945, Graz 2011, S. 318.

11 Vgl. Guderian, Heinz: Die Panzertruppen und ihr Zusammenwirken mit den anderen Waffen, Berlin 1940 (EA 1937), S. 17.

12 Vgl. ebd., S. 36 und 39.

13 Vgl. ebd., S. 53 ff.

14 Vgl. Pöhlmann, Markus: Von Versailles nach Armageddon. Totalisierungserfahrungen und Kriegserwartung in deutschen Militärzeitschriften, in: Förster, Stig: An der Schwelle zum Totalen Krieg. Die militärische Debatte über den Krieg der Zukunft 1919–1939, Paderborn u. a. 2002, S. 367 ff.

15 Vgl. Brauch, Hans-Günter, und Rolf-Dieter Müller (Hg.): Chemische Kriegführung, chemische Abrüstung. Dokumente und Kommentare, Berlin (West) 1985, S. 36.

16 Vgl. Baumbach, Werner: Zu spät. Aufstieg und Untergang der deutschen Luftwaffe, Stuttgart 1977, S. 25.

17 Vgl. http://de.wikipedia.org/wiki/Dornier_Do_19; http://de.wikipedia.org/wiki/Junkers_Ju_89

18 Vgl. Heinkel, Ernst: Stürmisches Leben, Oberhaching 1998, S. 254 ff.

19 Baumbach, Zu spät, S. 26.

20 Vgl. Pöhlmann, Armageddon, S. 170.

21 Vgl. Galland, Adolf: Die Ersten und die Letzten. Jagdflieger im Zweiten Weltkrieg, Würzburg 2012, S. 100.

22 Vgl. Kroener, Bernhard R.: Die personellen Ressourcen des Dritten Reiches im Spannungsfeld zwischen Wehrmacht, Bürokratie und Kriegswirtschaft 1939–1942, in: Das Deutsche Reich und der Zweite Weltkrieg, Bd. 5/1, Stuttgart 1988, S. 720.

23 Raeder, Mein Leben, Bd. 1, S. 231 ff.

24 Zu den technischen Daten des Panzerschiffs vgl. de.wikipedia.org/wiki/Panzerkreuzer_A; zur Flottentaktik vgl. Raeder, Mein Leben, Bd. 1, S. 258 f.

25 Zu den technischen Daten des U-Boot-Typs II vgl. de.wikipedia.org/wiki/U-Boot-Klasse_II; zu den Verstößen gegen den Friedensvertrag vgl. Dirks und Janssen, Der Krieg der Generäle, S. 84 ff.

26 Vgl. Geyer, Aufrüstung oder Sicherheit, S. 316.

27 Vgl. Raeder, Mein Leben, Bd. 1, S. 282.

28 Vgl. ebd.; Ribbentrop, Zwischen London und Moskau, S. 62 f.

29 Vgl. Pöhlmann, Armageddon, S. 381.

30 Gesprächsnotiz Raeder, RM 6/30, Blatt 41.

31 Vgl. Kieser, Egbert: »Unternehmen Seelöwe«. Die geplante Invasion in England 1940, Esslingen und München 1987, S. 140 ff.; zu den technischen Daten der Siebelfähre vgl. de.wikipedia.org/wiki/Siebelfähre

32 Jochmann, Monologe, S. 275.

33 Vgl. Nagel, Günter: Wissenschaft für den Krieg. Die geheimen Arbeiten der Abteilung Forschung des Heereswaffenamtes, Stuttgart 2012, S. 34.

34 Vgl. Neufeld, Michael J.: Die Rakete und das Reich. Wernher von Braun, Peenemünde und der Beginn des Raketenzeitalters, Berlin 1997, S. 68.

35 BA MA RW 19/1322 a, Blatt 3–15.

36 Die misstrauische Anfrage der britischen Regierung, was es mit der Erhöhung des Luftfahrtetats auf sich

habe, beantwortete die Reichsregierung auf offiziellem diplomatischem Weg wie folgt. Die stürmische Entwicklung der zivilen Luftfahrt erfordere die Erneuerung der Maschinen ebenso wie Ausgaben für die Flugsicherung im Winterverkehr. Außerdem investiere die Regierung jetzt in den Luftschutz der Zivilbevölkerung, was vorher nicht der Fall gewesen sei. Vgl. Absolon, Wehrmacht, Bd. 1, S. 50 f.

37 An der Commerzbank war der Staat mit 56,2 Prozent, an der Dresdner Bank mit 90,7 Prozent beteiligt. An der Deutschen Bank hielt er eine Sperrminorität. Einen Teil der Aktien übernahm das Wirtschaftsministerium, größere Anteile wurden von der Reichsbank erworben. Die Reichsbank kaufte die Aktienpakete durch ihre Tochter Deutsche Golddiskontbank. Sie war de facto in Privatbesitz. Im Jahr 1929 gab es laut Wikipedia 10 016 Deutsche, denen 1 003 340 Anteile, und 1288 Ausländer, denen 223 148 Anteile der Reichsbank gehörten. Vgl. http://de.wikipedia.org/wiki/Reichsbank; Herbst, Ludolf, und Thomas Weihe (Hg.): Die Commerzbank und die Juden 1933–1945, München 2004, S. 47.

38 Vgl. Kopper, Christopher: Zwischen Marktwirtschaft und Dirigismus. Bankenpolitik im »Dritten Reich« 1933–1939, Bonn 1995, S. 159 f.

39 Gründlich vgl. Kopper, Christopher: Hjalmar Schacht. Aufstieg und Fall von Hitlers mächtigstem Bankier, München und Wien 2006, S. 269 f. Eine sehr anschauliche Erklärung findet sich in der Wikipedia. Vgl. http://de.wikipedia.org/wiki/Mefo-Wechsel

40 Als Gesellschafter der Metallforschungsgesellschaft traten Siemens, Krupp, Rheinmetall und die Gutehoff-

nungshütte auf, die Geschäftsführung lag allerdings bei der Reichswehr.

41 Vgl. BA MA RW 49/51.

42 Vgl. Mollin, Gerhard Th.: Montankonzerne und »Drittes Reich«. Der Gegensatz zwischen Monopolindustrie und Befehlswirtschaft in der deutschen Rüstung und Expansion 1936–1944, Göttingen 1988, S. 75.

43 Vgl. Petzina, Dieter: Autarkiepolitik im Dritten Reich. Der nationalsozialistische Vierjahresplan, Stuttgart 1968, S. 109.

44 Karlsch, Rainer, und Raymond G. Stokes: »Faktor Öl«. Die Mineralölwirtschaft in Deutschland 1859–1974, München 2003, S. 157–169, sowie Tabelle S. 190 (mit falscher Einheitsangabe).

45 http://de.wikipedia.org/wiki/Kohlehydrierung

46 Vgl. Borkin, Joseph: Die unheilige Allianz der I. G. Farben. Eine Interessengemeinschaft im Dritten Reich, Frankfurt am Main und New York 1979, S. 57. Die Gelder, die fortan an die NSDAP flossen, kamen vor allem der SA zugute, weil Röhm den Kontakt zu dem international agierenden Konzern pflegte. Daraus leitete der Historiker Kurt Gossweiler ab, dass die I. G. Farben einen Kampf um die Beherrschung der NSDAP geführt habe, was abwegig erscheint. Vgl. Gossweiler, Kurt: Der Putsch, der keiner war. Die Röhm-Affäre 1934 und der Richtungskampf im deutschen Faschismus, Köln 2009, S. 344 ff.

47 Vgl. Boelcke, Willi A.: Die deutsche Wirtschaft 1930–1945. Interna des Reichswirtschaftsministeriums, Düsseldorf 1983, S. 161 ff.

48 Vgl. ebd., S. 162 f.

49 Das angeführte Beispiel ist der

Chemiestandort der I. G. Farben in Pölitz bei Stettin. Vgl. NA London FO 1031, Nr. 186.

50 Vgl. Karlsch, Faktor Öl, S. 205.

51 Vgl Meinck, Gerhard: Hitler und die deutsche Aufrüstung 1933–1937, Wiesbaden 1959, S. 167.

52 Vgl. Schwerin von Krosigk, Lutz Graf: Memoiren, Stuttgart 1977.

53 Herbst, Ludolf: Walther Funk. Vom Journalisten zum Reichswirtschaftsminister, in: Schmelser, Ronald, Enrico Syring und Rainer Zitelmann (Hg.): Die braune Elite 2, Darmstadt 1993, S. 91–102.

54 Vgl. RGWA 700–1-2, Blatt 3 f.

55 Vgl. Burret, Heiko T., Lars P. Feld und Ekkehard A. Köhler: Sustainability of German Fiscal Policy and Public Debt: Historical and Time Series Evidence for the Period 1850–2010, CESFifo Working Paper No. 4135, February 2013, S. 42.

56 Sie datiert vom 31. August 1936, RGWA 700–1-2, Blatt 82–118.

57 Vgl. ebd., Blatt 100.

58 Vgl. ebd., Blatt 183.

59 Vgl. Ritter, Gerhard: Carl Goerdeler und die deutsche Widerstandsbewegung, Stuttgart 1954, S. 78.

60 So der Vermerk auf der Ausfertigung für Göring, »auf dem Obersalzberg am 2. 9. 36 d.[em] H.[errn] M[inister]P[räsidenten] übergeben«. RGWA 700–1-7, Blatt 1–26.

61 Vgl. Denkschrift Hitlers über die Aufgaben eines Vierjahresplans, in: Vierteljahrshefte für Zeitgeschichte, Jg. 3 (1955), S. 204–210.

62 Dazu äußerst kritisch: Müller, Rolf-Dieter: Albert Speer und die Rüstungspolitik im totalen Krieg, in: Kroener, Bernhard R., Rolf-Dieter Müller

und Hans Umbreit: Organisation und Mobilisierung des deutschen Machtbereichs. Kriegsverwaltung, Wirtschaft und personelle Ressourcen 1942–1944/45, Das Deutsche Reich und der Zweite Weltkrieg, Bd. 5/II, S. 545–557.

63 Vgl. Kershaw, Wendepunkte, S. 84.

64 Vgl. ebd.

65 Vgl. Gall, Lothar: Walther Rathenau. Porträt einer Epoche, München 2009, S. 176 ff. und 193.

66 Vgl. RGWA 700–1-11, Blatt 1–12, insbesondere 12. Die grundsätzliche Gegnerschaft Schachts zur Erschließung einheimischer Erze entwickelte sich erst danach, was zu einer heftigen Kontroverse mit Göring führte. Vgl. Kopper, Schacht, S. 314.

67 Vgl. BA MA N 28/2.

68 Vgl. BA MA N 28/4.

69 Vgl. ebd.

70 Guderian erinnerte sich an Beck im Zusammenhang mit einem Besuch Goerdelers, bei dem dieser ihn von seinem Staatsstreichunternehmen überzeugen wollte. Guderian hielt Beck für die »ungeeignetste Persönlichkeit«, Hitler zu ersetzen, »ein Philosoph, aber kein Revolutionär«. Vgl. Guderian, Erinnerungen, S. 273.

71 Vgl. RGWA 1275–5-709, Blatt 9.

72 Vgl. RGWA 1275–5-409, Blatt 14 (S. 27).

73 Vgl. ebd., Blatt 11.

74 Vgl. ebd., Blatt 15.

7

1 Vgl. Weinberg, Hitlers zweites Buch, S. 160.

2 Vgl. ebd., S. 149 f.

3 Vgl. Turner, Hitler aus nächster Nähe,

S. 181.

4 Vgl. Hitler, Mein Kampf, S. 158.

5 Vgl. Weinberg, Hitlers zweites Buch, S. 173 f.

6 Vgl. Kershaw, Ian: Hitlers Freunde in England. Lord Londonderry und der Weg in den Krieg, München 2005, S. 128 f.

7 Vgl. ebd., S. 142.

8 Vgl. RGWA 702–1-8. Kershaws Auffassung von einer befangenen, mithin unpatriotischen britischen Luftwaffenführung bedürfte gründlicherer Überprüfung.

9 Vgl. Kershaw, Hitlers Freunde, S. 131.

10 Vgl. Später, Jörg: Vansittart. Britische Debatten über Nazis und Deutsche 1902–1945, Göttingen 2003, S. 279.

11 So in der Erinnerung Anneliese von Ribbentrops, vgl. Ribbentrop, Zwischen London und Moskau, S. 93.

12 Vgl. Ribbentrop, Zwischen London und Moskau, S. 96.

13 Gebel, Ralf: »Heim ins Reich!« Konrad Henlein und der Reichsgau Sudetenland 1938–1945, München 1999, S. 276 ff.

14 Die von ihm selbst in Auftrag gegebenen Planungen für einen Kriegsfall mit der Tschechoslowakei brachten den Chef des Generalstabs in scharfe Opposition zu Hitler. Vgl. Müller, Klaus-Jürgen: Generaloberst Ludwig Beck. Eine Biographie, Paderborn 2008, S. 324 ff.

15 In seiner Ansprache am 22. August 1939 vor den Befehlshabern, vgl. Domarus, Bd. II, S. 1236.

16 Vgl. Kershaw, Hitlers Freunde, S. 291.

17 Vgl. ebd., S. 317.

18 Vgl. Domarus, Hitler, S. 1058.

19 Vgl. ebd., S. 1055.

20 Vgl. ebd., S. 1049.

21 Vgl. ebd., S. 1063.

22 Vgl. ebd., S. 1067.

23 Vgl. Michalka, Wolfgang (Hg.): Deutsche Geschichte 1933–1945. Dokumente zur Innen- und Außenpolitik, Frankfurt am Main, 1999, S. 152 ff.

24 Vgl. RGWA 700–1-6, Blatt 373.

25 Vgl. Kershaw, Hitlers Freunde, S. 320.

26 Nach heutigem Wert wären das rund 850 Millionen Euro. Vgl. http://www. faz.net/aktuell/wirtschaft/wirtschafts politik/dubioser-transfer-bank-of-england-verkaufte-nazi-gold-12313711.html

27 Vgl. Kershaw, Hitlers Freunde, S. 323 f.

28 Vgl. Ribbentrop, Zwischen London und Moskau, S. 162.

29 Vgl. ebd., S. 163 und 170.

30 Vgl. Domarus, Hitler, Band 2 / I, S. 1199 f.

31 Automate, Tochter des Danaos mit Europa, und ihre 46 (Halb-)Schwestern hatten noch in der Brautnacht ihre Männer getötet.

32 Vgl. Below, Adjutant, S. 176.

33 Vgl. ebd.

34 Zunächst waren es vier Einsatzgruppen, dann fünf, abgestimmt auf die Armeeoberkommandos, später folgte eine Einsatzgruppe des SS-Führers Udo von Woyersch z. b. V., die Juden in Oberschlesien ermordete. Vgl. Böhler, Jochen: Auftakt zum Vernichtungskrieg. Die Wehrmacht in Polen, Frankfurt am Main 2006, S. 202.

35 Vgl. Domarus, Hitler, Bd. II, S. 1236 f.

36 Vgl. ebd., S. 1238.

37 Vgl. Rohde, Horst: Hitlers erster »Blitzkrieg« und seine Auswirkungen auf Nordosteuropa, in: Das Deutsche Reich und der Zweite Weltkrieg, Bd. 2, Stuttgart 1979, S. 110 f.

38 Ebd., S. 133 f.

39 Guderian, Erinnerungen, S. 72.

40 Vgl. Rohde, Hitlers erster »Blitzkrieg«, S. 131 f. Die in Wikipedia formulierte Vermutung, dass es hier zu den ersten dokumentierten Kriegsverbrechen kam, ist falsch. Vgl. http://de.wikipedia.org/wiki/ Festung_Modlin. Zu diesem Zeitpunkt waren bereits Dutzende Kriegsverbrechen, zum Teil barbarischen Ausmaßes, aktenkundig. Vgl. Böhler: Auftakt zum Vernichtungskrieg.

41 Vgl. Rohde, Hitlers erster »Blitzkrieg«, S. 133 f.

42 Vgl. Frieser, Karl-Heinz: Blitzkrieg-Legende. Der Westfeldzug 1940, München 2005, S. 26.

43 Vgl. Guderian, Erinnerungen, S. 64 f.

44 Vgl. Frieser, Blitzkrieg-Legende, S. 26 ff.

45 Vgl. Stegemann, Bernd: Die erste Phase der Seekriegsführung bis zum Frühjahr 1940, in: Das Deutsche Reich und der Zweite Weltkrieg, Bd. 2, S. 162.

46 Vgl. Bennet, Admirale, S. 64–69.

47 Vgl. Stegemann, Erste Phase, S. 172 ff.

48 Vgl. Raeder, Mein Leben, Bd. 2, S. 186.

49 Vgl. Stegemann, Erste Phase, S. 173 f.

50 Vgl. http://de.wikipedia.org/wiki/ Admiral_Graf_Spee; der von Dönitz ebenfalls geschätzte U-Boot-Typ IX wog 740 Tonnen. Die U-Boote Typ IX hatten eine große Reichweite und konnten zum Beispiel im Golf von Mexiko operieren. Vgl. Bennet, Admirale, S. 65.

51 http://de.wikipedia.org/wiki/U_29_ (Kriegsmarine)

52 Vgl. Dahlerus, Birger: Der letzte Versuch. London–Berlin, Sommer 1939, München 1982, S. 166 ff.

53 Vgl. Hillgruber, Staatsmänner I, S. 26 ff.

54 Ebd., S. 32.

55 Vgl. ebd., S. 50.

56 Vgl. Moll, Führererlasse, S. 112 ff.

57 Vgl. Domarus, Reden, Bd. II / 1, S. 1479.

58 Vgl. Hubatsch, Walther: Hitlers Weisungen für die Kriegsführung 1939–1945, Utting 2000, S. 32.

59 Vgl. Frieser, Blitzkrieg-Legende, S. 74 f.

60 Vgl. ebd., S. 75.

61 Vgl. ebd., S. 76 ff.

62 Vgl. ebd., S. 81. Frieser bezieht sich auf Notizen Mansteins vom Februar 1940 und das Tagebuch des Heeresadjutanten Engel, also nicht auf die Memoiren Mansteins.

63 Vgl. Guderian, Erinnerungen, S. 80 ff.

64 Vgl. Frieser, Blitzkrieg-Legende, S. 96.

65 Vgl. Maier, Klaus A., und Bernd Stegemann: Die Sicherung der europäischen Nordflanke, in: Das Deutsche Reich und der Zweite Weltkrieg, Bd. 2, S. 191.

66 Vgl. ebd., S. 216 und 224.

67 Denkschrift zum gegenwärtigen Stand der Seekriegsführung gegen England vom 21. 7. 1941, zitiert nach: Rahn, Werner: Strategische Optionen und Erfahrungen der deutschen Marineführung 1914 bis 1944. Zu den Chancen und Grenzen einer mitteleuropäischen Kontinentalmacht gegen Seemächte, in: Thoß / Volkmann, Erster Weltkrieg / Zweiter Weltkrieg, S. 236.

68 Vgl. Umbreit, wie Anm. 69.

69 Vgl. http://de.wikipedia.org/wiki/ Westfeldzug; eine Auflistung der Opferzahlen und Materialverluste auf deutscher Seite bei: Umbreit, Hans: Der Kampf um die Vormachtstellung in Westeuropa, in: Das Deutsche Reich und der Zweite Weltkrieg, Bd. 2, S. 294, 307 und 282.

70 Vgl. Guderian, Erinnerungen, S. 399.

71 Vgl. Frieser, Blitzkrieg-Legende, S. 367.

72 Vgl. ebd., S. 373 f.

73 Galland, Die Ersten und die Letzten, gibt die Verluste mit etwa 30 zu niedrig an, S. 70.

74 Vgl. Frieser, Blitzkrieg-Legende, S. 374 und 377.

75 Vgl. IfZ F 19/2.

76 Vgl. Kershaw, Ian: Der Hitler-Mythos. Führerkult und Volksmeinung, München 2003, S. 190.

77 Vgl. Domarus, Reden, Bd. II/1, S. 1558.

78 Vgl. Kershaw, Wendepunkte, S. 91 f.

79 Vgl. Guderian, Erinnerungen, S. 399 f.

80 Vgl. Haffner, Anmerkungen, S. 144.

81 Vgl. Hitlers zweites Buch, S. 150.

82 Vgl. Baruch, Marc Olivier: Das Vichy-Regime. Frankreich 1940–1944, Stuttgart 1999, S. 148 ff., sowie Zimmermann, Detlev: Philippe Pétain (1856–1951), in: Fuchs, Günther u. a.: Werden und Vergehen einer Demokratie. Frankreichs Dritte Republik in neun Porträts, Leipzig 2004, S. 200–229.

83 Vgl. Haffner, Anmerkungen, S. 144.

84 Zum Folgenden vgl. Magenheimer, Heinz: Die Militärstrategie Deutschlands 1940–1945. Führungsentschlüsse, Hintergründe, Alternativen, München 1997, S. 29–36.

85 Vgl. Bradford, Ernle: Bastion im Mittelmeer. Die Belagerung Maltas 1940–1943, München 1986.

86 Vgl. Hartmann, Halder, S. 214.

87 Vgl. Jacobsen, Hans-Adolf (Hg.): Generaloberst Halder – Kriegstagebuch. Band II, Von der geplanten Landung in England bis zum Beginn des Ostfeldzugs (1.7.1940–21.6.1941), Stuttgart 1963, S. 33.

88 Vgl. Raeder, Mein Leben, Bd. 2, S. 230 f.

89 Hubatsch, Weisungen, S. 61 f.

90 Vgl. Raeder, Mein Leben, Bd. 2, S. 232.

91 Vgl. Hartmann, Halder, S. 215.

92 Vgl. Kieser, Egbert: Unternehmen »Seelöwe«. Die geplante Invasion in England 1940, Esslingen und München 1987, S. 257; dem folgend auch Wikipedia.

93 Vgl. RGWA 1303-6-11.

94 Die Ausfallrate war mit 23 Prozent außerordentlich hoch. Hitler meinte allerdings nicht deshalb, Kreta habe bewiesen, dass die Tage der Fallschirmjäger vorüber seien. Die Fallschirmtruppe sei eine reine Überraschungswaffe, jetzt habe sich der Überraschungsfaktor abgenutzt. Vgl. Richter, Heinz A.: Operation Merkur. Die Eroberung der Insel Kreta im Mai 1941, Ruhpolding 2011, S. 252.

95 Vgl. Raeder, Mein Leben, Bd. 2, S. 233.

96 Vgl. Maier, Klaus A., und Hans Umbreit: Direkte Strategie gegen England, in: Das Deutsche Reich und der Zweite Weltkrieg, Bd. 2, S. 382.

97 Vgl. Galland, Die Ersten und die Letzten, S. 97 ff.

98 Vgl. de.wikipedia.org/wiki/DB_601

99 Vgl. Maier/Umbreit, Direkte Strategie, S. 381–384.

100 Vgl. Overy, Richard: Die Wurzeln des Sieges. Warum die Alliierten den Zweiten Weltkrieg gewannen, Reinbek 2002, S. 145.

101 Vgl. Maier/Umbreit, Direkte Strategie, S. 387.

102 Vgl. ebd., S. 389.

8

1 Vgl. Ueberschär, Gerd R., und Lev Bezymenskij (Hg.): Der deutsche Angriff auf die Sowjetunion 1942. Die Kontroverse um die Präventivkriegsthese, Darmstadt 1998, S. 223.

2 Vgl. Haffner, Anmerkungen, S. 144.

3 Jäckel/Kuhn, Sämtliche Aufzeichnungen, S. 450 f.

4 Vgl. Turner (Hg.), Hitler aus nächster Nähe, S. 138.

5 Vgl. ebd., S. 153.

6 Vgl. Ribbentrop, S. 174 f.

7 Vgl. O'Sullivan, Donal: Stalins »Cordon Sanitaire«. Die sowjetische Osteuropapolitik und die Reaktionen des Westens 1939–1949, Paderborn u. a. 2003, S. 76.

8 Vgl. Ribbentrop, S. 175 f.

9 Vgl. ebd., S. 177.

10 Vgl. ebd., S. 181 f.

11 Vgl. ebd., S. 182.

12 Vgl. Seraphim, Hans-Günther (Hg.): Das politische Tagebuch Alfred Rosenbergs 1934/35 und 1939/40, München 1964, S. 92 f.

13 Vgl. Baberowski, Jörg: Verbrannte Erde. Stalins Herrschaft der Gewalt, München 2012, S. 384 ff.

14 Dass Hitler diese Opfer in seinem Aufruf an die »Soldaten der Ostfront« vom 22. 6. 1941 zum Kriegsgrund stilisierte, ist ein weiterer Zynismus, hatte er sie doch bereitwillig dem stalinistischen Regime überlassen. Vgl. Ueberschär, Gerd R.: Dokumente zum »Unternehmen Barbarossa« als Vernichtungskrieg im Osten, in: Ueberschär, Gerd R., und Wolfram Wette: Der deutsche Überfall auf die Sowjetunion. »Unternehmen Barbarossa« 1941, Frankfurt am Main 2011, S. 266.

15 Vgl. Rosenberg, Tagebuch, S. 98 f.

16 Die juristische Konstruktion für das SS-Gebiet rund um das Konzentrationslager Auschwitz war komplex, entscheidend war jedoch, dass es sich um »Sondergebiet« handelte. Vgl. Steinbacher, Sybille: »Musterstadt« Auschwitz. Germanisierungspolitik und Judenmord in Ostoberschlesien, München 2000, S. 92 f.

17 Vgl. Seraphim, Heinz-Peter: Das Judentum im osteuropäischen Raum, Essen 1938, S. 234 f.

18 Gelegentlich wird übersehen, dass dem Nichtangriffspakt ein am 28. September 1939 geschlossener Grenz- und Freundschaftsvertrag folgte, den Molotow durch seine aggressive Gesprächsführung in Frage stellte. Vgl. Hillgruber (Hg.), Staatsmänner, Bd. I, S. 304–319, besonders S. 309.

19 Vgl. Weisung Nr. 21 vom 18. Dezember 1940, in: Hubatsch, Hitlers Weisungen, S. 85.

20 Vgl. Hillgruber, Strategie, S. 363.

21 Vgl. Maser, Werner: Der Wortbruch. Hitler, Stalin und der Zweite Weltkrieg, München 1994, S. 281.

22 In der finnischen Armee verursachte das große moralische Belastungen, sodass die eigenen Truppen rasch ausgetauscht wurden. RGWA 500-4-459 und 503-1-724.

23 Weisung Nr. 32, 32 a vom 11. Juni 1941 und Korrektur vom 19. Juni 1941, in: Hubatsch, Hitlers Weisungen, S. 89 f.

24 Notiz Chef WFSt vom 3. März 1941, in: Jacobsen (Hg.), KTB, Bd. I, S. 341.

25 Befehl an die Höheren SS-und-Polizeiführer im Osten vom 2. Juli 1941, vgl. RGWA 500-1-25, Teil II, Blatt 386–390; Böhler, Jochen: Auftakt zum Vernichtungskrieg. Die Wehrmacht in Polen, Frankfurt am Main 2006, S. 204–229.

26 Weisung Nr. 21 a vom 13. März 1941, in: Hubatsch, Hitlers Weisungen, S. 89 f.

27 Vgl. Ueberschär / Wette, Überfall, S. 258.

28 Vgl. Maser, Tribunal, S. 298.

29 Vgl. Magenheimer, Militärstrategie, S. 62 und 67.

30 So erhielt die Sowjetunion Kenntnis von den Weisungen für den Fall Barbarossa, die der deutsche Diplomat Rudolf von Schehila an den sowjetischen Militärattaché in Berlin übergab.

31 http://de.wikipedia.org/wiki/Georgi_ Schukow

32 Vgl. Magenheimer, Militärstrategie, S. 59.

33 Vgl. Roberts, Stalins Kriege, S. 95 f.

34 Vgl. Maser, Wortbruch, S. 307.

35 Vgl. Roberts, Stalins Kriege, S. 97.

36 Vgl. O'Sullivan, Cordon Sanitaire, S. 126.

37 Vgl. Maser, Wortbruch, S. 293 ff.

38 Vgl. Baberowski, Verbrannte Erde, S. 398.

39 Vgl. Roberts, Stalins Kriege, S. 111.

40 Vgl. Magenheimer, Militärstrategie, S. 61.

41 Vgl. Overy, Richard: Die Diktatoren. Hitlers Deutschland, Stalins Russland, München 2005, S. 650 f.

42 http://de.wikipedia.org/wiki/Kessel schlacht_bei_Bialystok_und_Minsk

43 http://de.wikipedia.org/wiki/Panzer schlacht_bei_Dubno-Luzk-Riwne

44 http://en.wikipedia.org/wiki/Battle_of_ Brody_(1941)

45 Vgl. Pohl, Dieter: Die Herrschaft der Wehrmacht. Deutsche Militärbesatzung und einheimische Bevölkerung in der Sowjetunion 1941–1944, Frankfurt am Main 2011, S. 149 f.

46 Vgl. Longerich, Peter: Heinrich Himmler. Biographie, München 2008, S. 548.

47 Vgl. Longerich, Peter: Vom Massenmord zur »Endlösung«. Die Erschießungen von jüdischen Zivilisten in den ersten Monaten des Ostfeldzugs im Kontext des nationalsozialistischen Judenmords, in: Wegner, Bernd: Zwei Wege nach Moskau. Vom Hitler-Stalin-Pakt bis zum »Unternehmen Barbarossa«, München und Zürich 1991, S. 251 f.

48 Vgl. RGWA 500–1-25, Blatt 416.

49 Das Interesse Hitlers für die Gaskammern und die Verbrennungsöfen ist von Hitlers persönlichen Adjutanten bezeugt. Vgl. Eberle, Henrik, und Matthias Uhl (Hg.): Das Buch Hitler. Geheimdossier des NKWD für Josef W. Stalin, zusammengestellt aufgrund der Verhörprotokolle des Persönlichen Adjutanten Hitlers, Otto Günsche, und des Kammerdieners Heinz Linge, Moskau 1948 / 49, Bergisch Gladbach 2005, S. 196. Die dichteste Rekonstruktion der Entstehung der Todesfabriken bietet Browning, Christopher: Die Entfesselung der »Endlösung«. Nationalsozialistische Judenpolitik, München 2003, S. 507–535.

50 Vgl. RGWA 500–1-25, Teil II, Blatt 254 f.

51 Vgl. ebd., Blatt 379.

52 Vgl. Heer, Hannes: »Hitler war's«. Die Befreiung der Deutschen von ihrer Vergangenheit, Berlin 2008, S. 266.

53 Vgl. ebd., S. 252.

54 Vgl. Seidler, Franz W.: Kriegsgreuel der Roten Armee. Verbrechen an der Wehrmacht, Bd. II, 1942 / 43, Selent 2000, S. 223.

55 Vgl. Heer, »Hitler war's«, S. 252 f. Der protestierende General des XXXXVII. Panzerkorps Joachim Lemelsen machte sich in Italien aller Wahrscheinlichkeit nach Kriegsverbrechen schuldig.

56 Vgl. Snyder, Bloodlands, S. 190.

57 Vgl. Aly, Volksstaat, S. 199.

58 Keitel leitete den Befehl vom 24. Dezember 1941 mit den Worten ein: »Der Führer hat daher befohlen«. Vgl. RGWA 1232-1-10, Blatt 53.

59 Vgl. Snyder, Bloodlands, S. 186.

60 Vgl. Hartmann, Halder, S. 279 f.

61 Vgl. KTB OKW, I/II, S. 1061.

62 Vgl. ebd.

63 Vgl. ebd., S. 611–624.

64 Der Mythos Leningrads als Opferstadt ist auch im heutigen Russland ungebrochen. Die Sinnhaftigkeit des Widerstands kann von russischen Historikern nicht in Frage gestellt werden.

65 Vgl. Snyder, Bloodlands, S. 186.

66 Die Opferzahlen sind umstritten. Sie reichen von 670 000 (offiziell) bis 1,5 Millionen, was wahrscheinlich erscheint. Vgl. http://de.wikipedia.org/wiki/Leningrader_Blockade

67 RGWA 500-1-25, Teil II, Blatt 266 ff.

68 Vgl. Heim, Susanne, u. a. (Hg.): Die Verfolgung und Ermordung der europäischen Juden durch das nationalsozialistische Deutschland, Bd. 7, Sowjetunion mit annektierten Gebieten I. Besetzte sowjetische Gebiete unter deutscher Militärverwaltung, Baltikum und Transnistrien, München 2011, S. 363 f.

69 Vgl. Manstein, Siege, S. 297 und 291.

70 Vgl. ebd., S. 297; die englische Wikipedia gibt die Verlustzahlen für die »Sinyavino Offensive« mit mehr als 113 000 an. Vgl. Wikipedia Stichwort Sinyavino Offensive.

71 Vgl. Manstein, Siege, S. 297 und 291.

72 Vgl. Wallach, Jehuda L.: Das Dogma der Vernichtungsschlacht. Die Lehre

von Clausewitz und Schlieffen und ihre Wirkung in zwei Weltkriegen, München 1970, S. 392 f.

73 Vgl. http://de.wikipedia.org/wiki/Doppelschlacht_bei_Wjasma_und_Brjansk

74 Vgl. Roberts, Stalins Kriege, S. 129 ff.

75 Vgl. Magenheimer, Militärstrategie, S. 125.

76 Vgl. ebd., S. 131.

77 Vgl. Guderian, Erinnerungen, S. 238 f.

78 Vgl. Schramm (Hg.): Kriegstagebuch des OKW, Bd. I/2, S. 1084.

79 Vgl. Guderian, Erinnerungen, S. 242.

80 Vgl. Boelcke, Willi A. (Hg.): Deutschlands Rüstung im Zweiten Weltkrieg. Hitlers Konferenzen mit Albert Speer 1942–1945, Frankfurt am Main 1969, S. 126 f.

81 Vgl. KTB OKW, I/2, S. 850.

82 Vgl. Roberts, Stalins Kriege, S. 137 ff.

83 Kondratjew, Oleg Alexandrowitsch: Die Schlacht von Rshew. Ein halbes Jahrhundert Schweigen, München 2001, S 31–37.

84 Die Verlustzahlen der Literatur sind überholt, Wikipedia gibt den Stand der Forschung, insbesondere die aktualisierten russischen Verlustzahlen, wieder. Vgl. Stichworte: Schlacht an der Somme, Schlacht um Verdun, Schlacht von Rshew.

85 Vgl. Wallach, Dogma, S. 53.

86 Vgl. Clausewitz, Vom Kriege, Kindle-Edition, Pos. 11 253.

87 Vgl. http://de.wikipedia.org/wiki/T-34

88 Vgl. Warlimont, Im Hauptquartier, Bd. 1, S. 200.

89 Vgl. BA MA RW 30/130, Blatt 4–21.

90 Die bevölkerungswissenschaftlichen Schriften Peter-Heinz Seraphims bildeten die Grundlage für den Judenmord in Ostmitteleuropa und wurden von der SS als statistische Grundlage benutzt. Vgl. Aly, Götz, und Susanne Heim: Vordenker der Vernichtung. Auschwitz und die deutschen Pläne für eine neue europäische Ordnung, Frankfurt am Main 1997, S. 99 ff.

91 Vgl. BA MA RW 30/130, Blatt 17.

92 Ausarbeitung zur Vorlage Staatssekretär Körner, 10. 10. 1942, vgl. RGWA 700–1-49, Blatt 155.

93 Vgl. RGWA 700–1-49, Blatt 167–173.

94 Nach einer anderen Berechnungsgrundlage lag die Staatsverschuldung 1918 bei 180 Prozent des BIP, nach der Berechnung des Münchner Center for Economic Studies bei 132,78 Prozent. Vgl. Burret, Feld und Köhler: Sustainability of German Fiscal Policy and Public Debt, S. 14 f. und 42.

95 Vgl. RGWA 1458–36–101, Blatt 2 f.

9

1 Vgl. Clausewitz, Vom Kriege, Pos. 10 997.

2 Vgl. Hartmann, Halder, S. 307 ff.; Roberts, Stalins Kriege, S. 137 ff.

3 Vgl. Jochmann, Monologe, S. 221 ff.; KTB OKW II/1, S. 318–328.

4 Vgl. Warlimont, Im Hauptquartier der deutschen Wehrmacht, S. 226.

5 Vgl. Hartmann, Halder, S. 313 f.

6 Vgl. Karlsch, Faktor Öl, S. 216.

7 Vgl. Hubatsch, Weisungen, S. 184 f.

8 Vgl. CA FSB Akte N 21 135, Bd. 1, Blatt 222–261.

9 Vgl. Karlsch, Faktor Öl, S. 217.

10 Vgl. Magenheimer, Militärstrategie, S. 175.

11 Vgl. Baberowski, Verbrannte Erde, S. 428; Roberts, Stalins Kriege, S. 171 f.

12 Vgl. Overy, Wurzeln des Sieges, S. 110–113.

13 Vgl. http://de.wikipedia.org/wiki/Schlacht_von_Stalingrad

14 Vgl. Fragment Nr. 47, Mittagslagebesprechung vom 1. 2. 1943, zitiert nach: Warlimont, S. 319 ff.

15 Vgl. Dönitz, Karl: Zehn Jahre und zwanzig Tage. Erinnerungen 1935–1945, Bonn 1997, S. 336 und 484 ff.

16 Vgl. Kahn, David: Seizing the Enigma: The Race to Break the German U-Boat Codes 1939–1943, London 2012, S. 324.

17 Vgl. Dönitz, Zehn Jahre, S. 483 f.; http://de.wikipedia.org/wiki/U-Boot-Krieg#Verluste

18 Vgl. Magenheimer, Militärstrategie, S. 232.

19 Vgl. Roberts, Stalins Kriege, S. 178.

20 Vgl. Magenheimer, Militärstrategie, S. 232.

21 Vgl. ebd., S. 236.

22 Vgl. Frieser, Karl-Heinz: Die Schlacht im Kursker Bogen. In: ders. (Hg.): Die Ostfront 1943/44. Der Krieg im Osten und an den Nebenfronten, Das Deutsche Reich und der Zweite Weltkrieg, Bd. 8, München 2011, S. 101 f.

23 Vgl. ebd., S. 172.

24 Vgl. Hubatsch, Weisungen, S. 243 ff.

25 Vgl. Frieser, Karl-Heinz: Die Rückzugsoperationen der Heeresgruppe Süd in der Ukraine, in: ders. (Hg.), Die Ostfront, S. 425.

26 Der General Pjotr I. Bagration hatte sich im Vaterländischen Krieg gegen Napoleon ausgezeichnet.

27 Vgl. Frieser, Karl-Heinz: Der Zusammenbruch der Heeresgruppe Mitte, in: ders. (Hg.), Die Ostfront, S. 542.

28 Vgl. ebd., S. 543–556.

29 Vgl. ebd., S. 534.

30 Vgl. Warlimont, Hauptquartier, Bd. 2, S. 431–445.

31 Vgl. KTB OKW, I/1, S. 266.

32 Vgl. Overy, Wurzeln, S. 139.

33 Vgl. BA MA RW 21/56, Bd. 1.

34 Vgl. Overy, Wurzeln, S. 151.

35 Vgl. ebd., S. 153.

36 http://de.wikipedia.org/wiki/North_American_P-51

37 Evans gibt die Opferzahlen mit rund 40000 an, sie lagen vermutlich etwas niedriger. Vgl. Evans, Krieg, S. 560 f.

38 Vgl. Meldungen aus dem Reich, S. 5562.

39 Vgl. ebd., S. 5563 und 5571.

40 Ebd., S. 5561.

41 Ebd.

42 Vgl. Overy, Wurzeln, S. 163.

43 Vgl. Schmoll, Peter: Die Messerschmitt-Werke im Zweiten Weltkrieg, Regensburg 2004, S. 127–130.

44 Vgl. Baumbach, Zu spät, S. 313.

45 Vgl. Overy, Wurzeln, S. 172.

46 Vgl. ebd.

47 Vgl. Boelcke, Deutschlands Rüstung, S. 12.

48 Vgl. Raeder, Mein Leben, Bd. 2, S. 178.

49 Vgl. Schmaltz, Florian: Kampfstoff-Forschung im Nationalsozialismus. Zur Kooperation von Kaiser-Wilhelm-Instituten, Militär und Industrie, Göttingen 2005, S. 24.

50 Vgl. Overy, Wurzeln, S. 425. Die Zahlen weichen von denen Boelckes nicht unerheblich ab. Beide bewegen sich jedoch in derselben Größenordnung und zeigen identische Trends. Vgl. Boelcke, Deutschlands Rüstung, S. 22–25.

51 http://www.politikarena.net/archive/index.php/t-3206.html

52 Vgl. Müller, Rolf-Dieter: Albert Speer und die Rüstungspolitik im totalen Krieg, in: Das Deutsche Reich und der Zweite Weltkrieg, Bd. 5/2, S. 705.

53 Vgl. National Archives, FO 1031/83.

54 Brauch, Müller, Chemischer Krieg, S. 51.

55 Vgl. Schmaltz, Kampfstoff-Forschung, S. 25.

56 Vgl. Gellermann, Günther W.: Der Krieg, der nicht stattfand. Möglichkeiten, Überlegungen und Entscheidungen der deutschen Obersten Führung zur Verwendung chemischer Kampfstoffe im Zweiten Weltkrieg, Koblenz 1986, S. 138 f.

57 Vgl. Brauch, Müller, Chemischer Krieg, S. 53.

58 Vgl. Gellermann, Krieg, S. 149; Groehler, Olaf: Der lautlose Tod, Berlin 1990, S. 203.

59 Vgl. Groehler, Tod, S. 203. Die letale Dosis (LD 50) bei der Aufnahme über die Haut beträgt etwa 1,7 Gramm.

60 Vgl. Müller, Speer, S. 707.

61 Vgl. KTB OKW, Bd. II, S. 353.

62 Brauch, Müller, Chemischer Krieg, S. 57.

63 Vgl. Groehler, S. 210 f.

64 Vgl. Müller, Speer, S. 714.

65 Vgl. Groehler, Tod, S. 280.

66 Vgl. Brauch, Müller, Chemischer Krieg, S. 60.

67 Vgl. Schmaltz, S. 30 f.

68 Frieser, Schlacht im Kursker Bogen, in: ders. (Hg.), Ostfront, S. 160 f.

69 Vgl. Dönitz, Zehn Jahre, S. 400 ff.

70 Vgl. Hölsken, Heinz Dieter: Die fliegende Bombe Fi 103 (»V1«), in: Benecke, Theodor, Karl-Heinz Hedwig und Joachim Hermann: Flugkörper und Lenkraketen. Die Entwicklungsgeschichte der deutschen gelenkten Flugkörper vom Beginn dieses Jahrhunderts bis heute. Koblenz 1987, S. 92.

71 Boelcke, Rüstung, S. 385 und 413 f.

72 http://de.wikipedia.org/wiki/Fieseler_
Fi_103

73 Das Aggregat 4 hatte eine Tragkraft
von nicht einmal einer Tonne TNT, die
amerikanische Bombe, die über Hiroshima
abgeworfen wurde, ein Äquivalent von
13 000 Tonnen TNT.

74 Vgl. Neufeld, Rakete, S. 172.

75 Vgl. Boelcke, Rüstung, S. 74.

76 Vgl. Neufeld, Rakete, S. 210.

77 Dornberger ging in seinen Notizen von
einer Tonne Nutzlast aus, tatsächlich wur-
de die A 4 mit 738 Kilogramm Amatol-
Sprengstoff bestückt. Vgl. Erichsen,
Johannes, und Bernhard M. Hoppe (Hg.):
Peenemünde. Mythos und Geschichte der
Rakete 1923–1989, Berlin 2004, S. 359;
http://de.wikipedia.org/wiki/Aggregat_4

78 Vgl. Erichsen, Peenemünde, S. 358 ff.

79 Laut BA Berlin NS 19/1447, Blatt
140, fand der Vortrag am 10. Juli 1943
statt, Neufeld datiert das Treffen mit
Dornberger auf den 7. Juli nachts. Vgl.
Neufeld, Rakete, S. 232.

80 Pläne und Luftaufnahmen in: NA AIR
20/9189.

81 Dornberger, Peenemünde, S. 183.

82 Zu den Bauleitern in Peenemünde
gehörte der später als »KZ-Baumeister«
geschmähte Bundespräsident Heinrich
Lübke. Vgl. Wagner, Jens-Christian: Opfer
des Raketenwahns. Zwangsarbeit in Peenemünde und Mittelbau-Dora, in: Erichsen
und Hoppe, Peenemünde, S. 47.

83 Vgl. Donberger, Peenemünde, S. 187.

84 Vgl. Eisfeld, Rainer: Mondsüchtig.
Wernher von Braun und die Geburt der
Raumfahrt aus dem Geist der Barbarei,
Reinbek 2012, S. 142.

85 Vgl. Boelcke, Deutschlands Rüstung,
S. 24; http://de.wikipedia.org/wiki/
Aggregat_4

86 Vgl. Wagner, Opfer des Raketenwahns,
in: Erichsen und Hoppe (Hg.), Peenemünde, S. 50.

87 Vgl. Neufeld, Rakete, S. 171 f.; für die
sowjetische Nachkriegsentwicklung vgl.
Uhl, Matthias: Stalins V-2. Der Technolo-
gietransfer der deutschen Fernlenkwaffen-
technik in die UdSSR und der Aufbau der
sowjetischen Raketenindustrie 1945 bis
1959, Bonn 2001.

88 Vgl. Notiz Speers vom 23. Juni 1942
bei Boelcke, Rüstung, S. 137.

89 Die Frage der deutschen Atombombe
ist heftig umstritten. Das Urteil stützt
sich auf Walker. Karlschs Behauptung,
dass Diebners Gruppe die Entwicklung
einer »schmutzigen Bombe« gelungen sei,
wird von Walker unterstützt, obwohl die
Strahlungsnachweise auf dem Truppenübungsplatz Ohrdruf fehlen. Vgl. Walker,
Mark: Die Uranmaschine. Mythos und
Wirklichkeit der deutschen Atombombe,
Berlin 1990; Karlsch, Rainer: Hitlers
Bombe, München 2005.

90 Vgl. Baumbach, Zu spät, S. 252 f.

91 Vgl. http://de.wikipedia.org/wiki/
Heinkel_HeS_3. Die von Frank Whittle
entwickelte Turbine Typ U war bereits
1937 fertiggestellt, wurde jedoch erst 1941
erstmals in ein Flugzeug eingebaut.

92 http://de.wikipedia.org/wiki/He_178

93 Vgl. Koos, Volker: Ernst Heinkel.
Vom Doppeldecker zum Strahltriebwerk.
Bielefeld 2007, S. 145.

94 Vgl. KTB OKW, Bd. II/3, S. 318.

95 Vgl. Schabel, Illusion, S. 146 ff.

96 Vgl. ebd., S. 220.

97 Vgl. ebd., S. 188.

98 Vgl. Below, Als Hitlers Adjutant,
S. 355.

99 Vgl. Schabel, Illusion, S. 228.

100 Vgl. ebd., S. 284.

101 Vgl. Galland, Die Ersten und die Letzten, S. 390.
102 Zitiert nach Schmoll, Messerschmitt-Werke, S. 183.
103 Baumbach, zu spät, S. 397–402.
104 Vgl. Schramm, Percy Ernst: Die Treibstoff-Frage vom Herbst 1943 bis Juni 1944 (Landung im Westen) mit Ausblicken auf das Kriegsende im Rahmen des Kampfes gegen die deutsche Versorgung mit Grundstoffen, in: Mensch und Staat in Recht und Geschichte. Festschrift für Herbert Kraus, Kitzingen 1954, S. 397.
105 Vgl. ebd., S. 397–402.
106 Vgl. Karlsch, Faktor Öl, S. 206 f.
107 Vgl. http://de.wikipedia.org/wiki/Operation_Tidal_Wave
108 Vgl. Overy, Wurzeln, S. 164; zur Zahl der Angriffe vgl. http://en.wikipedia.org/wiki/Oil_Campaign_chronology_of_World_War_II. Zur Veränderung der Angriffstaktik vgl. Overy, Wurzeln, S. 148 ff.
109 Vgl. Schramm, Treibstoff-Frage, S. 419.
110 Angegeben ist auf dem formlosen Schreiben als Absender lediglich »V. P.« Mit Sicherheit handelte es sich um den Bankier Emil Puhl. Er fungierte als Ansprechpartner der Schweizer Banken, die als Verrechnungsstelle für den internationalen Rohstoffhandel dienten, etwa mit dem neutralen Schweden. Vgl. RGWA 700–1-97, Blatt 3.
111 Vgl. ebd., Blatt 6.

10

1 Für die baltischen Staaten und Albanien zum Beispiel gibt es nicht einmal Schätzungen. Vgl. http://de.wikipedia.org/wiki/Zweiter_Weltkrieg#Opferzahlen
2 Vgl. Krüger, Norbert: Adolf Hitlers Clausewitzkenntnis, in: Wehrwissenschaftliche Rundschau, 18. Jg., Heft 8, 1968, S. 467–471.
3 Vgl. Clausewitz, Vom Kriege, Pos. 11 170.
4 Vgl. Wegner, Bernd: Von Stalingrad nach Kursk, in: Frieser, Karl-Heinz (Hg.): Die Ostfront 1943/44. Der Krieg im Osten und an den Nebenfronten, Das Deutsche Reich und der Zweite Weltkrieg, München 2011, S. 52 f.
5 Vgl. Reuth, Goebbels, Tagebücher, S. 1959.
6 Vgl. Heiber, Helmut (Hg.): Hitlers Lagebesprechungen. Die Protokollfragmente seiner militärischen Konferenzen, Stuttgart 1962, S. 616 und 620.
7 Vgl. Clausewitz, Vom Kriege, Pos. 9236.
8 Vgl. Zehnpfennig, Mein Kampf, S. 248.
9 Vgl. Maser, Werner: Adolf Hitler. Das Ende der Führer-Legende, Düsseldorf und Wien 1980, S. 372.
10 Zu Paul von Hindenburgs Konzept der nationalen Einigung vgl. Pyta, Wolfram: Hindenburg. Herrschaft zwischen Hohenzollern und Hitler, München 2009.
11 Vgl. Meschnig, Alexander: Der Wille zur Bewegung. Militärischer Traum und totalitäres Programm. Eine Mentalitätsgeschichte vom Ersten Weltkrieg zum Nationalsozialismus, Bielefeld 2008, S. 281 ff.
12 Vgl. Topp, Erich: Fackeln über dem Atlantik, Herford 1990, S. 114.
13 Vgl. Heusinger, Adolf: Befehl im Widerstreit. Schicksalsstunden der deutschen Armee 1923–1945, Tübingen und Stuttgart 1950, S. 366 f.
14 Vgl. Rudel, Hans-Ulrich: Trotzdem, Gmunden und Bad Ischl 1951, S. 233.
15 Ebd., S. 151 und 195.
16 BA MA RM 6/104, Blatt 16.

17 Vgl. Halder, Hitler als Feldherr, S. 45 ff.

18 Zitiert nach: Wallach, Vernichtungsschlacht, S. 396.

19 Vgl. BA MA RH 12/23, Nr. 637; Messerschmidt, Manfred: Die Wehrmachtsjustiz 1933–1945, Paderborn u. a. 2008, S. 171.

20 Vgl. Messerschmidt, Wehrmachtsjustiz, S. 399. Die Gerichte setzten sich gemäß Paragraph 2 der Verordnung über die Errichtung von Standgerichten vom 15. Februar 1945 aus einem Strafrichter, einem Parteifunktionär und einem Offizier zusammen.

21 Anordnung 73/44 vom 30. März 1944, hier zitiert nach einem Umlauf des Wissenschaftsministeriums. Vgl. UAH Rep. 6 Nr. 2885.

22 Vgl. Verordnung über außerordentliche Rundfunkmaßnahmen vom 1. September 1939, RGBl. I, 1939, S. 1683.

23 Am 18. November 1938, vgl. IfZ F 19/15.

24 Vgl. Picker, Tischgespräche, S. 319.

25 Eberle, Uhl, Buch Hitler, S. 207 f.

26 Vgl. KTB OKW IV/8, S. 1534–1562.

27 Vgl. Weisung Nr. 21 a, in: Hubatsch, Weisungen, S. 89.

28 Vgl. Pohl, Herrschaft der Wehrmacht, S. 87.

Literatur (Auswahl)

Benutzte Akten aus folgenden Archiven sind in den Anmerkungen ausgewiesen: Staatsarchiv Bamberg (StA Bamberg), Bundesarchiv Berlin (BA), Militärarchiv Freiburg (BA MA), Staatsarchiv Hamburg (StA HH), Landeshauptarchiv Magdeburg (LHASA MD), Institut für Zeitgeschichte (IfZ), Universitätsarchiv Greifswald (UAG), Universitätsarchiv Halle (UAH), Zentralarchiv des Föderalen Dienstes für Sicherheit der Russischen Föderation Moskau (CA FSB), Staatliches Archiv der Russischen Föderation (GA RF), Russisches Staatliches Militärarchiv Moskau (RGWA) und National Archives London (NA).

Aufsätze der wissenschaftlichen Fachliteratur sind wie zitierte Flugschriften ebenfalls in den Anmerkungen nachgewiesen.

Absolon, Rudolf: Die Wehrmacht im Dritten Reich, 6 Bde., Boppard 1969–1995

Aly, Götz, und Susanne Heim: Vordenker der Vernichtung. Auschwitz und die deutschen Pläne für eine neue europäische Ordnung, Frankfurt am Main 1997

Aly, Götz: Hitlers Volksstaat. Raub, Rassenkrieg und nationaler Sozialismus, Frankfurt am Main 2005

Anonym: Max Amann. Ein Leben für Führer und Volk 1891–1941, Berlin 1941

Armbruster, Jan: Edmund Robert Forster (1878–1933). Lebensweg und Werk eines deutschen Neuropsychiaters, Husum 2005

Armin, Otto (d. i. Alfred Roth): Die Juden im Heere. Eine statistische Untersuchung nach amtlichen Quellen, München 1919

Armin, Otto: Die Juden in den Kriegs-Gesellschaften und in der Kriegs-Wirtschaft. Unter Benutzung amtlicher und anderer Quellen dargestellt, München 1921

Baberowski, Jörg: Verbrannte Erde. Stalins Herrschaft der Gewalt, München 2012

Bärsch, Claus-Ekkehard: Die politische Religion des Nationalsozialismus. Die religiösen Dimensionen der NS-Ideologie in den Schriften von Dietrich Eckart, Joseph Goebbels, Alfred Rosenberg und Adolf Hitler, München 2002

Bajohr, Frank: Parvenüs und Profiteure. Korruption in der NS-Zeit, Frankfurt am Main 2001

Barkai, Avraham: Das Wirtschaftssystem des Nationalsozialismus. Ideologie, Theorie, Politik 1933–1945, Frankfurt am Main 1998

Bartov, Omer: Hitlers Wehrmacht. Soldaten, Fanatismus und die Brutalisierung des Krieges, Reinbek bei Hamburg 1995

Baumbach, Werner: Zu spät. Aufstieg und Untergang der deutschen Luftwaffe, Stuttgart 1977

Beckmann, Ewald: Der Dolchstoßprozess in München vom 19. Oktober bis 20. November 1925, München 1925,

Below, Nicolaus von: Als Hitlers Adjutant 1937–1945, Selent 1999

Bennet, G. H., und R. Bennet: Hitlers Admirale 1939–1945, Hamburg u. a. 2009

Benz, Wolfgang, Hermann Graml und Hermann Weiß (Hg.): Enzyklopädie des Nationalsozialismus, München 2011

Boberach, Heinz (Hg.): Meldungen aus dem Reich 1938–1945. Die geheimen Lageberichte des Sicherheitsdienstes der SS, Herrsching 1984

Böhler, Jochen: Auftakt zum Vernichtungskrieg. Die Wehrmacht in Polen, Frankfurt am Main 2006

Boelcke, Willi A.: Die deutsche Wirtschaft 1930–1945. Interna des Reichswirtschaftsministeriums, Düsseldorf 1983

Boelcke; Willi A. (Hg.): Deutschlands Rüstung im Zweiten Weltkrieg. Hitlers Konferenzen mit Albert Speer 1942–1945, Frankfurt am Main 1969

Borkin, Joseph: Die unheilige Allianz der I. G. Farben. Eine Interessengemeinschaft im Dritten Reich, Frankfurt am Main und New York 1979

Bradford, Ernle: Bastion im Mittelmeer. Die Belagerung Maltas 1940–1943, München 1986

Brandmayer, Balthasar: Meldegänger Hitler, München 1933

Brauch, Hans Günter, und Rolf Dieter Müller (Hg.): Chemische Kriegführung – chemische Aufrüstung, Berlin (West) 1985

Browning, Christopher: Die Entfesselung der »Endlösung«. Nationalsozialistische Judenpolitik, München 2003

Bucher, Peter: Der Reichswehrprozess. Der Hochverrat der Ulmer Reichswehroffiziere 1929/30, Boppard 1967

Buchheit, Gert: Hitler der Feldherr. Die Zerstörung einer Legende, Rastatt 1958

Bullock, Alan: Hitler. Biographie 1889–1945, Augsburg 2001

Burleigh, Michael: Die Zeit des Nationalsozialismus, Frankfurt am Main 2000

Conze, Werner, und Hans Raupach (Hg.): Die Staats- und Wirtschaftskrise des Deutschen Reichs 1929/33, Stuttgart 1967

Demandt, Alexander: Ungeschehene Geschichte. Ein Traktat über die Frage: Was wäre geschehen, wenn …?, Göttingen 2001

Deuerlein, Ernst (Hg.): Der Aufstieg der NSDAP in Augenzeugenberichten, München 1980

Dirks, Carl, und Karl-Heinz Janssen: Der Krieg der Generäle. Hitler als Werkzeug der Wehrmacht, München 2001

Dönitz, Karl: Zehn Jahre und zwanzig Tage. Erinnerungen 1935–1945, Bonn 1997

Domarus, Max: Hitler. Reden und Proklamationen 1932–1945, München 1965

Dornberger, Walter: Peenemünde. Die Geschichte der V-Waffen, Frankfurt am Main und Berlin 1991

Dupuy, Trevor N.: Der Genius des Krieges. Das deutsche Heer und der Generalstab 1807–1945, Graz 2011

Eberle, Henrik (Hg.): Briefe an Hitler. Ein Volk schreibt seinem Führer, Bergisch Gladbach 2007

Eberle, Henrik, und Matthias Uhl (Hg.): Das Buch Hitler. Geheimdossier des NKWD für Josef W. Stalin, zusammengestellt aufgrund der Verhörprotokolle des Persönlichen Adjutanten Hitlers, Otto Günsche, und des Kammerdieners Heinz Linge, Moskau 1948/49, Bergisch Gladbach 2005

Engelbrechten, J. K. von (Bearbeitung): Eine braune Armee entsteht. Die Geschichte der Berlin-Brandenburger SA, München und Berlin 1937

Erfurth, Waldemar: Die Geschichte des deutschen Generalstabs 1918–1945. Studien und Dokumente zur Geschichte des Zweiten Weltkriegs, Hamburg 2001

Evans, Richard J.: Das Dritte Reich, Bd. I, Aufstieg, München 2005

Evans, Richard J.: Das Dritte Reich, Bd. II, Diktatur, München 2006

Evans, Richard J.: Das Dritte Reich, Bd. III, Krieg, München 2010

Falter, Jürgen W.: Hitlers Wähler, München 1991

Felger, Friedrich (Hg.): Was wir vom Weltkrieg nicht wissen, Berlin 1929

Fest, Joachim: Hitler. Eine Biographie, Berlin 2010

Förster, Stig (Hg.): An der Schwelle zum Totalen Krieg. Die militärische Debatte über den Krieg der Zukunft 1919–1939,

Paderborn u. a. 2002

Frank, Hans: Im Angesicht des Galgens. Deutung Hitlers und seiner Zeit auf Grund eigener Erlebnisse und Erkenntnisse, München 1958

Frei, Norbert: Der Führerstaat. Nationalsozialistische Herrschaft 1933 bis 1945, München 2007

Friedländer, Saul: Das Dritte Reich und die Juden. Die Jahre der Verfolgung 1933–1939, München 2000

Friedländer, Saul: Die Jahre der Vernichtung. Das Dritte Reich und die Juden, 1939–1945, München 2006

Frieser, Karl-Heinz: Blitzkrieg-Legende. Der Westfeldzug 1940, München 2005

Funke, Manfred: Starker oder schwacher Diktator? Hitlers Herrschaft und die Deutschen, Düsseldorf 1989

Gall, Lothar: Walther Rathenau. Porträt einer Epoche, München 2009

Galland, Adolf: Die Ersten und die Letzten. Jagdflieger im Zweiten Weltkrieg, Würzburg 2012

Gellately, Robert: Lenin, Stalin und Hitler. Drei Diktatoren, die Europa in den Abgrund führten, Bergisch Gladbach 2009

Geißler, Erhard: Biologische Waffen – nicht in Hitlers Arsenalen. Biologische und Toxin-Kampfmittel in Deutschland von 1915 bis 1945, Münster 1999

Gerwarth, Robert: Reinhard Heydrich. Biographie, München 2011

Geyer, Michael: Aufrüstung oder Sicherheit. Die Reichswehr in der Krise der Machtpolitik 1924–1936, Wiesbaden 1980

Gilbert, Martin: The Second World War. A Complete History, London 1989

Goodrick-Clarke, Nicholas: Die okkulten Wurzeln des Nationalsozialismus, Wiesbaden 2004

Görtemaker, Heike B.: Eva Braun. Leben mit Hitler, München 2011

Gossweiler, Kurt: Der Putsch, der keiner war. Die Röhm-Affäre 1934 und der Richtungskampf im deutschen Faschismus, Köln 2009

Grant, Madison: Der Untergang der großen Mächte. Die Rassen als Grundlage der Geschichte Europas, München 1925

Grebner, Werner F.: Der Gefreite Adolf Hitler 1914–1920. Die Darstellung bayerischer Beziehungsnetzwerke, Graz 2008

Groß, Gerhard P.: Mythos und Wirklichkeit. Geschichte des operativen Denkens im deutschen Heer von Moltke d. Ä. bis Heusinger, Paderborn u. a. 2012

Gross, Raphael: Anständig geblieben. Nationalsozialistische Moral, Frankfurt am Main 2010

Gruchmann, Lothar, und Reinhard Weber (Hg.): Der Hitler-Prozess 1924, Wortlaut der Hauptverhandlung vor dem Volksgericht München I, München 1997

Guderian, Heinz: Erinnerungen eines Soldaten, Heidelberg 1951

Haffner, Sebastian: Anmerkungen zu Hitler, München 1978

Halder, Franz: Hitler als Feldherr. Der ehemalige Chef des Generalstabs berichtet die Wahrheit, München 1949

Hamann, Brigitte: Hitlers Wien. Lehrjahre eines Diktators, München und Zürich 2004

Hamann, Brigitte: Winifred Wagner oder Hitlers Bayreuth, München 2003

Hanfstaengl, Ernst: 15 Jahre mit Hitler. Zwischen Weißem und Braunem Haus, München und Zürich 1980

Hartmann, Christian: Halder. Generalstabschef Hitlers 1938–1942, Paderborn u. a. 2010

Hartmann, Christian (Hg.): Hitler. Reden, Schriften, Anordnungen, Bd. 4 / 3, München 1997

Heer, Hannes: »Hitler war's«. Die Befreiung der Deutschen von ihrer Vergangenheit, Berlin 2008

Heiber, Helmut (Hg.): Hitlers Lagebesprechungen. Die Protokollfragmente seiner militärischen Konferenzen 1942–1945, Stuttgart 1962

Henke, Klaus-Dietmar: Die Dresdner Bank 1933–1945. Ökonomische Rationalität, Regimenähe, Mittäterschaft, München 2006

Hennig, Diethard: Johannes Hoffmann, Sozialdemokrat und Bayerischer Ministerpräsident, München u. a. 1990

Herbert, Ulrich: Best. Biographische Studien über Radikalismus, Weltanschauung und Vernunft 1903–1989, Bonn 1996

Herbst, Ludolf: Hitlers Charisma. Die Erfindung eines deutschen Messias, Frankfurt am Main 2010

Heydecker, Joe J.: Das Hitler-Bild. Die Erinnerungen des Fotografen Heinrich Hoffmann, St. Pölten und Salzburg 2008

Hillgruber, Andreas (Hg.): Staatsmänner und Diplomaten bei Hitler. Vertrauliche Aufzeichnungen über Unterredungen mit Vertretern des Auslandes 1939–1941, Frankfurt am Main 1967

Hillgruber, Andreas (Hg.): Staatsmänner und Diplomaten bei Hitler. Vertrauliche Aufzeichnungen über Unterredungen mit Vertretern des Auslandes 1942–1944, Frankfurt am Main 1970

Hillgruber, Andreas: Hitlers Strategie. Politik und Kriegführung 1940–1941, München 1982

Hillmayr, Heinrich: Roter und weißer Terror in Bayern nach 1918, München 1974

Hindenburg, Paul von: Aus meinem Leben, Leipzig 1934

Hirschfeld, Gerhard, Gerd Krumeich und Irina Renz (Hg.): Enzyklopädie Erster Weltkrieg, Paderborn u. a. 2009

Hitler, Adolf: Mein Kampf, 548.–552. Auflage, München 1940

Hoffmann, Joachim: Stalins Vernichtungskrieg 1941–1945. Planung, Ausführung und Dokumentation, München 1999

Horn, Eva, und Michael Hagemeister (Hg.): Die Fiktion von der jüdischen Weltverschwörung. Zu Text und Kontext der »Protokolle der Weisen von Zion«, Göttingen 2012

Horstmann, Bernhard: Hitler in Pasewalk. Die Hypnose und ihre Folgen, Düsseldorf 2004

Hubatsch, Walther (Hg.): Hitlers Weisungen für die Kriegführung 1939–1945. Dokumente des Oberkommandos der Wehrmacht, Bonn o. J. (EA: 1962)

Hütte, Werner Otto: Die Geschichte des Eisernen Kreuzes und seine Bedeutung für das preußische und deutsche Auszeichnungswesen von 1813 bis zur Gegenwart. Phil. diss. Bonn 1968

Information Services Division Office of the U. S. Highcommissioner for Germany (Hg.), Landsberg. Ein dokumentarischer Bericht, München o. J. [ca. 1951]

Jäckel, Eberhard, und Axel Kuhn: Hitler. Sämtliche Aufzeichnungen 1905–1924, Stuttgart 1980

– dazu Stellungnahmen der Autoren und anderer Historiker in: Neue Erkenntnisse zur Fälschung von Hitler-Dokumenten, Vierteljahrshefte für Zeitgeschichte, Heft 1, 1984, S. 163–169

James, Harold: Die Deutsche Bank im Dritten Reich, München 2003

Janssen, Gregor: Das Ministerium Speer. Deutschlands Rüstung im Krieg, Berlin u. a. 1968

Joachimsthaler, Anton: Korrektur einer Biographie. Adolf Hitler 1908–1920, München 1989

Joachimsthaler, Anton: Hitlers Weg begann in München 1913–1923, München 2000

Jochmann, Werner (Hg.): Adolf Hitler. Monologe im Führerhauptquartier 1941–1944, München 2000

Karlsch, Rainer, und Raymond G. Stokes: »Faktor Öl«. Die Mineralölwirtschaft in Deutschland 1859–1974, München 2003

Keegan, John: Der Erste Weltkrieg. Eine europäische Tragödie, Reinbek 2000

Keegan, John: Die Maske des Feldherrn. Alexander der Große, Wellington, Grant, Hitler, Reinbek 2000

Keitel, Wilhelm: Mein Leben. Pflichterfüllung bis zum Untergang, Berlin 1998

Kershaw, Ian: Hitler. 1889–1936, München 2002

Kershaw, Ian: Hitler. 1936–1945, München 2002

Kershaw, Ian: Der Hitler-Mythos. Führerkult und Volksmeinung, München 2003

Kershaw, Ian: Hitlers Freunde in England. Lord Londonderry und der Weg in den Krieg, München 2005

Kershaw, Ian: Wendepunkte. Schlüsselentscheidungen im Zweiten Weltkrieg 1940/41, München 2008

Kienitz, Sabine: Beschädigte Helden. Kriegsinvalidität und Körperbilder 1914–1923, Paderborn 2008

Kieser, Egbert: »Unternehmen Seelöwe«. Die geplante Invasion in England 1940,

Esslingen und München 2000

Kirchner, Klaus (Hg.): Bayern und der
Frieden. Kriegsflugblätter in Bayern,
Erlangen 1983

Kissenkoetter, Udo: Gregor Strasser und
die NSDAP, Stuttgart 1978

Knopp, Guido: Geheimnisse des Zweiten
Weltkriegs, München 2012

Köhler, Joachim: Wagners Hitler. Der
Prophet und sein Vollstrecker, München
1999

Kogon, Eugen, Hermann Langbein,
Adalbert Rückerl u. a.: Nationalsozia-
listische Massentötungen durch Giftgas,
Frankfurt am Main 2003

Kopper, Christopher: Hjalmar Schacht.
Aufstieg und Fall von Hitlers mächtigstem Bankier, München und Wien
2006

Kubizek, August: Adolf Hitler. Mein Ju-
gendfreund, Graz und Stuttgart 1988

Kulka, Otto Dov, und Eberhard Jäckel
(Hg.): Die Juden in den geheimen
NS-Stimmungsberichten 1933–1945,
Düsseldorf 2004

Lacoste, Werner: Deutsche Sturmbataillo-
ne 1915–1918. Der Kaiserstuhl und das
Markgräflerland als Geburtsstätte und
Standort deutscher Sturmbataillone des
Ersten Weltkrieges, Aachen 2009

Lankheit, Klaus A. (Hg.): Hitler. Reden,
Schriften, Anordnungen, Bd. V, Teil 1,
München u. a. 1998

Lohs, Karlheinz: Synthetische Gifte. Zur
Chemie, Toxikologie und Problemen
ihrer völkerrechtswidrigen Anwendung
durch imperialistische Armeen (Lehrbuch), Berlin (Ost) 1973

Longerich, Peter: Die braunen Bataillone.
Geschichte der SA, Augsburg 1999

Longerich, Peter: »Davon haben wir
nichts gewusst!« Die Deutschen und die
Judenverfolgung, München 2006

Longerich, Peter: Heinrich Himmler.
Biographie, München 2008

Lukacs, John: Hitler. Geschichte und
Geschichtsschreibung, Berlin 1997

Machtan, Lothar: Hitlers Geheimnis. Das
Doppelleben eines Diktators, Frankfurt
am Main 2003

Magenheimer, Heinz: Die Militärstrategie
Deutschlands 1940–1945. Führungs-
entschlüsse, Hintergründe, Alternativen,
München 1997

Malinowski, Stephan: Vom König zum
Führer. Deutscher Adel im Nationalsozialismus, Frankfurt am Main 2004

Manstein, Erich von: Verlorene Siege,
Bonn 1955

Martynkewicz, Wolfgang: Salon Deutschland. Geist und Macht 1900–1945,
Berlin 2009

Maser, Werner: Hitlers Briefe und Notizen. Sein Weltbild in handschriftlichen
Dokumenten, Düsseldorf und Wien
1973

Maser, Werner (Hg.): Mein Schüler Hitler.
Das Tagebuch seines Lehrers Paul
Devrient, Pfaffenhofen 1975

Maser, Werner: Nürnberg. Tribunal der
Sieger, Düsseldorf 1988

Maser, Werner: Adolf Hitler. Legende,
Mythos, Wirklichkeit, München und
Esslingen 1993

Maser, Werner: Der Sturm auf die Republik. Frühgeschichte der NSDAP,
Düsseldorf u. a. 1994

Maser, Werner: Der Wortbruch. Hitler,
Stalin und der Zweite Weltkrieg, München 1994

Maser, Werner: Fälschung, Dichtung
und Wahrheit über Hitler und Stalin,
München 2004

Megargee, Geoffrey P.: Hitler und die

Generäle. Das Ringen um die Führung
der Wehrmacht 1933–1945, Paderborn
u. a. 2006

Meinck, Gerhard: Hitler und die deutsche
Aufrüstung 1933–1937, Wiesbaden
1959

Meschnig, Alexander: Der Wille zur
Bewegung. Militärischer Traum und
totalitäres Programm. Eine Mentalitätsgeschichte vom Ersten Weltkrieg zum
Nationalsozialismus, Bielefeld 2008

Messerschmidt, Manfred: Die Wehrmachtsjustiz 1933–1945, Paderborn
u. a. 2008

Militärgeschichtliches Forschungsamt
(Hg.): Das Deutsche Reich und der
Zweite Weltkrieg, Stuttgart 1979–2011

Moll, Martin: »Führererlasse« 1939–1945.
Edition sämtlicher überlieferter, nicht
im Reichsgesetzblatt abgedruckter, von
Hitler schriftlich erteilter Direktiven aus
den Bereichen Staat, Partei, Wirtschaft,
Besatzungspolitik und Militärverwaltung, Stuttgart 1997

Müller, Karl Alexander von: Von Mars
und Venus. Erinnerungen 1914–1919,
Stuttgart 1954

Mueller, Michael: Canaris. Hitlers Ab-
wehrchef, Berlin 2006

Mulders, Jean-Paul: Auf der Suche nach
Hitlers Sohn. Eine Beweisaufnahme,
München 2009

Müller, Karl Alexander von: Von Mars
und Venus. Erinnerungen 1914–1919,
Stuttgart 1954

Nebelin, Manfred: Ludendorff. Diktator
im Ersten Weltkrieg, München 2010

Neitzel, Sönke, und Harald Welzer: Soldaten. Protokolle vom Kämpfen, Töten
und Sterben, Frankfurt am Main 2011

Neufeld, Michael J.: Die Rakete und das
Reich. Wernher von Braun, Peenemünde und der Beginn des Raketenzeitalters, Berlin 1997

Neumann, Hans-Joachim, und Henrik
Eberle: War Hitler krank? Ein abschlie-
ßender Befund, Bergisch Gladbach
2009

Niekisch, Ernst: Die dritte imperiale
Figur, Toppenstedt 2005 (Reprint der
Ausgabe von 1935)

Oberländer, Theodor: Der Osten und die
deutsche Wehrmacht. Sechs Denkschriften aus den Jahren 1941–43 gegen
die NS-Kolonialthese, Asendorf 1987

Orth, Karin: Die Konzentrationslager-SS.
Sozialstrukturelle Analysen und biographische Studien, München 2004

O'Sullivan, Donal: Stalins »Cordon
Sanitaire«. Die sowjetische Osteuropapolitik und die Reaktionen des Westens
1939–1949, Paderborn u. a. 2003

Otto, Hans-Dieter: Lexikon fataler Fehlentscheidungen im Zweiten Weltkrieg.
Von Alpenfestung bis Zitadelle, München 2006

Overy, Richard: Die Wurzeln des Sieges.
Warum die Alliierten den Zweiten Weltkrieg gewannen, Reinbek 2002

Overy, Richard: Die Diktatoren. Hitlers
Deutschland, Stalins Russland, München 2006

Pätzold, Kurt, und Manfred Weißbecker:
Geschichte der NSDAP 1920–1945,
Köln 1998

Petersen, Hans-Christian: Bevölkerungs-
ökonomie, Ostforschung, Politik. Eine
biographische Studie zu Peter-Heinz
Seraphim (1902–1979), Osnabrück
2007

Petzina, Dieter: Autarkiepolitik im Dritten
Reich. Der nationalsozialistische Vierjahresplan, Stuttgart 1968

Philipp, Albrecht (Hg.), Die Ursachen des

deutschen Zusammenbruchs im Jahre
1918. 12 Bände, Berlin 1925–1929

Picker, Henry: Hitlers Tischgespräche
im Führerhauptquartier 1941–1942,
Stuttgart 1963

Plöckinger, Othmar: Geschichte eines
Buches. Adolf Hitlers »Mein Kampf«
1922–1945, München 2006

Plöckinger, Othmar: Unter Soldaten und
Agitatoren. Hitlers prägende Jahre im
deutschen Militär 1918–1920, Paderborn u. a. 2013

Pohl, Dieter: Die Herrschaft der Wehrmacht. Deutsche Militärbesatzung
und einheimische Bevölkerung in der
Sowjetunion 1941–1944, Frankfurt am
Main 2011

Price, Billy F.: Adolf Hitler als Maler und
Zeichner. Ein Werkkatalog der Ölge-
mälde, Aquarelle, Zeichnungen und
Architekturskizzen, Zug 1983

Pyta, Wolfram: Hindenburg. Herrschaft
zwischen Hohenzollern und Hitler,
München 2009

Raeder, Erich: Mein Leben, Tübingen
1956

Reichsarchiv (Bearbeitung): Der Weltkrieg
1914 bis 1918, Berlin und Leipzig,
15 Bde. seit 1925

Reuth, Ralf Georg (Hg.): Joseph Goebbels. Tagebücher 1924–1945, München
und Zürich 2008

Reuth, Ralf Georg: Hitlers Judenhass.
Klischee und Wirklichkeit, München
und Zürich 2009

Ribbentrop, Joachim von: Zwischen
London und Moskau. Erinnerungen und
letzte Aufzeichnungen, Leoni 1953

Richardi, Hans-Günter: Hitler und seine
Hintermänner. Neue Fakten zur Frühgeschichte der NSDAP, München 1991

Richardson, William, und Seymour Freid-
lin (Hg.): The Fatal Decisions. First
Hand Accounts by Hitler's Generals,
Barnsley 2012

Richter, Wilhelm: Kampfstoffwirkung und
Heilung, Leipzig 1939

Ritter, Gerhard: Carl Goerdeler und die
deutsche Widerstandsbewegung, Stuttgart 1954

Roberts, Geoffrey: Stalins Kriege. Vom
Zweiten Weltkrieg zum Kalten Krieg,
Düsseldorf 2008

Roewer, Helmut: Skrupellos. Die Machen-
schaften der Geheimdienste in Russland
und Deutschland 1914–1941, Leipzig
2004

Rosenbaum, Ron: Die Hitler-Debatte.
Auf der Suche nach dem Ursprung des
Bösen, München und Wien 1999

Rosenthal, Jacob: »Die Ehre des jüdischen
Soldaten«. Die Judenzählung im Ersten
Weltkrieg und ihre Folgen, Frankfurt
am Main und New York 2007

Ryback, Timothy W.: Hitlers Bücher. Seine Bibliothek – sein Denken, Köln 2010

Sammet, Rainer: »Dolchstoß«. Deutschland und die Auseinandersetzung mit
der Niederlage im Ersten Weltkrieg
(1918–1933), Berlin 2003

Schabel, Ralf: Die Illusion der Wunderwaffen. Die Rolle der Düsenflugzeuge und Flugabwehrraketen in der
Rüstungspolitik des Dritten Reiches,
München 1994

Schäfer, Kirstin A.: Werner von Blomberg.
Hitlers erster Feldmarschall, Paderborn
u. a. 2006

Scheil, Stefan: 1940/41. Die Eskalation
des Zweiten Weltkriegs, München 2005

Scheil, Stefan: Ribbentrop oder: Die
Verlockung des nationalen Aufbruchs,
Berlin 2013

Schenk, Dieter: Hans Frank. Hitlers Kronjurist und Generalgouverneur, Frankfurt am Main 2006

Schirrmacher, Thomas: Hitlers Kriegsreligion, Bonn 2007

Schmelser, Ronald, Enrico Syring und Rainer Zitelmann (Hg.): Die braune Elite 2, Darmstadt 1993

Schmölders, Claudia: Hitlers Gesicht. Eine physiognomische Biographie, München 2000

Schmoll, Peter: Die Messerschmitt-Werke im Zweiten Weltkrieg. Die Flugzeugproduktion der Messerschmitt GmbH Regensburg von 1938 bis 1945, Regensburg 2004

Schramm, Percy Ernst: Hitler als militärischer Führer. Erkenntnisse und Erfahrungen aus dem Kriegstagebuch des Oberkommandos der Wehrmacht, Frankfurt am Main 1972

Schramm, Percy Ernst (Hg.): Kriegstagebuch des Oberkommandos der Wehrmacht (Wehrmachtführungsstab), Bd. I–IV in 8 Teilbänden, München 1982

Schramm, Percy Ernst, Andreas Hillgruber, Martin Vogt (Hg.): Dr. Henry Picker – Hitlers Tischgespräche im Führerhauptquartier 1941–1942, Stuttgart 1963

Schwerin von Krosigk, Lutz Graf: Memoiren, Stuttgart 1977

Seligmann, Rafael: Hitler. Die Deutschen und ihr Führer, Berlin 2005

Seraphim, Hans-Günther (Hg.): Das politische Tagebuch Alfred Rosenbergs 1934/35 und 1939/40, München 1964

Sigmund, Anna Maria: Diktator, Dämon, Demagoge. Fragen und Antworten zu Adolf Hitler, München 2006

Snyder, Timothy: Bloodlands. Europa zwischen Hitler und Stalin, München 2011

Solleder, Fridolin (Hg.): Vier Jahre Westfront. Geschichte des Regiments List R.I.R. 16, München 1932

Später, Jörg: Vansittart. Britische Debatten über Nazis und Deutsche 1902–1945, Göttingen 2003

Spengler, Oswald: Preußentum und Sozialismus, München 1919

Steinert, Marlis: Hitler, München 1994

Strenge, Irene: Kurt von Schleicher. Politik im Reichswehrministerium am Ende der Weimarer Republik, Berlin 2006

Tapken, Kai Uwe: Die Reichswehr in Bayern von 1919 bis 1924, Hamburg 2002

Tent, James F.: Im Schatten des Holocaust. Schicksale deutsch-jüdischer »Mischlinge« im Dritten Reich, Köln u. a. 2007

Thamer, Hans-Ulrich, und Simone Erpel: Hitler und die Deutschen. Volksgemeinschaft und Verbrechen, Berlin 2010

Thoß, Bruno, und Hans-Erich Volkmann: Erster Weltkrieg/Zweiter Weltkrieg. Ein Vergleich, Krieg, Kriegserlebnis, Kriegserfahrung in Deutschland, Paderborn 2002

Turner Jr., Henry Ashby (Hg.): Hitler aus nächster Nähe. Aufzeichnungen eines Vertrauten 1929–1932, Frankfurt am Main u. a. 1978

Tyrell, Alfred (Hg.): Führer befiehl … Selbstzeugnisse aus der »Kampfzeit« der NSDAP, Düsseldorf 1969

Ueberschär, Gerd R. (Hg.): Hitlers militärische Elite, Darmstadt 2011

Ueberschär, Gerd R., und Lev Bezymenskij (Hg.): Der deutsche Angriff auf die Sowjetunion 1942. Die Kontroverse um die Präventivkriegsthese, Darmstadt 1998

Ueberschär, Gerd R., und Winfried Vogel: Dienen und Verdienen. Hitlers

Geschenke an seine Eliten, Frankfurt am Main 2000

Ueberschär, Gerd R., und Wolfram Wette: Der deutsche Überfall auf die Sowjetunion. »Unternehmen Barbarossa« 1941, Frankfurt am Main 2011

Ullrich, Volker: Adolf Hitler. Band 1: Die Jahre des Aufstiegs 1889–1939, Frankfurt am Main 2013

Walker, Mark: Die Uranmaschine. Mythos und Wirklichkeit der deutschen Atombombe, Berlin 1990

Wallach, Jehuda L.: Das Dogma der Vernichtungsschlacht. Die Lehre von Clausewitz und Schlieffen und ihre Wirkung in zwei Weltkriegen, München 1970

Warlimont, Walter: Im Hauptquartier der deutschen Wehrmacht 1939 bis 1945. Grundlagen, Formen, Gestalten, Augsburg 1990

Webb, James: Das Zeitalter des Irrationalen. Politik, Kultur und Okkultismus im 20. Jahrhundert, Wiesbaden 2008

Weber, Thomas: Hitlers erster Krieg. Der Gefreite Hitler im Weltkrieg – Mythos und Wahrheit, Berlin 2011

Wegner, Bernd (Hg.): Zwei Wege nach Moskau. Vom Hitler-Stalin-Pakt bis zum »Unternehmen Barbarossa«, München und Zürich 1991

Weinberg, Gerhard L. (Hg.): Hitlers zweites Buch. Ein Dokument aus dem Jahr 1928, Stuttgart 1961

Weinberg, Gerhard L.: Eine Welt in Waffen. Die globale Geschichte des Zweiten Weltkriegs, Stuttgart 1995

Weiß, Dieter J.: Kronprinz Rupprecht von Bayern. Eine politische Biographie, Regensburg 2007

Welzer, Harald: Täter. Wie aus ganz normalen Menschen Massenmörder werden, Frankfurt am Main 2005

Wette, Wolfram: Die Wehrmacht. Feindbilder, Vernichtungskrieg, Legenden, Frankfurt am Main 2005

Wette, Wolfram, und Gerd R. Ueberschär (Hg.): Stalingrad. Mythos und Wirklichkeit einer Schlacht, Frankfurt am Main 1992

Wiedemann, Fritz: Der Mann, der Feldherr werden wollte, Velbert und Kettwig 1964

Willsch, Natalie: Hellmuth Mayer (1895–1980). Vom Verteidiger im Hitler-Prozess zum liberal-konservativen Strafrechtswissenschaftler, Baden Baden 2008

Winkle, Ralph: Der Dank des Vaterlandes. Eine Symbolgeschichte des Eisernen Kreuzes 1914 bis 1936, Essen 2007

Wrochen, Oliver von: Erich von Manstein. Vernichtungskrieg und Geschichtspolitik, Paderborn u. a. 2006

Zehnpfennig, Barbara: Adolf Hitler: Mein Kampf. Weltanschauung und Programm, Studienkommentar, München 2011

Personenregister

Bildnachweis